Dicionário Amoroso da Psicanálise

Transmissão da Psicanálise
diretor: Marco Antonio Coutinho Jorge

Elisabeth Roudinesco

Dicionário Amoroso da Psicanálise

Tradução:
André Telles

Revisão técnica:
Marco Antonio Coutinho Jorge
*Programa de Pós-graduação
em Psicanálise/Uerj*

1ª *reimpressão*

A Pierre Bergé

Copyright © 2017 by Éditions Plon

Tradução autorizada da primeira edição francesa, publicada em 2017 por Plon/Seuil, Paris, França

"Cet ouvrage, publié dans le cadre du Programme d'Aide à la Publication année 2019 Carlos Drummond de Andrade de l'Institut Français du Brésil, bénéficie du soutien du Ministère de l'Europe et des Affaires étrangères."

"Este livro, publicado no âmbito do Programa de Apoio à Publicação ano 2019 Carlos Drummond de Andrade do Instituto Francês do Brasil, contou com o apoio do Ministério francês da Europa e das Relações Exteriores."

A editora não se responsabiliza por links ou sites aqui indicados, nem pode garantir que eles continuarão ativos e/ou adequados, salvo os que forem propriedade da Editora Schwarcz S.A.

Grafia atualizada segundo o Acordo Ortográfico da Língua Portuguesa de 1990, que entrou em vigor no Brasil em 2009.

Título original
Dictionnaire amoureux de la psychanalyse

Capa
Estúdio Insólito

Imagem da capa
© Robert Brook/Getty Images

Indexação
Gabriella Russano

Revisão
Carolina Sampaio
Tamara Sender

CIP-Brasil. Catalogação na publicação
Sindicato Nacional dos Editores de Livros, RJ

R765d
    Roudinesco, Elisabeth, 1944-
    Dicionário amoroso da psicanálise / Elisabeth Roudinesco; tradução André Telles. – 1ª ed. – Rio de Janeiro: Zahar, 2019.
    (Transmissão da Psicanálise)

    Tradução de: Dictionnaire amoureux de la psychanalyse.
    Inclui índice
    ISBN 978-85-378-1846-6

    1. Psicanálise – Dicionários. I. Telles, André. II. Título. III. Série.

19-58079
    CDD: 150.19503
    CDU: 159.964.2

Leandra Felix da Cruz – Bibliotecária – CRB-7/6135

[2021]
Todos os direitos desta edição reservados à
EDITORA SCHWARCZ S.A.
Praça Floriano, 19, sala 3001 – Cinelândia
20031-050 – Rio de Janeiro – RJ
Telefone: (21) 3993-7510
www.companhiadasletras.com.br
www.blogdacompanhia.com.br
facebook.com/editorazahar
instagram.com/editorazahar
twitter.com/editorazahar

Sumário

Introdução, 7

Verbetes, 11

Amor • Angústia • Animais • Antígona • Apócrifos & boatos • Autoanálise • Bardamu, Ferdinand • Beirute • Berlim • Bonaparte, Napoleão • Budapeste • Buenos Aires • *Carta roubada, A* • Celebridade • *Che vuoi?* • Cidade do México • Cidades • Cidades brasileiras • *Consciência de Zeno, A* • Cronenberg, David • Cuernavaca • Descartes, René • Desconstrução • Desejo • Dinheiro • Divã • Édipo • Eros • Espelho • Família • Fantasia • Felicidade • Frankfurt • Gershwin, George • Göttingen • Green, Julien • Guerra • Hamlet branco, Hamlet negro • Hipnose • *His Majesty the Baby* • Hitler, Adolf • Hollywood • Holmes, Sherlock • Humor • Incesto • Infância • Injúrias, exageros & calúnias • Jesuítas • Leonardo da Vinci • Livros • Londres • Loucura • Máximas de Jacques Lacan • Monroe, Marilyn • Mulheres • Narciso •Nova York • Orgonon • *Origem do mundo, A* • Paris • Presidentes americanos • Princesa selvagem • Psicanálise • Psicoterapia • Psicoterapia institucional • Psique/Psiquê • Psiquiatria • Psiquiatria dinâmica • Rebeldes • Resistência • Roma • Romance familiar • Roth, Philip • Salpêtrière • São Petersburgo • *Schibboleth* • Sedução • *Segundo sexo, O* • Sexo, gênero & transgêneros • Sonho • Terra Prometida • Topeka • *Último índio, O* • Viena • *W ou a Memória de Infância* • Washington • Wolinski, Georges • Worcester • Zurique

Índice onomástico, 348

Introdução

SEMPRE AMEI OS DICIONÁRIOS. Eles encerram um saber que é como um mistério permanente. Cada vez que abro um dicionário, sei que vou encontrar algo novo, uma coisa secreta na qual não havia pensado, histórias, palavras, nomes, figuras de linguagem. Um dicionário é um vasto lugar de memória, um relato em forma de labirinto, um inventário errante, uma lista em expansão. Quando publiquei, com Michel Plon, um volumoso *Dicionário de psicanálise* (1997), reeditado várias vezes, não imaginava que um dia retomaria a tarefa, sobretudo porque dezenas de dicionários da psicanálise já haviam sido publicados desde o primeiro do gênero, em 1938, data da partida de Freud para Londres. Sessenta anos mais tarde, o nosso dicionário incluía, pela primeira vez, os conceitos, os países de implantação, as grandes correntes, as técnicas de cura, os atores da história, a historiografia e as principais obras de Freud.

Também precisei de muito tempo antes de mergulhar nesta bela aventura amorosa orquestrada por Jean-Claude Simoën.* Temor da repetição, medo de estar tão impregnada pelas antigas listas que já não conseguiria desprender-me delas ou sei lá mais o quê.

Era preciso abandonar meu terreno acadêmico para dar livre curso a encadeamentos inéditos. O leitor não encontrará aqui, portanto, conceitos, atores ou países, mas sim temas, palavras, ficções e territórios reunidos de modo arbitrário, citações e remissões a outros dicionários amorosos, assim como um índice onomástico. Algo como uma aventura do imaginário urdida no correr da pena, uma vagabundagem em primeira pessoa,

---

* Criador da coleção Dictionnaire Amoureux para a editora francesa Plon. (N.T.)

um percurso sem destino, entradas postergadas ou inesperadas, atalhos traiçoeiros a serem lidos ordenada ou desordenadamente.

Para o *Dicionário amoroso da psicanálise*, adotei o estilo intuitivo das lições de coisas – classificar, refletir, distinguir, nomear –, visando a esclarecer o leitor sobre a maneira como a psicanálise alimentou-se de literatura, cinema, teatro, viagens e mitologias para transformar-se numa cultura universal. Atravessei cidades e museus, encontrei personagens, poemas, romances que me são familiares ou que aprecio em particular. De "Amor" a "Zurique", passando por "Animais", "Ferdinand Bardamu", "Buenos Aires", *"A consciência de Zeno"*, *"O segundo sexo"*, "Sherlock Holmes", "Hollywood", "Göttingen", "jesuítas", *"A carta roubada"*, "Marilyn Monroe", "Nova York", "Paris", "Psiquê", "Leonardo da Vinci", *"W ou a Memória da infância"*, temos aqui uma lista de experiências e de palavras que permitem traçar a história e a geografia dessa saga do espírito em permanente metamorfose.

A psicanálise é uma das aventuras mais fortes do século XX, um novo messianismo nascido em Viena entre 1895 e 1900, no coração da monarquia austro-húngara. Foi inventada por judeus da Haskalá, reunidos em torno de Sigmund Freud. Todos estavam em busca de uma nova Terra Prometida: o inconsciente, a clínica das neuroses e da loucura. Fenômeno urbano, a psicanálise é uma revolução do íntimo, sem nação nem fronteiras, herdeira ao mesmo tempo das Luzes – alemãs e francesas – e do romantismo, baseada na atualização dos grandes mitos greco-romanos. Globalizada desde o nascimento, ela se adaptou tanto ao jacobinismo francês, ao liberalismo inglês e ao individualismo norte-americano, quanto ao multiculturalismo latino-americano e ao familismo japonês.

A esse respeito, cabe a pergunta: existiria ainda uma comunidade psicanalítica ligada a um relato único das origens? Sim, na medida em que, de um lado a outro do planeta, os psicanalistas se reconhecem entre si – positiva ou negativamente – reivindicando o nome de Freud e reunindo-se em associações internacionais; não, pois todos sabem que essa comunidade é composta atualmente por um extraordinário mosaico de grupos que não se relacionam localmente, mas referem-se, cada um deles, a uma corrente internacionalizada. Nos vários países, os psicanalistas se detestam entre si,

Introdução 9

e cada grupo pretende encarnar o supereu freudiano em detrimento dos outros. Consequentemente, presos a essa ilusão, na maior parte do tempo os membros dos grupos ignoram que a cultura psicanalítica só existe porque é plural, e que para compreendê-la é necessário desembaraçar-se da ideia de que uma escola seria superior a outra. A historiadora que sou aprecia essa atomização. Não há, a meu ver, nada mais apaixonante que passear transversalmente, a cada viagem, pelo coração dos diferentes idiomas da psicanálise, tentando decifrar seus códigos, costumes, relatos singulares, que remetem muitas vezes a um universo fantasístico.

A psicanálise transformou-se num dos maiores componentes da cultura popular, política e midiática do mundo contemporâneo: imprensa sensacionalista, quadrinhos, caricaturas, séries televisivas etc., hoje ela está presente em toda parte nos textos de editorialistas e colunistas, a tal ponto que seu vocabulário – lapso, inconsciente, divã, paranoia, perversão, supereu, narcisismo etc. – está incorporado em todas as formas de discurso.

Em sua versão original, sempre ativa, a psicanálise anuncia que o homem, mesmo determinado por seu destino, pode libertar-se de suas correntes pulsionais graças à exploração de si mesmo, de seus sonhos e de suas fantasias. Uma nova medicina da alma? Claro, mas também um desafio ao mundo da racionalidade. Essa estranha disciplina foi ferozmente atacada tanto por fanáticos religiosos quanto por regimes totalitários ou por cientistas desvairados, desejosos de reduzir o homem a uma soma de circunvoluções cerebrais. Mas ela também foi tristemente desfigurada por seus adeptos, que por vezes contribuíram para rebaixá-la a jargões. Quanto a Freud, hoje reconhecido como um dos grandes pensadores do século XX, foi tão injuriado quanto Marx, Darwin e Einstein.

É por essa viagem que tento levar o leitor deste dicionário: uma viagem ao coração de um lago desconhecido situado além do espelho da consciência.

A

Amor

Contra um único instante de amor...

Começar a redação deste *Dicionário amoroso* por um verbete dedicado ao amor parece uma obviedade, uma vez que Freud colocou o amor no centro da experiência psicanalítica, associando-o a angústia, Eros, incesto, libido, paixão, psique, desejo, transferência, sexualidade, pulsão, Narciso, Édipo, perversão. Nesse aspecto, este primeiro verbete remete a todos os outros, sem exceção, dado que a psicanálise também é, como terapia e filosofia da alma, uma exploração de si que, a princípio, permite ao sujeito compreender o que pertence à esfera da relação com o outro, portanto, o amor, e portanto, também, o desamor e o ódio [*haine*], o "amódio" [*hainamoration*], segundo o famoso neologismo de Jacques Lacan: amor dos amantes acompanhado de ciúme e desejo de matar, amor e rivalidade dos filhos pelos pais e vice-versa, amor conjugal, amor dessexualizado, amor fraterno, amor devorador, amor criminoso, amor perverso, amor delirante pelo sexo etc. Várias oposições entram em jogo no amor: amar e ser amado, amar sem ser amado, amar e odiar, amar e ser odiado etc. Em suma, a questão é tão vasta quanto a palavra que a designa.

Contudo, embora tenha feito do amor o objeto de uma ciência, ao mesmo tempo afirmando, como bom darwiniano, que o princípio cristão de amar ao próximo como a si mesmo ia de encontro à natureza assassina do ser humano, Freud também foi um homem amoroso na mais pura tradição do romantismo alemão, não obstante herdeiro de um puritanismo vitoriano que ele não cessava de criticar. Freud nasceu num mundo em que as mulheres, espremidas em seus espartilhos, mantinham seus corpos à distância do olhar dos homens, o que, por consequência, as tornava desejáveis, como se sua fala velada, sempre atormentada, sempre objeto de recalcamento, não pudesse se exprimir senão através do grito. Beleza convulsiva da histeria encarnada na mulher, segundo André Breton e Louis Aragon, poetas do surrealismo. Neurose sexual inteiramente tecida por causas genitais, dizia o neurologista Jean-Martin Charcot por ocasião de suas demonstrações no hospício da Salpêtrière.

Nesse mundo, os homens usavam barba e os adolescentes, frustrados em sua aspiração libidinal, deviam assemelhar-se a seus pais e respeitar a virgindade das jovens, por sua vez neuróticas à força de serem educadas ao mesmo tempo no horror e na exibição do sexo. Em suma, eles eram obrigados a separar sua vida sexual de sua vida amorosa, recorrendo a prostíbulos ou mulheres casadas: "A geração atual mal tem noção da incrível extensão da prostituição na Europa até a Primeira Guerra Mundial", escreve Stefan Zweig em *O mundo de ontem* (1940). "A mercadoria feminina era oferecida a céu aberto a qualquer preço e a qualquer hora, e um homem comprava uma mulher por um quarto de hora, uma hora ou uma noite com tão pouco dinheiro e esforço quanto ele adquiria um maço de cigarros ou um jornal. ... E era a mesma cidade, a mesma sociedade, a mesma moral que se indignava quando as jovens andavam de bicicleta, que declarava ser uma profanação da dignidade da ciência quando Freud constatava, de seu jeito sereno, calmo e penetrante, as verdades que não queriam reconhecer. O mesmo mundo que defendia pateticamente a pureza da mulher tolerava esse comércio vil de mulheres que se vendiam, organizava-o e até lucrava com ele."

Freud sempre julgou o amor de uma mãe essencial a um filho e teve muita dificuldade para imaginar que pudesse ser de outra forma. Adorado por sua jovem mãe, Amalia Nathansohn, que o chamava de "meu Sigi de ouro" (*mein goldener Sigi*), teve com ela uma relação privilegiada. Foi em decorrência desse convívio que elaborou sua teoria do complexo de Édipo, de tal forma ficara perturbado, aos quatro anos de idade, diante de sua nudez, quando a entrevira numa toalete íntima durante uma viagem.

Consciente do amor que Amalia lhe dedicava, Freud gostava de declarar que, "quando se foi o favorito de sua mãe, conservamos pela vida afora um sentimento conquistador, essa segurança do sucesso que não raro traz o sucesso embutido em si". E ele foi a prova viva do que afirmava, uma vez que esse amor lhe deu coragem não só para enfrentar a adversidade como para adotar a respeito da morte a atitude de aceitação típica dos que se sentem imortais porque souberam fazer o luto do primeiro objeto de amor: a mãe amante. A mãe, ou seu substituto, seja ele qual for, seria assim o protótipo de todas as relações amorosas posteriores.

Nascida no âmago de uma sociedade burguesa assombrada pelos tormentos da alma e do corpo, a psicanálise atribuiu-se como tarefa desvendar os segredos do amor que subsistiam soterrados nos jardins do sonho.

"Minha querida, minha doce mulher, minha princesinha, meu tesouro, meu coração, minha bem-amada Martune, meu querido amor": são estas as palavras da língua cotidiana que florescem na correspondência de Freud com Martha Bernays, sua noiva de Hamburgo, da qual se viu afastado anos a fio, até que ela se tornasse sua esposa, depois a mãe de seus filhos e, por fim, sua "boa velha", uma vez passado o arroubo da atração física. Após anos de sofrimento e privação, vieram a felicidade e a satisfação, depois a expectativa levando à sublimação, sob o risco do tédio e da decepção.

"Por que não nos apaixonamos todos os meses novamente?", ele escreve em 29 de agosto de 1883. "Porque a cada separação uma parte de nosso coração ficaria dilacerado." O amor, para perpetuar-se, supõe então a possibilidade de fazer o luto do objeto amado e, logo, de sofrer em seguida para amar novamente. Toda a literatura romanesca trata dos sofrimentos ligados ao amor, à perda, ao ciúme, ao impossível, à culpa, desde *A princesa de Clèves* até *Um amor de Swann*, passando por *Madame Bovary*, sem esquecer Lancelot ou Tristão, amantes culpados de mulheres culpadas, condenados ao desassossego, à loucura e à renúncia à vida sexual: "Sou louco por estar apaixonado, não por poder dizê-lo", dizia Roland Barthes (*Fragmentos de um discurso amoroso*, 1977).

Mas o amor, segundo Freud, é também o amor pela viagem, o amor pela natureza, as paisagens e os animais e, por que não, o amor por um grande missivista escrevendo estas palavras à sua mulher em setembro de 1900, quando se prepara para visitar o sul da Itália: "Por que, então, deixamos este lugar idealmente belo, sossegado e rico em cogumelos? Simplesmente porque ... nosso coração tende para o Sul, para os figos, as castanhas, o louro, os ciprestes, as casas ornamentadas com sacadas, os antiquários e assim por diante." O amor aqui confunde-se com a alegria.

Na história da psicanálise, assim como na história da humanidade, o amor aparenta-se igualmente ao sacrifício, ao heroísmo e à melancolia. Amar é ao mesmo tempo viver e desejar morrer. Este é o "puro amor", aquele que votamos à pátria, a um ideal, a Deus, à Mulher sublimada segundo as regras do amor cortês: um amor impossível, impensável, incondicional e inegociável, que não supõe nenhum objeto, nenhuma outra recompensa senão a da perda de todo gozo: "Há em mim tamanho desejo por ti", dizia um poeta sufi, "que se a pedra tivesse de suportá-lo racharia como se por um fogo violento. O amor se insinuou nos meus membros tão intimamente quanto na alma a fala interior. Não posso suspirar sem que estejas no ar que exalo e não vivas em cada um de meus sentidos. Meus olhos são incapazes de se fechar sem que te encontres entre a retina e as pálpebras."

Adepta da *Lebensphilosophie* (filosofia da vida e do elã vital), Lou Andreas-Salomé achava as mulheres mais livres do que os homens na relação amorosa, pois eram capazes, dizia, de entregar-se por inteiro no ato sexual sem qualquer vergonha. Mas Lou também acrescentava que a paixão física se esgota uma vez saciado o desejo. Por conseguinte, só o amor intelectual é capaz de resistir ao tempo. Num opúsculo de 1910, ela comentava um dos grandes temas da literatura – de Emma Bovary a Anna Karenina –, segundo o qual a divisão entre loucura amorosa e quietude conjugal deve ser plenamente vivida. Lou pôs em prática esse preceito em sua própria vida (*Minha vida*, 2009).

É a Louis Althusser, filósofo marxista inteiramente impregnado da conceitualidade freudiana, que devemos uma explosiva correspondência amorosa em que se misturam tratamento analítico, melancolia, paixão delirante e amor místico. Em 1960, aos 42 anos de idade, o filósofo se apaixona por Franca Madonia, uma intelectual italiana. E em suas cartas –

Amor 15

nas quais descobrimos tanto o relato de suas sessões de análise com René Diatkine quanto a elaboração de uma reforma do marxismo; a descrição tanto de seus episódios depressivos quanto de suas múltiplas internações, que o levarão a um desvario definitivo – ele encena uma espécie de loucura do amor louco: "Franca, negra, noite, fogo, bela e feia, paixão e razão extremas, desmesurada e sensata ... Meu amor, estou exaurido de te amar, as pernas bambas esta noite a ponto de não conseguir mais andar – e, não obstante, o que fiz hoje a não ser pensar em ti, perseguir-te e amar-te? ... Marcha infinita para esgotar o espaço que abres para mim ... digo isso, meu amor, digo o que é verdade – mas digo-o também para combater o desejo por ti, por tua presença, o desejo de ver-te, falar-te, tocar-te ... Se te escrevo, é também por isso, compreendeste bem: a escrita, de certa maneira, torna presente, é uma luta contra a ausência" (9 set 1961).

Em diversas oportunidades, notei que o nome de Freud surge sempre de maneira inopinada – como um Supereu – nas mais célebres cartas de amor da segunda metade do século XX, e não só sob a pena dos missivistas mais conscientemente freudianos. Por exemplo, numa carta de 16 de julho de 1970, François Mitterrand confessa a Anne Pingeot que muitas vezes desejou lhe fazer um filho: "Há no amor que me une a você um absoluto, um terrível, definitivo. Amo-a de um modo que você não pode saber. Vai me julgar mais cruel do que sou: muitas vezes pensei muito em lhe fazer um filho. Freud teria ficado satisfeito com a transferência! Pelo menos, eu teria criado um ser que seria você" (*Lettres à Anne*, 2016).

Discípulo preferido de Freud, Sandor Ferenczi foi o clínico mais sutil da história da psicanálise. E sua longa correspondência com Freud – três volumes que se estendem de 1908 a 1933 – é um documento antológico, em que se misturam amor, estima, crítica, contínua inventividade, testemunhos sobre a vida cotidiana em Viena e Budapeste.

Apaixonado por sua amante, Gizella Pálos, Ferenczi não hesita em analisá-la. Pouco depois, faz o mesmo com a filha dela, Elma, por quem se apaixona. Dando-se conta da situação delicada em que se envolveu, ele, o grande técnico da relação transferencial – necessária a toda prática analítica –, pede a Freud para intervir. O mestre de Viena aceita-o então em seu divã para algumas sessões, e analisa também Elma. E obriga Ferenczi a desistir da filha para esposar a mãe.

Se por um lado Ferenczi teve a sensação de ser despojado de suas paixões por um pai autoritário, por outro aceitou ser "normalizado", para sua maior felicidade. Ferenczi foi o primeiro a pensar a questão da relação arcaica com a mãe, a teorizar a ambiguidade e o ódio ligados ao amor e a apontar que, se impomos aos filhos mais amor ou um amor diferente do que eles desejam, isso pode gerar as mesmas consequências que a privação de amor. Ferenczi era um apaixonado pela psicanálise. Amava-a como quem ama a mãe ou deseja uma mulher. Pelo amor à psicanálise, mais do que pelo amor a Freud, ele a praticava além do que era razoável e dedicava a seus pacientes uma espécie de devoção, procurando incessantemente explorar novas técnicas para o tratamento. Foi assim que criou a noção de "técnica ativa", que consistia em intervir no tratamento com gestos de ternura e empatia. Chegou inclusive a afirmar que o analista podia manifestar sua ternura por intermédio de beijos.

Ferenczi confundia então amor e transferência, o processo constitutivo do tratamento psicanalítico pelo qual os desejos inconscientes reportamse ao terapeuta. E compreende-se por quê. Com efeito, foi preciso muito tempo para que o movimento freudiano cessasse de misturar as duas coisas. Era frequente, no começo do século XX, confundir a transferência com o amor de transferência. "Como você é sublime", "Como você é bonito", "Como você se parece com a minha mãe, meu pai, meu tio, meu ideal", eis os termos com que um paciente testemunha o amor que dedica a seu analista, o qual representa sempre outro personagem.

Preocupado em conservar o amor de Ferenczi, com ele Freud se colocava sempre no terreno do bom senso e do amor paterno. Numa carta de 13 de dezembro de 1931, ele detona a técnica do "beijo", afirmando ser impossível proporcionar tais satisfações eróticas aos analisandos: "Imagine qual será a consequência da publicação de sua técnica. Não há revolucionário que não seja superado por um mais radical ainda ... Virão aqueles mais atrevidos que darão o passo suplementar até mostrar e olhar e logo teremos incluído na análise todo o repertório da semivirgindade e dos *'petting-parties'.*" E acrescentou: "Como você gosta de desempenhar o papel de mãe carinhosa para com os outros ... cumpre então que ouça, pela voz brutal do pai, a advertência ... de que a tendência aos pequenos jogos sexuais com as pacientes não lhe era alheia nos tempos pré-analíticos."

Mas o amor de transferência é também o ódio disfarçado num verdadeiro bestiário: "Vi em sonho um sapo semelhante à minha mãe e ao meu analista; e depois segui um crocodilo que tinha uma vagina que se transformava numa figura humana: uma espécie de ciclope", e depois "o ciclope se metamorfoseava em rato, em percevejo, em tatu-bola". E ainda: "Sou como Gregor Samsa, o inseto monstruoso da *Metamorfose* de Kafka, recebo os insultos de minha família. Luto contra a infame vassoura que quer me eliminar. Amo aqueles que me fazem sofrer e me odeiam."

Logo, existe um amor monstruoso, um amor impelido pelo ódio, um amor ao próprio ódio, o dos ciumentos, assassinos, antissemitas, racistas, mas também o de Narciso carrasco de si mesmo.

Diferentemente de Freud, e como inúmeras mulheres psicanalistas, Melanie Klein, psicanalista inglesa de origem vienense, eslovaca e polonesa, teve uma infância difícil. Desamparada pelo pai, indesejada pela mãe tirânica e possessiva, transformou de ponta a ponta a doutrina freudiana do amor, enfatizando, como seu mestre Ferenczi, a relação arcaica da criança com a mãe, mostrando que todo sujeito é habitado por uma espécie de ódio primitivo pelo objeto amado. Ligou o amor à inveja, ao terror, à angústia, à gratidão e à idealização. Explorou igualmente todas as facetas de um território fantasístico do amor e do ódio, povoado por bons e maus objetos que, ao longo da vida, o sujeito procura ora destruir ou danificar, ora fetichizar, como num quadro de Max Ernst.

Jacques Lacan, personagem transgressivo e libertino, era marcado pela leitura das obras de Sade, por seu contato com Georges Bataille e pelo ensino de seu mestre em psiquiatria Gaëtan Gatian de Clérambault, fetichista de tecidos e clínico dos delírios passionais. E, assim como em 1932 defendera sua tese de medicina sobre a história de uma mulher louca acometida de erotomania, Marguerite Anzieu, a quem deu a alcunha de Aimée, da mesma forma, a vida inteira, amou a loucura feminina e as figuras cristãs do êxtase.

Apaixonado laico pela Igreja católica romana, Lacan era fascinado pelo *Êxtase de santa Teresa*, de Bernini, e por Hadewijch de Antuérpia, ardorosa mística do século XIII, que se dirigia a Deus nos seguintes termos: "Como é doce a habitação do amado no amado, e como eles se penetram de tal maneira que um não sabe mais se distinguir do outro. Esse gozo é comum e recíproco, boca com boca, coração com coração, corpo com corpo, alma com alma." E Lacan deduzia disso que o amor supre a ausência da relação sexual.

Os místicos, aliás, inventaram não apenas um discurso como práticas eróticas: "A oração é um coito com a presença divina", dizia o rabino Israel Baal Shem Tov, fundador do judaísmo hassídico no século XVII. Do judaísmo ao islã, passando pelo cristianismo e o hinduísmo, numerosos são os relatos de êxtases que mostram que fazer amor com Deus é diluir-se nele a fim de poder gozar do horror de si mesmo. Em suma, trata-se, no caso desses loucos de Deus, de uma pulsão destruidora em estado puro.

A vida de Catarina de Siena, santa cristã canonizada em 1461, é a ilustração disso. Revoltada com sua família, recusa desde jovem os atributos da feminilidade. Mutila-se, pratica o jejum e sente prazer em ser desfigurada pela varíola. Após ingressar na vida religiosa junto às irmãs da Penitência de Saint-Dominique, cultiva êxtases e mortificações até se convencer de que Jesus a tomou como amante: "Uma vez que por amor a mim renunciaste a todos os prazeres", ele teria lhe dito, "resolvi esposar-te na fé e celebrar solenemente minhas núpcias contigo." Jesus lhe dá um anel invisível, ela suga suas feridas e come o pus dos seios de uma cancerosa.

Desde a juventude, o maior místico indiano do século XIX, o bengali Ramakrishna, tem experiências extáticas que lhe proporcionam prazeres indizíveis. Adorador da terrível deusa Kali, que carrega em seu peito uma guirlanda de crânios e cuja língua vermelha projeta-se para fora da boca, ele é recrutado como sacerdote e mete na cabeça que irá seduzi-la. Nada o contém, nem mesmo os múltiplos braços daquela amante sonhada que se agitam a cada transe frenético despejando imprecações mortíferas sobre o universo. Quando finalmente julga poder enlaçá-la, sente-se transportado para um oceano de ondas ofuscantes: "Ele reconheceu então, sem saber, a irrupção das ondas do orgasmo diante da deusa mais hedionda do panteão hindu" (Catherine Clément, *Faire l'amour avec Dieu*, 2017).

Ao amor que dispensava às místicas e à arte barroca, Lacan acrescentava uma atração pela homossexualidade grega, o que o levava a olhar toda forma de amor como um ato perverso, a ponto de julgá-lo uma captação inesgotável do desejo do outro: "O amor é dar o que não se tem a alguém que não o quer", ou ainda: "Peço-te que recuses o que ofereço porque não é isso." E para mostrar claramente que o desejo perverso caracteriza tanto a homossexualidade quanto a heterossexualidade, Lacan comentava assim a obra de Marcel Proust: "Lembrem-se da prodigiosa análise da homossexualidade que se desenvolve em Proust no mito de Albertine. Pouco importa que esse personagem seja feminino, a estrutura da relação é eminentemente homossexual."

Em 1960, em seu célebre comentário do banquete de Platão (*O Seminário*, livro 8, *A transferência*), Lacan não hesitou em comparar o lugar atribuído à homossexualidade na Grécia ao ocupado pelo amor cortês na sociedade medieval. Um e outro, segundo ele, teriam adquirido uma função de sublimação, permitindo perpetuar o ideal de um mestre no seio de uma sociedade incessantemente ameaçada pelas devastações da neurose. Em outras palavras, dizia Lacan, o amor cortês coloca a mulher numa posição equivalente à posição que o amor homossexual grego atribui ao mestre. Consequentemente, o desejo perverso, presente nessas duas formas de amor, é designado por Lacan como favorável à arte, à criação, à invenção de novas formas do laço social e, por fim, à possibilidade da transferência no tratamento que supõe, para que um sujeito exista, uma relação de amor entre um mestre e um discípulo, entre um analista e um analisando. Contudo, uma vez que o amor é desejo, ele também se funda na falta: os objetos do amor são o que não temos, aquilo que nos falta. Lacan, aqui também, inspira-se em Sócrates.

Logo, em sua força primordial, e seja qual for seu objeto, o amor é um ato incondicional, um ato de liberdade.

Em certos aspectos, a psicanálise reativa os dois grandes mitos do imaginário amoroso: o mito socrático, segundo o qual o amor engendra o discurso amoroso, e o mito romântico, que permite transformar uma paixão em obra literária. De um lado *O banquete* de Platão, do outro, o *Werther* de Goethe. A que se acrescentam o amor melancólico – quando a perda e o luto são impossíveis – e o amor místico.

Ver: Angústia. Animais. Antígona. Budapeste. Desejo. Eros. Família. Fantasia. Göttingen. Infância. Jesuítas. Loucura. Máximas de Jacques Lacan. Mulheres. Narciso. Psique/Psiquê. Roma. Salpêtrière. São Petersburgo. Sexo, gênero & transgêneros. Terra Prometida. Viena. Wolinski, Georges.

Angústia
Deliciosa vertigem

Ao contrário do pavor, que é um estado suscitado por um perigo que não esperamos, e do medo, que diz respeito a uma situação esperada ou a fantasias e rumores, a angústia é sempre existencial e às vezes despótica, sem ser obrigatoriamente patológica como a fobia, cujo sintoma é o terror face a alguma coisa (objeto, sujeito, situação) que não oferece nenhum perigo real.

A angústia é não só universal como ontológica. Nenhum ser humano está livre dela, salvo se perder sua humanidade, ainda que saibamos que os animais podem experimentar estados de pânico face à iminência de um perigo real. Mas também sabemos que o pânico instintivo não tem palavras para se exprimir, ao contrário da angústia.

A questão da angústia, como a do amor, é central na doutrina psicanalítica. Até porque diz respeito às noções de sujeito e de existência singular, faz com que só um ser livre possa de fato ter tal experiência. Como apontava Søren Kierkegaard, a angústia é uma vertigem do possível e só é sentida quando o sujeito é obrigado a fazer uma escolha que abala o conjunto de sua existência a ponto de fazê-lo perceber o nada, o túmulo, a passagem da vida à morte. A angústia também pode ser associada à melancolia, à influência do *spleen* sobre a psique, ao desejo de uma extinção da alma... Insuportável angústia!

Angústia

Grandes autores produziram uma considerável literatura psicanalítica sobre a angústia, autores para os quais ela se faz presente do nascimento à morte, passando pela atividade sexual e amorosa: angústia da separação do corpo da mãe em Otto Rank, angústia de não mais ser amado ou angústia de perda e culpa em Freud, angústia de despedaçamento em Melanie Klein, angústia de autodestruição nos teóricos da Self Psychology, e, por fim, angústia de não sentir mais angústia em Lacan, o mestre da angústia, por sua vez profundamente angustiado e que não hesitava em fazer desta um princípio fundamental da subjetividade humana: "Não existe falta da falta", ele gostava de afirmar. E é verdade que, se eliminarmos toda angústia no ser humano, ele sofre bem mais por deixar de senti-la do que por poder mobilizá-la como experiência criadora: "Esforço-me para transformar minha angústia em delícia", dizia Georges Bataille.

Jean-Paul Sartre, outro mestre da angústia, sabia que ter medo do que podemos fazer atesta o poder que a liberdade confere: e é daí que nasce a angústia autêntica.

Com efeito, é porque a angústia é uma necessidade existencial que é inútil querer neutralizá-la com medicações excessivas que, embora interrompam seus sintomas mais assustadores, não têm nenhuma eficácia sobre sua influência despótica, tão bem descrita por Baudelaire: *"Et de longs corbillards sans tombeau ni musique/ Defilent lentement dans mon âme; l'Espoir/ Vaincu pleure et l'Angoisse, atroce, despotique/ Sur mon crâne incliné plante son drapeau noir."* ["E compridos rabecões sem esquife nem música/ Desfilam lentamente em minh'alma; a Esperança/ Vencida chora e a Angústia, atroz, despótica/ Sobre minha cabeça curvada finca sua bandeira negra."]

Nesse aspecto, convém nos interrogarmos sobre a loucura dos laboratórios farmacêuticos. Com a ajuda da Associação Mundial de Psiquiatria, que preconiza em escala planetária classificações comportamentais, eles conseguiram medicalizar de maneira exacerbada nossas ansiedades, isto é, a angústia existencial, própria da condição humana – com a vontade férrea de reduzir a pó, em nome de uma moral securitária, todas as manifestações do sofrimento humano.

Aperfeiçoaram moléculas eficazes não só contra o terror da angústia, como igualmente contra as angústias "normais": contra o medo de perder o emprego em tempos de crise econômica, contra a angústia de morrer quando se é acometido de uma doença fatal, contra o medo de atravessar a rua num lugar perigoso, contra o desejo de se saciar à mesa às vezes além da conta, contra o fato de beber uma taça de vinho por dia ou ter uma vida sexual frenética etc.

Pergunto-me angustiada, e por amor ao que a angústia nos proporciona, como seremos capazes de conter a expansão dessas teses aberrantes, tão inoculadas nas sociedades do século XXI, que têm como objetivo político encaixar a vida corriqueira dos homens em quadros patológicos.

Ver: Animais. *Consciência de Zeno, A.* Desejo. Felicidade. Green, Julien. Infância. Loucura. Psicoterapia. Psique/Psiquê. Psiquiatria. Rebeldes.

Animais

Os animais vivem, o homem existe

Deuses, homens, plantas e animais são intercambiáveis em todas as grandes mitologias, que encenam metamorfoses pelas quais um ser humano transforma-se num animal ou numa flor para melhor dissimular sua identidade. Embora desde sempre os animais sejam companheiros dos humanos, apenas os deuses têm o poder de transformar o homem num animal, em geral para castigá-lo. Nas sociedades primitivas, um animal pode ser venerado como um totem que simboliza o ancestral de um clã. As religiões monoteístas, ao contrário, baniram a figura do animal divinizado, despachando-a para o inferno. Em compensação, transformaram os anjos – criaturas aladas assexuadas, celebradas por Leonardo da Vinci – em mensageiros de Deus junto aos homens. Quanto ao demônio, anjo caído, é sempre representado como um animal disforme que personifica o mal e a sexualidade desenfreada.

Desde a Antiguidade, os filósofos pensaram a questão da animalidade de duas maneiras. Uns afirmaram que existe uma clivagem absoluta entre o mundo humano e o mundo animal e que só os humanos são dotados de

Animais 23

alma, consciência e linguagem, enquanto outros, preocupados em inserir os seres vivos numa continuidade, abolem essa separação afirmando que ela não tem qualquer fundamento na realidade.

Durante muito tempo os animais foram considerados coisas, da mesma forma que os escravos ou os loucos. Cumpria então domesticá-los ou confiná-los em jaulas ou gaiolas, ou então deixá-los à míngua para ensiná-los a matar os homens. Como os loucos, os animais foram encerrados em parques, depois em zoológicos. Eram visitados. E, ao mesmo tempo, eram comparados aos "anormais" – corcundas, anões, albinos, siameses – ou ainda às crianças selvagens, que, abandonadas ao nascerem, sobrevivem em florestas sem nunca aprenderem a linguagem.

Os iluministas renunciaram a dividir o mundo entre uma humanidade sem Deus – os infiéis, os bárbaros, os primitivos etc. – e uma humanidade consciente de sua espiritualidade. Propuseram-se, assim, a estudar o fato humano em sua diversidade e seu possível progresso: de um estado selvagem a um estado de civilização. Daí a abolição da escravatura. No entanto, com as conquistas coloniais do século XIX, os povos primitivos foram mais uma vez tratados como animais expostos em circos ou zoológicos humanos.

Os cientistas da segunda metade do século XIX impuseram outra definição da natureza, oriunda da teoria da evolução. Charles Darwin afirmara que os homens eram hominídeos que descendiam dos macacos – bonobos e chimpanzés –, embora os únicos capazes de falar, andar eretos e adquirir uma faculdade moral, e disso os cientistas deduziram que o estado de natureza não era outro senão o do reino da animalidade primeva do homem. O homem carrega dentro de si o vestígio do babuíno, dirá Freud, grande admirador de Darwin. E esta é sem dúvida a razão pela qual Freud foi acusado de, com a psicanálise, ter inventado uma "psicologia do macaco".

Foi mediante essa modificação do olhar dirigido à natureza que o paradigma darwiniano da animalidade fez sua entrada não só nos textos literários – pensemos no *Drácula* de Bram Stoker (1897), homem-morcego, grande sedutor de ratos – mas também no discurso das nascentes ciências humanas e no da medicina mental. Ele permitia afirmar que, se o animal, inferior ao homem, o precedera no tempo, o homem civilizado conservara em diversos graus – tanto em sua organização corporal como em suas faculdades mentais ou morais – o traço indelével dessa anterioridade e dessa inferioridade. Em seu foro íntimo, o animal humano podia então se transformar, a qualquer momento, numa besta humana.

E foi nessa perspectiva que os humanos sempre se insultaram utilizando um vocabulário animalesco: cadela, piranha, cérebro de minhoca, galinha morta, burro de carga, barata de sacristia, vaca, víbora, porco.

Oriunda da revolução darwiniana e em certos aspectos próxima de toda uma literatura fantástica centrada no terror da animalidade, a sexologia, ligada à psiquiatria, julgou por bem descrever desde o fim do século XIX as grandes perversões humanas. Dentre elas a zoofilia, que não passa da tradução em linguagem científica do que era conhecido como bestialidade. Antigamente, levava à fogueira tanto o animal como o homem. Mas enquanto a bestialidade era um crime, a zoofilia foi assimilada a uma perversão, isto é, a uma doença mental que deve ser tratada. Paralelamente, o animal foi então isentado de toda culpa. Contemporâneo de Freud, Richard von Krafft-Ebing, psiquiatra austríaco e infatigável observador das patologias sexuais, elaborou a lista de todas as formas possíveis de relações carnais entre os homens e os animais sem jamais levar em conta o sofrimento animal. Passamos então a saber que existem todas as práticas de transposição da barreira das espécies. Os animais servem, assim, de suportes para a sexualidade humana. Em nossos dias, apenas os maus-tratos aos animais podem ser levados a um tribunal. Sodomizar um gato que urra de dor não é um exercício semelhante a uma felação de um cavalo.

Se a zoofilia suscita horror, sejam quais forem suas modalidades, a representação pictórica ou literária das relações sexuais entre humanos e animais faz parte das fantasias mais universais da história da humanidade. Não penso apenas nas metamorfoses que encontramos nas mitologias antigas, penso também na tradição japonesa do *Shokushu*, ou penetração por tentáculos. Katsushika Hokusai inspirou-se nela para criar, em 1814, sua célebre estampa *O sonho da mulher do pescador*, em que vemos uma mulher em êxtase, vagina exposta, enlaçada pelos tentáculos de dois polvos. O

Animais 25

menor comprime seus seios e sua boca e o maior pratica um *cunnilingus*. Essa estampa, de uma beleza estarrecedora, sempre me pareceu ser o equivalente da representação fantasística da cabeça de medusa, comentada por todos os psicanalistas, ou ainda de *A origem do mundo*, de Courbet. Com o detalhe de que os tentáculos do polvo, espécie de pênis móveis e flexíveis, capazes de se esgueirar por toda parte, jamais se cansam. Encarnam simultaneamente tanto o gozo feminino como a fantasia masculina mais desejável: a da ereção sem limites. Em 2010, Patrick Grainville, fino conhecedor do método psicanalítico, fez dele um romance: *O coito do polvo*.

Herdeira tanto das antigas mitologias quanto da revolução darwiniana, a psicanálise se apoderou à sua maneira da teoria das metamorfoses, ao mesmo tempo revalorizando – pela exploração do inconsciente, do sonho e da fantasia – a ideia de uma coexistência constante entre a espécie humana e a animalidade, entre as crianças e os animais. Por exemplo, os psicanalistas, a começar por Freud, relatam seus casos clínicos como fábulas que remetem tanto a Ovídio quanto a Apuleio. Nessa perspectiva, cada paciente pode ser descrito em função do medo ou da atração que este ou aquele animal lhe suscita.

Em 1907, Ernst Lanzer, militar vienense, consulta Freud por sofrer de obsessões sexuais e mórbidas. Conta-lhe então uma terrível história de suplício oriental, que consiste em introduzir ratos vivos no ânus de um prisioneiro até que a morte sobrevenha. Freud publicará o caso sob o título de "O Homem dos Ratos". Da mesma forma, em 1910, analisa um aristocrata russo, Serguei Constantinovitch Pankejeff, que um dia lhe conta um sonho no qual vê numa árvore lobos brancos com orelhas empinadas. Aterrado, o paciente desperta, temendo ser devorado pelos animais. Freud o chamará "O Homem dos Lobos" e ele ficará famoso com esse nome. Observemos também que, em 1908, Herbert Graf, mais conhecido como "Pequeno Hans", foi analisado aos cinco anos de idade por seu pai, o musicólogo Max Graf, em decorrência de uma fobia de cavalos. Freud relatou o caso.

Ferenczi, de sua parte, descreve em 1913 o caso de Arpad, alcunhado "Um pequeno homem-galo". Após uma temporada no campo, essa criança de cinco anos sofrera um trauma a ponto de considerar a si mesma como um animal emplumado: "Ele cacareja e dá cocoricós de maneira magistral. Ao raiar do dia, desperta toda a família com um vigoroso cocoricó." Tendo sido mordido por um galo, Arpad passa o tempo fabricando galináceos de papel a fim de esganá-los ou furar-lhes os olhos. Identificado com um pintinho, sonha metamorfosear-se em galo e casar-se com várias mulheres, entre elas sua mãe, a fim de tornar-se o rei de um imenso terreiro. Ferenczi deduz disso que Arpad, na sequência do trauma da mordida, está na realidade aterrorizado por uma angústia de castração. O fascínio da criança pelas galinhas e galos tem, portanto, origem sexual.

É no cinema americano que a presença fantasística da animalidade é mais impressionante, tanto como uma terrível metamorfose – *A mosca*, de David Cronenberg (1986) – quanto como a representação aterradora da fobia, cuja quintessência parece ser *Os pássaros*, de Alfred Hitchcock (1963). Mas penso aqui no convívio muito mais sensual de animais e humanos em inúmeros filmes hollywoodianos: o suntuoso cavalo do *Cavaleiro elétrico* (1979), de Sydney Pollack; a visão incongruente de um leopardo no banco de trás de um carro em *Levada da breca*, de Howard Hawks (1938).

Freud amava a natureza e os animais, mas tinha uma predileção pelos cães, particularmente pelas fêmeas chow-chows de pelo vermelho. Julgava-as criaturas excepcionais, sobre as quais a civilização não tinha nenhuma influência. Era possível, dizia, amá-las integralmente, pois elas encarnam uma existência perfeita em si, destituída de ambiguidade. Freud viveu a vida inteira com suas cadelas em meio à sua família. Colocava-as no mesmo plano que os "ocupantes humanos" e as chamava de "damas". Sempre afirmou que, entre a humanidade e a animalidade, existia uma cesura: a da linguagem e da cultura.

Quando, em 1951, o psicanalista inglês Donald Woods Winnicott cria o termo "objeto transicional" – a famosa "naninha" – para designar um objeto material que tem um valor eletivo para o bebê e a criança, ele está pensando num animal real ou de pelúcia. Ele estabelece então um laço entre os animais-objetos (os brinquedos) e os verdadeiros animais, que são ambos mediadores de sociabilidade. Baseado nessa tese, conta a história de um 'garoto dos coelhos'. Com um ano de idade, este se ampara num coelho de pelúcia para superar a difícil provação de um desmame. Dez anos mais tarde, transfere essa afeição para coelhos de verdade, que se tornam seus amigos. Encontramos essa presença do objeto transicional no filme de Charles Chaplin *Vida de cachorro* (1918), quando Carlitos, vagabundo solitário, molha carinhosamente o rabo de seu cachorro para que ele possa se refrescar, ou ainda quando o transforma num travesseiro com infinita ternura.

O humano, portanto, tem "o animal na alma", e sabemos que quem assassina animais experimenta um gozo comparável ao dos assassinos em série que selecionam suas vítimas para transformá-las em fetiches de suas pulsões mórbidas. Parece-me, em contrapartida, que a rejeição absoluta de qualquer forma de contato com o mundo animal, tal como encontramos em determinadas seitas veganas, não é alheia a um desejo de condenar a espécie humana à morte. Todo ato de comer um animal ou consumir produtos de origem animal seria intrinsecamente, dizem seus adeptos, um ato criminoso tão abjeto quanto torturar um animal por prazer. Essa visão, que aliás unifica todas as espécies animais – das grandes feras às baratas –, sugere que o homem seria na essência um genocida e, logo, uma criatura inferior ao animal, o que é o mesmo que confiscar-lhe a faculdade de julgar.

Como aponta o psicanalista inglês John Bowlby, os animais, em especial os mamíferos, têm em comum com os homens o apego, a perda e a separação. Tanto uns quanto outros precisam, em seu nascimento, de um contato carnal com sua mãe (ou um substituto). Em seguida, sofrem com a perda desse contato, e, quando o objeto do apego originário desaparece, procuram outro em seu grupo ou sociedade.

Jacques Lacan interpreta à sua maneira a ideia freudiana e darwiniana da cesura entre o mundo humano – fundado na fala, na linguagem, na cultura e no desejo – e o mundo animal – ancorado na natureza, no instinto, no afeto e na necessidade. E para denotar a diferença entre os dois mundos recorre a uma anedota judaica contada por Freud: "Dois judeus se encontram num vagão numa estação da Galícia. 'Aonde vai?', pergunta um. 'A Cracóvia', responde o outro. 'Mentiroso!', exclama o primeiro. 'Está dizendo que vai a Cracóvia para que eu acredite que vai a Lemberg. Mas sei perfeitamente que vai a Cracóvia.'"

Lacan defende a tese segundo a qual o animal pode responder a estímulos, ser sensível a sugestões imaginárias ("saber fingir"), mas não consegue de forma alguma mentir ou dizer a verdade para enganar o outro, como fazem os dois personagens da anedota judaica. Em outras palavras, o animal não tem acesso nem à função simbólica nem à linguagem, pois é "incapaz de fingir que está fingindo". O animal, portanto, não possui inconsciente no sentido freudiano.

Num texto célebre, *O animal que logo sou* (2006), Jacques Derrida criticou essa proposição, lembrando que o homem se atribui assim uma onipotência que recusa ao animal. Derrida não partilha a ideia lacaniana da clivagem radical entre o homem e o animal, mas, não obstante, recusa-se a afirmar, como fazem alguns primatólogos, que não haveria qualquer diferença entre o macaco e o homem.

Não julgo ser desejável querer instaurar a todo custo um embaralhamento das fronteiras entre o homem e o animal, imaginando que haveria um pensamento sem linguagem, isto é, uma natureza pensante. Só os humanos têm o poder – e o dever – de não fazer os animais sofrerem e, portanto, de conceder-lhes o direito a uma vida digna, evitando que sejam tratados como coisas ou torturados como se faz nos abatedouros da pecuária industrial. Em todo caso, a pantera não é minha irmã e o macaco não é meu irmão.*

Se os psicanalistas confrontam-se o tempo todo com a animalidade, ora para constatar a que ponto o ser humano é habitado por todas as formas possíveis de animalidade, ora para refletir na cesura que existiria entre dois mundos, eles também têm seus animais preferidos. Será que reconhecem cada paciente pelo cheiro?

Bem diferentes dos cães, os gatos não têm dono e não são suscetíveis a qualquer adestramento. Freud comparava-os a criaturas femininas narcísicas, solitárias e indomáveis. Um dia, ficou encantado com uma gata que se instalara em seu divã sem sequer se preocupar com sua presença. Ela passeava silenciosamente em meio aos objetos de sua coleção, sem

---

* Referência ao livro *Irmão animal*, de Viktor Tausk. (N.T.)

Animais   29

lhes causar qualquer dano. Freud observou com deleite seus olhos verdes, oblíquos e gelados, e considerou que seu ronronar era a expressão de seu verdadeiro narcisismo.

Compreendo a dificuldade que os gatos de psicanalistas podem sentir quando se esgueiram sorrateiramente para o divã dos pacientes a ponto de obrigá-los a partilhar com eles o tempo de uma sessão. Vários livros foram dedicados a esses gatos freudianos: "Ser gato de psicanalista não é tarefa fácil: receber os pacientes quando tocam a campainha, acompanhá-los à sala de espera se eu julgar necessário, roçar na barra da calça de alguns cuja angústia é um pedido de ajuda, deixar-me acariciar, ronronar às vezes, e até mesmo escoltá-los até o pé da escada" (Patrick Avrane, *Le Chat du psychanalyste*, 2013).

Octave Mannoni, meu analista, gostava dos gatos tanto quanto eu, e durante oito anos seu gato foi meu companheiro de divã e frequentemente meu cúmplice. Às vezes, parecia entediar-se e pedia para sair; às vezes, ao contrário, me olhava fixamente como se para apreender a significação de minhas palavras ou silêncios. Esse gato, cujo nome esqueci, observava estranhamente Octave, que queria sempre expulsá-lo. Ele parecia indignar-se o tempo todo por encontrar a porta fechada e ser obrigado a entrar no consultório pela sacada, batendo na janela. Minha análise chegou ao fim simultaneamente à morte do gato.

É em Jacques Derrida que penso quando me lembro da maneira como esse gato observava meu analista. "Não raro me pergunto", escreveu Derrida, "eu, para verificar, quem eu sou – e quem eu sou no momento em que, surpreendido nu, em silêncio, pelo olhar de um animal, por exemplo os olhos de um gato, tenho dificuldade, sim, dificuldade para superar um constrangimento. Por que essa dificuldade? Tenho dificuldade para reprimir um gesto de pudor. Dificuldade para fazer calar em mim um protesto contra a indecência. Contra a falta de decoro que pode haver em estar nu, o sexo exposto, diante de um gato que olha para você sem se mexer, só para ver."

Ver: Amor. Apócrifos & boatos. Desconstrução. Divã. Eros. Espelho. Fantasia. Humor. Infância. Injúrias, exageros & calúnias. Leonardo da Vinci. Londres. Loucura. Narciso. *Origem do mundo, A.* Psique/Psiquê. Psiquiatria. Sonho. Último índio, O.

Antígona

A despeito de tudo e de todos

Fui muito recriminada por apresentar a história da psicanálise ao mesmo tempo como a reatualização das dinastias heroicas da antiga Grécia e do teatro elisabetano e como a crítica de um ideal da família burguesa fundada na desconstrução da figura do pai, tudo isso levando ao advento da emancipação das mulheres e das crianças. Daí os laços históricos que, segundo esse raciocínio, teriam se forjado no fim do século XIX entre o freudismo (mudar o sujeito), o socialismo (mudar a sociedade) e o feminismo (mudar o homem). Essa hipótese sempre me pareceu a mais apta a explicar o surgimento (entre 1895 e 1897) dessa estranha disciplina, a psicanálise, que teve como projeto essencial, através da fala de Sigmund Freud, restaurar mitos ancestrais suscetíveis de dar corpo a uma nova representação do psiquismo (psique). Voltar-se para o passado para melhor descrever o presente: tal foi a missão freudiana.

Renunciando, no fim do século XIX, ao estudo do cérebro e dos neurônios, Freud inventa uma disciplina que tem como originalidade ser não uma ciência ou uma verdadeira psicologia, mas uma mitografia: ele propõe interpretar a língua do inconsciente em termos de mitos, sonhos e lendas, maneira de fugir da modernidade aparente para tentar explicar os comportamentos humanos por estruturas do parentesco, cujo valor de verdade escritores, poetas e dramaturgos tinham sabido revelar melhor que a ciência. Foi assim que Freud inscreveu a psicanálise num tempo que não é o da consciência atuante, mas um tempo imóvel: um lugar de memória sempre em ação no para além da consciência. E, entre seus grandes modelos de genealogia do parentesco, ele escolheu dois personagens primordiais: Édipo e Hamlet. A seu ver, o primeiro encarna o teatro do inconsciente, o que permanece desconhecido do sujeito, enquanto o segundo remete à consciência culpada: Sófocles para a Grécia, Shakespeare para a cultura cristã, entre Idade Média e Renascimento. Dois momentos da história ocidental. Duas cidades, Tebas e Elsinor; duas histórias de pais mortos e filhos herdeiros de uma mancha e um crime. Duas encarnações das dinastias heroicas que povoam nosso imaginário.

Antígona

E não foi por acaso que, entre as tragédias gregas, ele escolheu a história maldita dos Labdácidas, que põe em cena uma dupla impossibilidade: a de situar a mulher em seu justo lugar e a de regular a sucessão das gerações. Da mesma forma, a ordem geracional é claudicante de ponta a ponta, bem como os comportamentos sexuais. O fruto de tantas incoerências conduz à extinção da raça (*genos*) pelo incesto, tornando "manca" (*Labdacos*) toda forma de soberania do pai.

Na concepção freudiana do psiquismo, a ausência da figura de uma soberania que estaria ligada à raça, à nação ou ao órgão biológico explica por que o saber positivo lhe foi tão hostil. Mas essa ausência tem como causalidade uma situação histórica precisa.

Primeira tragédia da trilogia dos Labdácidas, composta por Sófocles (442 a.C.), *Antígona* é a terceira na ordem cronológica, uma vez que é a continuação de *Édipo* e de *Édipo em Colono*. Amaldiçoados pelo pai, Édipo – de quem eles são ao mesmo tempo filhos e irmãos –, Etéocles e Polinices matam um ao outro, o primeiro a serviço de Creonte, seu tio, irmão de Jocasta, tornado rei de Tebas, o segundo rebelado contra ele. Polinices desobedeceu a Creonte e não deve então ter qualquer rito funerário. Desobedecendo à ordem de Creonte, Antígona, filha de Édipo e Jocasta, decide, ao preço da própria vida, dar uma sepultura ao irmão.

Em todas as épocas, essa tragédia foi sempre muito mais comentada do que as outras duas da trilogia. Mais fácil de apresentar no palco e mais suscetível de ser interpretada de inúmeras maneiras, é também muito mais política que a de Édipo, que se desenrola num tempo mítico: o da memória, mais que o da história. *Antígona* é uma tragédia de delírio muito mais do que de destino, uma tragédia que integra a loucura e a divisão dos sexos, uma tragédia centrada no questionamento por parte das mulheres – e por uma mulher em especial – da soberania monárquica e da autoridade do pai.

Eis a razão pela qual Freud não se interessou por ela, obcecado como ele era pela temática da rebelião dos filhos contra os pais. Analogamente, via Antígona como filha fiel, guardiã do lar familiar, acompanhando ao longo de toda a sua decadência física o velho pai atormentado por seu destino – e não hesitava em comparar sua própria filha, Anna, a uma Antígona, o que ela nunca foi. Sem o saber, Freud baseava-se numa intepretação da peça, dominante até o século XVI, que fazia de Antígona a encarnação da devoção filial, do amor ao próximo e dos valores da família cristã: "Não vim para trazer o ódio, mas o amor."

É no fim do século XVIII que surge "a outra Antígona", heroína política, rebelde à autoridade monárquica, da qual Hölderlin fará uma espécie de "canibal", despontando de um caos e assumindo de maneira sublime, até a loucura, os excessos de uma fala blasfema.

Quanto a Hegel, interpreta a tragédia como a ilustração de uma oposição dialética entre as leis do Estado (Creonte) e as da família (Antígona). O trágico reside nessa oposição: os dois heróis devem morrer para que o avanço do Espírito possa se realizar. Daí a ideia inédita segundo a qual a tragédia de Antígona não é a da rebelião de uma filha contra um tirano que abusou de seu poder, mas um conflito entre duas verdades que se equivalem em direito, uma das quais deve triunfar sobre a outra (a do Estado) ao termo de um conflito que leva à condenação à morte dos dois protagonistas. Antígona e Creonte são então os heróis de uma história que os ultrapassa. Nisso reside o trágico da existência humana moderna: no advento do Estado, consequência, segundo Hegel, da Revolução Francesa. E, nessa perspectiva, é a política que ocupa o lugar do destino.

Sabemos perfeitamente, como apontou George Steiner em 1986 (*Les Antigones*), que os sistemas filosóficos do século XIX são construídos em cima do modelo de uma tragédia. Daí a importância atribuída por Hegel a *Antígona*, mais do que a *Édipo*.

Na história da psicanálise, é a Jacques Lacan que devemos a interpretação mais cativante do personagem de Antígona: ele aparece em sua obra diversas vezes ao longo de uma década, entre 1954 e 1964. Se Freud preferiu Édipo para reatar com a noção de destino no sentido grego, Lacan, ao contrário, quis-se herdeiro da filosofia alemã, embora ao preço de romper com a dialética hegeliana.

Com efeito, a seu ver, Antígona assume seu martírio como um absoluto, a ponto de tornar seu carrasco mais humano que sua vítima. Longe de ser uma rebelde que desafia a autoridade, a Antígona de Lacan

Antígona

suporta o fardo de uma morte que leva a outra morte. Por ter desejado dar uma sepultura ao irmão, é emparedada numa caverna, onde se enforca. Riscada do mundo dos vivos sem ainda estar morta, é reduzida a um "entre-duas-mortes", encarnando a essência da pulsão genocida dos Labdácidas, uma vez que sacrifica o futuro ao passado ao afirmar que um irmão é mais insubstituível na família do que uma criança ou um esposo. Tal é a "inumanidade" de Antígona. Intratável e inflexível, ela sustenta seu desejo "a despeito de tudo e de todos", até morrer dele. Nesse processo, Lacan distingue entre sepultura e funerais, assinalando que só o ato dos funerais – o rito – preserva o ser do sujeito, para além da morte, e que a sepultura não basta: não se deve enterrar os mortos como "restos", ele diz.

Sempre defendi que, através de sua reflexão sobre Antígona, Lacan reinscrevia o pensamento freudiano na tragédia da segunda metade do século XX. Analogamente, ele leva em conta a cesura de Auschwitz ao mostrar que a ideia de destruição própria à história dos Labdácidas encontra sua realização extrema no extermínio dos judeus. Com sua concepção da pulsão de morte Freud pressentira isso, mas Lacan extraiu a lição de que essa travessia das catástrofes marcava cada sujeito em sua genealogia.

Antes de tomar conhecimento da interpretação lacaniana da peça de Sófocles, eu tinha ficado impressionada em 1967 pela maneira como Julian Beck e Judith Malina haviam encenado a *Antígona* de Bertolt Brecht pelo Living Theater, transformando a tragédia num verdadeiro transe, numa celebração sagrada da rebelião pura: atores nus circulando em meio aos espectadores, corpos entregues a uma violência extrema, exibição triunfal da revolta contra a tirania. Um grande momento teatral que, sob certos aspectos, não era alheio a essa visão freudiana da pulsão de morte reativada por Lacan.

Ver: Amor. Bonaparte, Napoleão. Celebridade. Édipo. Família. Frankfurt. Guerra. Hamlet branco, Hamlet negro. Hitler, Adolf. Hollywood. Incesto. Livros. Loucura. Mulheres. Psique/Psiquê. Viena.

Apócrifos & boatos
Peste, naninha, complô

Designamos como apócrifo um texto cuja autenticidade não está estabelecida.

A lista de frases atribuídas a celebridades é impressionante. Voltaire nunca disse "Posso não concordar com uma palavra do que dizes, mas defenderei até a morte teu direito de dizê-lo". Galileu nunca desafiou o Santo Ofício afirmando "E, no entanto, ela gira". Henrique IV nunca pronunciou esta frase: "Paris bem vale uma missa." André Malraux nunca afirmou que o século XXI seria religioso ou não seria; ele simplesmente apontou: "Penso que a tarefa do próximo século diante da ameaça mais terrível que a humanidade conheceu será integrar-lhe os deuses."

O movimento psicanalítico adora citações inventadas, fantasias, fábulas e lendas. Diversos analistas comentaram doutamente frases que Freud nunca pronunciou. Por exemplo, em 1909, ao chegar diante da estátua da Liberdade, Freud nunca disse a Sandor Ferenczi e a Carl Gustav Jung: "Eles não sabem que estamos lhes trazendo a peste." Ele apenas murmurou: "Se ao menos eles soubessem o que estamos lhes trazendo..." Da mesma forma, ao deixar Viena em 1938, nunca escreveu no documento oficial que os nazistas lhe estenderam "Recomendo a Gestapo a todos".

Inúmeras fórmulas ou conceitos de Lacan foram atribuídos a Freud: o conceito de foraclusão (mecanismo de defesa próprio das psicoses), por exemplo, ou ainda o enunciado "A mulher não existe". Alguns psicanalistas pensam que Lacan disse "O que quer a mulher?". Inúmeros freudianos atribuem a Lacan citações forjadas de ponta a ponta por seus discípulos, e, da mesma forma, os adeptos de Françoise Dolto estão convencidos de que ela inventou a "naninha" de Winnicott.

Aos textos apócrifos acrescentam-se inúmeros boatos.

Muitos psicanalistas estão persuadidos de que Freud nasceu em 6 de março de 1856 e não em 6 de maio, o que lhes permite afirmar que Jacob Freud teria abusado sexualmente da jovem Amalia Nathansohn, mãe de Freud, antes da data do casamento. Essa afirmação é tanto mais espantosa

Apócrifos & boatos

na medida em que a certidão de nascimento, disponível para consulta em Pribor (Freiberg), cidade natal de Freud, indica sem sombra de dúvida a data de 6 de maio. Outros psicanalistas imaginaram que Freud não era filho de seu pai e que era indiferente à mãe; e disso concluíram que seu romance familiar era o ponto cego da psicanálise, que teria assim sido construída sobre uma imensa mentira. Comentadores chegaram a inventar que Freud teria sido filho de um coito incestuoso entre Amalia e seu próprio pai (Jacob Nathansohn), ou entre ela e seu meio-irmão (Philipp), nascido do primeiro casamento de Jacob Freud com Sally Kanner.

Certos autores contestaram a existência do câncer de Freud para afirmar que ele teria sido vítima de maus-tratos por parte de seus médicos. Teria, portanto, sido assassinado em fogo brando por seus discípulos. Igualmente, teria mantido, durante quarenta anos, uma relação sexual com a cunhada e a forçado a um aborto em 1923, quando ela tinha 58 anos de idade.

Alguns psicanalistas afirmaram deslavadamente que Lacan era judeu. Outros têm convicção de que era um católico fervoroso, outros ainda de que, com balsas improvisadas, teria realizado ao longo do Loire o resgate de inúmeros judeus durante a Ocupação. Conheci psicanalistas que sustentavam teses conspiratórias segundo as quais Lacan teria sido assassinado por sua família. Antilacanianos afirmam que Lacan nasceu de uma relação entre seu avô paterno (Émile Lacan) e sua mãe (Émilie Baudry). E daí deduzem que, por essa razão, teria inventado o termo foraclusão a fim de eliminar Alfred (seu próprio pai) de sua genealogia.

Vários psicanalistas que passaram pelo divã de Lacan entre 1977 e 1981 estão persuadidos de que o tempo de suas sessões era bastante longo, ao passo que nesse período ele recebia pacientes a cada cinco minutos.

Em 1976, a imprensa francesa espalhou um boato estapafúrdio segundo o qual Valéry Giscard d'Estaing, presidente da República, chamava um psicanalista ao Élysée, acometido, dizem, por graves distúrbios psíquicos. Suspeitaram de Serge Lebovici, psiquiatra de crianças e membro da Sociedade Psicanalítica de Paris, que correu para desmentir. Vários psicanalistas puseram-se então a procurar descobrir se o analista do presidente pertencia ou não à sua sociedade. Era lacaniano ou freudiano ortodoxo? Quantos anos tinha? Onde ficava o divã? Um presidente em exercício tinha o direito de confiar o destino de um país a outro que não ele próprio? O principal envolvido jamais desmentiu o boato.

Todo historiador tem o direito de analisar a gênese dos textos apócrifos e dos boatos. Estes atestam a maneira como um grupo social experimenta a necessidade de se reconhecer numa narrativa fundadora que, em geral, lhe parece muito mais prenhe de significação do que o simples enunciado de uma verdade comprovada. Nesse aspecto, a psicanálise não escapa a esse princípio. Ela é tecida de fábulas e fantasias que dão corpo a uma comunidade incessantemente frágil e sempre ameaçada de dissolução.

A partir do início do século XXI, as teses conspiracionistas, os boatos e os textos apócrifos proliferaram em virtude das inovações tecnológicas. Daí o surgimento de uma temática da "pós-verdade", que justifica a ideia aberrante segundo a qual não existiria nenhuma informação verdadeira e as falsas notícias inventadas ou fantasiadas (*fake news*) divulgadas pelas redes sociais seriam muito mais verdadeiras e confiáveis do que as difundidas pela imprensa julgada "oficial" e, logo, suspeita de desinformação.

Ver: Celebridade. Dinheiro. Fantasia. Infância. Hitler, Adolf. Hollywood. Holmes, Sherlock. Injúrias, exageros & calúnias. Leonardo da Vinci. Máximas de Jacques Lacan. Nova York. Presidentes americanos. Rebeldes. Romance familiar. Sedução. *Segundo sexo, O.*

Autoanálise
Promover o retorno do recalcado

A autoanálise é uma investigação de você por você mesmo. Nesse sentido, o termo equivale a diversos outros comumente utilizados: introspecção, confissão, memórias, autobiografia, autoficção, ego-história, romance pessoal, diário íntimo, defesas *pro domo* etc.

Freud atribui-lhe uma significação específica ao declarar, numa carta de novembro de 1897 dirigida a seu amigo Wilhelm Fliess: "Minha autoa-

Autoanálise 37

nálise permanece em suspenso. Agora compreendi a razão disso. É porque só posso analisar a mim mesmo recorrendo a conhecimentos objetivamente adquiridos, como que por um estranho. Uma verdadeira autoanálise é realmente impossível, ou não haveria mais doença. Como os meus casos me colocam determinados outros problemas, vejo-me obrigado a interromper minha própria análise."

Freud considera então que nenhuma autoanálise é possível no âmbito do tratamento pela fala. Mas na medida em que denomina autoanálise o período em que passou, ao longo de toda a sua correspondência com Fliess (1887-1904), da prática da hipnose à invenção da psicanálise e depois à organização de seu movimento, o termo adquiriu em seguida uma extensão fenomenal na comunidade psicanalítica, a ponto de dar origem à lenda segundo a qual Freud teria sido um cientista solitário, capaz de inventar qualquer coisa sem nada dever nem à sua época, nem ao passado, nem a alguma herança, nem aos trabalhos de outros especialistas das medicinas da alma.

E é Ernest Jones, seu biógrafo, que em 1953 populariza o termo "autoanálise" no sentido de um "autoengendramento" da nova ciência do psiquismo. Face a Fliess, falso cientista demoníaco, Freud teria triunfado sobre o obscurantismo de seus contemporâneos com uma simples introspecção. Essa legenda dourada deve sua origem ao fato de a psicanálise ter sido inventada por um "pai fundador", mesmo que em seguida tenha se tornado um domínio de discursividade – conceitos, doutrina etc. –, perdendo contato com a subjetividade de seu iniciador. Se é evidente que essa noção deve ser criticada, nem por isso a psicanálise deixou de constituir um novo impulso para todas as modalidades literárias da escrita de si. Prova disso, em especial, é o sucesso da autoficção e da ego-história.

Diretamente inspirada pelo tratamento psicanalítico, a noção de autoficção foi popularizada por Serge Doubrovsky em 1977 com a publicação de um romance espantoso, *Fils*, no qual se misturam fatos extraídos da realidade e elementos fictícios ou fantasísticos extraídos da experiência do divã. Trata-se, portanto, de uma narrativa, tal como a autobiografia e a investigação do inconsciente, fundada no princípio de uma fusão entre três identidades: o autor é ao mesmo tempo narrador e personagem principal, e a narrativa reivindica a ficção em suas modalidades narrativas.

Quanto à ego-história, amplamente utilizada na França por ocasião das teses de HDR (habilitação a orientar pesquisas) em história, ela foi promovida a partir de 1954 por Philippe Ariès, que em seu ensaio *O tempo da história* relacionava suas recordações de infância com sua vocação de historiador. A ego-história consiste numa espécie de retorno a si mesmo, de um lado, e exposição metodológica, de outro. Por que nos tornamos historiadores e qual é a parcela de história individual, e também de memória, que faz com que nos tornemos historiadores e não outra coisa? Eu mesma participei desse exercício de reflexão ao escrever, em 1991, a obra *Genealogias* (1994).

Eu diria tranquilamente que, quanto mais recusamos subscrever a arte biográfica ou autobiográfica, mais terminamos por ceder a ela de uma forma ou de outra. Foi o caso em especial de Pierre Bourdieu, que, após criticar todas as formas possíveis de ego-história ou de autonarrativa, afirmando que não passavam da ilustração de um narcisismo desmesurado, terminou por redigir, no fim de sua vida, entre outubro e dezembro de 2001, um texto inteiramente freudiano, *Esboço para uma autoanálise*, publicado a título póstumo, primeiro em alemão, depois em francês, em 2004: "Adotando o ponto de vista do analista, obrigo-me (e autorizo-me) a selecionar todos os traços que são pertinentes da perspectiva da sociologia, isto é, necessários à explicação e à compreensão sociológicas, e apenas estes. Mas longe de produzir com isso, como se poderia recear, um efeito de fechamento, impondo minha interpretação, pretendo destinar essa experiência, enunciada tão honestamente quanto possível, ao confronto crítico, como se se tratasse de um objeto qualquer."

"Isto não é uma autobiografia", afirma Bourdieu, sem temer ser acusado de denegação e ao mesmo tempo parodiando René Magritte, autor de um quadro célebre: *Isto não é um cachimbo* (1927). A intenção do pintor era demonstrar que, mesmo pintado da maneira mais realista, um cachimbo como aquele nunca é um "verdadeiro" cachimbo, que serve para fumar, mas uma imagem de cachimbo, que não podemos abastecer com fumo nem guardar num porta-cachimbos.

Autoanálise   39

Portanto, é esse *Esboço para uma autoanálise*, soberbamente escrito, que começa e termina com uma série de denegações no sentido freudiano: "Não tenho a intenção de ... Não escondo minhas apreensões ... Não posso garantir que sei ... Não faria nada para esconder que na verdade não descobri etc." E ainda: "Sem serem verdadeiramente inconscientes, minhas escolhas se manifestavam sobretudo nas recusas e antipatias..."

Ego-história melancólica construída no modo da dúvida e da negatividade, o *Esboço* relata a história de uma insurreição permanente contra o próprio princípio da autobiografia, ao qual o narrador cede para melhor dinamitá-lo a partir de dentro. Em sua busca de uma identidade fundada na diferença, Bourdieu retoma sua temática dos dominados e dominantes para exprimir uma espécie de ódio de si: "Não gosto do intelectual em mim." Assim, explica que os grandes contemporâneos aos quais não raro é comparado – Foucault, Derrida, Habermas – estão menos presentes nele do que outros autores mais anônimos. Em vez de discorrer sobre aquele que veio a ser, Bourdieu descreve a maneira como se extirpou do que não queria ser: um filósofo encarregado de encarnar uma nobreza do pensamento ao lado da qual o sociólogo não passaria do artífice de uma disciplina subalterna, conforme suas próprias origens sociais.

Lendo essa autoanálise, temos a impressão de que o mundo subjetivo de Bourdieu contradiz as leis da sociologia, da qual ele se pretende o reformista, na esteira de Émile Durkheim. E, simultaneamente, descreve-a como uma disciplina conflituosa que consiste em "promover, no campo das ciências sociais, um 'retorno do recalcado'". Para ilustrar a que ponto a sociologia seria marcada pelo descrédito no mundo intelectual, ele a compara à psicanálise, igualmente maltratada e que compartilha com ela "a ambição de explicar cientificamente os comportamentos humanos". E presta homenagem a Freud e Lacan por terem conferido à psicanálise uma dignidade verdadeira ao retornar aos mitos gregos. Ainda assim, condena-a logo em seguida como uma disciplina subjetiva demais e a alinha ao lado do "espiritualismo" e do catolicismo: o de sua mãe.

Da mesma forma, dedica inúmeras páginas à sua infância, ao mesmo tempo desastrosa e sublime, a qual, em suma, estaria na origem de suas inibições, de suas transgressões e de seu pavor de nunca estar onde deveria estar. Essa infância chã, pobre e "béarnaise", Bourdieu descreve-a em termos que não deixam de evocar *As palavras* (1963), de Jean-Paul Sartre, outro relato autobiográfico de inspiração freudiana. Mas, sobretudo, exprime a extraordinária ambiguidade de sua posição. Submetido à permanência de um Supereu perseguidor, cujas diferentes facetas inconscientes ele explora, Bourdieu afirma ter traído suas origens de classe ao tornar-se o perfeito representante de um ideal republicano: um dominante da insubmissão.

Mas o que imprime a esse texto sua maior força subjetiva é que o narrador se debate não com a racionalidade de seus conceitos, e sim com as pulsões que o devoram à medida que ele pretende recalcá-las. Analogamente, essa autobiografia, que não diz seu nome, é a parte secreta e íntima de um homem que transforma seus tormentos numa espécie de confissão que contradiz sua doutrina. A confidência termina com a entrada no Collège de France (1981), estágio supremo de um êxito intelectual, apresentada aqui como uma terrível provação, uma vez que se dá no momento da morte de seu pai, morte trágica de um "pobre-diabo" atropelado numa estrada: "Embora eu saiba que ele teria ficado muito orgulhoso e feliz, estabeleço um vínculo mágico entre sua morte e esse sucesso constituído em transgressão-traição."

Inteiramente imerso na conceitualidade freudiana – um Eu materno e um Supereu paterno –, esse romance familiar bourdieusiano mostra que todo trabalho inovador é simplesmente a história de um percurso em que se misturam ficção e verdade, erro e subjetividade, consciência de si e irrupção das forças do inconsciente.

A autoanálise reprovada por Freud e transformada em lenda dourada por seus herdeiros encontra aqui suas mais nobres credenciais.

Ver: Angústia. Bardamu, Ferdinand. Berlim. Buenos Aires. *Consciência de Zeno, A.* Desconstrução. Édipo. Fantasia. Infância. Narciso. Romance familiar. *Segundo sexo, O. W ou a Memória da infância.*

B

Bardamu, Ferdinand

Dr. Freud e Mister Destouches

Embora eu nunca tenha participado de qualquer "celinomania", fiquei impressionada com a beleza da tese de medicina que Louis Destouches (Louis-Ferdinand Céline) dedicou, em 1924, à vida e à obra de Ignace Philippe Semmelweis (1818-65), obstetra húngaro que, muito antes da era pasteuriana, demonstrou a utilidade de se lavar as mãos por ocasião dos partos quando um médico tinha antes procedido à dissecação de um cadáver. Suas ideias sobre a transmissão da febre puerperal foram violentamente rejeitadas por seus colegas, que se sentiam acusados de transmitir a doença. Internado num asilo de Viena após contrair a febre na esteira de uma autópsia, morreu das sequelas de seus ferimentos depois de ter sido acusado de ter enlouquecido. Sua saúde mental se deteriorara à medida que fora perseguido.

Nesse texto, Céline esboça um quadro crepuscular da sociedade austro-húngara de meados do século XIX, mergulhada no obscurantismo, e desse médico, amaldiçoado por ter descoberto uma verdade cujas reais causas ele não era capaz de estabelecer. Mas sob sua pena já percebemos a aversão aos micróbios e a indignação contra as elites que alimentarão seu delírio antissemita, fundado na rejeição do pretenso "vírus judaico". Desde essa época, Céline tomara conhecimento das ideias freudianas, especialmente da noção de pulsão de morte (*Além do princípio de prazer*, 1920), que tanto o marcará em *Viagem ao fim da noite*, sombrio romance niilista escrito numa linguagem ao mesmo tempo chula, realista, repugnante, delirante e atormentada: "Os trabalhos de Freud são realmente muito importantes, na medida em que o Humano é importante" (1933). Essa adesão não impedirá Céline de proferir injúrias contra Freud. Quanto a este, obviamente, tinha horror ao universo celiniano, como dirá a Ernest Jones e Marie Bonaparte: "Não tenho nenhuma queda por essa pintura da miséria, pela descrição do absurdo e do vazio de nossa vida atual, que não se apoia num pano de fundo artístico ... Exijo da arte outra coisa que não o realismo."

Anti-herói absoluto, espectro de Louis Destouches falando na primeira pessoa, Bardamu [protagonista do romance] atravessa a Primeira Guerra Mundial num desencanto total. Abomina o Exército, dá provas de imensa covardia, denuncia o inferno das trincheiras – "matadouro internacional enlouquecido" –, antes de ser hospitalizado por diversos traumas. Parte para a África, é acometido por delírios e descreve os horrores da colonização, odiando tanto os colonizadores como os colonizados: "Os negros, vocês logo se darão conta disso, são todos gays e podres! ... Pedaços da noite que ficaram histéricos! Eis o que são os negros, estou dizendo! Resumindo, nojentos... Degenerados, sim!" Bardamu emigra para Nova York, depois para Detroit, mantém relações sinistras com mulheres, depois regressa a Paris para exercer a medicina, sem jamais conseguir salvar a vida de qualquer paciente. Após ver-se envolvido num assassinato, vira diretor de um hospital psiquiátrico, continua a odiar o mundo inteiro e termina sozinho à beira de um canal arrastado por um rebocador que traga tudo à sua passagem: o Sena, a cidade, o céu, o campo...

Os personagens desse romance, que influenciará toda uma geração, não são verdadeiros personagens, mas porta-vozes do inconsciente celiniano. A propósito, o próprio Bardamu só existe por sua linguagem. Seu nome não é um patronímico, mas uma coisa que "se move com sua mochila [barda]", num mundo que não passa de um campo de ruínas: "A grande derrota, em tudo, é esquecer, sobretudo o que o fez morrer, e morrer sem jamais compreender até que ponto os homens são uns moleirões. Quando estivermos na beira do buraco, não poderemos blefar, mas tampouco esquecer, devemos contar tudo do que vimos de mais vicioso nos homens, sem mudar uma palavra, e depois pendurar as chuteiras e morrer. Isso é trabalho suficiente para uma vida inteira."

Mas Bardamu também é nome de um personagem de ficção reinventado por Patrick Modiano em 1968 em *La Place de l'Étoile*, narrativa freudiana inteiramente redigida no estilo dos panfletos antissemitas de Céline (*Bagatelas para um massacre, A escola de cadáveres, Os maus lençóis*), publicados entre 1937 e 1941. Reconstruindo um panfleto na língua dos panfletos, Modiano faz surgir o que estava mascarado em *Viagem ao fim da noite*: a presença da língua abjeta do antissemitismo francês, herdada da França judaica de Édouard Drumont (1886).

Primeiro livro do autor, nascido em 1945, *La Place de l'Étoile* é um extraordinário exercício de estilo concebido no modelo de *A interpretação dos sonhos*. Nele, reencontramos os mecanismos da condensação (fusão de várias ideias) e do deslocamento (deslizamento associativo) descritos por Freud, bem como inúmeras figuras de linguagem bem conhecidas. Trata-se de um delírio redigido na primeira pessoa por um narrador louco, Raphaël Schlemilovitch, obnubilado por sua judeidade e que se queixa de ser vítima de um delator judeu, o doutor Bardamu, o qual o persegue por ele ter se negado, "ao contrário das boas almas", a passar silenciosamente seus panfletos antissemitas: "Bardamu arrotava a meu respeito: 'Schlemilovitch? Ah, o bolor de guetos, esse fedor terrível...! Esse fracote, cagão...! Esse prepúcio insignificante...! Cafajeste líbano-selvagem...! Hahaha... Hu...! Vejam esse gigolô iídiche... esse frenético comedor de arianazinhas...!'"

Submetido a mil identidades contraditórias, Raphaël cruza com personagens reais ou fictícios, colabora com o nazismo na Paris ocupada, fala a língua de Céline e insulta a si mesmo ao narrar seu percurso alucinado, sua ligação com Eva Braun, sua amizade com a filha de um oficial SS próximo de Himmler e com os gestapos franceses da rua Lauriston, seu receio de ver a França "judeizada". Atravessando espaço e tempo, como numa história de ficção científica, é capturado por israelitas nazistas que o deportam para um kibutz que é um campo de concentração do qual ele escapa graças a uma certa Rebecca. Esta leva-o a uma boate ocupada por judeus disfarçados de nazistas. Por fim, aterrissa em Viena no consultório do dr. Freud ressuscitado, que lhe prescreve um tratamento psicanalítico, aconselha-o a ler as *Reflexões sobre a questão judaica*, de Jean-Paul Schweitzer de la Sarthe, e adota a língua asturiana para convencê-lo a renunciar a sua obsessão: "O judeu não existe ... Você não é judeu, é um homem entre outros homens ... você tem simplesmente delírios alucinatórios, fantasias, nada mais que isso, uma ligeira paranoia ... Vivemos atualmente num mundo pacificado, Himmler está morto, como é possível que o senhor se lembre de tudo isso? O senhor não tinha nascido..." Schlemilovitch não quer ouvir nada e, apesar dos soluços de Freud, clama por Bardamu, seu perseguidor, confessando-se vencido pelo cansaço.

Jamais um escritor conseguira juntar a esse ponto numa mesma história Céline, *alias* Mister Bardamu, melancólico velhaco, e Freud, vencido pelo furor antissemita de um anti-herói acometido por esse famigerado ódio de si judaico tão presente no coração do Império Austro-Húngaro que vira nascer a psicanálise. Teria Modiano tomado como modelo seu pai, Albert Modiano, o qual escapou do extermínio trabalhando no mercado negro? O mais espantoso, contudo, é a anedota judaica escolhida como epígrafe: "No mês de junho de 1942, um oficial alemão avança até um rapaz e lhe diz: 'Perdão, senhor, onde fica a *place de l'Étoile?*' O rapaz aponta o lado esquerdo do peito."*

Quando tomamos ciência de que esse título – *La Place de l'Étoile* – é igualmente o de uma peça teatral de Robert Desnos, exterminado pelos nazistas, compreendemos a vontade de Modiano de homenagear a cidade de Paris, "capital da dor", como ele dirá em 2014 em seu discurso de recebimento do prêmio Nobel: "Naquela Paris de pesadelo, onde corríamos o risco de ser vítimas de uma denúncia e de uma batida na saída de uma estação de metrô, aconteciam encontros casuais entre pessoas que nunca teriam se encontrado em tempos de paz, amores precários nasciam à sombra do toque de recolher sem a certeza de se reencontrarem nos dias seguintes. E foi na esteira desses encontros na maioria das vezes sem futuro, e às vezes de maus encontros, que crianças nasceram mais tarde. Eis por

---

* A pergunta em francês, *"Où se trouve la place de l'Étoile?"*, pode ser compreendida tanto como "Onde fica a place de l'Étoile?", praça parisiense, quanto como "Onde é o lugar da estrela?" – donde a resposta do jovem, tendo por referência a estrela amarela dos judeus. (N.T.)

que a Paris da Ocupação sempre foi para mim como uma noite original; sem ela eu nunca teria nascido. Essa Paris não para de me assombrar e sua luz baça costuma irrigar meus livros."

Ver: Autoanálise. Budapeste. Cidades. *Consciência de Zeno, A.* Divã. Fantasia. Guerra. Hitler, Adolf. Infância. Injúrias, exageros & calúnias. Loucura. Psiquiatria. Rebeldes. Resistência. Romance familiar. Roth, Philip. Sonho. Viena. *W ou a Memória da infância.*

Beirute

Sangue e lágrimas

Embora a psicanálise tenha se implantado de modo incipiente nos países do Magreb e do Levante, para mim foi sempre um grande prazer ir a Beirute e constatar quão viva era essa cidade, em virtude de uma confrontação permanente com a morte. Foram basicamente cristãos maronitas, jesuítas e leigos formados em Paris que lograram fundar alguns grupos freudianos, a partir da criação, em 1980, da Sociedade Libanesa de Psicanálise. São amizades e encontros excepcionais que me prendem a essa cidade.

Foi em 1977 que conheci Chawki Azouri, por ocasião de um congresso da Escola Freudiana de Paris. Tínhamos em comum, nessa época, a paixão pela psicanálise e éramos ambos militantes do freudismo, convencidos de que esse pensamento devia influenciar o campo social e político e que cumpria dar um fim à ideologia de "neutralidade" que colocara tantos terapeutas no caminho de um desengajamento radical, que consistia em servir-se da clínica para interpretar tudo e qualquer coisa.

Após sua formação, Azouri voltou a Beirute, sua cidade natal, devastada pelas guerras civis e, mais ainda, sem dúvida, pela memória das violências bélicas gravadas na consciência dos libaneses. Angariando aos poucos uma audiência mais ampla do que na França, travou diversas lutas, em especial contra os laboratórios farmacêuticos. Durante nossos encontros, aprendi a conhecer o que pode ser a prática da psicanálise num país assombrado pela permanência da guerra, pela iminência sempre presente dos perigos e torturas. Em 2005 organizamos juntos, graças ao apoio dos serviços culturais franceses, um encontro sobre uma questão candente – *A psicanálise no mundo árabe e islâmico* –, com a participação de Fethi Benslama, Christian Jambet, Antoine Courban, Jalil Bennani, Ghassan Tuéni. Três semanas mais tarde, Samir Kassir, que nos proporcionara uma bela palestra sobre o "Iluminismo no mundo árabe", foi assassinado. Sangue e lágrimas, tal é o destino daqueles que, arriscando suas vidas, lutam em favor da liberdade. Jornalista e historiador engajado à esquerda, foi este o destino de Samir.

Por ocasião do último colóquio, em 2011, realizado no hospital Monte Líbano, a temática da guerra, da memória e da história foi abordada: *Guerra finita, guerra infinita*. Mais uma vez, tratava-se da análise que nunca termina de terminar, da guerra que nunca termina de ressurgir, dos inimigos que nunca terminam de se odiar para não se abandonarem, traumas que nunca terminam de repetir antigos traumas.

Como num sonho, estavam presentes em nossas memórias os psicanalistas do primeiro círculo freudiano, que tinham tido como ponto comum ver desenrolar-se sob seus olhos a primeira guerra do século XX, sangrenta carnificina das trincheiras, com armas químicas, combates aéreos e destruição das populações civis: a guerra que, em sua época, transformara de ponta a ponta o destino da psicanálise. Desde então, penso sempre em voltar a Beirute.

Ver: Cuernavaca. Guerra. Jesuítas. Nova York. Psiquiatria. Rebeldes. Último índio, O.

Berlim
Destinos cruzados

Na história das cidades que permitiram a difusão da psicanálise, Berlim desempenha um papel essencial. Após Budapeste e Zurique, foi a terceira Terra Prometida do freudismo no mundo germanófono. O próprio Freud admirava a força berlinense. Ele, o austríaco, ele, o vienense, ele, o judeu da diáspora, não concebia que a psicanálise permanecesse uma exclusi-

Berlim

vidade das minorias judaicas do Império Austro-Húngaro, justamente quando cogitara, em 1910, uma extensão de seu movimento para o Leste, para Budapeste, cidade de seu discípulo preferido, Sandor Ferenczi. Apreciando a autoridade, embora conhecendo seus limites, não era insensível ao fato de Berlim ser a encarnação de um poderio imperial, herdeiro da monarquia prussiana.

Desde sua amizade com Wilhelm Fliess, otorrinolaringologista adepto de teorias extravagantes sobre as relações entre o nariz e os órgãos genitais, Freud almejava que Berlim se tornasse a capital de sua nova ciência do psiquismo. Eis por que quando Karl Abraham, seu discípulo mais fiel, nascido em Bremen e formado na clínica do Burghölzli de Zurique, decidiu instalar-se em Berlim, centro da tradição psiquiátrica alemã, ele vibrou: "Na Alemanha como judeu, na Suíça como não suíço, não consegui ir além de um posto de assistente", dizia Abraham em 1907. "Agora vou tentar exercer a medicina em Berlim como especialista em doenças nervosas e psíquicas." E Freud responde: "A 'vida ao ar livre' e sua condição de judeu, aumentando suas dificuldades, terão para nós todos o efeito de manifestar cabalmente suas capacidades."

Em 1908, Berlim foi o primeiro bastião da associação psicanalítica alemã. Sob o impulso de Abraham, esta adotou posições preferencialmente conservadoras e ortodoxas, que serão em seguida contestadas pelos freudianos de esquerda, oriundos da Escola de Frankfurt.

Em 1920, após a derrota dos Impérios Centrais e a ruína dos psicanalistas austríacos, Berlim conquista uma força intelectual que o antigo reinado dos Habsburgo perdera. Sob a república de Weimar, a cidade torna-se, nas palavras de Ernest Jones, "o núcleo de todo o movimento psicanalítico internacional". Atrai todos os freudianos do Leste Europeu e da Mitteleuropa, judeus em sua maioria, e que fugiam das perseguições antissemitas.

É a Max Eitingon, judeu sionista e rico, imigrante da Bielorrússia, que devemos a criação de uma Policlínica e um Instituto de Formação dos Psicanalistas, que servirão de modelos em todas as cidades do mundo, permitindo assim o desenvolvimento de tratamentos gratuitos ou pouco onerosos e a formação de psicanalistas. Inaugurado em 14 de fevereiro de

1920 num prédio reformado por Ernst Freud, filho de Sigmund e arquiteto talentoso, na Potsdamer Strasse 29, esse Instituto traçará, ao longo dos anos, os contornos de uma verdadeira profissionalização da psicanálise, com suas regras estritas, para o melhor e o pior: ensino teórico; obrigação de uma análise didática e uma formação clínica fundadas na supervisão; proibição de analisar amigos, filhos, família; duração do tratamento e das sessões; regras técnicas rigorosas...

Gosto de imaginar a vida trepidante da melancólica Alix Strachey em Berlim por volta de 1922. Psicanalista inglesa casada com James Strachey, tradutor da obra freudiana, ela descobre então a grande revolução que Melanie Klein realizava na abordagem clínica da infância. Berlim, nessa época, estava no apogeu de sua decadência esplêndida. Alix adorava frequentar cabarés e bailes, onde procurava um parceiro adequado que fosse do seu tamanho e tivesse seus talentos. Melanie a acompanhava. Ambas gostavam de se disfarçar, uma de Cleópatra, a outra de camponesa com uma cesta de vime a tiracolo. Assim passavam longas noites a rodopiar sem se preocuparem com rumores ou observações carolas.

Mas se Berlim foi durante treze anos o eixo de uma irradiação sem precedentes da clínica e da formação psicanalíticas, foi também, entre 1933 e 1945, o lugar do maior desastre da cultura freudiana de língua alemã. Num primeiro momento, Freud não percebeu nada, convencido de que um país que tinha produzido Goethe não podia soçobrar na barbárie.

Com a irrupção do nazismo, a situação da psicanálise na Europa modificou-se mais uma vez. A queda dos Impérios Centrais já contribuíra para mudar seu rosto. Mas a tomada do poder por Hitler na Alemanha teve como consequência uma emigração em massa, para a Grã-Bretanha e sobretudo para os Estados Unidos, dos principais pioneiros alemães, húngaros e austríacos da psicanálise. Todos tinham se beneficiado do triunfo do modelo berlinense inaugurado por Max Eitingon, o qual tomou o caminho do exílio em dezembro de 1933 para se instalar em Jerusalém e fundar um novo núcleo freudiano de inspiração sionista.

Não faltam imagens mostrando a que ponto o nazismo foi uma catástrofe para o freudismo: perseguições, autos de fé, prisões e deportações,

Berlim 49

suspensão das atividades dos judeus e psicanalistas como tais, uma vez que a psicanálise era considerada uma "ciência judaica". Compelindo toda a psicanálise europeia a um exílio forçado, o nazismo contribuiu para uma transformação radical da doutrina vienense original, impregnada de filosofia alemã, metafísica e ontologia, numa teoria mais pragmática, mais higienista e mais médica: a da adaptação do indivíduo à sociedade liberal. Durante o entreguerras – para grande desespero de Freud, que considerava que assim sua doutrina passava a ser o "pé de boi" da psiquiatria americana –, a língua alemã foi amplamente suplantada pela inglesa no âmbito do movimento psicanalítico internacional.

Mas a humilhação mais sinistra veio de Matthias Heinrich Göring, primo do marechal, psiquiatra e psicoterapeuta, adepto da hipnose e da psicologia de Alfred Adler, nazista convicto e grande mestre da psicoterapia "arianizada", isto é, expurgada tanto de seus terapeutas judeus como de seu pretenso "espírito judaico". Ele fundou, na Keithstrasse 42, um instituto macabro, réplica daquele criado por Eitingon e dirigido durante todo o período nazista por freudianos não judeus que aceitaram colaborar com o novo regime em nome de uma pretensa "salvação" da psicanálise.

Com a anuência de Ernest Jones, por sua vez apoiado por Freud contra Eitingon, foi implementada em Berlim e sob a batuta de Göring uma política de colaboração que foi a vergonha do movimento psicanalítico, seu período mais sombrio, e que em seguida teve consequências desastrosas para o conjunto da comunidade freudiana, incapaz de pensar sua história.

As sedes dos dois institutos, o glorioso e o infame, foram reduzidas a cinzas por ocasião da conquista de Berlim pelos Aliados, e o movimento psicanalítico berlinense nunca conseguiu superar essa destruição.

Sempre gostei muito de Berlim precisamente por causa dessa mistura de grandeza imperial e feridas, ilusões e catástrofes, que lá encontramos. Para mim, Berlim é não só uma cidade genealógica, como a cidade da ciência histórica. Todas as vezes que fui convidada, encontrei basicamente historiadores, em especial no centro Marc Bloch, além de alguns psicanalistas lacanianos, como o meu amigo Claus-Dieter Rath. Ele aprecia tanto quanto eu a fratura berlinense, a qual, se desapareceu da geografia da cidade com a supressão do centro da Guerra Fria, que era o Checkpoint Charlie, nem por isso deixa de estar presente nas consciências e na memória.

Quando estou em Berlim, penso em Lacan, que, após sua primeira intervenção em 1936 num congresso da International Psychoanalytical Association (IPA), deixou Marienbad para assistir às Olimpíadas e para "observar" a parada nazista, seus emblemas, sua força mortífera. Sentiu um profundo asco diante daquele espetáculo. Sempre achei que Lacan só se tornou um mestre na história da psicanálise na França por ser impregnado de filosofia alemã, como se, nessa influência que tinha sobre ele a língua alemã, que ele não falava, estivesse em jogo o condensado das relações conflitantes entre a *Kultur* e a Civilização, a França de André Breton e a de Charles Maurras, a Alemanha de Goethe e a de Hegel.

Mas em Berlim penso igualmente em Bertolt Brecht, Fritz Lang e no romance de Alfred Döblin, *Berlin Alexanderplatz*, que, à maneira de Joyce, conta como um anti-herói amputado de um braço e enlouquecido passa de uma vida criminosa a uma existência normalizada, após ter vagado na cidade em meio à ralé. Romance iniciático e expressionista sobre a Berlim do entreguerras, o livro é uma descrição clínica das classes urbanas. Döblin era psiquiatra de formação.

Dei inúmeras conferências em Berlim e, assim como outros, atravessei diversas vezes o famigerado Checkpoint, que separava a parte oriental da ocidental: de ambos os lados, a psicanálise desaparecera da mesma forma que os dois institutos. Mas falava-se muito em Freud, freudo-marxismo, Althusser, Marc Bloch, École des Annales, Sartre. Na Berlim oriental, o entusiasmo era sempre maior do que na Berlim ocidental, como se as frustrações ligadas a um regime abominável e a uma degradação de todo ideal revolucionário suscitassem um novo sonho de amanhãs que cantam. Na Berlim ocidental, onde se exibiam o luxo e a beleza de uma cidade que servia de vitrine a uma eclosão pós-moderna da cultura e da moda, reinava, de fato, certo desespero.

Lembro-me de uma vez ter ido a Berlim oriental, em 1989, às vésperas da reunificação, para falar de um livro meu que me é caro, *Théroigne de Méricourt: Une femme mélancolique sous la Révolution*. Explicando como a exaltação revolucionária permitira a essa mulher girondina escapar da loucura e como, em seguida, ela soçobrara quando seu ideal se extinguira sob o Terror, percebi que o desejo de reunificação que arrebatara um povo inteiro não era senão uma nova esperança de Revolução.

Mais tarde, durante uma viagem, encontrei dois grandes amigos, um filósofo, o outro historiador, um da Berlim oriental, o outro da Berlim ocidental, ambos finalmente reunidos numa cidade não mais fraturada pelo Checkpoint Charlie. Nascido na França em 1939, de pais judeus resistentes e comunistas, Vincent von Wroblewsky retornara junto com a mãe para a República Democrática Alemã em 1950. Quando o conheci na Berlim oriental, ele já era o principal tradutor e comentador da obra de Sartre, e escolhera o existencialismo, que lhe permitia sobreviver na melancolia do stalinismo: "Viver cada situação como uma escolha renovada de homem livre", dizia. Morava perto do Mitte, bairro onde Brecht residira, e estava disposto a perder tudo – posto na universidade, salário, apartamento – para ter o direito de viajar, comer o que apreciava, gozar a vida, ir ao supermercado do Kurfürstendamm. A queda do Muro fora uma bênção para ele. O outro, Peter Schöttler, nascido em 1950, era um historiador de esquerda, althusseriano e marxista, neto de um general da Waffen SS. Morava no bairro de Kreuzberg. Ambos eram tão berlinenses quanto sou parisiense, e ambos grandes leitores da obra freudiana.

Ao longo de nosso passeio pela Berlim reunificada, tínhamos a sensação, enfim, de que o saber que nos unia era mais forte que todas as formas de fronteiras que se haviam acumulado em nossa história. Meu pai poderia ter sido pai de um e avô do outro. Após deixar a Romênia, alistara-se em 1914 no Exército francês para "arrebentar com o boche". Havíamos finalmente nos tornado europeus convictos, europeus franco-alemães de Paris e Berlim, antinacionalistas urbanos, social-democratas. E então, subitamente, no desvão de uma rua onde contemplávamos o que restara da antiga sede da Stasi, enquanto eu perguntava a um e outro onde deviam situar-se os prédios que haviam substituído os dois institutos – o de Eitingon e o de Göring –, Peter explicou que, talvez, na esquina da larga avenida que atravessávamos, em 1945 seu avô tivesse cruzado num tanque com o pai de

Vincent, e que talvez ele fosse seu assassino. Estávamos ali, todos os três, herdeiros dessa história comum e dispersa: comunismo, nazismo, freudismo, judeidade, Brecht, Döblin, Freud, Sartre, Marc Bloch, duas guerras mundiais. (Na realidade o pai de Vincent morrera na França nos maquis.)

Todas as vezes que retorno a Berlim, penso nesse passeio e, simultaneamente, me volta à memória a insurreição dos operários da RDA que se manifestaram em massa contra o regime, em 17 de junho de 1953, na Stalin Allee, antes Karl Marx Strasse, pertinho da Alexanderplatz. Foram acusados de uma "tentativa de putsch, apoiada por agentes ocidentais, com vistas a mudar o regime na República Democrática Alemã". E não consigo deixar de pensar no poema de Brecht que nos reunia naquele dia: "Após a insurreição de 17 de junho, o secretário da União dos Escritores mandou distribuir panfletos na Stalin Allee. O povo, com seu erro, via-se ali, perdeu a confiança do governo. E só redobrando os esforços pode reconquistá-la. Não seria mais simples então para o governo dissolver o povo e eleger outro?"

Ver: Espelho. Frankfurt. Guerra. Hitler, Adolf. Hollywood. Infância. Londres. Mulheres. Nova York. Psiquiatria. Psiquiatria dinâmica. Rebeldes. Resistência. Salpêtrière. Sexo, gênero & transgêneros. Terra Prometida. Viena. Zurique.

Bonaparte, Napoleão

A alma do mundo sobre a Acrópole

O nome Bonaparte está presente em toda a obra de Freud, por um lado porque ele admira os conquistadores, a ponto de se identificar aqui e ali com Aníbal ou Cristóvão Colombo, por outro lado porque para ele esse nome é o testemunho vivo de sua relação com aquela que foi ao mesmo tempo sua paciente e discípula mais fiel: Marie Bonaparte, sua querida princesa, filha do antropólogo Roland Bonaparte e bisneta do imperador. Não obstante, Freud também considerava o imperador um velhaco ou um magnífico canalha que percorria o mundo buscando perder-se na loucura das grandezas. Em diversas ocasiões, interessou-se por suas rela-

Bonaparte, Napoleão

ções com o irmão José, que lhe lembrava o herói bíblico homônimo, filho de Jacó, neto de Abraão. Quando visitou o Partenon em 1904 com seu irmão Alexander, sofreu um distúrbio de memória e voltou a lembrar-se de Napoleão e José, constatando o caminho que percorrera. Seu velho pai, disse, não acreditaria. E lembrou-se de que, no dia de sua coroação, o imperador virara-se para José, indagando: "O que diria o senhor nosso pai se pudesse estar aqui agora?"

O mais espantoso é que as palavras mais célebres de Napoleão servem frequentemente de referências para Freud. Por exemplo, em 1912, em sua primeira teoria da sexualidade feminina, ele o parafraseia numa formulação célebre, que só podemos interpretar corretamente conhecendo-lhe a origem: "O destino é a anatomia."

Ao contrário do que se pôde afirmar, Freud não postula que a anatomia seja o único destino possível para a condição humana. Sabemos que, durante um encontro com Goethe, em Erfurt, em 2 de outubro de 1808, o imperador evocou as tragédias do destino que ele desaprovava e que, segundo ele, tinham pertencido a uma época mais sombria: "Hoje, o que nos importa hoje o destino?", dissera. "O destino é a política." Freud, portanto, parafraseia a formulação mediante a qual Napoleão pretendeu inscrever a história dos povos futuros na política, e não na referência constante a mitos antigos.

Em outras palavras, com tal formulação Freud, que não obstante revaloriza as tragédias antigas, nem por isso deixa de transformar a grande questão da diferença sexual numa dramaturgia moderna e quase política. Em certos aspectos, inspira-se no palco do mundo e da guerra dos povos – pensados pelo imperador –, ao mesmo tempo prefigurando uma nova guerra dos sexos, que teria como centro os órgãos da reprodução a fim de neles introduzir a linguagem do desejo. À revelia, era tão fascinado pelo poder de sedução desse tipo novo de conquistador quanto o fora Hegel ao assistir à entrada em Iena daquele a quem chamava de "a alma do mundo". O filósofo então acabava de terminar sua *Fenomenologia do espírito*: "Vi o imperador – essa alma do mundo – sair da cidade para um reconhecimento de terreno. É de fato uma sensação maravilhosa ver um indivíduo assim, que, concentrado aqui num ponto, montado num cavalo, estende-se sobre o mundo e o domina" (Carta a Friedrich Niethammer, 13 out 1806).

Resumindo, eu diria que, se para Freud a anatomia faz parte do destino humano, assim como a política pensada pelo imperador, ela não poderia em hipótese alguma permanecer, para cada humano, um horizonte insuperável. Tal é efetivamente a teoria da liberdade própria da psicanálise: reconhecer a existência de um destino para melhor se emancipar dele.

Napoleão também é uma das grandes figuras do universo manicomial pós-imperial e ainda presente na consciência coletiva moderna. Eis o homem que se toma por Napoleão: um monomaníaco usando um chapéu bicórneo, a mão adentrando o casaco cinza e o olhar voltado para um horizonte de glória. Essa presença é atestada por um relatório redigido em 1847: "O ano em que trasladaram para Paris o caixão de Napoleão, o dr. Voisin constatou a entrada de treze ou quatorze imperadores em Bicêtre … Essa presença de Napoleão entre nós, as imagens e sinais externos com que se aureolou sua memória e que pareciam por assim dizer multiplicar sua figura, tudo contribuiu para forjar, a partir desse acontecimento, uma causa particular de alienação mental" (Laure Murat, *L'homme qui se prenait pour Napoléon: pour une histoire politique de la folie*, 2011).

Todo manicômio abriga então seus deuses, seus reis, suas rainhas, seus imperadores, seus ministros e suas cortesãs, o que significa claramente que o discurso da loucura vai de par com uma organização do hospício e da clínica que só faz refletir a ordem social em que ele é tecido.

Ver: Celebridade. Descartes, René. Infância. Londres. Loucura. Mulheres. Paris. Princesa selvagem. Salpêtrière. *Segundo sexo, O*. Sexo, gênero & transgêneros. Terra Prometida. Viena.

Budapeste
Prazer do irracional

Depois de Viena, sua irmã gêmea, Budapeste foi a segunda cidade dos primórdios da psicanálise. A ponto de, após a Primeira Guerra Mundial, Freud cogitar fazê-la capital de seu movimento. Em pleno coração da Mittel-europa, e durante o longo declínio da famigerada monarquia bicéfala que unia o reino da Hungria ao império dos Habsburgo, a atividade freudiana foi bastante intensa ali, em especial durante o abençoado período da Belle Époque e graças ao lugar eminente ocupado por Sandor Ferenczi, intelectual de grande talento e clínico inaudito, autor de uma obra importante e de uma correspondência volumosa com Freud, de quem era o discípulo mais próximo. Freud gostava dele como de um filho e sonhou inclusive em dar-lhe sua filha Mathilde como esposa, tendo-lhe confessado no dia seguinte ao casamento desta com Robert Hollitscher: "Posso lhe confessar agora", escreve-lhe em 7 de fevereiro de 1909, "nesse verão eu bem gostaria de vê-lo no lugar do rapaz, de quem aprendi a gostar desde então e que agora partiu com a minha filha."

Manifestamente, teria desejado que seus futuros netos fossem também herdeiros daquele a quem considerava um membro de sua família, oriundo do mesmo cadinho cultural que o seu. E, em 2 de março de 1917, quando soube que Mathilde não poderia ser mãe, escreveu estas palavras ao amigo: "Convém notar que, se tivesse se casado com Mathilde, você não teria tido filhos, o que aliás eu ainda não sabia na época." Foi a ele também que contou, em novembro de 1917, que estava em vias de tratar um doloroso edema no palato, e fumando cada vez mais charutos. Freud, o darwiniano racionalista, não estava ao abrigo das piores incoerências.

Ferenczi imprimiu sua marca em toda a escola húngara, cujos membros, em sua maioria, foram compelidos ao exílio em levas sucessivas, a princípio instalando-se em Berlim, depois em Londres ou nas cidades do outro lado do Atlântico: Melanie Klein, Géza Róheim, Michael Balint, Franz Alexander, Sandor Radó, René Spitz.

Ferenczi foi a alma de Budapeste – barroca, sensível, musical –, em perpétua rivalidade com Karl Abraham, o berlinense mais ortodoxo dentre os primeiros discípulos de Freud. Budapeste e Berlim: antítese absoluta, duas cidades ligadas uma à outra por uma tragédia comum e pela recordação de um destino imperial. A primeira foi destruída pelo fascismo em 1920, após a queda da Comuna iniciada por Béla Kun; a outra, aniquilada pelo nazismo treze anos mais tarde. Em seguida, veio a segunda vez de Budapeste, depois de Viena, e então de toda a antiga Europa, devastada pela "peste marrom". Outra antítese já se manifestara em torno dos anos 1920: entre Budapeste e Londres, entre Ferenczi e Ernest Jones. Ferenczi foi analisado por Freud antes de tornar-se analista de Jones, o qual, a propósito, foi o sucessor de Abraham à frente da International Psychoanalytical Association (IPA) após a queda dos Impérios Centrais.

Ferenczi e Budapeste, Freud e Viena: os quatro nomes são inseparáveis para mim, e os conflitos entre o mestre e o discípulo, por mais violentos que tenham sido, não devem nos fazer esquecer que ambos tinham razão. Ambos pertenciam a um mundo várias vezes destruído e vencido: 1918, 1921, 1933, 1945. Entre Freud e Ferenczi, entre Viena e Budapeste, a língua da psicanálise era a língua alemã. Essa língua irá progressivamente extinguir-se em prol da língua inglesa, língua dos vencedores, à medida que os terapeutas da Velha Europa, geralmente vindos do Leste – Rússia, Polônia –, vejam-se forçados à imigração, via Berlim, Frankfurt ou Paris, com destino a Londres, Boston, Nova York etc.

Impossível hoje não gostar de Ferenczi quando se é freudiano, e vice-versa. E tenho a honra de, desde novembro de 2007, fazer parte da comissão internacional que permitiu transformar em museu a antiga casa de Ferenczi, comissão criada pelo meu amigo Carlo Bonomi, psicanalista florentino apaixonado por história.

Discorrerei, portanto, sobre Budapeste evocando novamente Ferenczi, nascido em 1873, que não era magiar mas oriundo de uma família de imigrantes judeus poloneses. Seu pai, Baruch Fränkel, mudara de nome e dera ao filho uma educação em que prevaleciam o culto da liberdade e um gosto pronunciado pelas artes e a literatura. Ao escolher a carreira médica, Sandor trabalhou no hospital Saint-Roch, onde, quarenta anos antes dele, outro grande médico húngaro, Ignace Philippe Semmelweis, redescoberto por Louis-Ferdinand Céline, tentara em vão ter reconhecida sua descoberta da infecção puerperal. E, tal como seu ilustre predecessor, Ferenczi mostrou-se desde a juventude um adepto da medicina social, mais apaixonado do que Freud pela ideia da felicidade e sempre às

Budapeste 57

voltas com as mais variadas formas de pensamento, das mais científicas às mais irracionais.

Sempre pronto a ajudar as mulheres aflitas, os oprimidos ou os marginais, em 1906 tomou a defesa dos homossexuais num texto corajoso apresentado à Associação Médica de Budapeste. Nele, refutava os preconceitos oriundos das teorias da época e que apontavam os chamados "uranianos" como os "degenerados" responsáveis pela desordem social.

Enquanto Freud busca teorizar, através da análise, o mecanismo das neuroses e psicoses, mesmo na ausência de qualquer sucesso terapêutico, Ferenczi vê nela um meio de consolar o sofrimento de seus pacientes. Um é o teórico, para quem a cura vem como bônus; o outro, um terapeuta que não acredita nas grandes hipóteses especulativas quando não são consequência de uma mudança na prática. Um é acima de tudo um cientista, inventor de uma doutrina; o outro, primordialmente um terapeuta a serviço do paciente.

Logo, não espanta que Ferenczi, mais inventivo do que Freud, tenha se interessado tanto pela técnica do tratamento. É ele quem cria, em 1908, a noção de contratransferência, ao constatar sua tendência a olhar os assuntos do doente como se dele próprio. E é Freud quem, dois anos mais tarde, teoriza essa noção como um dispositivo essencial do tratamento, dispositivo que ele descreveu como o conjunto das manifestações do inconsciente do psicanalista face à transferência de seu paciente, i.e., face ao processo mediante o qual os desejos inconscientes deste último são transferidos para a pessoa do terapeuta.

Mas o intercâmbio entre Viena e Budapeste não é somente epistolar, intelectual ou clínico. Para Ferenczi, a prática da psicanálise é uma maneira de viver, amar, sofrer, existir: é também, e acima de tudo, um assunto de família. Eis por que experimenta em si mesmo tudo que descobre ao tratar seus pacientes.

A partir de 1919, junto com Otto Rank, psicanalista vienense da primeira geração, outro filho rebelde de Freud, Ferenczi toma o caminho de uma reforma radical da técnica do tratamento. Preconiza a análise mútua, na qual o paciente é convidado a codirigir o tratamento, prega a necessidade de uma empatia, muito mais que de uma neutralidade, fala em relação arcaica com a mãe, regressão necessária do paciente ao estado fetal; e ressuscita a ideia segundo a qual traumas reais – sedução na infância – possam estar na origem da neurose: todas as coisas que Freud não pode aceitar, na medida em que Ferenczi também ataca a profissionalização da atividade de psicanalista pretendida por Jones, tendo como modelo as corporações médicas, e necessária à expansão do movimento freudiano para o Ocidente. Em suma, é um rebelde que se pretende mais freudiano do que o próprio Freud.

Mas o que opõe Budapeste e Viena, de maneira mais sintomática ainda, é o debate sobre a transmissão de pensamentos, ou telepatia, isto é, a ideia de que existiria uma comunicação à distância via pensamento entre duas pessoas reputadas em relação psíquica. Aqui estamos mais perto do magnetismo mineral à maneira de Joseph Balsamo do que do magnetismo animal de Franz Anton Mesmer, que dará origem à hipnose. Fascinado por todos os fenômenos de transferência e desejoso de ver na telepatia um modo de comunicação oculto atestando uma espécie de presença arcaica do inconsciente na psique, Ferenczi frequenta a partir de 1909 uma vidente à qual faz perguntas sobre seus amigos vienenses. Matreira, a dama expressa o que ele tem vontade de ouvir a respeito de Freud: "Não é só ele que é útil, você também."

A experiência não fornece nenhuma prova da existência de qualquer transmissão de pensamento, mas mostra o quanto a nova ciência freudiana sempre se viu ameaçada de chafurdar no obscurantismo. O que não constrangia Ferenczi, que adorava o grande folclore da vidência e das tradições populares. Entre os ciganos e astrólogos, ele procurava, como em sua autoanálise, compreender-se melhor. Ao mesmo tempo, acreditava piamente na telepatia, nesse corpo estranho que a psicanálise nunca conseguiu erradicar de sua história. Pois a cada crise teórica e institucional voltava sempre, como um sintoma, essa estranheza – o oculto, o demoníaco, os poltergeists e as histórias de espiritismo – o que tornava a psicanálise muito pouco científica em suas origens.

Freud deixava Ferenczi perder-se nos subúrbios de Budapeste, enquanto permanecia em Viena, dividido entre a luta pelo reconhecimento da cientificidade de sua doutrina, encabeçada por Jones, e uma atração pelos fenômenos ocultos: "Quando eu for a Viena", disse-lhe um dia Ferenczi, "me apresentarei como astrólogo de corte dos psicanalistas." E Freud comenta com Jones: "É realmente difícil não ferir as suscetibilidades inglesas. Nenhuma perspectiva de pacificar a opinião pública na Inglaterra se abre para mim, mas eu gostaria pelo menos de lhe explicar minha aparente inconsequência no que se refere à telepatia ... Quando alegarem perante o senhor que soçobrei no pecado, responda calmamente que minha conversão à telepatia é assunto pessoal meu, assim como o fato de eu ser judeu, fumar com paixão ... e que o tema da telepatia é, por essência, estranho à psicanálise."

Entre 1920 e 1931, Freud e Ferenczi entregaram-se a uma tertúlia inacreditável sobre a questão do oculto nas barbas de Jones, horrorizado com aquela imersão de seu mestre e ex-analista nas delícias de um pensamento irracional que não era outra coisa senão uma maneira, para ambos, de se lembrarem dos mitos e lendas daquele mundo austro-húngaro de sua juventude, engolido pela guerra.

Ver: Amor. Berlim. Desejo. Família. Felicidade. Infância. Guerra. Hitler, Adolf. Hipnose. Londres. Mulheres. Nova York. Rebeldes. Romance familiar. Sedução. *Segundo sexo, O.* Sexo, gênero & transgêneros. Viena. Worcester.

Buenos Aires
Sonhar o Eu

Historiadores e sociólogos sempre se perguntaram por que a psicanálise causou tamanho impacto na Argentina, a ponto de constituir uma espécie de cultura de massa e um verdadeiro fenômeno social. Segundo pude estabelecer, sabemos que no fim do século XX o número de psicanalistas proporcionalmente à população era um dos mais altos do mundo, ao lado da França e da Suíça. Quanto às sociedades psicanalíticas argentinas, seu número é igualmente significativo, bem como sua diversidade, uma vez que elas agrupam todas as tendências do freudismo.

A Argentina não só se tornou a primeira potência psicanalítica do continente americano durante a segunda metade do século XX como promoveu igualmente uma formidável expansão do movimento psicanalítico no conjunto do território latino-americano, com diferenças para cada país. Ao Brasil, primeiro país de implantação do freudismo durante o entreguerras mas que nessa época nunca foi terra de exílio para os psicanalistas europeus, os argentinos deram novo fôlego após 1945, através das migrações sucessivas ou dos intercâmbios clínicos. Assim, contribuíram para transformar o conjunto do continente latino-americano num espelho da Europa, capaz de rivalizar não só com a própria Europa como com o continente norte-americano, onde a psicanálise conheceu um declínio, paradoxal aliás, a partir de 1960.

Quando o assunto é Argentina, pensamos logo em Buenos Aires, e amamos Buenos Aires, pois foi lá que se realizou o milagre argentino da psicanálise, fenômeno que, todos sabem, é acima de tudo um fenômeno urbano.

Durante o entreguerras, Buenos Aires de certa forma reinventou o amor à psicanálise, essa paixão freudiana que tanto marcara a Europa. Reinventou-o até o fim do século XX, num momento em que os herdeiros da epopeia vienense pareciam acometidos de uma espécie de melancolia, ligada ao que chamei de sociedade liberal depressiva, sociedade em que os tratamentos da alma são mais da alçada da farmacologia que do âmbito de uma difícil imersão no inconsciente.

Buenos Aires não é outra coisa senão a nova Viena, a nova Atenas, a nova Jerusalém sonhada pelo Ocidente freudiano, e isso só é verdade porque, na Argentina, sobretudo em Buenos Aires, a psicanálise é primeiramente e sempre a Europa, uma Europa ilimitada, multiplicada e sem fronteiras.

Daí uma situação bastante singular, que imprimiu certo ardor a essa estranha academia de intelectuais *porteños* tão diferentes uns dos outros, mas unidos por um exílio comum, por paixões violentas à maneira das antigas dinastias heroicas. Eles foram os fundadores da escola argentina de psicanálise e, na sequência, seus herdeiros emigraram para a Europa e para o mundo inteiro e formaram uma diáspora, como tinham feito antes deles os pioneiros europeus forçados ao exílio pelo fascismo. Contudo, em vez de reproduzirem a hierarquia dos institutos europeus e norte-americanos, em que dominava a relação mestre/discípulo, criaram uma "República dos Iguais", sempre exilados ou herdeiros de exilados, e pensaram seriamente em acolher Freud em seu continente quando ele foi obrigado a deixar Viena. Chamavam-se Enrique Pichon-Rivière, Marie Langer, Ángel Garma, Arminda Aberastury... Conheci seus herdeiros e dediquei-lhes longos verbetes no *Dicionário de psicanálise*.

Na Argentina, portanto, a psicanálise é um fluxo migratório. E, da mesma forma que um europeu urbano que chega a Buenos Aires tem uma sensação de *déjà-vu*, ou de inquietante estranheza – julgando estar numa cidade que já conhece, Barcelona ou Madri –, quando encontra um psicanalista argentino tem à sua frente não apenas seu semelhante, mas uma imagem curiosamente invertida de si mesmo. Nessa torção, nessa figura topológica, que teria fascinado Lacan se ele tivesse tido a oportunidade de ir a Buenos Aires com a mesma frequência com que ia a Roma, tudo acontece como uma história de Jorge Luis Borges, como num cosmo cosmopolita à la Borges. As palavras são as mesmas, as referências são as mesmas, os homens e mulheres são os mesmos. Quanto à cidade, parece uma torre de Babel – pólis virtual por excelência – que contém todos os possíveis, a tal ponto que o Eu não sabe mais se existe, se sonha ou é sonhado.

A partir de 1930, a Argentina sofreu o contragolpe dos acontecimentos europeus. A classe política dividiu-se entre adeptos e adversários do fascismo, enquanto nos debates intelectuais freudismo e marxismo tornaram-se as duas doutrinas de um sonho de liberdade. Nessa sociedade espelhada na Europa, onde agora os filhos de imigrantes chegavam ao poder, a psicanálise parece dever estar em condições de fornecer a cada sujeito um conhecimento de si, um acesso a raízes, ainda que imaginárias. Nesse sentido, ela foi menos uma medicina da normalização, reservada a verdadeiros doentes, do que uma experiência de si a serviço de uma utopia comunitária, extirpada portanto de todo projeto comunitarista. E por não ter permanecido, como nos Estados Unidos, monopólio de uma medicina psiquiátrica ligada a um ideal higienista de natureza puritana, nunca foi reduzida a um simples tratamento psíquico para neuróticos. Em outras palavras, a psicanálise adotou uma ética do desejo em vez de um individualismo do gozo ou da necessidade.

Daí seu sucesso, único no mundo, junto às classes médias urbanas. Daí também sua extraordinária liberdade, sua distância com relação aos dogmas, ou, ao contrário, seu fascínio exacerbado por um dogmatismo barroco eivado de ironia. Buenos Aires é a única cidade no mundo onde encontrei uma verdadeira seita psicanalítica, cuja sacerdotisa, iniciada no xamanismo na África, venerava os nós borromeanos (figuras topológicas feitas de três rodelas) de Lacan como se fossem símbolos alquímicos.

Mas primordialmente, e agora falando sério, Buenos Aires foi, dentre todos os lugares de implantação do freudismo, a única cidade do mundo onde se inventou uma expressão específica para designar o tratamento, uma definição que parecia excluir a transferência: lá, diz-se "analisar-se" e não "fazer uma análise" ou "empreender uma análise" ou "entrar em análise". Além disso – e isso nunca foi uma moda –, lá o amor à psicanálise sempre foi intenso. A ponto de cada sujeito urbano desse mundo cosmopolita parecer ter sentido, durante décadas – apesar das crises econômicas e dos horrores de uma das ditaduras mais sangrentas do continente –, o desejo de jamais abandonar o divã e, logo, de analisar-se diversas vezes ao longo da vida, em "segmentos" sucessivos, ora para ir ao encontro das múltiplas facetas de seu Eu despedaçado, ora para experimentar diferentes técnicas à procura de um inconsciente incessantemente intangível e sempre recalcado: uma análise kleiniana, outra freudiana, uma terceira lacaniana etc.

Se em Buenos Aires deparei com todas as modalidades da cultura freudiana, lá não encontrei psicanalistas que soubessem realmente dançar o tango argentino. Pelo menos não até hoje. E poucos intelectuais. Como se, nesse pensamento, nesse canto, nessa dança, nascidos nos matadouros do Sul, entre gente de facão e lupanares – nesse pensamento triste que se dança e nesse canto que se canta e que está perdido para sempre – viesse se condensar a expressão mais viva de outra cultura, uma cultura popular oriunda, por sua vez, de uma mistura migratória, mas da qual está excluída toda forma de busca racional de si. Nesse mundo reina o avesso da psicanálise: a bravata viril, a complacência com o desespero. Um mundo que sem dúvida os argentinos que conheci preferem relegar às margens de sua história, ou ainda a uma história a que a própria Europa os relegara, por seu culto do tango mundano, imagem difícil de assimilar.

Ver: Autoanálise. Berlim. Budapeste. Cidades. Cidades brasileiras. Desejo. Divã. Guerra. Jesuítas. Londres. Loucura. Mulheres. Paris. Terra Prometida.

C

Carta roubada, A
Negar o que é para explicar o que não existe

Auguste Dupin não é tão célebre como Sherlock Holmes, mas é o primeiro detetive da história da literatura. Conan Doyle considerava Edgar Allan Poe seu mestre, enquanto Sherlock Holmes, seu duplo, não o apreciava. Foi, contudo, induzido por Watson a comparar seu método com o do detetive francês: "Sem dúvida acha que está me elogiando ao me comparar com Dupin. Em minha opinião, porém, Dupin era um sujeito muito inferior. Aquele truque de se intrometer nos pensamentos com um comentário oportuno depois de um quarto de hora de silêncio é por demais aparatoso e superficial. Ele tinha algum talento analítico, sem dúvida; mas não era de maneira alguma o fenômeno que Poe parecia imaginar."

É em 1841 que Poe cria esse personagem, que dará prova de seus talentos excepcionais em três histórias: *Assassinatos na rua Morgue* (1841), *O mistério de Marie Roget* (1842) e, por fim, *A carta roubada* (1844). Nascido numa família prestigiosa, Dupin perdeu toda a sua fortuna e vive recluso em sua casa da rua Dunot entregando-se à sua paixão, a arte da dedução, que, com efeito, ao contrário de Holmes e Freud – que são de uma geração mais tardia –, permite-lhe decifrar seus enigmas sem necessidade de recorrer ao estudo positivo dos indivíduos. Em outras palavras, Dupin é mais um lógico da resolução de enigmas do que um teórico da interpretação de indícios e sinais. Viajante dos mundos noturnos, sente-se inspirado quando vagueia à noite pelas ruas de Paris, entregando-se, junto ao narrador anônimo, a cálculos dedutivos que não deixam de lembrar os de

Eugène-François Vidocq, ex-presidiário criador da política judiciária, em quem Balzac se inspirará para criar o personagem de Vautrin.

Da mesma forma que Holmes sente necessidade de criticar Dupin, este tem o cuidado de se diferenciar de Vidocq: "Vidocq era bom para adivinhar: era um homem paciente, mas, como seu pensamento não era suficientemente educado, volta e meia seguia uma pista errada pelo ardor mesmo de suas investigações. Diminuía a força de sua visão observando o objeto perto demais. Talvez conseguisse enxergar um ou dois pontos com uma clareza singular, mas, justamente em virtude de seu procedimento, perdia a visão do caso tomado em seu conjunto." Tudo se passa então como se, para existir, cada detetive tivesse necessidade de se dissociar de um mestre.

A carta roubada é um dos textos mais comentados pelos psicanalistas e filósofos franceses: "Que outro escritor", sugere Henri Justin, "forneceu tal arena para as justas intelectuais da segunda metade do século XX?" (*Avec Poe, jusqu'au bout de la prose*, 2009).

A história se passa em 1840, sob a monarquia de Julho. Dupin tem um enigma para resolver. A pedido do chefe de polícia, consegue recuperar, pela soma de cinquenta mil francos, uma carta comprometedora subtraída da rainha e escondida por um ministro odioso que a deixou à mostra no aparador da lareira de seu gabinete. Os policiais em vão vasculharam o aposento de cima a baixo, do chão ao teto – não encontraram nada. Não querendo ver o que não obstante estava visível, fecharam-se no engodo de uma explicação projetiva. Segundo Dupin, eles têm a mania de negar o que é para explicar o que não existe. Em vez de enxergar a evidência que desponta sob seus olhos, atribuem intenções ao ladrão. Dupin procede de outra forma porque está convencido de que, para dissimular a carta, o ministro, que é ao mesmo tempo poeta e matemático, recorreu ao expediente mais engenhoso do mundo, que é nem sequer tentar escondê-la.

Para recuperá-la, pede uma audiência ao ministro. Tomou o cuidado não só de usar óculos escuros a fim de que seu interlocutor não pudesse ver seu olhar, como igualmente armou de ponta a ponta uma cena de rua que o atrai para a janela durante alguns minutos. É nesse instante que ele desvia a carta e a substitui por outra, porém com sua caligrafia: "Um desígnio tão funesto/ Se não é digno de Atreu, é digno de Tieste." Tirou essa frase de uma peça de Crébillon, em que figuram dois irmãos, um mais cruel que o outro. Atreu vinga-se de Tieste, que lhe roubou sua bem-amada, e manda assassinar o filho deste último após ter promovido uma pretensa reconciliação. Assim, o conto termina com um novo enigma dirigido ao ministro, que Dupin considera um monstro capaz de todas as baixezas, razão pela qual se pôs a serviço da rainha, que doravante reina sobre seu chantagista. Este, com efeito, ignora que ela tem uma ascendência sobre ele, uma vez que conta apenas com a posse da carta, e não com seu uso.

Para explicar seu método ao narrador, o detetive conta a história de um garoto e de um jogo de par ou ímpar. Um dos jogadores tem na mão certo número de bolas de gude e diz ao outro: "Par ou ímpar?" Se este adivinhar certo, ganha uma bolinha; se errar, perde uma. E acrescenta: "O menino a que me refiro ganhava todas as bolinhas de gude da escola. Naturalmente, ele tinha um modo de adivinhação que consistia na simples observação e no cálculo da astúcia de seus adversários." E ainda: "Quando quero saber a que ponto alguém é circunspecto ou estúpido, até que ponto é bom ou ruim ou quais são seus pensamentos atuais, ponho no rosto expressão de acordo com a sua e espero então para saber que pensamentos ou sentimentos brotarão em meu espírito ou em meu coração para combinar ou corresponder à expressão." Em outras palavras, para combater um adversário inteligente, cumpre saber identificar-se com seu intelecto e não com o que acreditamos serem suas intenções. Em 1933, num ensaio biográfico com mais de novecentas páginas, Marie Bonaparte estuda a vida de Edgar Allan Poe deitando-o num divã imaginário. Como boa aluna de Freud, tenta compreender de que maneira esse poeta, órfão aos dois anos de idade, corroído pelo álcool e as drogas, mal amado pelo pai adotivo, veio a tornar-se tamanho gênio. Assim, estuda sua obra para nela descobrir o reflexo de uma patologia mórbida, fundada, sugere ela, numa grande fantasia de retorno ao corpo materno. A respeito da *Carta roubada*, afirma que o porta-cartas pendurado sob o aparador da lareira não passaria de um clitóris: "Um verdadeiro mapa de anatomia topográfica, no qual não falta sequer o botão [*knob*], isto é, o clitóris." E observa a propósito que Baudelaire não enxergou nada, uma vez que traduziu *"beneath the middle of the mantel-piece"* por "acima do manto da chaminé", em vez de "sob o aparador".

Em 1955 Lacan derruba essa interpretação, dedicando à *Carta roubada* um comentário fulgurante que mais tarde abrirá seus *Escritos*, publicados em 1966. Em vez de transformar Poe numa espécie de menino perturbado pelo desejo da mãe, Lacan faz de Dupin um mestre da psicanálise, um intérprete magistral da língua do inconsciente. O "Seminário sobre *A carta roubada*" atesta ao mesmo tempo a maneira como ele próprio se identifica com esse bizarro detetive, esteta solitário, capaz, a despeito de tudo e de todos, de pensar a evidência de uma "lógica" freudiana do inconsciente. Face a seus inimigos, designados como psicólogos rudimentares, Lacan, por sua vez, coloca-se como mestre da decifração de enigmas, ao mesmo tempo poeta e matemático. Segundo ele, uma carta sempre chega à sua destinação porque a carta (ou o significante/a letra [*lettre*]), tal como se inscreve no inconsciente, determina à sua revelia a história do sujeito, sua relação ou sua não relação com o outro. A linguagem é condição do inconsciente, e o homem é um ser de linguagem. Ninguém, portanto, é senhor da carta, e se por acaso um homem julga ser esse senhor, arrisca-se a ser enredado, como os policiais que nada encontram, no engodo da onipotência imaginária de seu Eu. Em outras palavras, nessa ocasião Lacan reinventa o inconsciente freudiano criticando o engodo da psicologia explicativa. De passagem, transforma o "desígnio funesto" de Crébillon num destino trágico.

É a Jacques Derrida que devemos o comentário crítico mais interessante do comentário de Lacan. Num texto célebre de 1975, "O carteiro da verdade" (*Cartão-postal*, 1980), ele indica que ao se obedecer ao princípio da indivisibilidade da carta em vez de à sua desconstrução, essa lógica do significante-mestre pode tornar-se um dogma e funcionar como uma "posta-restante". Em outras palavras, critica o dogmatismo dos psicanalistas lacanianos que obedecem ao pé da letra às injunções de um mestre-senhor. Afirma que uma carta não chega forçosamente à destinação, pois ninguém é senhor do destino – ainda que derivado de um funesto desígnio –, nem sequer do próprio destino, que não cessa de tomar caminhos tortos. À ideia de traçar uma determinação (um destino, um significante) antecipadamente, Derrida opõe um pensamento da imprevisibilidade, segundo o qual ninguém jamais é soberano do que acontece. Ninguém poderia prever o futuro.

Dezenas de comentários foram redigidos nos Estados Unidos sobre essa suntuosa querela da carta e sua destinação, que era na realidade, uma tremenda homenagem prestada ao gênio de Edgar Allan Poe e sobretudo à lógica interpretativa própria da psicanálise. Descoberta por dois grandes poetas franceses – Baudelaire e Mallarmé –, a obra de Poe fora mal recebida por seus contemporâneos. Os debates sobre *A carta roubada* contribuíam então para inseri-la mais uma vez no continente americano, não só como a expressão de um romantismo *noir*, mas como uma figura primordial desse estruturalismo que alimentava todo o pensamento literário dos anos 1959-70, de Barthes a Foucault, passando por Lévi-Strauss. Além disso, nessa controvérsia, mais uma vez os dois rivais, Lacan e Derrida, tinham ambos razão, como na polêmica a respeito do *Cogito* de René Descartes.

Auguste Dupin saiu da cena pública cinco anos antes da morte de seu criador. Cessando suas atividades após o caso da *Carta roubada*, deixava a seus sucessores a tarefa de comentar seu método. E, ao mesmo tempo, nunca soube qual foi a reação do ministro à leitura da frase de Crébillon. Limitou-se a contar ao narrador, estupefato, que este um dia lhe pregara uma peça, em Viena, muitos anos antes do nascimento de outro ilustre decifrador de enigmas. O ministro era então para Dupin um duplo do terrível Moriarty de Sherlock Holmes, e o narrador anônimo, uma espécie de Watson *avant la lettre*. Ninguém sabe até hoje onde Dupin está enterrado e nenhum museu leva seu nome. Não obstante, seu patronímico figura na *Enciclopédia dos grandes detetives*: na realidade, ele seria sobrinho do matemático francês Charles Dupin, criador de um famoso teorema; a menos que seja irmão gêmeo do ministro, mais poeta do que matemático. Uma coisa é certa: ele é o inspirador tanto de Holmes quanto de Hercule Poirot, que, igualmente, discorrerá sobre sua arte a um companheiro de aventuras, o capitão Arthur Hastings, ex-oficial do Exército britânico.

Em 1975, graças ao cineasta Alexandre Astruc, vários lacanianos, exímios no jogo de par ou ímpar e na adoração do significante-mestre, tiveram a sorte de avistar, nos arredores do domicílio de Lacan (5, rue de Lille), o espectro de Dupin, reencarnado sob os traços de Laurent Terzieff.

Quanto ao túmulo de Edgar Allan Poe, situa-se no cemitério presbiteriano de Baltimore. Desde 19 de janeiro de 1949, data do centenário da morte do inventor de Dupin, um misterioso visitante, cognominado "o anjo do bizarro", vem depositar todos os anos sobre a lápide de granito três rosas e uma garrafa de conhaque, maneira de homenagear conforme o sombrio poema, super "lacaniano", de Stéphane Mallarmé: "Tal como em Si-mesmo a eternidade o guia/ O Poeta suscita com o gládio erguido/ Seu século espantado por não ter sabido/ que nessa estranha voz a morte se insurgia! ... Calmo bloco caído de um desastre obscuro/ Que esse granito seja ao menos eterno dique/ Aos voos da Blasfêmia esparsos no futuro" ("O túmulo de Edgar Allan Poe").*

Ver: Antígona. Descartes, René. Desconstrução. Divã. Espelho. Göttingen. Hipnose. Hollywood. Holmes, Sherlock. Leonardo da Vinci. Monroe, Marilyn. Paris. Princesa selvagem. Viena.

Celebridade
Rich and famous

Freud apreciava as celebridades, e não é um acaso a psicanálise ter transformado a intimidade de cada sujeito numa história de genealogia nobre. É preferível ser Édipo ou Hamlet do que um desafortunado paciente cujo comportamento é observado. Mas Freud não imaginava que um dia o que ele valorizara se converteria em seu oposto. A sociedade democrática moderna devorou a psicanálise. Ela transforma personagens insignificantes em ídolos celebrados, odiados ou desprezados por suas posturas sexuais, seus afetos ou a exibição de seus sentimentos. Ela celebra a celebridade em

---

* Versos citados em tradução de Augusto de Campos. (N.T.)

detrimento do renome, do talento, do valor e da coragem. Ela se alimenta do íntimo, do sexo e do nada erigido em religião.

Em suma, o que aconteceu de pior à psicanálise, no fim do século XX, foi ter se tornado instrumento de uma psicologização da existência e da política. *Reality-shows*, cultos da autoficção literária, exibições da alma e do sexo, confissões dos grandes deste mundo – os Windsor, ou ainda os Grimaldi, Monica Lewinsky etc. –, cada história famosa das celebridades mobiliza denúncias, interpretações, grupos de apoio psicológico. Alerta permanente e ditadura da transparência: trata-se sempre de pegar o pavor, o medo, a angústia. Assim que um problema se coloca, não importa qual, a mídia volta-se para "psis" mais ou menos célebres – psiquiatras, psicólogos, psicanalistas – a fim de solicitar uma expertise. "Psis": termo medonho. Nunca o vocabulário da psicanálise foi tão utilizado para alimentar boatos ou, mais seriamente, descrever as patologias reais dos eleitos da República. Na França, em especial depois das eleições presidenciais de 2007, Nicolas Sarkozy virou alvo dos jornalistas, que não pararam de "psicanalisar", a golpes de diagnósticos fulminantes, suas manias, fobias, cóleras, tiques, pulsões, discursos desabridos ou insultantes.

A família Le Pen, protótipo de uma estrutura nepotista do poder, foi objeto de múltiplas interpretações "edipianas": assassinato de um patriarca paranoico por uma filha carnívora, rivalidade feroz da sobrinha com a tia ou das irmãs entre si: "No divã, o inconsciente de Marion Maréchal-Le Pen teria o que falar. Sem dúvida ele contaria que precisava de uma ideologia rígida para abrir caminho nessa família totalmente doida, estruturada pelas rupturas e a violência, viveiro de paixões pelas cabeças cortadas" (Marion Van Renterghem, *Vanity Fair*, abr 2017).

Doravante, nenhuma celebridade da vida política poderia mais escapar ao discurso psicanalítico. Seria talvez a expressão de uma rejeição, por parte da sociedade civil, entregar o poder a eleitos incapazes de controlar suas pulsões e seus vícios? Mas isso significa igualmente que a identificação emocional com líderes carismáticos tornou-se mais importante do que a confiança racional depositada em instituições representativas, o que é sempre perigoso para a democracia.

Lembro-me que, no momento da detenção de Dominique Strauss-Kahn em Nova York, em maio de 2011, um semanário me ligou por volta das 7h da manhã para me fazer à queima-roupa a grande pergunta do dia: "Ele é perverso?" Eu já estava acostumada com esse tipo de interrogação. Não me contentei em recusar, tentei explicar ao jornalista que tal pergunta, dirigida a um suposto especialista, não fazia nenhum sentido e que contribuía tanto para ridicularizar a mídia como para apagar a história de um sujeito em prol exclusivamente de um ato sexual cujo teor ninguém conhecia ainda. Trabalho perdido. Alguns dias mais tarde, um grande diário matutino publicava cerca de vinte diagnósticos. Todos diziam apoiar-se na "ciência psíquica", mas nenhum era idêntico ao outro.

Desde essa data, o homem célebre, com um belo destino político pela frente, tornou-se, por sua atividade sexual, o caso clínico mais comentado do planeta: filmes, teses universitárias, romances, depoimentos, estudos psicanalíticos.

Ver: Apócrifos & boatos. Desejo. Felicidade. Hollywood. Mulheres. Nova York. Presidentes americanos. Roth, Philip. Sedução. Sexo, gênero & transgêneros.

Che vuoi?
O diabo apaixonado

Essa fórmula é utilizada por Lacan, em 1966, para definir a lógica do desejo (ou grafos do desejo): "O que ele quer de mim? O que queres (*Che vuoi?*)?" É extraída de *O diabo apaixonado*, romance libertino de Jacques Cazotte, publicado em 1772. Alvare convoca o diabo, que lhe aparece primeiramente sob os traços de um horrível dromedário, depois de uma sedutora jovem, Biondetta. Ambos participam de um casamento, e circunstâncias os levam a ser hospedados no mesmo quarto; Biondetta arranca a máscara que usava e se transforma em Belzebu, hidra aterradora com várias cabeças. "*Che vuoi?*", diz a Alvare, que lhe retorna a pergunta: "Muitos franceses, que não se gabam disso, dirigiram-se às cavernas para evocações e lá encontraram animais horrendos que lhes gritavam '*Che vuoi*' e que, à sua resposta, lhes apresentavam um pequeno animal de treze a quatorze anos ..." Com o rosto do diabo, Biondetta "articula com uma voz de trovão esse tenebroso *che vuoi* que tanto me apavorara na caverna". A interrogação de Alvare responde à interrogação do demônio. Tal é, segundo Lacan, o jogo do desejo.

Hostil ao Iluminismo e considerando a revolução como a encarnação de Satã, Cazotte foi suspeito de conspirar com os realistas e morreu no cadafalso em 25 de setembro de 1792.

Numerosos psicanalistas lacanianos empregam a fórmula *Che vuoi?* como se fosse uma senha. É igualmente tema de colóquios e título de revistas.

Ver: Cuernavaca. Desejo. Fantasia. Hipnose. Jesuítas. Mulheres. *Origem do mundo, A.* Psique/Psiquê. *Schibboleth. Segundo sexo, O.*

Cidade do México

O mexicano não é uma essência, mas uma história

Nesse país que cultivava laços importantes com o império dos Habsburgo, especialmente no momento da trágica expedição do imperador Maximiliano (1864-67), a psicanálise nunca se constituiu em verdadeiro movimento, ainda que alguns atores, pitorescos, tenham desempenhado ali um papel importante, como Erich Fromm, oriundo de uma família judia alemã, emigrado para os Estados Unidos, depois radicado na Cidade do México em 1950, ou Igor Caruso, vindo de Viena, e Santiago Ramírez, pai fundador da primeira sociedade psicanalítica mexicana. Admirador de Benito Juárez, laico e jacobino, Ramírez se casou com uma católica fervorosa que venerava as valsas de Viena.

Foram sem dúvida essa situação particular e os tumultos da revolução de 1910 que fizeram do México a Terra Prometida de diversas experiências inéditas. Atesta isso, se necessário, a do mosteiro de Cuernavaca. Sempre que vou à Cidade do México, me impressiona a multiplicação dos grupos de terapeutas, cada qual reivindicando uma linha, todos muito dinâmicos e ao mesmo tempo politicamente engajados na vida social dessa megaló-

Cidade do México

pole barroca. A psicanálise mexicana lembra um poema de Octavio Paz: "Toda cultura nasce da mistura, do encontro, dos choques. No caminho contrário, é do isolamento que morrem as civilizações."

O que me fascina nessa cidade gigantesca e extremamente violenta é efetivamente essa mistura entre diversas heranças que convivem: a da cultura pré-colombiana e do período colonial, e aquela, muito mais próxima, do período do entreguerras. Não imagino ir à Cidade do México sem visitar os lugares que me lembram a história do exílio de Leon Trótski e de sua amizade com dois dos maiores pintores da modernidade latino-americana: Diego Rivera e Frida Kahlo. Sei que, em caso de perigo maior, poderia exilar-me nessa megalópole. Meu amigo Helí Morales, grande admirador de Trótski e dos nós borromeanos de Lacan, sempre me disse que sua casa, parecida com a de Frida, era minha. Hospitalidade incondicional.

Num quadro célebre, *Moisés*, que pode ser visto em sua casa transformada em museu, Frida Kahlo inspirou-se no livro de Freud *Moisés e o monoteísmo* (1939) para compor uma espécie de genealogia do mundo, reunindo os deuses astecas aos grandes pensadores do século XX. Em torno de um feto fecundado por um sol e um cesto de vime onde está depositado o bebê Moisés, desenvolve-se uma imensa alegoria da vida, da morte, do bem, do mal e da guerra, sob o olhar de deuses tutelares – Jesus, Marx, Gandhi, a Virgem Maria, Freud etc. – agrupados como ícones oriundos de uma tradição ortodoxa revista e corrigida pelo surrealismo.

A obra freudiana teve um impacto inaudito na Cidade do México, e não só junto aos artistas e pintores (Rubén Gallo, *Freud au México*, 2013). Quando emigrou para Londres, Freud deixou em Viena um livro de direito penal, atualmente depositado na biblioteca das ciências da saúde de Columbia, cujo autor era um magistrado, Raúl Carrancá y Trujillo, que em 1940 foi incumbido de interrogar Ramón Mercader, assassino de Trótski.

Fascinado pela exploração do inconsciente dos grandes criminosos e interessado em determinar seu grau de culpa, Carrancá decidiu ser "analisado" por dois experts, um dos quais Alfonso Quiroz Cuarón, freudiano convicto, cognominado o "Sherlock Holmes mexicano". Tinha sido sob o pseudônimo Frank Jackson (*alias* Jacques Mornard) que Mercader, militante stalinista e veterano das Brigadas Internacionais, fora encarregado, em 20 de agosto de 1940, por Nahum (Leonid) Eitingon, coronel da KGB e amante de sua mãe, Caridad Mercader del Rio, de massacrar Trótski com um golpe de picareta. Carrancá e seus experts ignoravam sua verdadeira identidade. Após seis meses de sondagens inúteis no âmago dos pretensos recônditos da psique desse estranho paciente, Quiroz afirmou que este sofria de um "complexo edipiano ativo", consecutivo a um trauma que, por amor à mãe, levara-o a assassinar o substituto de seu pai odiado. Condenado a vinte anos de reclusão, Mercader cumpriu sua pena e foi para Cuba, terra de seus ancestrais. Em 1950, quando Quiroz Cuarón descobriu a verdadeira identidade do assassino, confirmou seu diagnóstico. O embaraçoso é que o principal envolvido ignorava ter sido "edipianizado", e, aliás, estava pouco ligando para isso. Conseguira introduzir-se na intimidade de Trótski e afirmou à polícia mexicana que este fomentava um complô para assassinar Stálin. Nunca manifestou qualquer remorso.

Quando levaram suas cinzas para Moscou, as autoridades soviéticas gravaram um nome falso na urna depositada no cemitério de Kuntsevo: Lopez Ramón Ivanovitch, herói da União Soviética. Seu irmão Luis declarou que era de fato um herói, morto tristemente: "Ele recebeu uma missão, cumpriu-a ... Meu Deus, que destino raro e trágico: ser riscado da lista dos homens que viveram nesta terra pecadora." Nenhuma palavra para Trótski!

Sem dúvida, é preferível jamais explorar o inconsciente dos criminosos à revelia deles.

Ver: Buenos Aires. Cidades. Cidades brasileiras. Cuernavaca. Édipo. Espelho. Frankfurt. Holmes, Sherlock. Jesuítas. Livros. Rebeldes. Roma. São Petersburgo. Terra Prometida. Último índio, O. Viena.

Cidades

De Viena a Paris, de Nova York a Buenos Aires, de Budapeste a Zurique, a psicanálise é no mundo inteiro um fenômeno urbano, fruto da indus-

Cidades 75

trialização, do enfraquecimento das crenças religiosas e do declínio do patriarcado tradicional.

Ela é ensinada, funda suas associações e cria seus institutos de formação em grandes cidades, cujos habitantes quase sempre são dissociados de suas raízes, vivendo retraídos num núcleo familiar restrito e mergulhados no anonimato e no cosmopolitismo. Propícia à exploração das profundezas do íntimo, ela se alimenta de uma concepção da subjetividade que pressupõe a solidão do homem face a si mesmo.

O dispositivo do divã, nesse aspecto, não passa da tradução clínica de tal abandono: um *tête-à-tête* consigo mesmo face a uma alteridade reduzida à sua expressão mais simples. Quanto à transferência, conceito primordial do vocabulário freudiano, ela é apenas a transposição, num modo intersubjetivo, de uma ascendência que se diluiu na realidade e cuja onipotência o sujeito reconstrói fantasisticamente com fins terapêuticos.

A história da psicanálise é igualmente a história de uma geopsicanálise cujo território arqueológico seria o das cidades, todas semelhantes e diferentes uma da outra.

Daí a escolha, no caso deste dicionário, de privilegiar nomes das cidades amadas. Adoro as cidades, os barulhos da cidade, a multidão, os bares, as cervejarias, e, por conseguinte, apraz-me que a psicanálise tenha se implantado em toda parte em cidades, até mesmo megalópoles, onde a angústia vai de par com a interrogação do sujeito sobre si mesmo. Explorar seu inconsciente é sempre desprender-se de alguma coisa, reservando-se o direto de conservar seu traço no inconsciente: de um território, de uma tribo, de uma família, e, logo, de uma soberania ligada à raça, à nação. É igualmente sonhar com uma cidade ou mesmo sonhar uma cidade.

Não posso me abster de pensar aqui no romance de Italo Calvino *As cidades invisíveis* (1972). O autor imagina um diálogo entre Marco Polo e Kublai Khan, imperador mongol. O primeiro, visionário, descreve cidades imaginárias, o segundo, melancólico, não consegue visitar as de seu império. Há diversos tipos de cidades: do amor, da memória, do olhar, da morte, dos signos. Seus brasões são variados: nomes de mulheres, deusas, animais, mitos. As cidades da psicanálise figuram sem exceção no atlas, mas formam também um catálogo infinito de conceitos semelhante a um *alhures*, a uma outra cena povoada de efeitos especiais, como encontramos na saga de *Guerra nas estrelas*: cidades do Isso (Paris), do Eu (Nova York), da autoanálise (Buenos Aires), da bissexualidade e da partilha (Berlim), da telepatia (Budapeste), do multiculturalismo (Cidade do México), do desejo (Roma), da feminilidade (Göttingen), do sonho (São Petersburgo) etc.

Ver: Beirute. Budapeste. *Consciência de Zeno, A*. Cuernavaca. Frankfurt. Göttingen. Guerra. Hitler, Adolf. Hollywood. Salpêtrière. Terra Prometida. Topeka. Cidades brasileiras. Washington. Worcester. Zurique.

Cidades brasileiras

136 tons de pele

Bem mais que nas outras regiões do mundo, as cidades brasileiras foram o receptáculo de todas as contradições possíveis da psicanálise. Nesse país que aglutina vários países, as cidades desempenharam um papel considerável na expansão de todas as correntes da psicanálise. Todas reivindicam identidade própria, não obstante encontremos características comuns em cada uma delas. Nessas cidades – Rio de Janeiro, Salvador, São Paulo, Porto Alegre, Campinas, Belo Horizonte –, tive uma acolhida calorosa e sempre me surpreendeu a paixão com que, há diversas gerações, os brasileiros das grandes cidades se interessam não só por todas as formas de psicoterapia e medicina da alma, como também por sua história e a história mundial da psicanálise. Tudo se passa como se sua curiosidade pela alteridade os impelisse cada vez mais a compreender e escutar as diferenças culturais. Uma pesquisa listou no Brasil 136 tons de pele: brancas, negras, pardas, oliva, morenas, amarelas, indefiníveis. Nada mais estimulante do que dar conferências nas cidades brasileiras perante um público entusiástico, atento e generoso. Em cada cidade, existem dezenas de associações psicanalíticas, inúmeros institutos de ensino e iniciação à clínica. Quanto aos terapeutas, interrogam-se tanto sobre os distúrbios psíquicos – coletivos ou individuais – como sobre a maneira de abordá-los nos meios sociais mais pobres, em especial nas favelas.

Cidades brasileiras

Em todas essas cidades sinto-me em casa, e a cada périplo encontro os mesmos amigos, minha editora Cristina Zahar e meus ex-doutorandos, agora professores, que também encontro no mês de janeiro, em Paris. Pois é durante o inverno europeu que os brasileiros vão ao estrangeiro. Os que conheço e amo viajam muito e falam várias línguas – Ana Maria Gageiro, Catarina Koltai, Marco Antonio Coutinho Jorge, Paulo Ceccarelli –, adoram frequentar os bistrôs parisienses, passar noites inteiras trocando ideias e participar de seminários na universidade. Como muitos latino-americanos, são elegantes e corteses, preocupados com sua aparência e seu corpo, atentos à beleza das peles, da mais clara à mais morena. Atravessam com facilidade as fronteiras, apreciam a estética das "passagens" tão bem descritas por Walter Benjamin. Gostam de flanar, de jantares festivos, passeios, presentes, de cultivar a autoestima. Gosto dos psicanalistas brasileiros, aprecio seu saber clínico, suas qualidades terapêuticas, seu pragmatismo, sua curiosidade insaciável, sua capacidade de fazer a cultura freudiana viver e de zombar sutilmente da arrogância com que seus pares franceses continuam a tentar colonizá-los, tomando-se por gurus.

Quando alguém vem de Buenos Aires ou Paris e aterrissa numa cidade brasileira, experimenta uma dupla sensação: *déjà-vu* e estranheza. Tudo bem, as estações são o avesso das europeias, mas é igualmente como se cada cidade reunisse um condensado de todas as estações possíveis: o inverno de manhã, a primavera ao meio-dia, o verão à tarde e o outono à noite. Consequentemente, a cidade brasileira participa não de um cosmo cosmopolita à la Borges, mas de uma mestiçagem hierarquizada com extrema violência. Nela, as relações entre o corpo e o intelecto são de natureza antropofágica, colonial, bissexual. Comer o outro, recalcar o outro, cuspir o outro, isto é, o inimigo, o estrangeiro, o índio da Amazônia, o próximo, o mestiço, o semelhante, o miserável, o homem e a mulher: tal seria a maneira como o Brasil incorpora a imagem que faz de si mesmo em sua relação com o mundo europeu, um mundo sempre vivido no modelo de uma projeção oscilante entre devoção e rejeição.

Embora, para os argentinos urbanos, especialmente os *porteños*, a psicanálise tenha sido o meio de elucidar uma história genealógica conduzida por ondas sucessivas de migração, e tenha se implantado através de uma verdadeira nostalgia heroica de mestres fundadores reunindo exilados e filhos da terra, no caso das cidades brasileiras, como aponta a socióloga e psicanalista Lucia Valladares, ela permaneceu a expressão consumada de um saber racional, capaz de responder a interrogações culturais e, simultaneamente, moderar os excessos de uma sociedade urbana feudalizada e impregnada de pensamento mágico, o dos curandeiros, feiticeiros ou ainda os líderes carismáticos de seitas. Tal saber, aliás, mistura a dupla herança do positivismo de Auguste Comte, que em 1891 presidiu a redação da nova Constituição republicana, e do culto antropofágico, que parodia a concepção freudiana da lei cerceadora e do desejo culpado.

Em 1928, em seu *Manifesto antropófago*, parcialmente inspirado nos manifestos surrealistas, Oswald de Andrade, grande leitor de Freud, afirma que só a ingestão simbólica do colonizador permite à modernidade brasileira consolidar-se segundo um processo de devoração estética que consiste não em imitar a civilização europeia, mas em comê-la a fim de melhor assimilá-la. Ele convida seus contemporâneos a uma revolução "caraíba", que resultaria na morte do patriarcado e no retorno a um matriarcado original através do qual se exprimiriam todos os desejos recalcados.

Oswald reivindica o nome de Pindorama, ou "Terra das Palmeiras", utilizado pelas tribos indígenas para designarem seu país na língua tupi-guarani: "Contra a realidade social, vestida e opressora, cadastrada por Freud – a realidade sem complexos, sem loucura, sem prostituições e sem penitenciárias do matriarcado de Pindorama", "Tupi or not Tupi, that is the question". Por que a língua tupi não subsistiu? Sem dúvida porque a língua portuguesa foi utilizada pelo colonizador com a finalidade não só de dominar como de manter o status privilegiado da elite com relação às classes desfavorecidas. Mesmo assim, o português brasileiro se configurou de maneira bem diferente, pois sofreu a influência das línguas indígenas e africanas, o que lhe conferiu nuances distintas da língua falada em Portugal... No que se refere à identidade e à mistura brasileiras, "só a antropofagia nos une".

No Brasil, a psicanálise é ao mesmo tempo a doença e o remédio para a doença, a razão e a transgressão da razão, a norma e a rebelião contra a

Cidades brasileiras

norma, a lei do pai e a irrupção de uma heterogeneidade maternal. Ora ela se pretende submetida a uma ordem universal que a vincula à Europa ou à outra América, ora ela se pensa em ruptura com esse ideal a ponto de soçobrar numa busca frenética por uma "brasilidade". Ousaria eu dizer que ela muda de estação a cada hora do dia e da noite, que por essa razão nos deslumbra, a nós, europeus, oferecendo-nos o espetáculo de uma notável vivacidade? Como diz Gilles Lapouge em seu magnífico *Dicionário dos apaixonados pelo Brasil* (2011): "Frequento esse país regularmente, eu o pintei de memória. Mostro suas imagens. Lembro-me de seus cheiros e temporais. Paralelamente, percorro sua história, brutal e faustosa, da qual na Europa só conhecemos fragmentos. Falo igualmente do Brasil de hoje, dividido entre o horror das favelas e a impaciência de um povo que, pela primeira vez, talvez, sabe que está no controle do próprio destino. Ser apaixonado por um país é isso."

Não é por acaso que a universidade desempenha, no caso da psicanálise, um papel primordial nesse país em que as escolas psicanalíticas, independentemente das tendências, instalaram-se não nos departamentos de medicina e sim nos de psicologia, instaurando uma osmose completa entre as práticas clínicas e a transmissão da doutrina e do corpus. Ensinada como um saber racional, a psicanálise, em vez da psicologia, assumiu uma posição crucial na sociedade brasileira, em especial nas universidades, marcadas por uma expansão das ciências humanas iniciada no entreguerras por intelectuais franceses: Georges Dumas, Fernand Braudel, Claude Lévi-Strauss. Por conseguinte, foi muito poderosa numa época (1980-2016) em que, na Europa e nos Estados Unidos, sofreu em cheio o contragolpe de uma crise que a obrigou a se desenvolver cada vez mais fora de um sistema universitário dominado pela psicologia comportamental e a psiquiatria biológica.

As escolas psicanalíticas brasileiras foram fundadas por pioneiros locais, destacando-se Durval Marcondes (São Paulo) e Júlio Porto Carrero (Rio de Janeiro), além de muitos outros. Nenhum deles, contudo, comportou-se como um guru. De modo que a psicanálise, nas cidades brasileiras, foi a princípio um assunto coletivo que não reivindicava nenhuma figura de autoridade. Longe da Europa, longe dos "mestres" – de Melanie Klein a Jacques

Lacan –, os psicanalistas brasileiros sempre cultivaram um formidável ecletismo, fundado nas relações horizontais entre os membros do grupo em vez de na submissão a uma chefia. Daí sua força clínica, muito mais sólida, desde o início do século XXI, do que a dos países europeus, a despeito da lembrança do sinistro período da ditadura (1964-84), quando os militantes freudianos rebeldes foram perseguidos, enquanto a maioria de seus colegas tentava permanecer "neutra". Numa carta de 1926 dirigida a Durval Marcondes, Freud escreveu estas palavras: "Infelizmente não domino seu idioma, mas, graças aos meus conhecimentos da língua espanhola, pude deduzir de sua carta e de seu livro que é sua intenção usufruir dos conhecimentos adquiridos com a psicanálise em obras literárias e, de uma maneira geral, despertar o interesse de seus compatriotas pela nossa ciência. Agradeço-lhe sinceramente seus esforços e desejo-lhe muito sucesso." Ele se surpreenderia ao ver a que ponto esse desejo tornou-se realidade nos dias de hoje.

E devo dizer que me inclino a compartilhar a opinião otimista de Stefan Zweig, que residia em Petrópolis, onde se suicidou em 1942: "A questão que se coloca é a seguinte: como os homens conseguirão viver em paz na terra, a despeito de todas as diferenças de raças, classes, tons de pele, religiões e convicções? Nenhum país do mundo resolveu isso de uma maneira mais auspiciosa do que o Brasil. E o resolveu de uma maneira que, na minha opinião, merece não só a atenção, como a admiração do mundo" (*Brasil, um país do futuro*, 1941).

Ver: Beirute. Berlim. Budapeste. Buenos Aires. Cidade do México. Cidades. *Consciência de Zeno, A*. Cuernavaca. Frankfurt. Göttingen. Hamlet branco, Hamlet negro. Hollywood. Jesuítas. Londres. Nova York. Paris. Rebeldes. Roma. São Petersburgo. Sexo, gênero & transgêneros. Terra Prometida. Topeka. Último índio, O. Viena. Washington. Worcester. Zurique.

Consciência de Zeno, A
Morrer tal como se nasceu

A importância desse romance de Italo Svevo publicado em 1923 está ligada tanto aos primórdios da implantação da psicanálise na Itália como à situação geográfica de Trieste, cidade portuária e barroca, via de passagem entre a Mitteleuropa e a península Italiana. No começo do século XIX, ela fazia parte do Império Austro-Húngaro (Maurizio Serra, *Italo Svevo ou l'Antivie*, 2013).

Em outubro de 1908, Freud vê chegar a Viena um jovem estudante de medicina, Edoardo Weiss, filho de um industrial judeu da Boêmia, que tem uma profunda admiração por ele desde que leu *A interpretação dos sonhos*: "Quando me preparei para partir", dirá a Kurt Eissler, "Freud me perguntou por que eu estava com tanta pressa. Pensei então que ele estava feliz por encontrar alguém que vinha de Trieste. No passado, ele mesmo, como sabemos, passara uma temporada na cidade juliana. Gostava da Itália e alegrara-se pensando que alguém de Trieste estivesse interessado em seus trabalhos. Eu tinha então dezenove anos. Terminada a visita, perguntei-lhe quanto devia pela consulta e, de uma maneira encantadora, ele respondeu que não aceitava nada de um colega."

Freud não quer conduzir a análise daquele que será o introdutor de sua doutrina na Itália e um de seus melhores discípulos. Assim, encaminha-o para fazer sua formação no divã de Paul Federn, que se tornará seu mestre e amigo até o exílio americano.

Muito semelhantes aos vienenses da Belle Époque, os intelectuais triestinos pretendem-se "irredentistas", reivindicando não só sua identidade italiana como um profundo apego a essa cultura europeia que os torna sensíveis a todos os grandes movimentos da vanguarda literária e artística. Quanto aos intelectuais judeus desjudaizados e oriundos da burguesia mercantil – rica ou empobrecida –, aspiram a uma emancipação idêntica à dos vienenses, ao mesmo tempo desenvolvendo uma crítica feroz e melancólica da monarquia dos Habsburgo. Em suma, sentem-se mais italianos do que austríacos, mais judeus do que italianos, e suficientemente atormentados pelas neuroses familiares para se sentirem atraídos pela ideia de explorar a própria subjetividade.

No momento em que Weiss abraça a causa da psicanálise, Italo Svevo, cujo nome verdadeiro era Ettore Schmitz, interessa-se igualmente pela obra freudiana. Casou-se com sua prima Livia Veneziani, cujos pais ricos se converteram ao catolicismo e cujo irmão Bruno Veneziani, homossexual, tabagista e toxicômano, é um amigo de juventude de Weiss. Olga Veneziani, mãe de Livia e de Bruno, parece sair diretamente de um relato clínico. Frenética, odiando o genro, sofrendo com os deslizes de um marido que a trai, apaixonou-se por seu único filho a ponto de ver nele um gênio. A conselho de Weiss e de sua mãe, Bruno consulta diversos psicanalistas. Depois, entre 1912 e 1914, deita-se intermitentemente no divã de Freud, que leva muito tempo para perceber que nenhum tratamento jamais dará conta daquelas patologias tão fortemente desejadas pelo paciente. Em 31 de outubro de 1914, exasperado, afirma que não há nada a fazer com esse "mau sujeito".

Impressionado com o fracasso radical do tratamento de seu cunhado, Svevo alimenta uma forte reticência e adquire a convicção de que o tratamento psicanalítico é perigoso: inútil, ele dirá, querer explicar o que é um homem. Só o romance vivido como uma autoanálise permite, segundo ele, não "tratar a vida", sabendo que esta é em si uma doença mortal (E. Roudinesco, *Sigmund Freud na sua época e em nosso tempo*, 2015). Por trás da fachada de total normalidade em sua vida profissional de homem de negócios que dirige a empresa dos sogros, Svevo sofre, em sua vida privada, de fantasias sexuais e homicidas. Sonha devorar sua mulher aos pedaços, começando pelas botinas.

Baseando-se na história do desatino de seu cunhado, que lhe evita a experiência do divã, ao passo que, justamente, sonha ser analisado por Freud, Svevo cria, com *A consciência de Zeno*, um dos personagens mais fascinantes da literatura do século XX: um anti-herói moderno, atormentado por sua inconsistência, sua melancolia, seu tabagismo e os absurdos de uma vida fadada ao fracasso. Em suma, Svevo é o primeiro escritor de sua geração a criar de ponta a ponta um paciente freudiano do primeiro quarto do século XX, doente crônico, confrontado com um psicanalista impotente e vingativo – o doutor S. –, assombrado pela morte do pai e a potência das mulheres, rivalizando com um alter ego suicida e sonhando finalmente com uma grandiosa catástrofe que fizesse o planeta explodir: "Um homem", ele escreve, "... um pouco mais doente que os outros, furtará esse explosivo e descerá ao centro da Terra a fim de plantá-lo onde seu efeito seja o mais forte possível. Haverá uma detonação enorme que ninguém ouvirá, e a Terra, de volta ao estado de nebulosa, seguirá sua carreira nos céus, livre de parasitas e doenças."

O romance se apresenta como a autobiografia de um rico comerciante triestino, escrita a pedido de seu psicanalista. Dessa forma, o leitor tem diante de si um ato terapêutico. Ocupa, portanto, o lugar de um analista confrontado com a necessidade de decifrar um texto que, sob um véu de objetividade, é uma autodefesa. Zeno Cosini fornece um relato fragmentário, que oscila entre duas épocas, a da escrita, em torno de 1914-1916, quando Zeno aproxima-se dos sessenta, e o passado dos acontecimentos narrados, cerca de 25 anos mais cedo. Zeno evoca, à primeira vista, as grandes etapas de uma vida que poderíamos qualificar de comum: noivado, matrimônio, caso extraconjugal, entrada nos negócios. Todavia, adota uma estratégia irônica, em que a dissimulação torna-se a estrutura profunda do romance.

A narrativa revela-se enganadora: acompanhando-se Zeno, sua vida se afigura, num primeiro momento, uma série de fracassos ou, no mínimo, de iniciativas abandonadas. Zeno não termina os estudos, sofre intermitentemente de uma dor lancinante, de origem desconhecida, que o faz mancar, casa-se não com a mulher a quem ama mas com a irmã dela, não consegue parar de fumar, não tem realmente atividade profissional, pois seu sogro coloca-o sob a tutela de um homem de confiança, inúmeros insucessos que fazem da narrativa quase a exposição clínica de uma neurose (Anne-Rachel Hermetet, "Italo Svevo et la conscience moderne", *Études*, 2011).

Esse romance psicanalítico, reconhecido como uma obra fundadora e traduzido no mundo inteiro, não repercutiu entre os psicanalistas. A Freud nem sequer ocorreu lê-lo, de tal forma a literatura de sua época deixava-o indiferente, e mais ainda quando inspirada em sua doutrina. Quanto a Weiss, recusou-se a fazer uma resenha do livro, a despeito do pedido do escritor. Pior ainda, trinta anos depois da morte deste último, ele continuava a afirmar que o romance estava longe de refletir o método psicanalítico e que ele próprio não se assemelhava ao doutor S. Mais uma vez, como a maioria dos psicanalistas, ele procurava nas obras literárias o reflexo da doutrina freudiana, sem dar a mínima para a maneira como esta contribuíra para uma renovação da literatura.

Ver: Angústia. Autoanálise. Bardamu, Ferdinand. Cidades. Dinheiro. Divã. Família. Fantasia. Green, Julien. Leonardo da Vinci. Loucura. Romance familiar. Roma. Roth, Philip. Viena. *W ou a Memória da infância*. Washington.

Cronenberg, David
Sabina Spielrein, Freud e Jung

Gostei muito do filme *Um método perigoso* (2011), do cineasta canadense David Cronenberg, que relata um episódio crucial da história da psicanálise através do destino de três de seus protagonistas: Freud, Carl Gustav Jung e Sabina Spielrein. Cronenberg, contudo, baseou-se no livro de um ensaísta americano, John Kerr, que em seguida foi utilizado por Frederick Crews, violentamente hostil a Freud e a Jung. O filme, bem diferente do livro, é estático, cerebral, congelado como num sonho, e não podemos nos abster de pensar numa longa cena proustiana reinventada pelo pincel de Francis Bacon. Muito bem servido por seu roteirista, Christopher Hampton, autor de uma peça teatral sobre o tema, Cronenberg presta uma vibrante homenagem à Europa da Belle Époque. Entre 1904 e 1913, a aristocracia decadente levava uma vida burguesa e melancólica, preferindo a busca de autoconhecimento ao poder político. Momento único de decadência e beleza, de paixão e frustração, que se transformará num pesadelo sangrento.

Dirigidos por mão de mestre, os três atores principais, Michael Fassbender (Jung), Viggo Mortensen (Freud) e Keira Knightley (Sabina), atuam fora de seus tipos costumeiros, como se o cineasta quisesse obrigá-los a se manter o mais próximo possível de um conflito que levará todos a uma ruptura trágica. Daí um certo academicismo na maneira de apresentar esse mundo erradio, no qual os homens assemelham-se a seus pais, a quem detestam, enquanto as mulheres imitam suas mães, já odiadas por haverem-nas frustrado. A presença fugaz de Otto Gross (Vincent Cassel) lembra o quanto loucura, psiquiatria e psicanálise alimentavam-se de uma mesma trama narrativa, de uma mesma linguagem.

Cronenberg capta esse momento especial da história da psicanálise, quando a análise e a relação carnal misturam-se numa intimidade comum, sem que se saiba ainda como manejar as regras da transferência. Em 1904, Jung recebe na clínica do Burghölzli, perto de Zurique, uma adolescente louca, Sabina Spielrein, oriunda de uma família da burguesia russa. Cura-a, tornando-se ao mesmo tempo seu amante e seu terapeuta. Conta essa história a Freud, que põe fim ao tratamento e se separa ele próprio de seu discípulo favorito, em condições dramáticas.

Nessa época, antes da Primeira Guerra Mundial, só pessoas ricas tinham meios de interrogar seus medos e deixar seu inconsciente falar. Fossem anarquistas ou toxicômanos como Otto Gross (disfarçado aqui por Cronenberg em demônio tentador de Jung), conservadores, progressistas ou puritanos, pertenciam à mesma elite intelectual, e o filme é um reflexo disso: figurinos suntuosos, beija-mãos, elegância dos corpos vestidos ou desnudos, esplendor dos palácios e das luxuosas clínicas, cidades impregnadas de uma cultura ancestral, de Zurique a Berlim, de Viena a São Petersburgo. A ponto de termos a impressão de navegar permanentemente num transatlântico do tamanho do *Titanic*, onde se cruzam criaturas devastadas por suas neuroses, inaptas a entrar numa vida que não seja a de um sonho.

É este efetivamente o universo filmado por Cronenberg, que simpatiza com a angústia de Jung na mesma medida em que se apaixona pelo gênio indômito de Freud. Eis então um cineasta freudiano, que sabe falar do jovem Jung, impetuoso e desarmado face à intransigência do mestre vienense, seguro de si, convencido tanto de que sua doutrina é correta quanto de que ela suscita ódio: um ódio antijudaico.

Cronenberg revisita involuntariamente o mito lacaniano da "peste", filmando Freud e Jung de costas, por ocasião de sua chegada a Nova York, em 1909, diante da península de Manhattan, que parece sair diretamente de um filme expressionista. Espectro da América ou fantasma de uma Europa cujas fantasias são projetadas na esperança de uma felicidade vindoura?

Tendo sofrido maus-tratos na infância, Sabina Spielrein é escutada por Jung antes de tornar-se igualmente psiquiatra e uma das fundadoras do movimento freudiano na Rússia. Protestante e culpado do desejo que Sabina lhe suscita, Jung não consegue nem ser o herdeiro não judeu sonhado por Freud para dirigir o movimento psicanalítico nem amar verdadeiramente Sabina, que lhe escapará por ter sido mais bem compreendida por Freud. Num gesto derradeiro, ela tentará reconciliar os dois homens: seu amante, que a curou, e seu mestre, que soube recebê-la como discípula.

Se Jung transgride as regras do tratamento, sob o olhar lúcido e desesperado de sua mulher Emma, que o desejaria mais freudiano, e mesmo considerando que a sexualidade não é a causa única das neuroses, Freud, obcecado pelas causas sexuais e furiosamente materialista, é igualmente aquele que resiste ao sexo para falar dele e teorizá-lo. A seu ver, só a ciência é uma verdadeira Terra Prometida capaz de afastar a psicanálise da maré sombria do obscurantismo.

Ver: Animais. Apócrifos & boatos. Berlim. Divã. Guerra. Hipnose. Hollywood. Monroe, Marilyn. Mulheres. Nova York. Psiquiatria. Psiquiatria dinâmica. São Petersburgo. Sedução. Terra Prometida. Viena. Worcester. Zurique.

Cuernavaca
O diabo na cruz

Em 1960 produziu-se um acontecimento sem precedentes na movimentada história das relações entre a Igreja católica e a psicanálise. Nessa época, um vasto movimento de discernimento vocacional fora lançado pelas autoridades do Vaticano, desejosas de conhecer melhor as práticas sexuais dos sacerdotes e evitar o recrutamento de perversos e pedófilos. Foi nesse contexto que, no mosteiro beneditino de Santa Maria da Ressurreição, situado em Cuernavaca, a 70 quilômetros da Cidade do México, um prior de origem belga, o padre Grégoire Lemercier, próximo do bispo Sergio Méndez Arceo, teólogo da libertação, decidiu fazer uma análise. Na noite de 4 de outubro de 1960, quando estava deitado, teve uma espécie de alucinação:

Cuernavaca 87

vários rostos apareceram à sua frente e ele julgou que Deus falava com ele. A conselho de seu amigo Santiago Ramírez, fundador da psicanálise no México, consultou Gustavo Quevedo, clínico excepcional, que, ao fim de certo tempo, percebeu que Lemercier tinha um câncer no olho. Isso explicava em parte seus distúrbios visuais. Lemercier submeteu-se a uma bem-sucedida cirurgia (que todavia o deixou vesgo), e propôs a seus monges experimentarem fazer uma terapia em grupo conduzida por dois analistas: Quevedo e Frida Zmud, formada no serralho das teorias kleinianas (Juan Alberto Litmanovich, *Un monasterio en psicoanálisis*, 2015).

Lemercier tinha tamanha convicção da necessidade de os padres interrogarem sua sexualidade que, como Méndez Arceo, entrara em confronto direto com as barbaridades do padre Marcial Maciel Degolado, uma das figuras mais emblemáticas dos Legionários de Cristo, estelionatário e pedófilo. Este estuprara dezenas de crianças e adolescentes e continuava a ser parcialmente protegido pelo Vaticano, apesar dos depoimentos de suas vítimas.

Sessenta monges aceitaram a experiência sugerida por Lemercier, que, como inúmeros religiosos no mundo, perguntava-se quais seriam as consequências de uma investigação do Eu sobre, de um lado, a fé e, de outro, os votos de castidade. Como tive a oportunidade de constatar, conversando com sacerdotes franceses, o tratamento analítico raramente destrói a "verdadeira fé", mas conduz seja a um abandono da castidade, seja a uma sublimação da libido. A experiência de Cuernavaca tornou-se ainda mais célebre na medida em que coincidia com a realização do concílio Vaticano II.

Fato é que ela foi condenada pela Congregação do Santo Ofício. Lemercier e quarenta monges largaram a batina para se casar ou ter relações sexuais. Em 1973, Paulo VI adotou uma posição de neutralidade hostil a respeito do freudismo, a qual será doravante o credo de uma Igreja respeitosa da laicização do saber, o que contrastava com os anos 1930, durante os quais a Igreja católica denunciara o freudismo e o marxismo como teorias diabólicas responsáveis por uma destruição da família cristã.

Ver: Amor. Beirute. *Che vuoi?* Cidade do México. Cidades brasileiras. Eros. Jesuítas. Livros. Roma. Sedução.

D

Descartes, René

Sonho, logo penso

Durante a noite de São Martinho, de 10 para 11 de novembro de 1619, Descartes, aos 23 anos de idade, dorme num albergue situado no coração de uma aldeia da Suábia. Acaba de concluir brilhantes estudos junto aos jesuítas e imagina como redigir um tratado sobre a natureza matemática do mundo. Segundo Adrien Baillet, seu biógrafo (*La Vie de Monsieur Descartes*, 1691), que se baseia nas *Olímpicas* (pequeno caderno manuscrito, 1619), Descartes tem três sonhos durante os quais tem visões, como vestígios traçados por Deus ou pelo gênio maligno (o diabo). O primeiro vem "de baixo", os outros dois "do alto".

No primeiro sonho, Descartes topa com fantasmas (ou fantasias) que o apavoram. Como tem dificuldade para andar e sente uma grande fraqueza no lado direito, cai para o lado esquerdo. Percebe um colégio, entra nele e cruza com um passante a quem não cumprimenta. Tenta então alcançar a igreja para rezar, mas um vento muito forte imprensa-o contra o muro. Espanta-se ao ver aqueles que o cercam eretos e firmes sobre os pés, depois conversa com um homem que o chama pelo nome e lhe diz que deseja levar alguma coisa para o sr. N. O sonhador (Descartes) supõe tratar-se de um melão. Acorda, vira para o lado direito e tenta dormir novamente.

No segundo sonho, vê fagulhas espalhadas em seu quarto. No terceiro, mais complexo, está à sua mesa de trabalho diante de um *Dicionário*. Querendo consultá-lo, pega outro livro, o *Corpus poetarum*, cujo teor lhe é familiar desde a infância. Abre-o e procura o verso que conhece bem:

"Quod vitae sectabor iter?" ("Que caminho seguirei na vida?"). Aparece então um desconhecido, com quem ele evoca um idílio referente ao sim e ao não de Pitágoras, sobre a ambiguidade da vida, a partir das palavras mais sucintas da língua, justamente as que exigem mais reflexão. Não as encontra e depara com pequenos retratos gravados com buril. É então que na outra ponta da mesa reaparece o *Dicionário*, no qual faltam páginas. O desconhecido desaparece com o *Corpus*.

Interpretando este último sonho, Descartes decide tomar o caminho correto e consagrar sua vida a cultivar a razão e avançar no conhecimento da verdade. Em outros termos, no primeiro sonho ele se confronta com seus demônios pessoais (o gênio maligno, o lado esquerdo), depois se restabelece para em seguida regressar, até compreender que não possui o saber absoluto e que deve aprender (o colégio) ao mesmo tempo se inclinando perante Deus (a igreja); a oferta do melão é interpretada como sinal de uma fecundidade futura. No segundo sonho, surge uma iluminação que anuncia a obra futura, e, no terceiro, Descartes dá sentido à sua vida, decidindo dedicar-se ao conhecimento da verdade.

Em momento algum ele interpreta esses sonhos iniciáticos como oráculos. Vê neles injunções oriundas ao mesmo tempo de seu próprio subconsciente e de uma "revelação". E constata que, no momento em que sonhava, não estava em estado de embriaguez. No fim do inverno, faz contato com editores visando a impressão de seu livro.

Esses sonhos foram comentados diversas vezes. Significam, em todo caso, que Descartes, pensador da razão, dissocia-se da crença numa chave dos sonhos, atribuindo, como os cientistas sonhadores do século XX, uma grande importância à sua atividade onírica, da qual faz um elemento essencial de todo ato criador. Há, então, segundo ele, uma continuidade entre o mundo do sonho, da divagação e das fantasias e o mundo da razão (o Cogito).

É justamente por esse motivo que, em 1929, quando prepara uma biografia de Descartes, o historiador francês Maxime Leroy dirige-se a Freud para lhe perguntar sua opinião sobre os sonhos do célebre filósofo. Espera sem dúvida uma resposta de envergadura. Será obrigado a resignar-se.

Numa carta de grande sobriedade, Freud lhe responde que, pela leitura do texto e na ausência do sonhador, é difícil interpretar "sonhos do alto", que são da mesma natureza que uma reflexão no estado de vigília. E acrescenta que o próprio filósofo interpreta seus sonhos e que a explicação que lhes dá é aceitável. Freud também observa que o "lado esquerdo" remete a uma representação do mal ou do pecado e que o vento é uma figura do gênio maligno ("de baixo"). Quanto ao melão, vê nele um conteúdo sexual que poderia remeter a um prazer solitário: a masturbação (Maxime Leroy, *Descartes, le philosophe au masque*, 1929).

Manifestamente, Freud não se arrisca a reinterpretar os sonhos de Descartes. Não só respeita a interpretação que este lhes dá, como se recusa a abordar o continente da filosofia, do qual desconfia.

Os herdeiros de Freud não seguiram esse caminho. Vários deles entregaram-se a interpretações tão selvagens como ridículas. É especialmente o caso do filósofo dublinense John Oulton Wisdom, adepto de uma verdadeira verborreia psicanalítica, que em 1947 explicará que, no sonho, o corpo de Descartes representa seu falo, que seu esforço para manter-se de pé exprime uma vontade de superar sua impotência, que o vento é uma ameaça de castração e que o fato de ir à igreja significa um desejo de se esconder no regaço de uma mãe protetora ("*Three Dreams of Descartes*").

Na França, entre 1920 e 1938, o nome de Descartes foi apropriado pelos primeiros psiquiatras e psicanalistas que procuravam dotar o freudismo de uma "identidade nacional" a fim de extirpar de seu corpus toda e qualquer referência a uma imaginária "mentalidade germânica". Imbuídos de uma forte germanofobia e preocupados em combater os antifreudianos que tachavam a psicanálise de "ciência boche", eles opuseram um pretenso gênio cartesiano, fonte de racionalidade, a uma imaginária barbárie alemã, carregada de obscurantismo "teutônico". Com isso, fabricaram uma quimera: uma psicanálise dita "cartesiana" julgada superior à dita "degenerada", do mundo germanófono.

É contra esse cartesianismo chauvinista que, em 1946, Jacques Lacan reivindica de modo diferente o nome de Descartes, ligando o "penso, logo existo" (*Cogito ergo sum*) do *Discurso do método* (1637) à fundação do pensamento moderno, do qual Freud seria herdeiro por sua concepção do sujeito. Sem saber, ele se lança numa extraordinária e infindável controvérsia.

Para esse grande retorno filosófico a Descartes, Lacan comenta a famosa frase da primeira das *Meditações metafísicas* (1641), que incide sobre a natureza da loucura: "E como poderia eu negar que estas mãos e este corpo pertencem a mim a não ser talvez me comparando a certos insensatos cujo cérebro é de tal forma perturbado e iludido pelos negros vapores da bile que eles asseguram constantemente que são reis quando são paupérrimos; que estão vestidos de ouro e púrpura quando estão nus em pelo; ou imaginam ser ânforas ou terem um corpo de vidro? Qual o quê, são loucos, e eu não seria menos extravagante se me pautasse por seus exemplos."

Em seu comentário, Lacan sugere que a fundação do pensamento moderno por Descartes não exclui o fenômeno da loucura. Três anos mais tarde, em sua conferência de Zurique sobre o estádio do espelho, afirma o contrário: a psicanálise, diz, opõe-se radicalmente a toda filosofia oriunda do Cogito. Por um lado, portanto, ele reivindica o nome de Descartes, que pensou a loucura como Cogito, por outro revoga o Cogito tal como utilizado pelos psicólogos contra o Eu freudiano.

A questão repercute em 1961, quando, em sua *História da loucura na idade clássica*, Michel Foucault toma o partido inverso ao de Descartes, sublinhando que não procura fazer a história dos loucos ao lado da contada por pessoas "razoáveis" – filósofos, alienistas, psiquiatras etc. –, e sim que pretende analisar a história da incessante divisão entre loucura e razão. E distingue o sonho da loucura, uma vez que o sonho, no sentido cartesiano, faz parte das virtualidades do sujeito, cujas imagens tornam-se enganadoras sob o ataque do gênio maligno. Freud pensara nisso.

Com esse gesto, Foucault exclui a loucura do Cogito sem fazer referência à posição de Lacan. Provoca, assim, uma polêmica no meio dos psiquiatras e psicanalistas, que não aceitam a supressão de seu saber e de suas classificações em prol de uma valorização do discurso da loucura. Nessa data, Lacan elogia o gesto de Foucault, sem perceber direito a controvérsia que está gerando.

Jacques Derrida, por sua vez, entra na batalha em 1963, por ocasião de uma conferência intitulada "Cogito e história da loucura". Sem saber, toma o partido de Lacan, recusando a Foucault o direito de realizar um ato de internação manicomial baseado no Cogito. Ali onde Foucault faz Descartes dizer que um homem não poderia ser louco se o Cogito não o fosse, Derrida afirma que, com o ato cartesiano, o pensamento não precisa mais temer a loucura, pois o Cogito prevalece mesmo eu estando louco. Em consequência disso, segundo Derrida, leitor de Descartes, a loucura está incluída no Cogito e sua fissura é inerente à razão.

Essa espantosa controvérsia, que sucede a recusa de Freud a interpretar os sonhos de Descartes, suscitou dezenas de comentários, inclusive a ponto de, periodicamente, vir a ser um tema de tese à maneira da famosa Batalha de *Hernani*, de 1930, na qual se opuseram os adeptos do drama romântico (Victor Hugo) e os adeptos do teatro clássico. Com a diferença de que, na sequência Descartes/Freud/Lacan/Derrida/Foucault, não sabemos quem são os Antigos e quem são os Modernos. Todos têm razão alternadamente, e nenhum comentador sério pode julgar certo ou errado qualquer dos protagonistas dessa grande encenação dos paradoxos do sonho, da razão e da loucura. Tal é, a propósito, o centro de toda verdadeira controvérsia. Bordeaux ou Bourgogne? Michelangelo ou Leonardo da Vinci? Gato ou cachorro? Balzac ou Flaubert? A arte contemporânea ou a arte do passado? Hollywood ou o cinema de vanguarda? A nova história ou a antiga?

De minha parte, jamais consegui escolher, mas aprecio as controvérsias, o entre-dois, a impossível resolução dos conflitos.

Ver: Animais. Autoanálise. Cuernavaca. Desconstrução. Fantasia. Hollywood. Humor. Jesuítas. Leonardo da Vinci. Loucura. Máximas de Jacques Lacan. Psiquiatria. Roth, Philip. Sexo, gênero & transgêneros. Sonho. *W ou a Memória da infância*.

Desconstrução
Espectro de Freud

Originário da arquitetura, o termo "desconstrução" significa desmontagem ou decomposição de uma estrutura. Foi utilizado por Jacques Derrida em 1967 e passou a ser empregado em todos os domínios do saber e da

Desconstrução 93

política. A palavra prosperou. Em sua definição originária, remete a um trabalho do pensamento inconsciente ("isso se desconstrói") que consiste em desfazer, sem jamais destruí-lo, um sistema de pensamento hegemônico ou dominante.

É num texto intitulado "Fidelidade a mais de um: merecer herdar onde a genealogia falha" (1998, colóquio organizado em Rabat por Fethi Benslama) que sem dúvida melhor apreendemos a maneira como Derrida se situa na herança que lhe coube no âmago de uma genealogia política e filosófica. De imediato, ele pretende ocupar uma posição dita "insustentável", do "entre-dois", isto é, de um "cidadão do mundo", judeu francês desenraizado de sua origem, mas carregando em sua genealogia os "restos" de seu país natal outrora colonizado: a Argélia.

Ninguém é obrigado a aceitar a totalidade de uma herança, diz ele em essência, e ninguém é obrigado a se deixar agarrar na rede de uma etnia, de uma religião, de uma cultura, de um nacionalismo, de um idioma, de um colonialismo. Por conseguinte, a melhor maneira de permanecer fiel a uma genealogia ainda é ser-lhe infiel, flagrá-la em erro, sem com isso renegá-la: nem alienação identitária, nem vitimologia. Assim, a verdadeira liberdade consiste em recusar o dogma de um pertencimento em nome de um reconhecimento das forças do inconsciente presentes na singularidade de cada destino. Adotei a seguinte divisa, que combina perfeitamente com a ética do historiador: ser fiel é ser infiel.

Derrida é um freudiano consequente, um herdeiro fiel e infiel de Freud. Podemos ver em seu freudismo a marca desse descentramento, dessa desconstrução que gera sempre um interesse pelas margens de um pensamento, pelas suas bordas, seu litoral, em suma, por sua parte de irracional, pelo que lhe escapa.

Derrida não se cansou de questionar o que, no pensamento de Freud, constitui problema: a telepatia, a questão do traço arcaico, a questão da judeidade e, por fim, a parte mais especulativa dessa obra: a pulsão de morte. Interrogava-se com frequência sobre "esse gosto de morte em posta-restante" que o impelia a rondar infindavelmente, na companhia de alguns outros, as paragens da reflexão freudiana sobre a pulsão de morte (*Résistances de la psychanalyse*, 1996). Derrida foi habitado pelo espectro de Freud, o qual, à sua evocação, torna-se múltiplo. A ponto de podermos dizer que há nele a permanência de uma advertência. Todas as vezes que começamos a nos comportar como se a psicanálise não tivesse produzido nada, Derrida reconduz ao que ela tem de essencial: certa maneira de circunscrever o inconsciente. Todo discurso sobre a razão, ele afirma, deve levar em conta "essa noite do inconsciente", cujo caminho Freud abriu.

Eu diria de bom grado que o que devo a Derrida, além da infidelidade fiel, é ter colocado em cena, no mundo antifreudiano do fim do século XX, o espectro de Freud. Apesar da força de todas as tentativas de abolição da ideia freudiana de inconsciente, Freud está sempre presente quando menos esperamos.

Ver: Budapeste. *Carta roubada, A*. Descartes, René. Desejo. Dinheiro. Édipo. Frankfurt. Hamlet branco, Hamlet negro. Loucura. Mulheres. Nova York. Paris. Psique/Psiquê. Resistência. Sexo, gênero & transgêneros. Terra Prometida.

Desejo
O poema é o amor realizado do desejo que permaneceu desejo

Inseparável do amor, o desejo é em primeiro lugar, e desde sempre, o desejo do que não podemos possuir. Nesse sentido, amar é sentir falta e desejar é desejar o desejo ou ainda ser assombrado, ao infinito, pelo desejo do desejo. É a Platão que devemos a definição mais forte do desejo em sua relação com o amor: o amor é amor a alguma coisa ou a nada? O amor deseja ou não o objeto amado? Um homem que é alto não pode querer ser alto, nem um homem que é rico querer ser rico. E, no entanto, esse homem deseja sempre o que ele não tem: a riqueza ainda não adquirida, a estatura que ainda não tem, a imortalidade para além da saúde. Como vemos, o vocábulo "desejo" – um dos mais belos de toda a língua literária ou filosófica – faz parte de um imenso continente onde se misturam amor, felicidade, prazer, gozo, posse, falta, morte, destruição, objeto. E o imenso

Desejo 95

continente que o retém é também o da psicanálise. Desejo necessário, desejo simples, desejo artificial, desejo irrealizável.

Não surpreende encontrarmos no âmago desse continente os pecados da grande religião do desejo que é o catolicismo: um desejo culpado. Desejo é excesso: gula, luxúria, ganância, inveja, orgulho. E quando o desejo vira desejo de se superar a si mesmo leva ao crime, ao ascetismo, ao êxtase ou à busca da verdade. O desejo é culpado, e não podemos desejar a não ser que nos sintamos culpados de nossos desejos.

Mas então o desejo é igualmente uma mutilação, uma vez que está ligado ao objeto ou à culpa. Spinoza diz o contrário. A seu ver, o próprio homem é uma força desejante: ele é desejo porque sua essência é desejar. Desenvolver o desejo, dizer sim ao grande chamado do desejo, romper com a religião do desejo culpado, esta é a meta de todas as rebeliões e todas as utopias: tomar nossos desejos por realidades.

Herdeiro dessas tradições, Freud pensa que o homem nunca renuncia a nada, não fazendo senão substituir uma coisa por outra. Várias palavras alemãs se entrecruzam sob sua pena para designar o desejo: *Begierde* (desejo), *Wunsch* (anseio), *Lust* (prazer). A priori, contudo, o desejo é situado do lado do inconsciente: ele é desejo inconsciente, é recalcado, proibido, sexualizado, é uma apetência, um desejo do desejo ou um desejo de consumação do desejo. Ele é sempre, em maior ou menor grau, um desejo de conquistar a mãe, de desafiar os interditos, de matar o pai.

Para Lacan, leitor de Hegel, o desejo é a expressão de um apetite que tende a satisfazer-se no absoluto, sem o suporte de um objeto real e alheio a qualquer realização de um anseio. No sentido lacaniano, o desejo remete assim a uma dialética da luta mortal. Não é nem uma demanda, nem uma necessidade, nem a realização de uma aspiração inconsciente, mas uma busca de reconhecimento impossível de saciar, uma vez que ele incide sobre uma fantasia, isto é, uma ilusão ou uma produção do imaginário. Ele é desejo do desejo do Outro.

Lembro-me de ter passado três meses na universidade de Vincennes, onde terminava a redação de minha tese de pós-graduação. Numa sala enfumaçada, Gilles Deleuze, maravilhoso Sócrates spinozista, falava do desejo dinamitando todo o edifício da psicanálise. Com uma voz harmoniosa, apontava os desacertos do desejo proibido ou culpado, contando histórias de matilhas, lobos, estepes, baleias e mares furiosos. "Você se torna aquilo que você é", ele dizia, "e observa o desejo como um fluxo contínuo, subversivo e criador." Sob os olhos perplexos dos que o admiravam sem jamais idolatrá-lo, inventava as máquinas desejantes, renunciando aos trágicos, à Grécia, às dinastias reais. Falava das fábricas e do desejo ilimitado. Que alegria! Substituía as teorias por uma essência maquínica e plural de um desejo de natureza delirante. Exaltado, porém racional, falava sem anotações, como se o livro que trazia na cabeça, *O anti-Édipo* (1972), estivesse embutido no âmago de seu ser. Agradeço a Gilles Deleuze, mágico do claro-escuro que achava que devíamos sempre tomar nossos desejos por realidades.

Ver: Amor. Antígona. Cronenberg, David. Édipo. Eros. Fantasia. Felicidade. Hollywood. Loucura. Psique/Psiquê. Rebeldes.

Dinheiro
Bom criado, mau patrão

Segundo o historiador André Gueslin, convém distinguir diversas maneiras de conceber o dinheiro, conforme se trate de uma troca comercial ou um objeto de desejo. Ao mesmo tempo abominável e valorizado, o dinheiro é igualmente fonte de terríveis patologias, tanto denunciadas pela moral católica quanto ridicularizadas pelos maiores escritores – de Dante a Molière, passando por Dickens e Balzac (André Gueslin, *Les Peurs de l'argent*, 2017).

Não por acaso a avareza faz parte dos sete pecados capitais, isto é, dos piores vícios, definidos por santo Agostinho. Ela se traduz num entesouramento desenfreado. Sem qualquer vontade de dissipação: o avaro priva-se de tudo para não sentir falta de nada. Assim, uma das representações da avareza é uma mulher de semblante sinistro, tendo na cabeça um farrapo de pano e sentada num cofre que ela fecha com a mão direita, enquanto

Dinheiro 97

a esquerda permanece crispada e como que paralisada. Quanto a seus pés, têm dificuldade para conter os sacos abarrotados de moedas: gozo da possessão para si mesma, sem alteridade. Rigidez absoluta de todas as partes do corpo.

Do ponto de vista psicopatológico, a avareza deve ser considerada uma verdadeira perversão, e Harpagon ou o pai Grandet, que são dois de seus arquétipos, gozam apenas da destruição que operam sobre seu círculo e que se volta contra eles mesmos até o aniquilamento de seus corpos e psiquismo.

Em certos aspectos, mesmo procurando introduzir a relação que o homem cultiva com o dinheiro no quadro de sua teoria das neuroses e da sexualidade, Freud herda essa concepção. Pensa especialmente que os negócios de dinheiro são tratados pelas pessoas da mesma maneira que as coisas sexuais. A partir de 1908, assimila o excesso de economia a um prazer anal herdado da primeira infância e que consiste em reter as matérias fecais no intestino, e não transformá-las em algo que se doa. Acrescenta que uma exigência desmesurada de asseio nas crianças pode vir a traduzir-se no adulto numa neurose obsessiva ligada a um prazer anal de retenção, fonte de avareza, inveja ou melancolia. E, simultaneamente, critica a rigidez consciente e inconsciente da educação burguesa, obcecada com o asseio. Critica o excesso de intrusão no universo infantil, em especial quando babás ou mães passam o tempo todo limpando de maneira compulsiva o corpo da criança. A ideia de assimilar o dinheiro ao excremento não é nova, e nesse ponto as teorias freudianas retomadas pela quase totalidade dos psicanalistas não são muito felizes, pois ameaçam justificar todas as exorbitâncias relativas ao preço do tratamento analítico.

Inventada por grandes burgueses neuróticos da Belle Époque, a psicanálise sempre foi ligada a uma prática liberal da medicina e a um contrato entre duas pessoas, o que supõe que o terapeuta seja primeiramente um homem honesto, que tenha empatia pelo seu paciente e não procure explorá-lo. Pois todos sabemos que o dinheiro pode servir para seu detentor exercer uma influência sobre os outros, principalmente sobre pessoas fragilizadas em virtude de seu estado psíquico.

É nesse cenário que Freud estabelece as condições financeiras do tratamento. O preço da sessão e sua duração devem ser estipulados previamente e numa moldura precisa: "No que se refere ao tempo, sou favorável à ideia da alocação de uma hora determinada. Cada paciente tem direito a uma determinada hora de minha jornada de trabalho. Essa hora é dele, ele deve pagá-la, mesmo que não a utilize. ... Trabalho diariamente com meus pacientes, à exceção dos domingos e feriados oficiais, logo, normalmente, seis vezes por semana. Nos casos brandos ou na continuação dos tratamentos que progrediram consideravelmente, bastam três sessões" (*A técnica psicanalítica*, 1913).

Tal era o "tratamento padrão" segundo Freud: durava de três semanas a três meses à razão de seis sessões por semana com duração de uma hora cada. Nesse aspecto, e apesar da onda de injúrias despejada sobre sua pretensa rapacidade e sobre os inúmeros fracassos reais que amargou em Viena ao longo de sua prática, Freud nunca foi um vigarista. Entre 1900 e 1914, conquistou um status social equivalente ao dos professores de medicina vienense, que recebiam, por sua vez, pacientes particulares. E seu padrão de vida era similar. Provia uma família numerosa: mulher, cunhada, mãe, irmãs, filhos e vários empregados, bem como alunos e amigos menos afortunados que ele. Arruinado pela Primeira Guerra Mundial e pela crise econômica, só conseguiu reconstituir sua fortuna graças a médicos americanos que iam se analisar em Viena. Sem a intervenção de Marie Bonaparte, não teria conseguido pagar o resgate que os nazistas lhe pediam para deixar Viena em 1938 (E. Roudinesco, *Sigmund Freud na sua época e em nosso tempo*, 2014).

Com a progressiva implantação da prática psicanalítica no campo da medicina mental e social – em especial no tratamento das psicoses e das neuroses dos adultos e crianças –, a questão do dinheiro foi abordada de maneira diferente. Em tal contexto, a abordagem psicanalítica não tem mais nada a ver com um tratamento padrão, no qual a relação contratual é efetuada entre duas pessoas. Em todas as instituições de saúde e em quase todos os países, os pacientes de origem modesta são auxiliados financeiramente por organismos específicos. Terapeutas de todas as tendências são

Dinheiro

remunerados pela instituição e não pelo paciente, o que mostra cabalmente que não é necessário dinheiro para a prática da psicanálise. Os tratamentos gratuitos são tão válidos quanto os demais.

Na história do movimento psicanalítico, as condições da prática privada da psicanálise, fundada numa relação contratual e transferencial entre um paciente e um terapeuta, modificaram-se consideravelmente. E foi quase sempre por questões de dinheiro, de duração da sessão ou de tratamentos que eclodiram as maiores querelas entre as escolas psicanalíticas. Nas sociedades democráticas da segunda metade do século XX e do início do XXI, os tratamentos tornaram-se intermináveis – de cinco a dez anos e às vezes mais –, e da mesma forma o número e a duração das sessões: duas a três vezes por semana, entre trinta e quarenta minutos. Pior foi a mania do silêncio. Quantos pacientes, durante anos, jamais ouviram a voz de seu analista!

De maneira geral, as associações psicanalíticas punem os profissionais que transgridem as regras do tratamento, seja abusando sexualmente de seus pacientes, seja explorando-os financeiramente de forma vergonhosa.

Entre os grandes clínicos da psicanálise, Jacques Lacan foi o único a ter transgredido todas as regras do tratamento ao reduzir a duração das sessões a poucos minutos. Durante os últimos dez anos de sua vida, tornou-se ao mesmo tempo avaro e pródigo, manifestando certa atração pelo ouro, a ponto de colecionar lingotes. Pude estabelecer que, entre 1970 e 1980, recebeu uma média de dez pacientes por hora a uma média de cerca de vinte dias úteis por mês, à razão de oito horas de análise por dia, durante dez meses por ano. Ao morrer, estava riquíssimo: em ouro, em patrimônio, em dinheiro líquido, em coleções de livros, objetos de arte e quadros (E. Roudinesco, *Jacques Lacan. Esboço de uma vida, história de um sistema de pensamento*).

O testemunho mais interessante sobre as relações de Lacan com o dinheiro e sobre essa diluição do tempo da sessão é o do psicanalista lacaniano Jean-Guy Godin: "Para todos nós, Lacan era uma sociedade por ações de que cada um de nós detinha uma parte; ainda mais que, naquele início dos anos 70, sua cotação não parava de subir. Mas não nos incumbia efetivamente, ainda que tivéssemos essa ilusão, de pagar por uma parte, comprar um pedaço, e, momentaneamente, essa ação dava direito a deveres; no caso dos dividendos, viriam se houvesse – mais tarde, muito mais tarde ... No consultório de Lacan, a sessão podia terminar na primeira palavra de um sonho, antes mesmo dessa primeira palavra. Nessa brevidade, nós, os pacientes, os analisandos, éramos privados de alguma coisa. Pois, se conseguíamos ouvir nossa voz, só com muita dificuldade – em raros momentos – podíamos nos escutar falar. Essas sessões não permitiam senão comprazer-se nas palavras ... A velocidade e a rapidez dessas poucas réplicas interditavam o benefício habitual da fala, a impressão de estar, como um odre, inflado" (*Jacques Lacan, 5 rue de Lille*, 1990).

Lacan afirmou um dia: "Consegui, em suma, aquilo que se gostaria, no campo do comércio comum, de poder realizar com a mesma facilidade: com a oferta, criei a demanda" (*Escritos*, 1966). Não se poderia dizer melhor. Em contrapartida, essa prática contribuiu muito para o descrédito da psicanálise, ainda mais que muitos herdeiros de Lacan, na França e em outras plagas, não somente o aprovaram como não cessam de imitá-lo. Quando se herda uma prática, é preciso saber ser-lhe infiel.

Ver: Apócrifos & boatos. Autoanálise. Berlim. Desconstrução. Desejo. Divã. Espelho. Gershwin, George. Göttingen. Injúrias, exageros & calúnias. *Carta roubada, A*. Loucura. Nova York. *Origem do mundo, A*. Presidentes americanos. Princesa selvagem. Psicanálise. Rebeldes. Roma. Viena.

Divã
Acolher nele o esplendor do mundo

No Oriente, o divã (*Diwan*) é uma antologia de poesias, como atesta o *Divã ocidental-oriental*, publicado por Goethe entre 1818 e 1827, em homenagem à poesia persa. Em cada um dos doze livros, um texto em persa corre paralelo a outro em alemão. Quanto ao objeto homônimo, sua origem é igualmente oriental. Com efeito, a palavra "divã" designa uma sala guarnecida com almofadas e um sofá, onde se reunia o Conselho do sultão

Divã

da Turquia. Faz sua aparição na Europa junto com o grande movimento orientalista, ligado ao desenvolvimento das viagens e a busca romântica de um alhures fantasístico, cujos temas encontramos tanto na literatura – de Chateaubriand a Flaubert – como na pintura – de Delacroix a Jean-Léon Gérôme. Durante todo o século XIX, o Oriente torna-se uma questão central na política das potências europeias. Freud é um de seus representantes mais fervorosos, com sua paixão pela egiptologia, nascida a partir da expedição de Bonaparte à terra dos faraós.

Não surpreende, portanto, que o "divã" – essa espécie de sofá sem encosto nem braços – tenha se tornado o próprio símbolo do tratamento psicanalítico. A lenda diz que ele foi "inventado" por uma paciente de Freud, Fanny Moser, que um dia lhe teria pedido para se posicionar atrás dela para poder falar sem a vigilância de seu olhar. Assim teria nascido o tratamento pela fala, fundado na associação livre: o paciente deve procurar dizer tudo que lhe vem à cabeça e, principalmente, o que gostaria de dissimular. Em suma, o divã seria o próprio significante da psicanálise.

Todas as sociedades psicanalíticas adotaram um regulamento para a prática da análise. Para os freudianos de todas as tendências, a duração desta varia em função do paciente, mas o tempo mínimo da sessão é de 45 minutos, à razão de, no mínimo, três sessões por semana. Lacan inventou a "pontuação", que permite ao analista interromper uma sessão ao seu bel-prazer e conforme o que o analisando diz. Ao fim de sua vida, reduziu o tempo da sessão a cinco minutos. Ninguém mais deitava em seu divã, ninguém mais tinha tempo para isso.

O primeiro divã da história da psicanálise foi dado de presente a Freud pela sra. Annica Benvenisti. Tratava-se de um leito bem curto, ornamentado com tapetes orientais e almofadas, um divã oriental, portanto, que podemos contemplar hoje no Freud Museum de Londres.

Ao longo das décadas e da sucessão das gerações, o divã tornou-se, no mundo inteiro, o principal acessório dos consultórios de psicanalistas. Mas isso não quer dizer que todo paciente seja obrigado a se deitar nele. Muito pelo contrário. Pois um verdadeiro tratamento psicanalítico também pode desenrolar-se face a face, o paciente permanecendo sentado na poltrona, em geral semelhante à de seu terapeuta. E, com muita frequência, ele mesmo escolhe, seja a poltrona, seja o divã, segundo sinta necessidade de ver seu analista ou, ao contrário, de não o ver.

As modas se sucederam: divãs barrocos, divãs minimalistas, *chaises longues*, leitos de repouso, sofás repletos ou não de almofadas ou encostos de cabeça, colchões confortáveis ou propositalmente desgastados: inúmeras variações são possíveis, e psicanalistas de todas as tendências – freudianos clássicos, kleinianos, lacanianos etc. – rivalizam imaginariamente, conforme o lugar que reservam a esse instrumento de trabalho que fascina fotógrafos e jornalistas, curiosos por se esgueirar na intimidade dos decifradores do inconsciente.

Em 1964, Andy Warhol realizou um filme, *Couch*, cujo título era uma alusão tanto às libertinagens hollywoodianas quanto ao divã vienense, representado como uma imensa banheira vermelha na qual casais nus entregam-se a uma sexualidade desenfreada. Belas fotografias, extraídas do filme, mostram um divã invadido por personagens variados, uns sonhando, outros falando ou se espreguiçando.

Em 6 de maio de 2006, em Pribor (Freiberg), por ocasião da comemoração do sesquicentenário do nascimento de Freud, inúmeros artistas expuseram suas obras, dentre as quais divãs bastante criativos. Alguns amontoaram tecidos coloridos sobre camas, em homenagem às tradições populares da Mitteleuropa, outros criaram objetos insólitos, como um divã redondo, de ferro, sem nenhum tecido, não escondendo nada e revelando sua interioridade, como se para denotar as necessidades do usuário. Outro artista expôs um divã mais sexual, correspondendo às fantasias dos pacientes. Uma artista plástica confeccionou um divã burguês, todo bordado, refletindo os sonhos e confidências das vienenses da Belle Époque. Outro criou um divã que era um jardim em forma de boneca em tamanho humano, com rosas espetadas no corpo.

Em Viena, a celebração desse aniversário aconteceu na Berggasse 19, residência de Freud transformada em museu, com uma exposição intitulada "O divã ou O repouso do pensamento". Não tenho certeza de que seja possível qualificar o divã dessa forma.

Divã

Em 2003, uma fotógrafa canadense, Sorel Cohen, juntou-se com psicanalistas lacanianos para realizar uma exposição de "divãs malditos": "Não há aqui nem descrição, nem demonstração", escreveu um deles, "mas uma 'monstração', no sentido de Lacan ... Criar uma obra com o próprio lugar da sublimação – a psicanálise e seu laboratório, o divã – é remeter a criação a seus próprios fundamentos ou, ironicamente, remeter a psicanálise às suas próprias pretensões?"

O que é certo, em todo caso, é que, se o divã de Freud virou um objeto de arte, o de Lacan, simples cama cinzenta guarnecida de uma almofada cilíndrica, foi leiloado por sua filha Sibylle pela casa Drouot em 5 de outubro de 1991. O comprador não era nem lacaniano nem adepto da "monstração", queria apenas dá-lo de presente à sua noiva psicóloga. Passado algum tempo, ele entrou em contato comigo, a fim de revendê-lo para algum psicanalista. Aconselhei-o a doá-lo ao Freud Museum ou a uma conhecida livraria parisiense chamada "Le Divan". Até hoje ninguém sabe onde ele foi parar.

Esse desaparecimento, sem dúvida, é a única resposta lacaniana para a questão dos "divãs malditos" ou divãs em que os analisandos não têm tempo sequer de se deitar, tão curta é a sessão.

Em nossos dias, o divã – palavra e móvel – é amplamente utilizado pela mídia em programas que anunciam colher "psicanaliticamente" confidências de diversas celebridades ou pessoas anônimas. Divã amarelo de tal jornalista, divã verde ou preto de outro, divã fluorescente estampando logomarcas freudianas: Gioconda, Esfinge, charutos, entalhes gregos, lábios abertos em forma de útero etc.

Ver: Amor. Animais. Dinheiro. Autoanálise. Bardamu, Ferdinand. Bonaparte, Napoleão. *Carta roubada, A.* Celebridade. Hollywood. Hipnose. Monroe, Marilyn. Londres. Nova York. *Origem do mundo, A.* Paris. Princesa selvagem. Psicanálise. São Petersburgo. Viena. Wolinski, Georges.

E

Édipo

Tua alma tortura-te tanto quanto teu infortúnio

Sempre achei que o rasgo de gênio de Freud foi transformar radicalmente a abordagem do inconsciente comparando o sujeito neurótico do fim do século XIX com um herói da Grécia antiga. Num momento em que as ciências humanas evoluíam na cultura ocidental dissociando-se das narrativas fundadoras e apologéticas, Freud efetua o caminho inverso. Em vez de observar o terreno, como fazem os antropólogos, em vez de estudar a história das sociedades de maneira positiva, em vez de abraçar o progressismo de seu tempo, ele volta às antigas mitologias; em vez de procurar na experimentação a causa das neuroses, em vez de tratar seus pacientes com a ajuda de poções, repouso, tranquilidade, em vez de encaminhá-los a sanatórios ou prescrever-lhes exercícios físicos, protocolos comportamentalistas ou sessões de hidroterapia, explica-lhes que são príncipes oriundos das dinastias reais e que sofrem não de traumas vividos em sua infância, mas de uma história recalcada permeada por escândalos, furores e frustações sexuais.

Face aos psicólogos progressistas de sua época, Freud age como pensador antimoderno. De que sofre o neurótico? Sofre, ele diz, por ter uma família e pertencer a uma genealogia. Em suma, está doente por ter um inconsciente povoado de tragédias, e não de neurônios. Sofre por ser ele mesmo, sofre por sua normalidade. Sofremos todos por sermos nós mesmos.

Ao declarar, em 1897, que todo espectador da peça de Sófocles é igualmente um Édipo e quis matar o pai para frequentar o leito da mãe, Freud confere uma dignidade a todo sujeito tratado pelos métodos mais modernos da psiquiatria ou da psicologia clínica. Decerto a invenção, em 1910, do famoso "complexo de Édipo" nunca pareceu muito inovadora, pois trata-se menos de um complexo no sentido da psicologia do que de uma inscrição na psique. E compreendo o espanto de Elias Canetti quando passa por Viena em 1920 e constata a que ponto o edipianismo virou a nova religião dos tempos modernos: "Cada um encontrava seu Édipo, éramos virtualmente apaixonados pela nossa mãe, assassinos do nosso pai, cercados pelas brumas de um nome mítico e reis secretos de Tebas", escreverá em sua autobiografia. "Na época de minha chegada a Viena, isso era o centro de uma verborreia generalizada e insípida ... e mesmo os que mais desdenhavam a plebe não se julgavam superiores a um 'Édipo'" (*Uma luz em meu ouvido: História de uma vida*, 1980). O que me parece importante em Freud não é a psicologia edipiana – papai, mamãe, filhinho –, e sim o gesto de pensar o inconsciente em termos de tragédia e destino: romance familiar, narrativa histórica, saga das origens.

A história é conhecida: Laio, marido de Jocasta e descendente da família dos Labdácidas, para evitar que se cumpra o oráculo de Apolo, o qual vaticinara que ele seria assassinado pelo próprio filho, fura o pé do recém-nascido e o entrega a um servo. Em vez de conduzi-lo ao monte Citeron, o servo confia-o a um pastor, que por sua vez entrega-o a Pólibo, rei de Corinto, sem descendência. Ao alcançar a idade adulta, Édipo, julgando fugir do oráculo, dirige-se a Tebas. No caminho, cruza com Laio e o mata durante um desentendimento. Resolve o enigma da Esfinge sobre a condição humana ("Quem anda com quatro pés, depois com dois, depois com três?") e se casa com Jocasta, a quem não ama e não deseja, e com quem terá quatro filhos sem saber que ela é sua mãe. Quando a peste se abate sobre a cidade, ele parte em busca da verdade, a qual Tirésias, o adivinho cego, conhece. Um mensageiro, o ex-servo, não só lhe anuncia a morte de Pólibo, como lhe conta que o recolheu outrora das mãos do pastor. Jocasta se enforca e Édipo fura os olhos.

Para os gregos, Édipo é um herói acometido pela desmedida. Julga-se poderoso por seu saber e sua sabedoria, mas é obrigado a se descobrir outro que não ele mesmo. Ele é uma "mácula" que perturba a ordem das gerações, um "manco", filho e marido da própria mãe, pai e irmão dos próprios filhos, assassino do próprio genitor.

Quando Freud volta sua atenção para essa trama, em 1897, para fazer dela o pilar de sua doutrina, distorce completamente a significação grega da tragédia para transformar Édipo num herói culpado de desejar inconscientemente a mãe a ponto de querer matar o pai, ligando assim a psicanálise ao destino da família burguesa moderna: destituição do pai pelos filhos, vontade de uma fusão com a mãe, como figura primordial de todos os laços afetivos. E logo acrescenta ao Édipo de Sófocles o personagem de Hamlet, príncipe cristão melancólico, culpado por não conseguir vingar o pai. Édipo, portanto, é uma figura do inconsciente e Hamlet uma figura da consciência. Cada escola psicanalítica tem seu Édipo e seu Hamlet. Cada uma escolhe na trilogia de Sófocles o personagem que lhe convém. Por exemplo, Lacan prefere, a Édipo rei, as figuras de Antígona e de Édipo em Colono, que ele vê como um sinistro ancião amaldiçoando sua descendência. Todas sustentam a ideia de que o assassinato do pai está no fundamento de todas as sociedades.

Centenas de interpretações foram sugeridas para a história de Édipo e ninguém pode negar que Freud deu origem a novas maneiras de pensar o destino e a tragédia humanos. A propósito, no mundo inteiro, o nome de Édipo veio a se tornar o próprio nome da psicanálise, e o complexo, a representação inconsciente pela qual se exprime o desejo sexual e amoroso da criança pelo genitor do sexo oposto. Múltiplas variantes dessa triangulação foram criadas em seguida. A edipianização da vida psíquica tornou-se símbolo por excelência de uma psicologização da vida familiar: "Se suprimíssemos o édipo e o casamento", dizia Roland Barthes, "o que nos restaria para contar?" Portanto, Édipo, sob a forma do complexo, está onipresente na vida cotidiana da maior parte das sociedades modernas, as quais "edipianizam" a torto e a direito.

Em suas *Aulas sobre a vontade de saber* (1970-71), Michel Foucault critica a reinvenção freudiana, afirmando que a tragédia de Sófocles mostra o enfrentamento entre diferentes tipos de saberes: procedimento judicial da

Édipo 107

investigação, lei divinatória, soberania transgressiva, saber dos "homens inferiores" (o mensageiro, o pastor), conhecimento verdadeiro do adivinho. Daí conclui tratar-se de um esquema fundador: todo saber unificador pode ser rechaçado pelo saber de um povo e pelo do sábio (Tirésias). Tornando-se impuro, Édipo perde o saber sobre a verdade, não pode mais governar: "Édipo não conta a verdade de nossos instintos e de nosso desejo", afirma Foucault, "mas um sistema de coerção ao qual obedece, desde a Grécia, o discurso de verdade nas sociedades ocidentais."

Vemos então aqui de que maneira Foucault se confronta com o discurso psicanalítico, que ele transforma num momento da constituição de um novo saber sobre o homem. Eis por que, em 1976, em *A vontade de saber*, primeiro volume de uma história da sexualidade, cujo título é retirado dessa primeira aula, ele transforma Freud numa espécie de Édipo que restaura o poder simbólico de uma soberania perdida (a lei do pai), mas enfrentando a escalada em poder das três figuras rebeldes do fim do século XIX: a mulher histérica, a criança masturbadora, o homossexual. Maneira de pensar os fundamentos de uma história da psicanálise.

Sempre me intrigou uma outra interpretação da história de Édipo: a de Alexandre Dumas. No segundo romance da trilogia dos mosqueteiros (*Vinte anos depois*, 1845), Athos revela à duquesa de Chevreuse que eles têm um filho. Haviam se conhecido quinze anos antes num presbitério e, da noite que passaram juntos, nascera Raoul de Bragelonne, abandonado pela mãe e recolhido pelo pai. Um pouco mais tarde, ambos se interrogam sobre o destino daquele belo rapaz perdido em meio aos distúrbios da Fronda. E a duquesa, sempre suntuosa e libertina, pede a Athos que a deixe receber Raoul em sua casa: "Não acho boa ideia. A senhora pode ter esquecido a história de Édipo, mas eu não." Dumas distorce então a significação da tragédia, assim como Freud o fará. Mas, a seu ver, não é o filho que está destinado a matar o pai para possuir a mãe, e sim, antes, a mãe, enquanto mulher, que ameaça seduzir o filho.

No terceiro volume das *Memórias de um médico* (*A condessa de Charny*, 1853), Dumas volta a Édipo. Dessa vez é Cagliostro (Joseph Balsamo), o senhor do tempo, que conta a Beausire a história do filho de Laio, quando busca saber os nomes dos conspiradores trazidos pelo marquês de Favras e que se atribuíram como missão, em dezembro de 1789, fazer Luís XVI e sua família abandonarem Paris a fim de tomar o poder. Tal como a Esfinge de Tebas, Cagliostro enuncia então um enigma para o seu interlocutor: "Qual é o fidalgo da Corte que é neto de seu pai, irmão de sua mãe e tio de suas irmãs?" Em meias palavras, sugere então que Luís XV, rei libertino, teria tido um filho de sua filha Adelaide (que permaneceu solteira) – o conde de Narbonne –, e que este tentaria substituir seu meio-irmão Luís XVI no trono da França.

Em outras palavras, Balsamo, o grande hipnotizador, reaviva a ideia de que a tragédia de Édipo seria o modelo da autodestruição inelutável das dinastias reais corroídas internamente pelo vício, o incesto e as conspirações. Da mesma forma, anuncia a Beausire que a queda de Tebas prefigura a do Antigo Regime, a qual, por sua vez, precipita o advento da Revolução.

Cinquenta anos antes de Freud, Dumas, por intermédio de Balsamo, edipianiza a Revolução Francesa como matriz originária de todas as revoluções vindouras. Não só cria personagens universalizáveis, como converte suas fantasias num imaginário coletivo, impondo assim, através do romance popular, uma nova representação da realidade histórica: a da passagem da soberania real à República. E não se priva de contar como a Revolução põe fim aos "sangrentos espetáculos" das cabeças cortadas brandidas pelo povo nos chuços, substituindo-as por outro tipo de ritual: a guilhotina. Se é para decapitar o rei, preferível que seja por um ato legal, ainda que a cabeça cortada pareça sempre, diz ele, uma horrenda cabeça de Medusa que jamais deixará de assombrar a consciência dos homens.

Pena nunca ter ocorrido a Freud interrogar o enigma enunciado pelo misterioso Cagliostro.

Ver: Antígona. Família. Fantasia. Felicidade. Hitler, Adolf. Hipnose. Incesto. Inconsciente. Infância. Mulheres. Narciso. *Origem do mundo, A*. Paris. Princesa selvagem. Psique/Psiquê. Romance familiar. Sedução.

Eros

O banquete e as lágrimas

Sempre preocupado em ancorar sua doutrina e seus conceitos na grande história dos mitos, deuses e heróis gregos, Freud utiliza Eros como um sinônimo da pulsão de vida, embora não deixe de afirmar que isso ameaça camuflar a realidade material da sexualidade. Fato é que esse deus do amor, que empresta seu nome ao próprio amor, vai de par com o termo latino "libido" utilizado pelos sexólogos para designar a energia sexual. O que interessa acima de tudo a Freud, seus contemporâneos e herdeiros é o mito de Aristófanes narrado no *Banquete* de Platão. Antigamente, havia três espécies de humanos: o macho, a fêmea e uma terceira, misto das outras. Era a espécie andrógina, que tinha o aspecto e o nome das outras duas. As espécies tinham formato arredondado, dois rostos absolutamente iguais sobre um pescoço redondo, e sobre esses dois rostos opostos uma única cabeça, quatro orelhas, dois órgãos da procriação e todo o resto gracioso. Um dia, os habitantes da Terra quiseram escalar o céu, o que obrigou Zeus a tomar uma decisão. Recusando destruir a raça humana, com medo de pôr fim ao culto que ela prestava aos deuses, cortou os humanos ao meio. Cada um então pôs-se a sentir falta de sua metade. É desse momento que data o amor inato que recompõe a antiga natureza. Pois a realização do desejo amoroso é encontrar a outra metade de si.

Esse mito, modernizado tanto por Freud quanto pela sexologia, remete à ideia de que existiria na sexualidade humana e animal uma disposição biológica dotada de dois componentes e, logo, uma bissexualidade original, isto é, uma forma de amor carnal entre pessoas pertencentes ora ao mesmo sexo, ora ao sexo oposto.

Mas Eros, deus do amor, também é o deus do pavor, um deus biface: "Eros, precisam acreditar em mim, suscita lágrimas", dizia Georges Bataille. "Suscita-as com brutalidade." Eros é a angústia. Mas o que liberta da angústia é "a identidade desses perfeitos opostos, contrapondo um horror perfeito ao êxtase divino" (*Les Larmes d'Éros*, 1961).

Quando Georges Bataille começa sua análise com Adrien Borel, este lhe dá uma fotografia de Louis Carpeaux tirada em 1905 e reproduzida no *Tratado de psicologia* do psiquiatra Georges Dumas. A fotografia mostra o suplício de um chinês culpado de assassinato contra a pessoa de um príncipe e condenado pelo imperador a ser cortado em cem pedaços. Dumas assistira à cena e comentara-a, apontando que a atitude do supliciado assemelhava-se à dos místicos. Mas acrescentava que essa impressão decorria das múltiplas injeções de ópio com que irrigavam o moribundo. Com seus cabelos arrepiados, seu olhar de uma meiguice apavorante e o corpo destroçado, o homem parecia uma virgem de Bernini transfigurada por uma aparição divina. "Existe, então", dizia Bataille, "um elo fundamental entre o êxtase religioso e o erotismo." Um sadismo: "Do mais inconfessável ao mais elevado."

"O amor é o companheiro da morte", dizia Freud, "juntos, eles governam o mundo."

O psiquismo, portanto, é um campo de batalha no qual se enfrentam duas forças primordiais – Eros e Tânatos – fadadas a se amar e se odiar para todo o sempre. Assim como Freud era um romântico procurando impor ao homem a necessidade de uma sublimação das forças obscuras de Eros, Bataille era um místico sem deus, capaz de decifrar as formas mais transgressivas desse mesmo Eros: gozo do crime, tortura, êxtases.

Ver: Amor. Desejo. Família. Psique/Psiquê. Psiquiatria. Psicoterapia. Sexo, gênero & transgêneros.

Espelho
Lacan no País das Maravilhas

O primeiro plano de *Ponte dos espiões*, de Steven Spielberg (2015), lembra o famoso quadro de Vélazquez, *As meninas* (1656). Mostra um espião russo cuja imagem é tripla: primeiro, o reflexo de seu rosto no espelho, à esquerda da tela; depois esse mesmo rosto filmado pela câmera, no centro; e, por fim, o autorretrato que ele está pintando, à direita. Essa multiplicação

Espelho

da imagem de si, que remete às diferentes representações da realidade, da verdade e da ilusão, do amor, do tempo e da morte, é possibilitada tanto pelo próprio espelho quanto pela arte pictórica ou cinematográfica.

Nessa longa história dos jogos de espelhos, dezenas de outras variantes são possíveis. Nas antigas lendas da Transilvânia, o vampiro é sempre reconhecível pelo fato de seu rosto não se refletir em nenhum espelho: o morto não tem imagem. O espelho é também o lugar onde se inscreve, ao longo do tempo, a verdade da alma humana, como no famoso *Retrato de Dorian Gray* (1890), de Oscar Wilde. Apaixonado por si mesmo e sua beleza, Dorian Gray entrega-se secretamente ao crime, ao vício e à abjeção, ao mesmo tempo levando uma vida faustosa. Ao longo de toda a sua existência, conserva os traços de sua eterna juventude, enquanto em seu retrato, espelho de sua alma, gravam-se as diferentes metamorfoses de sua subjetividade perversa.

Se os perversos podem ser designados pela imagem invertida de si mesmos refletida à sua revelia numa superfície espelhada, os psicólogos e policiais – representantes da norma social – podem utilizar o espelho como um instrumento de controle ou expertise. Assim, o espelho sem estanho – que não reflete senão parte da luz – permite a uma pessoa posicionada atrás dele observar uma outra sem ser vista. Uma testemunha é então capaz de identificar um criminoso sem correr qualquer risco de vingança. Analogamente, um terapeuta pode observar a vida de um casal, a fim de anotar melhor os comportamentos que lhe parecem desviantes.

O teste do espelho foi utilizado por etologistas que buscam determinar quais são os animais (mamíferos) suscetíveis de ter consciência de sua imagem. Basta para isso colar, por exemplo, uma pastilha na testa do animal e colocá-lo diante do espelho. Julgando-se ameaçados, cães e gatos batem desesperadamente no que acreditam ser seu inimigo.

Daí resulta claramente que a capacidade de se reconhecer num espelho vai de par com a capacidade de adquirir uma consciência de si. E esta é estritamente humana, ainda que alguns chimpanzés amestrados deem às vezes a ilusão de tal aptidão.

Os psicólogos produziram uma literatura considerável a esse respeito a fim de apontar claramente a diferença entre a espécie humana e as espécies animais que lhe são mais próximas.

Em 1931, o psicólogo francês Henri Wallon chama de prova do espelho um experimento mediante o qual uma criança, colocada diante de um espelho, consegue progressivamente, a partir dos dezoito meses de idade, distinguir seu corpo próprio da imagem refletida deste último. Essa operação dialética se efetua, segundo ele, graças a uma compreensão simbólica, pelo sujeito, do espaço imaginário no qual se forja sua unidade. Nessa perspectiva, a prova do espelho denota a passagem do especular ao imaginário, depois do imaginário ao simbólico, isto é, à capacidade de pensar uma experiência empírica.

A vida inteira Lacan foi obcecado pelo experimento descrito por Wallon. Em 1936, por ocasião de uma conferência em Marienbad, Lacan transforma a prova do espelho num estádio do espelho. Em 1949, vai ainda mais longe. À luz da psicanálise e da fenomenologia, pulveriza a própria ideia de experimento e de prova. O estádio do espelho transforma-se igualmente, sob sua pluma, numa operação psíquica que não tem mais nada a ver com um verdadeiro estádio, nem com um verdadeiro espelho. Trata-se antes de definir uma fase ontológica pela qual o ser humano se constitui numa identificação com seu semelhante.

Segundo Lacan, que se inspira na ideia do embriologista holandês Louis Bolk, a importância do estádio do espelho deve ser reportada à prematuração do nascimento, atestada objetivamente pelo inacabamento anatômico do sistema piramidal e pela descoordenação motora dos primeiros meses de vida. Situado entre os seis e os dezoito primeiros meses de vida, o estádio do espelho é assim o momento durante o qual a criança antecipa o controle de sua unidade corporal por uma identificação com a imagem do semelhante e pela percepção de sua própria imagem num espelho. Ela se reconhece como sendo ela mesma e não confunde sua identidade com a de quem está ao seu lado.

Sempre gostei muito das diferentes versões dessa aventura do espelho sugeridas por Lacan. E não posso me abster de pensar que, diferentemente

Espelho

de Freud e de muitos outros psicanalistas, ele foi fortemente marcado pela obra de Lewis Carroll (cujo nome verdadeiro era Charles L. Dodgson), matemático e lógico oriundo de uma família típica da Inglaterra vitoriana.

Assim como seus irmãos e irmãs, Carroll era canhoto e sofria de gagueira, o que decerto aguçou sua sensibilidade a todas as formas de inversão, anomalias e reviravoltas da ordem natural do mundo. Solteirão, foi a vida inteira amigo das meninas de seu círculo social, as quais fotografava em poses eróticas (Henri Rey-Flaud, *Alice parmi nous*, 2017).

Aos doze anos de idade, redigiu um poema em que sugeria ferver sua irmã numa panela para fazer um ensopadinho. Seu pai, pastor, cultivava a arte do *nonsense*, divertimento literário que consiste em apresentar situações incongruentes ou empregar palavras de maneira aparentemente absurda.

É essa arte do *nonsense* que Lewis Carroll cultiva para criar o mundo de sua amiga Alice Lidell, a pequena heroína de *Alice no País das Maravilhas* e *Através do Espelho*: visão de um mundo invertido que é o negativo do mundo da realidade. Nesse mundo, o de um carnaval darwiniano povoado por personagens intimidantes, os animais falam, se disfarçam, reinam soberanos em meio a um universo violento e absurdo, enquanto a heroína, projetada no fundo de um buraco, confronta-se com uma inversão de todos os valores de sua educação puritana. Nunca nenhum outro escritor conseguira subverter a esse ponto o verde paraíso dos amores infantis para traduzi-lo num inferno tão sublime quanto vil. Sob o aspecto de uma adorável garotinha, Alice não passa de uma espécie de furiosa princesa, cujo corpo se deforma permanentemente e que semeia uma desordem lógica no universo bem-ordenado da sociedade vitoriana.

Ela realiza então o sonho ancestral de atravessar o espelho. Do outro lado desse espelho, tudo é *nonsense*. Para alcançar uma destinação, cumpre recuar em vez de avançar. Analogamente, para não avançar, é preciso correr a fim de permanecer no mesmo lugar. Os personagens evoluem num tabuleiro gigante, cada qual devendo utilizar as palavras como bem lhe apraz, cada qual devendo propor enigmas que ninguém saiba responder.

Tal é efetivamente o universo conceitual de Lacan, fabuloso lógico da loucura e da língua francesa, a meio caminho de Mallarmé, do surrealismo e de James Joyce. Em sua obra, paroxismo da arte barroca, os conceitos assemelham-se tanto a enigmas como a heróis de cantigas de roda. Como não ver que Humpty Dumpty, esse "ovo mau", mestre da língua empoleirado num muro, não passa daquele famoso significante no sentido lacaniano, elemento do discurso que, qual um oráculo, determina o destino do sujeito? Parece-me também que a terrível Rainha Vermelha, que arrasta Alice numa corrida desenfreada por não renunciar à hipótese segundo a qual corremos para permanecer no mesmo lugar, não deixa de evocar o mecanismo da foraclusão, pelo qual, segundo Lacan, quando um objeto não obedece a nenhuma lei, deixa o delírio falar em seu lugar.

Por fim, o Chapeleiro Louco, que propõe a cada um uma charada sem sentido – "Por que um corvo se parece com uma escrivaninha?" –, me faz pensar no "Nome-do-Pai". Sob essa máscara conceitual dissimula-se um horrível personagem mediante o qual Lacan diz ter conseguido, desde sua infância, maldizer o nome de Deus. Trata-se, no caso, do avô de Lacan, espécie de Esfinge a quem ele não perdoava por ter humilhado o filho. Que trilogia! Tim Burton, autor de um espantoso filme sobre Alice, poderia ter reunido essas três figuras face a um espelho sem estanho para um último bate-boca: Humpty Dumpty, "grande ovoide" convencido de deter a verdade; a Rainha Vermelha, bruxa a bordo de uma nave delirante; e o Chapeleiro Louco, encarnação do terror moderno do desaparecimento dos pais.

O universo de Lewis Carroll reflete a imagem desse pesadelo permanente – o da condição humana – que Lacan não cessou de explorar, povoando-o com múltiplos espelhos deformantes.

Ver: Animais. Autoanálise. *Carta roubada, A*. Família. Green, Julien. Humor. Infância. Livros. Loucura. Narciso. Roth, Philip. Zurique.

F

Família

Eu te amo, eu te odeio

Fundada ao longo dos séculos sobre a soberania divina do pai, a família ocidental transformou-se numa família biológica no início do século XIX, com o advento da burguesia, que atribuía um lugar central à maternidade. A nova ordem familiar pôde então controlar o perigo que representava o empoderamento das mulheres na sociedade vindoura. Face ao avanço do movimento feminista, cumpria seriamente questionar o antigo poder patriarcal.

Freud constituiu-se testemunha privilegiada do declínio deste último. Pensava que todo filho desejava casar com a mãe e matar o pai e que todo ser humano era herdeiro de situações genealógicas inconscientes que repetia incessantemente. Quanto à psicanálise, foi de início uma história de família.

Nascida com a era vitoriana, cujos ideais subverteu, a psicanálise contribui então – através de suas construções míticas – para uma desconstrução generalizada da antiga ordem social. Com efeito, ela enaltece os méritos de um Eu libertado por um trabalho de exploração do senso íntimo e se apoia num projeto de emancipação das mulheres, crianças e homossexuais, que resulta, entre 1870 e 1890, num questionamento das figuras clássicas da autoridade patriarcal.

No fim do século XIX, no momento da invenção da psicanálise, os demógrafos temiam que as mulheres trabalhando se tornassem homens e que a diferença dos sexos fosse abolida. Não obstante, foi esse processo de desconstrução do lugar onipresente do pai que permitiu às mulheres afirmarem sua diferença – em especial separando maternidade, desejo e procriação –; depois permitiu às crianças serem vistas como sujeitos de direito e não como corpos pertencentes aos adultos; e, por fim, permitiu aos homossexuais se normalizarem. Esse movimento gerou uma angústia e uma desordem específicas ligadas a um terror da supressão da diferença dos sexos, tendo, no fim do caminho, a perspectiva sempre elucubrada de uma dissolução da família.

E, todas as vezes que se produz uma transformação significativa na ordem familiar, esse mesmo temor de um pretenso "fim da família" se repete, como se esta se limitasse a ser uma instituição congelada na imobilidade. Há *família* porque a história das transformações da ordem familiar não é outra coisa senão sua perpetuação.

Instituição especificamente humana e agora laica, o casamento é a tradução jurídica legal de um certo estado da família numa época dada. Nada nunca é imutável nesse domínio, tudo está sempre em mutação, como mostram as revisões que o código civil lhe impôs [na França] a partir de 1792. Em toda parte, nas sociedades democráticas, a instituição do casamento está em devir, da mesma forma que a família. Em outros termos, o processo de "desfamiliarização" da sociedade ocidental iniciado com o surgimento da psicanálise está longe de ser a abolição da família, sendo muito antes sua perpetuação sob outras formas.

E eis por que, ao contrário de muitos psicanalistas, fui favorável à instauração de uma lei que permitisse às pessoas do mesmo sexo terem acesso ao casamento – e, como um bom número de sociólogos, antropólogos e historiadores, fiquei surpresa com a violência com que os homossexuais foram estigmatizados, em fevereiro de 2013, por ocasião dos debates da Assembleia Nacional [francesa], quando Christine Taubira, ministra da Justiça, veio defender corajosamente seu projeto de lei. Em novembro de 2012, a perdido de Erwann Binnet, relator do projeto que abria o casamento para as pessoas do mesmo sexo, eu fizera uma intervenção a esse respeito. Nesse dia, fiz o elogio de Victor Hugo, grande apaixonado pela família, pelas mulheres, pelas crianças, pelos anormais; escritor francês mais popular, mais celebrado no mundo, mais republicano também, no fim da vida. Em *Os miseráveis*, ele deu a mais bela definição que conheço

Família 117

da triste precariedade da família: o pai desempregado e explorado, a mãe reduzida à escravidão, o filho vagabundo.

Ao longo da vida, Hugo abraçara todas as formas de laços carnais peculiares à sua época: casamento por amor e amores fora do casamento. Ele era, sozinho, um *Dicionário amoroso* do amor e da família sob todas as suas formas; das mais grotescas às mais sublimes. Foi ao mesmo tempo esposo, pai, amante, patriarca, avô, um pai infeliz face à loucura de uma filha e à morte de outra, um pai amoroso do amor. E, a partir dessa experiência, forjou Jean Valjean, personagem célebre sobre o qual deveriam refletir todos os que afirmam que o bem da criança requer, por essência e absolutamente, a presença de um homem e uma mulher, de um pai e uma mãe.

Vindo da miséria, habitado pelo desejo do mal durante os dezenove anos que passara na cadeia, depois convertido por um homem de Igreja à vontade de fazer o bem, aos 55 anos Valjean nunca tinha conhecido qualquer relação carnal ou amorosa. Virgem, não amara nem pai, nem mãe, nem amante, nem mulher, nem amigo.

Quando sabe, por intermédio de Fantine, ex-prostituta, da existência de Cosette, criança mártir, criança humilhada pelos Thénardier, vai recolhê-la e se torna seu pai, sua mãe, seu educador, seu tutor, em suma, o substituto de tudo que falta à criança sem amor: um único substituto que basta para proporcionar a felicidade futura à criança mais miserável da terra. Nove meses: o tempo de uma gravidez. O coração do condenado, sublinha Hugo, está "repleto de virgindades", e, observando Cosette, sente pela primeira vez na vida "um êxtase amoroso que chega à perdição". Dali a um tempo ele sente as "fisgadas", isto é, as dores do parto: "Como uma mãe, e sem saber do que se trata." Concebe, então, uma criança, e o amor que lhe dedica é maternal. De sua parte, a criança, tendo esquecido o rosto da mãe, só tendo conhecido reveses, só tendo amado uma vez na vida, não um humano, mas um animal – um cão –, observa esse homem que ela vai chamar de pai sem saber quem é e sem jamais conhecer seu nome verdadeiro. Vai amá-lo para além da diferença dos sexos, para além de todo conhecimento da diferença entre uma mãe e um pai, como um santo, destituído de sexualidade.

De modo que me apraz dizer que o melhor elogio que podemos fazer à família é desejar a cada criança que tenha ao mesmo tempo como pai e mãe o equivalente de um Jean Valjean.

Ver: Amor. Angústia. Antígona. *Consciência de Zeno, A.* Édipo. Guerra. Hamlet branco, Hamlet negro. Hitler, Adolf. Infância. Leonardo da Vinci. Londres. Mulheres. Paris. Rebeldes. Romance familiar. Roth, Philip. *Segundo sexo, O.* Sexo, gênero & transgêneros. Viena. *W ou a Memória da infância.*

Fantasia

A imaginação é o olho da alma

Produção do imaginário, roteiro, ficção ou sonho diurno, a fantasia representa uma realidade de maneira deformada. Pode ser ao mesmo tempo consciente e inconsciente. Empregada por Freud após o abandono da teoria da sedução, essa palavra, assim como "recalcamento", faz parte do corpus psicanalítico. Preside, inclusive, ao advento deste último, uma vez que define a realidade psíquica como distinta da realidade material e coloca a subjetividade no cerne da condição humana. Em francês [*fantasme*], remete a fantasma [*fantôme*], espectro, alucinação, muito mais que o termo alemão *Phantasie* escolhido por Freud, que mistura imaginação e atividade criadora [tal como "fantasia", em português]. Daí debates intermináveis entre os tradutores franceses, uns querendo substituir *fantasme* por *fantaisie* e outros por *production de l'imaginaire* [produção do imaginário]. Os herdeiros de Melanie Klein distinguem dois tipos de fantasia: a fantasia consciente (*fantasy*), para designar os devaneios diurnos e as ficções, e a fantasia inconsciente (*phantasy*) para os processos mentais inconscientes.

O abandono da teoria da sedução supõe a existência de fantasias originárias – ou cenas primárias –, isto é, uma relação sexual entre os pais tal como pode ser vista ou fantasiada pela criança, que a interpreta como um ato de violência por parte do pai para com a mãe. Pouco importa que a cena tenha acontecido realmente ou seja uma ficção. De toda forma, Freud,

Fantasia

e todos os psicanalistas depois dele, fez disso um mito, presente nas origens da humanidade. Nesse aspecto, as cenas imaginadas pelos pacientes em análise que julgam ter visto seus pais copulando são da mesma natureza que as cenas reconstruídas pelo terapeuta. Freud adorava imaginar tais cenas, encontrá-las na literatura, no teatro ou na pintura. Por ocasião do tratamento que ministra, entre 1910 e 1914, a um paciente russo, Serguei Pankejeff (alcunhado o "Homem dos Lobos"), Freud imagina que este assistiu, de seu berço, a um coito *a tergo* entre os pais. E, da mesma forma, pensa que Marie Bonaparte viu, na mesma idade, cenas de felação. Pouco importa se se trata de uma fantasia ou de uma realidade: o que conta é a realidade fantasiada.

Quanto a Lacan, dedicou grande parte de seu ensino a descrever a lógica da fantasia e passou muito tempo detalhando cenas de fantasias sádicas, histéricas, obsessivas e masoquistas. Pensava que a fantasia era uma "imagem congelada" e às vezes um meio de mascarar a irrupção de um episódio traumático. Essa definição aplica-se perfeitamente à maneira como ele se apropria do quadro *A origem do mundo*, seu objeto fetiche, cena primitiva incessantemente mascarada e exibida, ciosamente conservada como "sua coisa".

Outra "coisa" fantasística atraía Lacan: o Oriente. Aprendeu chinês e sonhava ir à China, e também com o Japão cultivou uma relação erótica, a ponto de, em 1976, após uma viagem e um seminário sobre a tradução de seus *Escritos*, ter assistido, graças ao produtor Anatole Dauman, a uma sessão privada do filme de Nagisa Oshima *O império dos sentidos*, cuja ação se desenrola num bordel de Tóquio em 1936. Sada Abe, ex-prostituta que se tornara empregada doméstica, gosta de espiar os embates amorosos de seus patrões. Seu chefe Kichizo arrasta-a numa escalada erótica que não conhecerá mais limite. Progressivamente, eles terão cada vez mais dificuldade de se separar, e Sada vai tolerar cada vez menos a ideia de haver outra mulher na vida de seu companheiro. Durante uma relação sexual, ele pede a Sada para estrangulá-lo, o que ela aceita fazer. Em seguida, corta-lhe o pênis e escreve com letras de sangue sobre seu torso: "Sada e Kichi agora unidos". A história é extraída de um caso dos anos 1930 muito conhecido no Japão: uma mulher fora presa caminhando a esmo e segurando na mão, feito um troféu, os atributos de seu amante perseguidor.

Censurado no Japão, o filme fez um sucesso mundial. Não há como não pensar na cena do suplício chinês descrita por Georges Bataille em *Les Larmes de Eros*. Embasbacado diante desse espetáculo em que um homem tinha o "pau" cortado por uma mulher, Lacan declarou: "Parece que nele [o filme] o erotismo feminino foi levado ao extremo, e esse extremo é a fantasia, nem mais, nem menos, de matar o homem" (O Seminário, livro 23, *O Sinthoma*, 1976).

O sexo escancarado da mulher – do qual Lacan fizera sua "coisa" – aparenta-se nele a uma representação sempre destruidora não só da mãe possessiva como do gozo feminino. Daí a retomada do mito de Medusa (a Górgona) reativado por Freud, mas transformado por Lacan numa visão fantasística segundo a qual um sexo feminino escancarado é semelhante a uma boca aberta na qual o homem se perde: uma boca cheia de dentes em forma de crocodilo. E, ao mesmo tempo, ele é fascinado pelo que chama de "a coisa japonesa", pela cerimônia do chá e pelo que imagina ser a arte de amar, morrer e gozar segundo a lógica de uma teatralidade infinita. A "coisa japonesa", portanto, é uma fantasia lacaniana, uma fantasia que ele busca formalizar segundo uma lógica. Centenas de comentários foram escritos sobre essa grande fantasia lacaniana.

Se a psicanálise permitiu sexualizar a fantasia, também esteve na origem de uma normalização, tanto da literatura centrada na autobiografia – transformada em autoanálise fantasística – quanto de um discurso sexológico fundado no culto de performances imaginárias.

Ver: Amor. Animais. Autoanálise. Bardamu, Ferdinand. *Che vuoi?* Desejo. Divã. Eros. Hollywood. Incesto. Leonardo da Vinci. Orgonon. *Origem do mundo, A.* Psique/Psiquê. Sonho. Roth, Philip. São Petersburgo. Sedução. Sexo, gênero & transgêneros. Viena. Wolinski, Georges.

Felicidade

Ali onde brota o perigo, germina também o que salva

"Continuo a achar", dizia Gabriel Péri às vésperas de sua execução pelos nazistas em 1941, "que o comunismo é a juventude do mundo e que ele prepara amanhãs que cantam." Essa frase me lembra a de Saint-Just, pronunciada em 3 de março de 1794, quando a França estava ameaçada de invasão: "Que a Europa saiba que vocês não querem mais um infeliz sobre a terra, um opressor no território francês; que esse exemplo frutifique na terra ... A felicidade é uma ideia nova na Europa." Porém, em contraponto, penso também nestas palavras de Talleyrand, que serviram de título, em 1964, a um belíssimo filme de Bernardo Bertolucci: "Quem não viveu no século XVIII antes da Revolução não conhece a doçura de viver e não pode imaginar o que há de felicidade na vida."

Refiro-me a um tempo incessantemente suspenso entre o antes e o depois. A esperança, a pátria, o heroísmo: esses temas, ligados a uma concepção revolucionária da felicidade, parecem ter desaparecido da sociedade ocidental – sociedade depressiva e angustiada –, ao passo que, no fim do século XX, extinguiram-se as referências patriarcais oriundas do Estado-nação: o Exército, o partido, a autoridade.

Decerto a revolução do íntimo implementada pela psicanálise pretende-se afastada do ideal da felicidade coletiva almejado pelos filósofos do Iluminismo e por seus herdeiros revolucionários. E, no entanto, Freud não hesitava em fazer da felicidade a realização de um desejo infantil e até mesmo "pré-histórico", chegando a sonhar com uma possível "pulsão de felicidade": "O amor sexuado", ele dizia, "proporciona ao ser humano as mais fortes experiências vividas de satisfação, fornecendo-lhe, a rigor, o modelo de toda felicidade." E não estava longe de pensar que a civilização devia proporcionar ao sujeito, para além de toda culpa, certa materialidade social e psíquica da felicidade, como se o saber sobre a morte, que caracteriza o ser humano arrancando-o da animalidade, pudesse tornar-se uma fonte de felicidade muito mais intensa do que toda crença na imortalidade. Por outro lado, defendia igualmente, como Chateaubriand, que os humanos se assemelham a crianças insaciáveis que não suportam a felicidade de seus vizinhos: não satisfeitos com seus brinquedos, querem pegar os dos outros também.

A despeito de seu pessimismo, que o fez pensar, em especial a partir de 1920, que o ser humano é primeiramente um assassino dos outros e de si mesmo, Freud era herdeiro dos pensadores do Iluminismo: Iluminismos francês e alemão misturados, Iluminismo sombrio. Contra todas as teologias da queda e ao mesmo tempo conservando a ideia trágica de destino cara aos Antigos, ele dava a primazia ao sentimento, à natureza, ao íntimo, à sensibilidade, com a condição, todavia, de que fossem igualmente valorizadas a vontade, a razão e o intelecto. Nesse sentido, comungava do ideal dos inventores da liberdade, muito bem definido por Jean Starobinski. Para além de uma concepção da liberdade segundo a qual o Eu não é senhor em sua casa, Freud pensava que as nações modernas deviam lançar os fundamentos de uma sociedade capaz de garantir a felicidade de seus cidadãos. Eis por que, em 1930, em *Mal-estar na cultura*, ele reafirmou que só o acesso à civilização pode colocar um freio à pulsão de destruição inscrita no âmago da humanidade. No fundo, subscrevia implicitamente esta profecia de Hölderlin: "É quando o perigo é maior que a salvação está mais próxima."

Contra Freud e contra o Iluminismo – ainda que sombrio –, contra o ideal proposto por Saint-Just, os adeptos da reação e do comportamentalismo tentaram afirmar, no fim do século XX, que os humanos seriam mais felizes num mundo dominado pela especulação financeira e por um higienismo que assimilaria todo comportamento normal a uma patologia: tomar uma taça de vinho denotaria alcoolismo, gostar da Internet seria uma dependência, pensar na revolução seria um ato sanguinário. Impossível ser ansioso, exaltado ou rebelde sem logo se ver obrigado a tomar comprimidos para não pensar mais nos amanhãs que cantam.

No fim do século XX, era comum afirmar que o fracasso do comunismo significava a impossibilidade de o homem alcançar a igualdade. Em seguida percebeu-se que o capitalismo, em sua versão mais ilimitada, mais especulativa, levava à miséria psíquica e econômica, da mesma forma, aliás, que os Estados de "não direito", que, por ódio a um Ocidente que decerto cometeu crimes, ridicularizam a Declaração dos Direitos do Homem a fim de melhor perseguir seus próprios cidadãos. Ultraliberalismo sem limites e sem alma de um lado, fanatismo religioso do outro: dois grandes obstáculos à felicidade. Duas maneiras de não amá-la.

O primeiro reduz o homem a uma coisa, a uma mercadoria; o segundo condena-o ao nada, à fusão com um Deus perseguidor. Um é passível de reforma, o outro, não. Contra a democratização higienista dos comportamentos pode sempre surgir uma aspiração a outra forma de vida, a qual se traduz por uma insurreição das consciências e pelo despertar de um ideal de transformação. Mas não basta proclamar o retorno dos amanhãs que cantam, é igualmente necessário que os amanhãs sejam fonte de felicidade. Sabemos perfeitamente desde 1789 que jamais nenhuma revolução – nem sequer a revolução freudiana – conseguiu conciliar liberdade e igualdade, eis a razão pela qual, da URSS à China, assistimos a uma inversão do ideal revolucionário em seu oposto. Esta é uma razão para renunciar ao ideal da felicidade trazido pela Revolução? Certamente não. O sonho de um alhures ainda não delineado no horizonte: eis o nome da aspiração à felicidade – "Esses belos e grandes navios, jogando imperceptivelmente nas águas tranquilas", dizia Baudelaire, "esses robustos navios, de aspecto indolente e nostálgico, não nos dizem numa língua muda: quando zarpamos rumo à felicidade?"

Ver: Amor. Angústia. Bonaparte, Napoleão. Frankfurt. Guerra. Paris. Psique/Psiquê. Psiquiatria. Resistência. Terra Prometida. Viena.

Frankfurt
Goethe e Adorno

Sempre que vou a Frankfurt, terra natal de Goethe, penso no que essa cidade representou na história da psicanálise. Como todos os seus discípulos, Freud cultivava uma admiração sem limites por Goethe, com quem se identificava. Como ele, era o predileto de sua mãe e nascera "negro" (com cabelo). Quanto ao personagem de Fausto, ocupa na obra freudiana um lugar tão importante quanto Édipo ou Hamlet.

Em 1917, Freud redige um curto ensaio dedicado a um sonho do escritor. Em sua infância, este quebrara, e depois jogara pela janela, uma louça de família. Freud interpreta esse episódio como uma tentativa do jovem Goethe de expulsar um "intruso": seu irmão caçula morto em tenra idade. Em 1930, Freud recebe o prêmio Goethe, e é sua filha Anna quem vai a Frankfurt recebê-lo e ler o discurso de seu pai. Este presta homenagem tanto à *Naturphilosophie*, símbolo do elo espiritual que une Alemanha e Áustria, quanto à beleza da obra goethiana, próxima, segundo Freud, do Eros platônico aninhado no seio da psicanálise.

Mas Frankfurt é também e acima de tudo a cidade de um dos meus filósofos preferidos: Theodor Adorno. Junto com Max Horkheimer e Leo Löwenthal, ele funda em 1923 o Institut für Sozialforschung (Instituto de Pesquisas Sociais). A eles se juntará, vindo de Berlim, Herbert Marcuse, aluno de Husserl e Heidegger. Núcleo da futura Escola de Frankfurt, esse instituto elabora a Teoria Crítica, doutrina sociológica e filosófica que se ampara na psicanálise, na fenomenologia e no marxismo para pensar as condições de produção da cultura no seio de uma sociedade dominada pela racionalidade tecnológica. Projeto magnífico: como conciliar duas teses contraditórias quando sabemos que, para Marx, o passado anuncia sempre o futuro, enquanto para Freud o futuro só faz repetir o passado. De um lado, uma revolução sonhada deve desembocar na realidade concreta de uma consciência de classe, do outro, uma rebelião permanente contra um pai torna-se o mito fundador de um inconsciente coletivo. Convém destituí-lo, depois reconstruí-lo, para que uma subjetividade advenha.

Todos que participaram dessa aventura diziam-se fosse da esquerda social-democrata, fosse do comunismo, fosse do freudo-marxismo – visando ligar revolução subjetiva e transformação social –, fosse ainda de um neofreudismo voltado para uma superação ou revisão da conceitualidade freudiana. Entre 1920 e 1933, uma profunda modernidade está em curso na psicanálise tanto em Frankfurt quanto em Berlim, ao passo que Viena parecia retrair-se nos valores antigos.

Em 1929, o Instituto de Pesquisas Sociais acolhe entre seus muros um novo Instituto de Psicanálise, onde se encontram terapeutas de todos os quadrantes: Karl Landauer, vindo de Munique e analisado por Freud; Heinrich Meng, pioneiro da higiene mental, militante socialista e vegetariano; Erich Fromm, freudo-marxista convicto; Frieda Reichmann, psiquiatra e analista de Fromm antes de se tornar sua esposa; bem como vários outros ainda.

Os dois institutos mantinham relações estreitas, e Frankfurt tornou-se assim um dos grandes bastiões da esquerda freudiana alemã. Analisado por Landauer, Horkheimer, assim como Fromm, participava de inúmeras atividades de ensino que misturavam psicanálise, filosofia e ciências sociais.

Em 1933, os fundadores dos dois institutos tomam o rumo do exílio americano. Landauer emigra para a Holanda. Em 1943, preso durante uma batida, é deportado para o campo de extermínio de Bergen-Belsen, onde morre em janeiro de 1945.

Em fevereiro de 1938, no momento de embarcar para Nova York na companhia de Gretel, sua esposa, Adorno imagina o que será o extermínio dos judeus: "A situação na Europa é completamente desesperadora; os prognósticos de minha última carta parecem confirmar-se no pior dos sentidos: a Áustria vai cair perante Hitler e, num mundo completamente fascinado pelo sucesso, isso vai estabilizá-lo novamente *ad infinitum*, e na base do terror mais pavoroso. Não resta mais nenhuma dúvida de que os judeus ainda presentes na Alemanha serão exterminados: pois, espoliados como se encontram, nenhum outro país no mundo os receberá. E mais uma vez não acontecerá nada: os outros merecem seu Hitler" (Stefan Müller-Doojhm, *Adorno, une biographie*, 2003).

Instalados na Costa Oeste dos Estados Unidos, onde se esbarram várias dezenas de intelectuais europeus, assim como em Hollywood, Adorno e Horkheimer prosseguem seus trabalhos. Em 1942, a pedido de Löwenthal, Horkheimer esclarece a que ponto, naqueles tempos sombrios, ele permanece apegado ao pensamento freudiano, pedra angular da Teoria Crítica: "Falaram muito, o senhor se lembra, de que seu método original correspondia essencialmente à natureza da burguesia mais sofisticada de Viena na época em que foi concebido. Isso, claro, é absolutamente falso no conjunto, mas, ainda que no fundo houvesse nisso uma semente de verdade, isso não invalidaria em nada a obra de Freud. Quanto maior uma obra, mais enraizada numa situação histórica concreta. Basta examinar mais atentamente a relação entre a Viena liberal da época e o método original de Freud para perceber a que ponto este era um grande pensador. Foi justamente a decadência da vida familiar burguesa que permitiu à sua teoria alcançar esse novo estágio, que aparece em *Além do princípio de prazer* e nos escritos que seguem" (Martin Jay, *A imaginação dialética: História da Escola de Frankfurt e do Instituto de Pesquisas Sociais, 1923-1950,* 1973).

Faz muito tempo que adotei esse ponto de vista, e quando redigi minha biografia de Freud acrescentei essa ideia, segundo a qual o que Freud julgava descobrir no fundo não passava do fruto de uma sociedade, de um meio ambiente familiar e de uma situação política cuja significação ele interpretava magnificamente, tipificando-a como uma produção do inconsciente.

Em seu grande exílio californiano, Adorno e Horkheimer redigiram juntos um dos textos filosóficos mais marcantes da segunda metade do século XX, um texto que sempre esteve presente em minha memória em cada etapa de meu percurso histórico: *Dialética do Esclarecimento (Dialektik der Aufklärung,* 1944). Nele, pensam a questão do Iluminismo sombrio e do extermínio dos judeus da Europa, inspirando-se, aliás, no último manuscrito de Walter Benjamin, que se suicidara em 26 de setembro de 1940, em vias de atravessar a fronteira que separava a França da Espanha.

Como a razão pode converter-se em seu oposto? Como o progresso e a emancipação podem engendrar a barbárie? Por que, durante mais de uma década, a Alemanha foi o palco de um aniquilamento programado de seus valores mais elevados? Adorno e Horkheimer entregavam-se a uma longa digressão sobre os limites da razão e os ideais do progresso: de Homero a Auschwitz, passando por Sade e a filosofia do Iluminismo. Os dois autores sustentavam que a entrada da humanidade na cultura de massa e na planificação biológica da vida corria grande risco de engendrar novas formas de totalitarismo se a razão não procedesse a uma autocrítica e superasse suas tendências destruidoras. Tal havia sido a mensagem de Freud em 1929 em *Mal-estar na civilização.* Evidentemente, Foucault apoiase nesse texto para elaborar sua *História da loucura.* Quanto a Lacan, sem o

Frankfurt

dizer, inspira-se nele num célebre artigo de 1962 – "Kant com Sade" – para não dar vantagem nem ao pensador da razão nem ao da abolição da razão.

De volta a Frankfurt após a Segunda Guerra Mundial, Adorno e Horkheimer desempenharam um grande papel na refundação do movimento psicanalítico em Frankfurt. Deram seu apoio a Alexander Mitscherlich, terapeuta de esquerda que, após ter assistido em Nuremberg ao julgamento dos médicos nazistas acusados de crimes de guerra e de crimes contra a humanidade, decidiu dedicar-se à elaboração de uma nova medicina, livre de toda tecnologia dos corpos e espíritos. Em 1960, ele salvou a honra da psicanálise na Alemanha, fundando o Sigmund Freud Institut. Foi o iniciador, junto com Ilse Grubrich-Simitis, de uma nova edição das obras de Freud e de uma reflexão sobre os distúrbios psíquicos ligados ao recalcamento coletivo dos acontecimentos do Terceiro Reich na República Federal Alemã. Criou também a revista *Psyché*, onde foram publicados estudos sobre a colaboração dos psicanalistas com o nazismo, especialmente em Berlim. Em 1968, apoiou os estudantes em sua revolta contra a sociedade de consumo.

Fui diversas vezes ao Instituto Freud de Frankfurt e lá encontrei sempre profissionais notáveis. Em 1998, convidei Ilse Grubrich-Simitis para dar uma conferência na Maison des Écrivains, em Paris, sobre o retorno aos textos de Freud. Foi uma bela intervenção e devo-a a dois amigos germanistas, Alain Lance e Jacques Le Rider.

Apesar de seu progresso, o Instituto Freud nunca conseguiu promover na Alemanha – esse país que amo tanto – um verdadeiro renascimento da psicanálise. O nazismo a destruíra definitivamente.

Em 2001, Derrida me comunicou que recebera o prêmio Adorno e que devia ir a Frankfurt. Era um pouco antes do 11 de Setembro e tínhamos, ele e eu, realizado um diálogo (*De que amanhã?*), num livro que seria publicado precisamente nesse dia: data do aniversário de Adorno e data da destruição das Torres Gêmeas.

Falávamos muito em Adorno e comentei o quanto a obra dele me fazia pensar na sua. Em seu discurso de Frankfurt, Derrida decidiu abordá-la comentando uma carta de Walter Benjamin a Gretel Adorno, de 12 de outubro de 1939, a respeito de um sonho no qual "tratava-se de transformar uma poesia num lenço". E Derrida falou da língua do outro, da língua do exilado, do atentado de 11 de setembro, dos fluxos migratórios no futuro da Europa, aquela Europa por sua vez prisioneira da espiral da globalização. Ele sabia que Adorno era um grande sonhador e que contara seus sonhos. E se perguntava se um sonhador pode falar de seu sonho sem acordar. Mais uma vez, misturava poesia, literatura, filosofia, psicanálise, ao mesmo tempo evocando a lucidez de Adorno: "Quanto a essa lucidez, essa *Aufklärung* de um discurso sonhador sobre o sonho, gosto justamente de pensar em Adorno. Admiro e amo Adorno, alguém que nunca deixou de hesitar entre o 'não' do filósofo e o 'sim, às vezes isso acontece' do poeta, do escritor ou do ensaísta, do pintor, do cenógrafo de teatro ou cinema, até mesmo do psicanalista. Hesitando entre o 'não' e o 'sim, às vezes isso acontece', ele herdou os dois."

É essa herança da cidade de Frankfurt que tenho vontade de defender, pois sempre me senti dividida entre incerteza e decisão, dúvida e afirmação, hesitação e engajamento.

Ver: Bardamu, Ferdinand. Berlim. Descartes, René. Desconstrução. Göttingen. Guerra. Hitler, Adolf. Hollywood. Nova York. Orgonon. Rebeldes. Resistência. Sonho. Zurique.

G

Gershwin, George

Comédia freudiana musical

Amigo dos maiores músicos do século XX e autor de magníficas obras sinfônicas – *Rhapsody in Blue, Um americano em Paris, Porgy and Bess* –, bem como de um admirável acalanto – "Summertime" –, George Gershwin chamava-se na realidade Jacob Gershowitz. Era oriundo de uma família judia que deixara a Rússia em 1895 para se estabelecer nos Estados Unidos. Acometido de distúrbios de ansiedade que ele chamava de "dor de barriga dos compositores", sujeitava-se a regimes alimentares exaustivos, ao mesmo tempo que multiplicava as relações amorosas. Tinha o hábito de entremear suas frases com movimentos bruscos da mão esquerda, puxava o nariz e mordia de maneira compulsiva seus cachimbos e cigarros: "Sou um grande mistificador", dizia, "estou sempre à procura da verdade. Ter acesso à psicologia é como fazer um curso na Universidade. Os que não querem confrontar-se consigo mesmos não conseguem avançar. Quero me conhecer e assim conhecer os outros" (citado por Franck Médioni, *George Gershwin*, 2014).

Como inúmeros artistas americanos do entreguerras, Gershwin estava impregnado de cultura psicanalítica. Após um relacionamento amoroso infausto com Paulette Goddard, futura mulher de Charlie Chaplin, empreendeu em 1934 uma terapia com o psicanalista Gregory Zilboorg, igualmente judeu russo, instalado em Nova York e conhecido por seu comportamento extravagante com seus pacientes, dos quais extorquia somas astronômicas, e por exibir sua imensa erudição: com efeito, era um verdadeiro erudito em história da psiquiatria.

Gershwin frequentou o divã de Zilboorg durante um ano, cinco sessões por semana. Viajam juntos à Cidade do México, onde encontram Diego Rivera. Convencido de que a terapia induz os artistas a desenvolverem sua criatividade, Zilboorg age com seu paciente como uma espécie de guru. Gershwin morre em 1937, aos 38 anos de idade, de um tumor maligno no cérebro. Na sequência, Zilboorg foi acusado, certa ou erradamente, de ter acreditado que as dores de cabeça de seu paciente tinham uma origem psíquica. Em 2001, um admirador do compositor afirmou inclusive que o paciente poderia ter sido tratado mais cedo e que, na realidade, seu tumor era benigno.

Ocorre que, em 1934, Gershwin começou a compor com seu irmão uma comédia musical, *Pardon My English*, cuja ação se situa em Dresden. Um jovem inglês, Michael Bramleigh, apaixona-se por Ilse Bauer, filha do comissário de polícia. Todas as vezes que o rapaz recebe uma pancada na cabeça, transforma-se em Golo Schmidt, mestre do crime, amante de uma garota de cabaré. Outra pancada lhe restitui a identidade.

Três dos grandes nomes da psicanálise – Alfred Adler, Sigmund Freud e Carl Gustav Jung – encarnam os três/seis médicos que se debruçam sobre sua cabeceira. Num excerto da canção intitulada "Freud e Jung e Adler", estão reunidos, à maneira de Jekyll e Hyde, os melhores ingredientes de uma formidável sátira de todos os chavões da época relativos à psicanálise.

"*Médicos*: Drs. Freud e Jung e Adler/ Adler e Jung e Freud/ – Seis Psicanalistas, somos!/ Deixe-nos fazer um diagnóstico/ Nós saberemos!/ Drs. Freud e Jung e Adler,/ Adler e Jung e Freud/ Horários de consulta: das nove às três.// *Dr. Adler*: Ele tem sexo demais!/ *Dr. Jung*: Ele tem sexo de menos!/ *Dr. Freud*: Ele não tem sexo nenhum!// *Todos*: Esse tipo de coisa começa na infância./ *Dr. Adler*: Ele tem sexo demais!/ *Dr. Jung*: Ele tem sexo de menos!/ *Dr. Freud*: Isso aconteceu quando ele era pequeno!// ... *Dr. Adler*: É amor do pai./ *Dr. Jung*: É amor da mãe./ *Dr. Freud*: Não é amor.// *Todos*: Seus pensamentos deveriam ser puros,/ mas são provavelmente sujos!/ Sua cabeça está uma confusão/ E só há uma conclusão:/ Ele tem sexo demais! .../ *Médicos*: ... Somos seis psicopatas do sexo."

Ver: Dinheiro. Divã. Hollywood. Monroe, Marilyn. Nova York. Sexo, gênero & transgêneros. Viena.

Göttingen

*"Dieu que les roses sont belles"**

A sonoridade mais sutil da língua alemã, a cidade mais erudita, a dos irmãos Grimm, fundadores da germanística, a cidade das rosas e das universidades, lugar eleito por Lou Andreas-Salomé, uma das raras cidades alemãs a não terem sido destruídas pelos bombardeios da Segunda Guerra Mundial.

Nascida em São Petersburgo em 1861, Lou von Salomé, por quem Nietzsche se apaixonou perdidamente, era uma europeia convicta que, ao longo da vida, transitou pelas cidades mais charmosas do Velho Continente, residindo ou em visita. Nelas, encontrava amigos ou amantes: "Budapeste com Sandor Ferenczi em abril de 1913, Munique com Viktor von Gebsattel em agosto do mesmo ano, Viena com Viktor Tausk em setembro, depois Munique em outubro com Rainer Maria Rilke" (Isabelle Mons, *Lou Andreas-Salomé*, 2012).

Mas foi Göttingen que em 1903 ela escolheu para morar, numa casa batizada *Loufried* ("A paz de Lou"), situada nas colinas de Hainberg. Seu marido, Friedrich Carl Andreas, brilhante orientalista a quem ela impôs total abstinência sexual, ensinava língua e literatura persas na universidade. O casal viveu uma vida inteira em Göttingen, cada qual num andar da casa. Lou continuava a colecionar amantes e Carl teve um relacionamento com a empregada, que concebeu uma menina imediatamente aceita pelo casal.

Em 1911, no congresso internacional de psicanálise de Weimar, ela encontra Freud pela primeira vez, num momento em que é amante de Poul Bjerre, jovem psicanalista sueco quinze anos mais moço do que ela. Pede imediatamente a Freud para ser iniciada na psicanálise. Ele põe-se a rir: "Acha que sou Papai Noel?" Instalada em Viena em 1912, assiste ao mesmo tempo às reuniões do círculo freudiano e às de Alfred Adler.

Com ciúme, Freud lhe escreve: "Senti sua falta ontem à noite na sessão ... . Adquiri o mau hábito de sempre dirigir minha conferência a certa

---

* "Deus, como são belas as rosas..."; citação de um verso da música "Göttingen", composta pela cantora francesa Barbara, que será mencionada adiante no verbete. (N.T.)

pessoa de meu círculo de ouvintes e ontem não parava de olhar fascinado para o lugar que lhe haviam reservado." Em seguida, Lou é introduzida na intimidade da família Freud. Após cada reunião das quartas-feiras, o mestre a acompanha de volta até seu hotel e, após cada jantar, cobre-a de flores. Nessa mulher, que encarnava todas as facetas da feminilidade e lhe era ao mesmo tempo tão próxima e estranha, ele apreciava a beleza da alma, a paixão da vida e o otimismo constante que mal dissimulava um estado de perpétua melancolia.

A iniciação à psicanálise passou igualmente por uma longa correspondência com Freud, que levou Lou a trocar a escrita literária pela clínica. Em 1914, tão perplexa quanto ele com a deflagração da guerra, não sabe que lado escolher. O dos russos ou o dos alemães? Fato é que não compartilha o antigermanismo de seus irmãos russos. Contudo, quando sobrevém a revolução de Outubro, vê-se compelida a ajudá-los financeiramente.

Em sua casa, em Göttingen, às vezes trabalha dez horas por dia recebendo pacientes. Empobrecida pela inflação e sentindo-se muito só após a morte do marido, não consegue prover suas necessidades. Embora não peça nada, Freud remete-lhe somas generosas, dividindo com ela sua fortuna recém-adquirida graças a seus discípulos americanos. Chama-a de sua queridíssima Lou, confidencia-lhe seus pensamentos e pede-lhe para ajudar sua filha Anna quando esta, analisada por ele, passa por um momento difícil. Lou torna-se sua confidente, levando-a a aceitar seu destino de não se tornar nem esposa nem mãe e formar um casal com o pai.

A partir de 1933, assiste com horror à instauração do regime nazista. Sabe do ódio que Elisabeth Förster, irmã de Nietzsche e fervorosa adepta do hitlerismo, cultiva por ela. Não ignora que os burgueses de Göttingen apelidaram-na de "a bruxa do Hainberg". Mesmo assim, decide não fugir da Alemanha. Alguns dias após sua morte, um funcionário da Gestapo irrompe em sua residência para confiscar sua biblioteca, cujos livros serão jogados nos porões da prefeitura: acusavam-na de praticar "uma ciência judaica".

Pensando em Göttingen, associo o nome de Lou Andreas-Salomé ao da cantora e compositora [francesa] Barbara, cujo nome verdadeiro é Monique Serf e cuja avó vinha da Moldávia. Ela idolatrava Yvette Guilbert, cantora predileta de Freud: "Seu fraseado incisivo, a terrível inteligência da voz" (Barbara, *Il était un piano noir... Mémoires interrompus*, 1998). Abusada sexualmente pelo pai aos dez anos de idade, Barbara devorava *zan* (balas de alcaçuz) e conservou de sua infância uma lembrança aterradora, mesmo com sua família judia tendo conseguido escapar da Gestapo.

Convidada a cantar em Göttingen em 1964, por iniciativa de Hans-Gunther Klein, diretor do Junges Theater, ela aceita, não sem reticência, ir à Alemanha. Ao fim da viagem, compõe a célebre canção "Göttingen", cuja versão gravará três anos mais tarde, entrando descalça num palco coberto de rosas: "Para mim", escreve Gerhard Schröder, "é a canção que simboliza melhor a amizade franco-alemã: *"Ô faites que jamais ne revienne le temps du sang et de la haine car il y a des gens que j'aime à Göttingen, à Göttingen"*.*

Barbara provavelmente nunca visitou a casa de Lou Andreas-Salomé, mas imagino que poderia ter musicado este poema de Rilke: "E virás quando eu precisar de ti/ E tomarás minha hesitação por um sinal/ E silenciosamente me estenderás as rosas desabrochadas do verão/ Dos derradeiros arbustos."

Em 1970, Barbara encontra numa gaveta um texto que escrevera alguns anos antes, na esteira de um sonho em que vira uma águia descendo sobre ela. Põe-se ao piano e compõe uma música, inspirada numa sonata de Beethoven: *"De son bec, il a touché ma joue/ Dans ma main, il a glissé son cou/ C'est alors que j'ai reconnu/ surgissant du passé/ il m'était revenu."** Barbara conhecia as obras pictóricas do Renascimento ou as histórias antigas de grandes aves de rapina que pousam delicadamente sobre os lábios de um bebê no berço? Lera *Uma recordação de infância de Leonardo da Vinci*? Fato é que, como o milhafre de Leonardo transformado em abutre, "A águia negra" suscitou a curiosidade de inúmeros psicanalistas. Alguns tiveram a convicção de que essa ave surgida do passado não era outra senão o pai incestuoso pelo qual Barbara, a par do ódio que lhe votava, teria sido

---

* Em tradução livre: "Oh, faça com que jamais volte o tempo do sangue e do ódio, pois há pessoas que amo em Göttingen, em Göttingen." (N.T.)

** Em tradução livre: "Com seu bico, ela tocou minha face/ Em minha mão, ela esgueirou seu pescoço/ Foi então que a reconheci/ Surgindo do passado/ Ela voltara para mim." (N.T.)

apaixonada. Outros afirmaram tratar-se de um homem amado. Alguns, por fim, achavam que ela fizera um tratamento psicanalítico e que só o seu analista era capaz de decifrar o enigma da ave.

O mistério subsiste e sabemos que tudo que vinha do céu era objeto de terror para Barbara, fosse o arco-íris ou os chapins-de-cabeça-preta. E, não obstante, essa águia surgida de um lago desconhecido, semelhante àquele lugar difuso tão bem descrito por Proust, transformou de ponta a ponta a vida dessa mulher da mesma maneira que o encontro com Freud transformara a de Lou Andreas-Salomé: "'L'aigle noir' é uma canção que sonhei: um dia tive um sonho, muito mais bonito que a canção, no qual vi descer essa águia, a qual, em seguida, dei a uma garotinha de quatro anos, que era minha sobrinha. Depois desse sonho, aconteceram coisas realmente extraordinárias comigo!" Quem visita o túmulo de Lou Andreas-Salomé, no cemitério de Göttingen, depara com uma lápide em que está gravado, em caracteres maiúsculos, o nome de Friedrich Carl Andreas. Abaixo dessa inscrição, foram acrescentadas três letrinhas em itálico: *lou*. Os nazistas haviam recusado que as cinzas da célebre discípula de Freud fossem espalhadas em sua casa. E foi preciso esperar o ano de 1992 para que a urna que as continha, e que sumira, pudesse finalmente ser enterrada no local, sem referência a seu patronímico.

Atualmente a cidade de Göttingen venera a memória de Lou Andreas-Salomé. Sua casa foi reformada, seus arquivos estão conservados e um Instituto de Formação em Psicanálise e Psicoterapia leva seu nome. Nele, estuda-se basicamente "autopsicologia", relações de objeto, neurociências. Quanto às crianças de Göttingen, aprendem a canção homônima de Barbara, que faz parte do currículo oficial do curso primário, enquanto todos os anos vários parentes seus dirigem-se a Bagneux para depositar rosas no túmulo daquela que jamais esquecerão.

Ver: Amor. Animais. Autoanálise. Infância. Eros. Incesto. Leonardo da Vinci. Mulheres. São Petersburgo. *Segundo sexo, O.* Sonho. Viena. Zurique.

Green, Julien

O diabo e o perigoso suplemento

Durante vários anos, passei algumas noites inesquecíveis com Julien Green e seu filho adotivo Éric Jourdan, em meio a risos infantis, gracejos, ternura e reminiscências de uma época que me lembrava a da juventude de meu pai, uma juventude de antes de 1914. Todas as vezes que eu ia ao seu vasto apartamento da rua Vaneau, cujas suntuosas cortinas pregueadas em tons púrpura e dourado evocavam aquele mundo vitoriano ao qual ele era tão apegado, era impossível deixar de imaginar aquele escritor cristão, convertido ao catolicismo em 1916 e atormentado pela vergonha de seu desejo homossexual, como um personagem proustiano inteiramente imerso numa história de André Gide. Ocorria-me então que aquilo que ele dizia lembrava muito as diversas cartas mediante as quais Gide tentara em vão encontrar Freud, após a Primeira Guerra Mundial, a fim de lhe pedir para redigir um prefácio para a edição alemã de *Corydon* (1924). O escritor ainda não ousava assumir a paternidade daquele libelo em favor da pederastia e cogitava apresentar sua narrativa como "traduzida do alemão".

Gide tomara conhecimento do pensamento freudiano lendo as *Conferências introdutórias à psicanálise*, traduzidas para o francês em 1921, e sonhava tornar-se ele próprio objeto de um estudo clínico que seria redigido por um talentoso terapeuta.

Foi lendo essa obra de Freud em inglês que Julien Green, estudante na universidade de Virgínia, descobriu, aos vinte anos de idade, o quanto os relatos clínicos assemelham-se a romances. Profundamente decepcionado com as teorias psicanalíticas, nem por isso deixou de sentir-se perturbado: tinha medo de perder a fé em contato com uma doutrina tão "sexual", que reaviva nele recordações de infância aterradoras. Entretanto, via os estudos de caso como modelos de introspecção. E é verdade que a obra freudiana renova a arte autobiográfica, colocando em primeiro plano o vivido, a fantasia, a análise de si.

Em sua juventude, Julien Green sentira-se fortemente atraído pelos estudos de Freud e frequentara vários psicanalistas, entre eles Wilhelm

Stekel, ao mesmo tempo recusando-se a conhecer o mestre em Londres, quando, em julho de 1938, seu amigo Stefan Zweig lhe sugerira fazer a viagem na companhia de Salvador Dalí.

Em 1992, Green relata o episódio à sua maneira: "Dalí passou dois dias explicando-se com o grande homem. Tudo o que falou foi considerado apaixonante. Nunca Freud ouvira nada igual, mas, após a partida de Dalí, declarou que teria enlouquecido se o jovem pintor tivesse ficado um dia a mais. Quanto a Dalí, encontrara seu pai... Fez, aliás, desenhos de Freud premonitórios: neles, a morte já estava desenhada. Em suma, após encontrar o pai, segundo a psicanálise, livrava-se dele" (*L'avenir n'est à personne*, 1990-92, 1993).

Na realidade, Freud explicara a Dalí que não se interessava senão pela pintura clássica, a fim de nela detectar a expressão do inconsciente, ao passo que na arte surrealista preferia observar a expressão da consciência.

Julien Green sempre declarou que seus livros haviam nascido de sua infância. Afirmava ter crescido numa casa maravilhosa, onde os seis filhos de seus excelentes pais nadavam na felicidade. Não obstante, na maioria de seus romances ele descreve apenas pesadelos, chegando a comparar o universo familiar a uma jaula e a um mundinho banal e cruel. Em *Adrienne Mesurat* (1927), romance amplamente inspirado em sua leitura de Freud, conta a história de uma moça provinciana acometida de "bovarismo" e aterrorizada pelas "grandes pessoas" que a cercam: um pai débil, uma irmã tirânica e doente, um médico sinistro, ao qual devota uma paixão delirante, uma vizinha perversa. Esmagada pela terrível mediocridade dessa burguesia de província, terminará enlouquecendo após ter precipitado o pai do alto da escada.

Quanto às duas recordações de infância que Julien Green sempre evocava com um misto de terror e diversão, como se desafiando a imagem de um Freud disfarçado de pai censor, elas constituem a alegria de todos os profissionais da terapia, a ponto de eu sempre ter me perguntado se não haviam sido reconstruídas no mais puro estilo do vocabulário psicanalítico. Pouco importa, aliás. Nunca será demais dizer o quanto a concepção freudiana da sexualidade infantil inspira-se em todas as recordações de infância extraídas da literatura ou das histórias transmitidas de geração em geração.

Em sua autobiografia, Green conta como sua mãe, puritana e obcecada com o asseio, maltratava seu corpo sempre que lhe dava banho, ordenando-lhe que se limpasse bem em todas as partes. Um dia, quando se estendera na água morna, ele vê o olhar dela descer até uma parte muito precisa de sua pessoa: "No tom de alguém que fala sozinho, ela murmurou 'Oh, como é feio!', desviando a cabeça com uma espécie de arrepio ... Alguma coisa em mim foi profundamente atingida. Eu devia ter uns onze anos e minha inocência era profunda. Minha mãe me olhou tristemente, como quem olha um culpado que não se pode punir porque se o ama muito" (*Partir avant le jour*, 1963). Green precisou de anos para vislumbrar o segredo dessa fobia do sexo que sua mãe lhe transmitira. O corpo era o inimigo, mas era também a fortaleza da alma e, a esse título, ele devia permanecer virgem de toda atividade sexual.

A segunda recordação de infância é ainda mais aterradora na medida em que Julien a recalcara, tomando conhecimento dela mediante um relato posterior. Uma noite, Mary, sua irmã, puxou o cobertor de sua cama até seus pés. Com um grito estridente, chamou a mãe, que apareceu na penumbra, com uma vela na mão, no momento em que o adolescente desnudo colocava as mãos na "região proibida". Tomada de angústia, ela brandiu uma faca de pão e ameaçou cortar-lhe fora o pênis. Não teria ele sucumbido aos charmes do "perigoso suplemento" (a masturbação)?

Foi também da infância que emergiu um dos mais belos romances de Green: *Si j'étais vous* (1947). Construído como uma tripla homenagem a Arthur Rimbaud ("Eu é um outro"), ao *Fausto* de Goethe e à *Metamorfose* de Kafka, esse texto, de feição clássica, redigido em várias etapas e várias versões (entre 1944 e 1970), é na realidade um conto fantástico, oriundo das primeiras recordações do escritor: "Lembro muito claramente que, quando mal sabia desenhar um traço numa folha de papel, eu me perguntava por que eu era eu mesmo e não outra pessoa."

Às voltas com um ódio visceral contra o mundo inteiro, Fabien Especel assina um pacto com o diabo que lhe permite transformar-se em outras pessoas, ao mesmo tempo que permanece ele mesmo. Entra primeiro na pele de seu patrão, Poujars, que ele detesta. Mas logo se sente incomodado pela sua nova corpulência e pela doença renal de que sofre Poujars. Assume então a identidade de Paul Esménard, rapaz atlético, perseguido por Berthe, mulher apaixonada, que ele estrangula durante uma briga. Impelido pelo diabo, Fabien-Esménard incorpora a personalidade de Emmanuel Fruges, um intelectual que sempre lutou contra as investidas do demônio. Fabien não demora a se horrorizar com sua nova identidade, descobrindo a atração de Fruges por cartões-postais obscenos. Sonha então em ser Georges, uma criança de seis anos, mas repugna-lhe roubar sua vida. Sentindo-se prisioneiro de Fruges, transforma-se num rapaz de vinte anos, Camille, que vive em família junto com as irmãs. Mirando-se no espelho, percebe que, na realidade, está mergulhado no infortúnio.

Imerso nesse furacão identitário, termina por querer ser ele mesmo, volta a passar por todas as etapas mais loucas da busca que fez dele um assassino. Retorna então ao seu domicílio, onde sua mãe depara com ele desmaiado. Velado por ela, por quem queria ser amado, sem jamais conseguir, obedece-lhe quando ela lhe ordena que reze. Pronuncia então duas palavras, "Pai nosso", antes de ser invadido por uma deliciosa felicidade e depois mergulhar no nada.

Em 1957, Melanie Klein dedica a esse romance um comentário deslumbrante (*Inveja e gratidão e outros ensaios*, 1968). Em vez de procurar similitudes entre a "psicologia" do autor e seu personagem, trata o romance como um relato de caso, deitando Fabien em seu divã. Mostra que estamos lidando com uma penetrante compreensão do inconsciente e afirma que a grande sucessão das metamorfoses se explica por um ressurgimento das angústias infantis. Tornando-se Poujars, Fabien ocupa o lugar do pai; depois, através de Esménard, satisfaz suas tendências assassinas. Por fim, transformando-se em Fruges, exprime seu medo de ceder às suas pulsões agressivas. O diabo é um Supereu que reconduz Fabien de volta ao seu lugar. O universo do herói é povoado de mães boas e más. Segundo Klein, seu destino seria uma tentativa de superar suas angústias psicóticas, mas o final "feliz" não se justifica.

Melanie Klein julgava esse romance a melhor ilustração clínica do conceito de identificação projetiva, tal como a definira em 1946 para designar uma modalidade específica de identificação psicótica, a qual consiste em introduzir sua própria pessoa no objeto odiado e desejado a fim de prejudicá-lo.

Apesar da hostilidade em relação às interpretações psicanalíticas de sua obra, Green admirava esse comentário de Melanie Klein. Segundo me contou, ficara surpreso ao constatar que Klein acertara adivinhando o verdadeiro final do romance ("Après les aveux commence le mystère", *Le Figaro*, 17 dez 1991). Com efeito, ele redigira uma primeira versão pessimista de *Si j'étais vous*, na qual Fabien voltava a ser ele mesmo para reativar um novo pacto com o diabo: uma história sem fim, uma descida ao inferno. Na segunda versão, ao contrário, reconciliava o herói com Deus pai, fazendo-o morrer feliz nos braços da mãe.

Assim, Julien Green inspirou-se na obra freudiana para ligar o romance moderno à estrutura narrativa dos casos clínicos, mas, involuntariamente, redigiu um romance de inspiração kleiniana, que permitiu à grande clínica inglesa da infância em apuros dar corpo à sua conceitualidade.

Ver: Angústia. Autoanálise. Cidade do México. *Consciência de Zeno, A*. Espelho. Família. Fantasia. Göttingen. *His Majesty the Baby*. Infância. Leonardo da Vinci. Livros. Londres. Loucura. Mulheres. Narciso. Paris. Psique/Psiquê. Romance familiar. Roth, Philip. Sedução. *W ou a Memória da infância*.

Guerra

A sombra de cada guerra na guerra de hoje

Costumamos esquecer a que ponto a guerra está presente na história do movimento psicanalítico. A Primeira Guerra Mundial põe fim não só a uma certa concepção europeia da psicanálise, como também a seu ardor messiânico, levado a Viena por judeus de língua alemã oriundos de todos os cantos dos Impérios Centrais: "Então, em 28 de junho de 1914", escreve Stefan Zweig, "foi disparado em Saravejo o tiro que, num único segundo, destroçou em mil pedaços, como se fosse um vaso oco de argila, o mundo da segurança e da razão criativa no qual nos formamos, crescemos e que era nossa pátria" (*Autobiografia: O mundo de ontem*, 1942). Com a destruição dessa Europa do pré-guerra, a psicanálise muda de rosto. Viena, cidade imperial, cidade das minorias, cidade de um tempo imóvel semelhante ao do inconsciente, deixa então de ser o centro nevrálgico do movimento em prol de Berlim.

Em seguida, após alguns anos de paz, a guerra se anuncia novamente quando os nazistas decidem erradicar a civilização na Alemanha, depois em todo o Leste Europeu. Os psicanalistas europeus tomam o rumo do exílio e logo a língua alemã desaparece das correspondências internacionais, enquanto o mundo anglófono transforma de ponta a ponta a doutrina freudiana.

Em julho de 1914, Freud não imaginava que a guerra seria de longa duração, nem que faria milhões de mortos, nem que a Europa que ele amava e conhecia desapareceria para todo o sempre. Em novembro, contudo, comunica a Ferenczi que a voz da psicanálise não é mais audível enquanto for encoberta pelo troar dos canhões. Nunca será demais dizer o quanto a psicanálise é incompatível com o nacionalismo, e que o nacionalismo leva sempre à guerra.

Em abril de 1915, redige um ensaio sobre a guerra e a morte no qual faz um vibrante elogio da sociedade europeia oriunda da cultura greco-latina e impregnada das luzes da ciência, para mostrar a que ponto aquela nova guerra leva a humanidade mais esclarecida não só a uma degradação de todo sentimento moral e a uma perigosa desilusão, como também a um despertar de todas as formas possíveis de crueldade, perfídia e traição, justamente as que se julgavam abolidas pelo exercício da democracia e o reinado da civilização. E é assim, diz ele, que "o cidadão do mundo se vê completamente perdido num mundo que se lhe tornou estrangeiro: sua grande pátria desmoronada, o patrimônio comum devastado, os concidadãos divididos e humilhados".

Em outras palavras, Freud constata que aquela guerra, engendrada pelo nacionalismo, traduz a quintessência de um desejo de morte característico da espécie humana. E é num tom dramático que sublinha o fato de que ela perturba de maneira inédita a relação do homem com a morte.

Guerra

Fenômeno "natural", diz ele, a morte é o desfecho necessário a toda vida e todos têm o dever de se preparar para ela. Mas, como nosso inconsciente é inacessível à sua representação, para aceitá-la é preciso também negar sua existência, ignorá-la, até mesmo teatralizá-la numa identificação com um herói idealizado. Ora, a guerra moderna, com seu poder de destruição de massa, abole no ser humano o recurso a tais construções imaginárias suscetíveis de preservá-lo da realidade da morte. E Freud conclui seu ensaio com estas palavras: "Lembremos o antigo provérbio: *Si vis pacem, para bellum*. Se queres conservar a paz, prepara-te para a guerra. Caberia uma mudança nos tempos atuais: *Si vis vitam, para mortem*. Se queres suportar a vida, prepara-te para a morte."

A guerra também está presente na história da psicanálise por meio do estudo dos traumas que ela causa no psiquismo humano. A ideia de que as tragédias sangrentas da história pudessem induzir modificações da alma ou do comportamento nos sujeitos "normais" remonta à noite dos tempos. Mas, com a deflagração de todas as forças bárbaras na Europa, especialmente com o envolvimento das massas e das populações civis nos desafios bélicos, elas ganham um novo aspecto.

Todos os estudos do século XX mostram que os traumas ligados à guerra, à tortura, ao cárcere ou às situações extremas são ao mesmo tempo específicos de uma dada situação e reveladores, para cada indivíduo, de uma história que lhe é própria. Em outras palavras, períodos "turbulentos" favorecem menos a eclosão da loucura ou da neurose do que o esgotamento de seus sintomas, convertidos num trauma. Por exemplo, o suicídio ou a melancolia são menos frequentes quando a guerra autoriza um heroísmo da morte, e as neuroses tanto mais numerosas e manifestas quanto mais a sociedade na qual se exprimem dá mostras de estabilidade.

Entre 1914 e 1920, psiquiatras e neurologistas dos países em guerra são convocados pela alta hierarquia militar a fim de contribuírem na caçada a pretensos "simuladores", considerados maus patriotas ou covardes. No âmago desse debate volta então com força a antiga questão do status da doença psíquica, especialmente da histeria: simulação? Quando os soldados têm pesadelos e apresentam sinais de sofrimento atroz – paralisias, gritos, mutismo, esquecimento de si e dos outros – lembrando-se das cenas de assassinato, estupros ou massacres, e quando se recusam a voltar ao combate, são vistos como traidores ou desertores.

É nesse contexto que, em 1917, Julius Wagner-Jauregg, psiquiatra vienense, reformador dos hospícios, é acusado de prevaricação por ter qualificado de simuladores soldados acometidos de neurose traumática – tremores, distúrbios da memória, paralisias etc. –, aos quais ele impôs tratamentos à base de eletricidade. Convocado como perito, Freud intervém no debate para fazer a apologia da psicanálise, ressaltando em primeiro lugar que os médicos devem estar a serviço do doente e não sob as ordens da hierarquia militar, e nega a utilidade da eletroterapia. Com isso, isenta Wagner-Jauregg de toda responsabilidade. Afirma que ele não é um torturador e que não cometeu nenhuma prevaricação acreditando que tal tratamento podia ser um remédio para a simulação. Aos olhos de Freud a simulação não existe pela simples razão de que "todos os neuróticos são simuladores", e vice-versa, pois eles "simulam sem o saber, e esta é sua doença".

Na França, o célebre neurologista Clovis Vincent, mesmo cuidando de soldados franceses, não hesita em pôr em prática suas teorias aberrantes sobre a simulação a fim de detectar os fraudadores, graças a eletrochoques que, pensa ele, têm o mérito de diferenciar os simuladores daqueles combatentes realmente traumatizados. Em 1916, o soldado Baptiste Deschamps, gravemente afetado desde setembro de 1914 e várias vezes submetido aos eletrochoques, recusa o tratamento. Furioso, Clovis Vincent parte para cima dele, mas recebe prontamente uma saraivada de socos; o médico então espanca seu paciente, imobilizando-o com os joelhos por uma questão de eficiência. Baptiste Deschamps é julgado no Conselho de Guerra. A imprensa apropria-se do assunto e descobre-se com estupor os métodos terapêuticos do bom dr. Vincent. No fim, Deschamps terá a última palavra. Isso denota o surgimento de um novo direito, o do soldado que reivindica a livre disposição "de seu próprio corpo".

Após uma temporada nos Estados Unidos, logo após a Grande Guerra, Vincent torna-se um especialista unanimemente reconhecido na exérese dos tumores hipofisários e outros meningiomas.

Guerra

Amigo de meu pai, Clovis Vincent lecionou neurologia à minha mãe. Era meu padrinho e não tive tempo de conhecê-lo. Ouvia muito falarem dele. Médico major nos exércitos da Primeira Guerra Mundial, meu pai tinha por ele uma verdadeira admiração e me falava com frequência desses "simuladores", que mereciam, segundo ele, ser mandados de volta ao front. Nunca acreditei nessas histórias, mas li dezenas de relatos sobre os horrores da guerra e sempre gostei de filmes de guerra, que provocam em mim uma emoção particular, sem dúvida porque meu pai conservara uma recordação inesquecível da carnificina das trincheiras. Ele não pensava nos ratos, nas pulgas, nos gases, no sangue ou nos corpos despedaçados, preferindo evocar a maravilhosa solidariedade que o unia a seus camaradas. Contava um conto de fadas, sem com isso abandonar a lucidez. Quanto à minha mãe, passou da neurologia à pediatria, depois à psicanálise, sem renegar o ensinamento de Clovis Vincent, mas sem dissimular os aspectos mais sombrios de sua personalidade.

Após a morte de Freud, os adeptos de sua filha Anna e os de Melanie Klein, já instalados em Londres, entram em controvérsia sobre o futuro da psicanálise, enquanto Winnicott e Bowlby encarnam uma posição intermediária. Sob as bombas que devastam a cidade, os psicanalistas travam um duelo, tendo consciência de que essa nova guerra mundial transformará sua prática, sua clínica e sua maneira de abordar os distúrbios psíquicos.

Reformador da psiquiatria, John Rickman contribui, ao longo de toda a guerra, para uma transformação radical do olhar sobre as neuroses e os traumas. Longe de adotar qualquer dogma, e recusando a tese da simulação, começa a testar o princípio do "grupo sem líder", no âmbito do War Office Selection Board. Trata-se primeiramente de distribuir os oficiais em pequenas células, depois selecioná-los a fim de obter um melhor rendimento. Cada grupo define um objeto de trabalho sob a direção de um terapeuta, que dá suporte a todos os homens do grupo sem exercer a função de chefe. É a partir desse modelo que John Rickman instaura a primeira comunidade terapêutica do exército no hospital de Northfield, para onde são encaminhados homens julgados inúteis ou desajustados. Em vez de eliminá-los ou apontá-los como simuladores, medrosos ou incapazes, ele lhes permite integrar-se num lugar compatível a fim de servir aos interesses do Exército.

Essa experiência-piloto será repetida em diversos conflitos posteriores.

Furiosamente anglófilo, hostil ao regime de Vichy, Jacques Lacan tinha horror às elites militares francesas. Admirava a psiquiatria inglesa e, em setembro de 1945, fez uma viagem de cinco semanas à Inglaterra. Visitou a Residência de Hartfield, onde estavam alojados os combatentes. Ao retornar à França, elogiou a Inglaterra e a intrepidez de seu povo, a qual, segundo ele, repousava numa relação verídica com o real.

Por ocasião dos julgamentos de Nuremberg, intentado pelas potências aliadas contra os altos dignitários nazistas, culpados de crimes de guerra e crimes contra a humanidade, inúmeros peritos em psiquiatria, psicologia e psicanálise foram novamente mobilizados para efetuarem testes e expertises junto àqueles criminosos de um tipo novo. Com mais ou menos veemência, e malgrado suas divergências, a maioria deles explicou que só a democracia podia contribuir para derrotar a crueldade humana e que o totalitarismo, ao contrário, possibilitava a exploração do "sadismo" humano com fins assassinos. Em se tratando da especificidade do nazismo, alguns sublinharam que esse sistema produzira uma nova espécie de "robôs esquizoides assassinos", destituídos de todo afeto e de uma inteligência normal, outros enfatizaram que os dirigentes nazistas eram acometidos de patologias graves e depravações, outros, ainda, que tais dirigentes haviam tramado um vasto complô contra as democracias.

Num artigo datado de 1960, o psicanalista vienense Ernst Federn, filho de Paul Federn, antigo deportado, sustentava, ao contrário, que a análise da autobiografia de Rudolf Höss, comandante do campo de Auschwitz, mostrava claramente que este era vítima não de um estado esquizoide, mas de um "comportamento compulsivo associado a uma incapacidade de formar relações interpessoais significativas, ou então de um temperamento esquizoide com foco esquizofrênico, ou ainda distúrbios da personalidade, como manifestam pessoas que vão consultar conselheiros familiares ou psiquiatras em meio hospitalar".

Guerra 145

Apesar da importância dos depoimentos colhidos, que hoje são uma fonte historiográfica incontornável, todas essas abordagens, que negligenciam as demais causalidades, sofrem o terrível defeito de tentar provar que, por haverem realizado tais atos, os nazistas genocidas, a despeito de sua normalidade aparente, eram obrigatoriamente psicopatas, doentes mentais, pornógrafos, desviantes sexuais, toxicômanos ou neuróticos. Ao mesmo tempo, após Nuremberg, as representações dessa medicina mental, de tanto descrever Stálin como paranoico e Hitler como histérico com tendências perversas e fóbicas, tiveram a extravagante ideia de, por ocasião de um congresso de higiene mental realizado em Londres em 1948, propor que todos os grandes homens de Estado passassem por um tratamento psíquico a fim de reduzir seus instintos agressivos e preservar a paz no mundo.

Foram inúmeros os psicanalistas da segunda metade do século a tratar de sobreviventes do genocídio. As interrogações incidiram muito mais sobre o comportamento das vítimas do que sobre o psiquismo dos carrascos.

Penso especialmente nas abordagens de Anna Freud. Ao cuidar, entre 1945 e 1947, de seis jovens órfãos judeus alemães, nascidos entre 1941 e 1942 e cujos pais haviam sido enviados para a câmara de gás, ela viu-se às voltas com a questão do extermínio. Internados no campo de Theresienstadt (Terezín), na ala das crianças sem mãe, eles tinham sobrevivido, inseparáveis e privados de brinquedos e comida. Quando foram acolhidos em Bulldogs Bank, depois confiados à filha de Freud – que, nessa ocasião, reatou com a língua alemã –, falavam entre si uma linguagem chula, rejeitavam os presentes, destruíam os móveis, mordiam, batiam, berravam, masturbavam-se, insultavam os adultos. Em suma, não tinham conseguido sobreviver senão formando uma entidade única que lhes servia de fortaleza.

Após um ano de cuidados, alcançaram uma vida normal. Filhos do genocídio e do abandono absoluto, foram os primeiros a experimentar uma nova abordagem psicanalítica, a qual mostraria às gerações futuras que nada é predeterminado e que, mesmo nas situações extremas, uma vida nova é sempre possível. Nesse domínio, Anna Freud revelou seus verdadeiros dotes de clínica (*A criança na psicanálise*, 1976).

Sem dúvida alguma, a questão do extermínio dos judeus e a dos traumas dos sobreviventes desempenharam um papel considerável na abordagem das vítimas de todas as guerras modernas, que doravante incluem as populações civis. Daí o desenvolvimento de toda uma literatura centrada nos fenômenos pós-traumáticos, que se estende, aliás, a todo tipo de situações: terrorismo, tomadas de reféns, acidentes de avião, catástrofes naturais, estupros, torturas etc.

Como não pensar de novo nas palavras de Stefan Zweig, associando num mesmo desastre as duas guerras mais assassinas de todos os tempos: "Vi de repente diante de mim minha própria sombra, assim como via a sombra da outra guerra atrás da atual. ... Só quem conheceu claridade e trevas, a guerra e a paz, ascensão e decadência viveu de fato" (*Autobiografia: O mundo de ontem*, 1942).

Ver: Bardamu, Ferdinand. Berlim. Beirute. Frankfurt. Hitler, Adolf. Hipnose. Infância. Londres. Loucura. Mulheres. Nova York. Psicoterapia. Psiquiatria. Psiquiatria dinâmica. Rebeldes. Resistência. Salpêtrière. Sedução. *W ou a Memória da infância*.

H

Hamlet branco, Hamlet negro
Shakespeare, Marx e o apartheid

O personagem de Hamlet ocupa um lugar tão central quanto o de Édipo na história do freudismo. O herói de Shakespeare gerou centenas de interpretações inspiradas pela psicanálise.

Freud transforma Hamlet, príncipe melancólico, não só num histérico vienense como, mais ainda, num neurótico moderno paralisado na realização de sua tarefa no momento em que o espectro de seu pai lhe ordena que o vingue matando Cláudio (seu assassino), o qual se casou com sua viúva (Gertrude). Segundo Freud, Hamlet não consegue passar ao ato porque o espectro despertou nele um desejo recalcado de matar o pai e possuir a mãe. Freud "edipianiza" Hamlet e "hamletiza" Édipo.

De um lado uma tragédia da consciência (Hamlet), do outro uma tragédia do inconsciente (Édipo). Eu bem poderia dizer que Freud é um Hamlet que teria conseguido reinar sobre o reino do psiquismo insuflando-lhe dois novos mitos: o assassinato do pai e a consciência culpada do filho.

Bem diferente é a interpretação de Lacan, a qual deriva de sua escolha de privilegiar Antígona em detrimento de Édipo e *Édipo em Colono* em detrimento de *Édipo rei*. Ele faz de Hamlet uma espécie de irmão de Antígona; não um filho culpado à maneira de Freud, mas o herói de uma tragédia do impossível, prisioneiro de um pai morto, o espectro, e de uma mãe que lhe transmitiu horror à feminilidade.

Nesse aspecto, a encenação de Patrice Chéreau da tragédia de Hamlet, com duração de cinco horas (e com Gérard Desarthe no papel-título), por ocasião do festival de Avignon de 1988, é ao mesmo tempo shakespeariana, freudiana e lacaniana: seu herói é um melancólico, histérico e louco, face a um espectro que parece um morto-vivo, saído direto de um filme de terror. É como se Chéreau herdasse todos os Hamlet anteriores ao seu, como se o príncipe da Dinamarca pudesse metamorfosear-se o tempo todo conforme cada época: "Encenar Hamlet", escreve Laurent Berger, "é dirigir a loucura de Hamlet e a de Ofélia, o desregramento da razão e dos sentidos no trabalho do ator, recorrendo a toda a paleta interpretativa dos artistas de teatro" (*Shakespeare en devenir*, 28 jan 2010).

Jacques Derrida analisa a peça a partir de uma reflexão freudiana sobre o comunismo, sobre Marx e sobre Louis Althusser (*Espectros de Marx*, 1993). Ao contrário de Lacan, ele frisa que é possível uma reconciliação entre uma ideia tornada espectral (o marxismo) e um "aprender a viver" vindouro: o do restabelecimento de um laço entre um tempo necessariamente disjunto e outro tempo de longa duração, entre o passado que aparece sob uma forma fantasmática [*fantomatique*] e o presente – o da globalização do capitalismo –, com a condição de que seja realizado um luto do que impede sua junção, isto é, os crimes cometidos em nome do comunismo. Derrida recorre a Freud para recusar toda ideia de simetria entre o comunismo e o nazismo.

Nenhum partido comunista é possível em Derrida, nenhum partido que encarnaria uma ordem patriarcal, nenhuma "religião comunista" que substituiria um Deus vingador, nenhuma religião anticomunista que seria fundada no assassinato da ideia comunista – e sim, antes, uma desconstrução permanente da ideia de um partido identificado com uma religião: aprender enfim a viver, eis a lei moral da condição humana. Derrida conclama então a uma nova rebelião do mundo globalizado, não dos filhos contra o pai, mas dos direitos contra as soberanias. Tal é o destino do Hamlet de Derrida: aprender a viver ou a sobreviver em meio aos espectros. Transmitir a sobrevivência. Transmitir os traumas. Transmitir uma soberania instável. Como não ver que se trata de reatar com a ideia de felicidade?

Hamlet branco, Hamlet negro

Essa reflexão sobre Hamlet é oriunda de uma conferência em que Derrida presta homenagem a Chris Hani, militante comunista da África do Sul assassinado em abril de 1993 por um adepto do apartheid.

Esse episódio sempre me lembra outro Hamlet, o de Wulf Sachs (1893-1949), judeu lituano, único indivíduo a ter praticado a psicanálise na África do Sul, após sua emigração da Rússia, no dia seguinte à revolução de Outubro. Em 1937, empenhado em solapar os princípios da psiquiatria colonial, que inferioriza o homem negro afirmando que sua psique não pode alcançar a perfeição da psique do europeu branco, Sachs se apropria do personagem de Shakespeare para publicar um livro que causará escândalo: *Black Hamlet*. Nele, narra a história de John Chavafambira, herdeiro de uma linhagem de bruxos curandeiros. Com a morte de seu pai, sua mãe casa-se com Charles, irmão do defunto, segundo o costume do levirato. John alimenta então uma rivalidade com esse tio. Por causa dele, deixa de dormir na cama da mãe, que o encaminha para a cabana de seus outros irmãos. Ele então abandona a aldeia (*kraal*) com a firme intenção de um dia voltar e se vingar, demonstrando ao tio a superioridade de seus poderes de cura sobre os deste. Sachs compara a história de Chavafambira à de Hamlet, apontando que este sofre de uma neurose caracterizada pela indecisão e a incapacidade de amar outra mulher que não sua mãe. E, quando finalmente se apaixona, ele percebe que sua bem-amada compartilha o mesmo totem (*mutopo*) que ele, sendo por conseguinte proibida para ele: ao ir para a cama com ela, cometeu o crime de incesto.

Black Hamlet apresenta-se sob a forma de uma conversa afável entre um psicanalista e um feiticeiro que aceita submeter-se a um tratamento e contar-lhe seus sonhos e recordações. Sachs mostra que todos os infortúnios aos quais John se expõe provêm decerto de seu inconsciente, mas sobretudo de uma situação colonial na qual convivem dois universos irreconciliáveis: o dos brancos, com sua justiça, suas leis e sua racionalidade, seus costumes, e o dos negros, que reivindicam um mundo mágico dominado por fantasmas, totens, ritos ancestrais, espectros, espíritos, profecias. Aonde quer que vá, John carrega consigo seu mundo, mesmo quando adota a cultura e os modos de vida dos brancos, numa época, aliás, em que se preparam as leis segregacionistas que levarão à instauração do apartheid, em 1949. Pensamos aqui na experiência realizada por Georges Devereux, em Topeka.

Após essa aventura, durante a qual defende em vão a possibilidade de negros e brancos conviverem no seio de duas culturas diferentes, Sachs engaja-se à esquerda, torna-se jornalista e milita numa organização sionista.

Em 1946, procede a uma revisão de seu livro, suprime algumas palavras que julga de inspiração excessivamente colonial. Mas, e isso é o principal, desiste de interpretar a recusa de agir de seu grande amigo John como uma patologia "hamletiana" e dá um novo título ao seu *Black Hamlet*, que se torna *Black Anger* (fúria negra). Após a morte de Sachs, seus alunos e colegas tomam o caminho do exílio, como antes deles os freudianos expulsos da Europa pelo nazismo. *Black Hamlet* se tornará um clássico no mundo anglófono, comentado pela maioria dos especialistas em estudos pós-coloniais ou de gênero.

Muito mais do que Édipo, Hamlet terá então encarnado uma figura de rebelião, o que confirma a ideia segundo a qual nenhuma reflexão sobre a psicanálise deve limitar-se ao edipianismo. Com efeito, ela repousa numa teoria paradoxal da liberdade, que Freud sem dúvida não percebera: embora seja determinado por seu inconsciente, o sujeito sempre é livre para escolher seu destino.

Ver: Antígona. Descartes, René. Desconstrução. Desejo. Édipo. Eros. Família. Fantasia. Felicidade. Incesto. Infância. Loucura. Rebeldes. Resistência. Sexo, gênero & transgêneros. Terra Prometida. Topeka. Último índio, O.

Hipnose
Lilia pedibus destrue

A hipnose é um estado alterado da consciência provocado pela ascendência psíquica de uma pessoa detentora de uma autoridade sobre outra que lhe obedece: um mestre e um discípulo, um rei e seus súditos, um guru e seus adeptos, um médico e um doente – em geral uma mulher –, um deus e a

Hipnose 151

comunidade dos crentes, um feiticeiro e um enfeitiçado etc. Esse estado se caracteriza por um desdobramento da personalidade que faz aparecer no sujeito hipnotizado ou "magnetizado" a face oculta de sua consciência, isto é, seu inconsciente ou subconsciente. Nesse caso, o sujeito dorme, mesmo parecendo acordado. Ao mesmo tempo, torna-se um sonâmbulo que fala sem jamais ser tolhido por um pensamento crítico ou racional. Quando acorda, ele não se lembra de nada do que disse ou então está radicalmente diferente do que é em estado de sono.

O hipnotismo, ou hipnoterapia, é o conjunto das técnicas que permitem provocar num sujeito esse estado de hipnose com um objetivo terapêutico: a cura pelo espírito.

A par da invenção desse termo, que devemos ao médico escocês James Braid (em 1843), existe uma imensa literatura que toma por objeto a questão da hipnose, inseparável da questão do magnetismo e da sugestão. Em outras palavras, a história dessa prática de adormecimento e perda da consciência ultrapassa amplamente a da psicoterapia, da psicanálise ou da medicina. Ela confina com as ciências ocultas, os "iluminados", o toque das escrófulas pelos reis, as curas milagrosas, as técnicas do exorcismo e do xamanismo, em suma, um vasto campo da cultura, da crença e do poder carismático que, em todos os tempos, alimentou os mitos fundadores das sociedades humanas. A hipnose está relacionada com a ideia da onipotência do olhar. Sua prática, com efeito, supõe que o poder do hipnotizador emane do brilho de seus olhos. Mas também mostra que o homem é sempre dominado por pulsões incontroláveis surgidas das profundezas de sua psique.

É em 1773 que o médico austríaco Franz Anton Mesmer, amigo de Mozart, populariza a doutrina do magnetismo animal, inspirando-se em sociedades secretas e na franco-maçonaria. Fisiologista e homem do Iluminismo, opõe-se aos exorcistas, que pretendem extirpar o "mal demoníaco" do corpo das mulheres, cujas contorções, a seu ver, traduzem uma sexualidade desenfreada inspirada pelo diabo. Assim, afirma que as doenças nervosas resultam não de uma possessão "satânica", mas de um desequilíbrio na distribuição de um fluido universal que se espalha no organismo humano e animal. Segundo Mesmer, esse fluido aparenta-se a um ímã. Para curar seus doentes, inventa uma bacia destinada a curas coletivas: numa tina cheia d'água são reunidos cacos de vidro, uma limalha de ferro, garrafas e hastes cujas pontas emergem para tocar os doentes, ligados entre si por uma corda que permite a circulação do fluido.

Expulso de Viena na esteira de um melancólico fracasso terapêutico, Mesmer instala-se em Paris em 1778. Até a revolução de 1789, o magnetismo causa furor no seio de uma nobreza de corte assombrada pelo declínio do poder monárquico. Como uma espécie de mago, Mesmer forma discípulos, depois funda a Sociedade da Harmonia Universal, destinada a difundir o magnetismo animal e a regenerar as relações entre os homens e a natureza. Em 1784, o mesmerismo é condenado pela Sociedade Real de Medicina, que recusa a teoria do fluido, enfatizando, ao mesmo tempo, que os efeitos terapêuticos obtidos por Mesmer devem-se à força da imaginação humana.

Nessa data, o marquês Armand de Puységur demonstra, em sua aldeia de Buzancy, a natureza psicológica e não fluídica da relação terapêutica, substituindo a cura magnética por um estado de sono acordado. Em 1813, o abade José Custódio de Faria retoma a mesma ideia e demonstra que é possível adormecer sujeitos concentrando a atenção deles num objeto ou num olhar. O sono depende, então, não do hipnotizador, mas do hipnotizado: inversão dialética entre senhor e escravo.

A hipnose será em seguida utilizada por todos os especialistas nas doenças da alma e na histeria do fim do século XIX: por Jean-Martin Charcot no hospital da Salpêtrière, por Hippolyte Bernheim em Nancy e, por fim, por Freud em Viena. Com esse método, uns e outros procuram compreender os fenômenos inconscientes. Às vésperas da Revolução, Puységur abrira o caminho para a ideia de que um senhor (nobre, cientista, médico etc.) podia ser limitado no exercício de seu poder por um súdito (lacaio, camponês) capaz de falar e, logo, de lhe resistir. Em sua esteira, Bernheim aponta que a hipnose não passa de uma questão de sugestão verbal. Quanto a Freud, abandona-a e concebe o tratamento pela fala, substituindo o fenômeno da sugestão pelo da transferência. Mantém a ideia de que o paciente atribui ao senhor um poder sobre ele, ao mesmo tempo que sustenta que esse tipo de influência transferencial deve se dissolver no próprio tratamento.

A história da hipnose não se resume nem a uma querela de cientistas, nem a um encadeamento genealógico segundo o qual senhores seriam contestados por súditos rebeldes. Na realidade, a figura do hipnotizador pertence tanto à história das ciências do psiquismo quanto à da literatura, a ponto de ser impossível citar Mesmer ou o abade Faria sem pensar em seus duplos literários suntuosamente reinventados por Alexandre Dumas, o qual, como aponta minha amiga Catherine Clément, não cessa de colocar no cerne de sua obra romanesca hipnotizadores e outros misteriosos curandeiros. Ele mesmo, aliás, praticava hipnose. Graças a passes e exclusivamente pelo olhar, ele adormecia ou despertava suas visitas. E mostrava-se capaz de eliminar dores físicas.

Em *O conde de Monte Cristo*, Dumas descreve o abade Faria como um cientista poliglota, mágico, filósofo, matemático, detentor de um saber absoluto, mestre consumado na arte de uma espantosa terapia pela fala que se desdobra durante vinte anos através de uma parede e com a ajuda de múltiplos códigos. Encarcerado no castelo de If, ele inicia Edmond Dantès, o marujo atraiçoado, em todos os seus segredos, transformando-o num homem irreconhecível, ator incomparável, justiceiro terrível mas vacilante, tomado pelo desespero amoroso, com o poder de destruir ou perdoar seus inimigos, ou de fazer a felicidade dos amigos.

Melhor, nos quatro volumes das *Memórias de um médico*, que não passa de uma história da Revolução Francesa inspirada pela pluma de Michelet (do fim do reinado de Luís XV à execução de Luís XVI), Dumas faz do personagem Joseph Balsamo (*alias* Cagliostro) um duplo de Mesmer, espécie de Monte Cristo vingador com um prodigioso poder hipnótico que ele só consegue exercer graças a mulheres sonâmbulas dotadas de uma personalidade dividida. Assim, pode predizer o futuro e viajar no tempo. Grão-mestre de uma sociedade secreta cujos iniciados se reconhecem pela sigla LPD (*Lilia pedibus destrue*, "destruí os lírios pisoteando-os"), dedica sua vida ao combate revolucionário, visando derrubar a monarquia e instaurar uma nova ordem social fundada na *Declaração dos direitos do homem e do cidadão*.

Humanista e admirador de Danton, de Condorcet e do abade Grégoire, o Balsamo de Dumas não tem muita coisa em comum com o verdadeiro Giuseppe Balsamo, charlatão e aventureiro siciliano conhecido por suas inúmeras trapaças. O personagem de Dumas é um herói solitário e desesperado, que rompeu com o ocultismo e não tem mais como escapar a seu próprio destino, sobre o qual seu poder não tem nenhuma influência. Loucamente apaixonado pela bela Lorenza Feliciani – com quem se casou e que enquanto permanece virgem é sua médium preferida –, ele sofre com sua personalidade. Ela o ama e deseja quando está em estado de hipnose, o odeia e o chama de lacaio de Satanás quando está desperta. Em outras palavras, ela ainda pertence ao mundo tenebroso dos adeptos da possessão satânica que recusam a abordagem racional do psiquismo. Balsamo não terá outra escolha senão amá-la carnalmente em seu "sono hipnótico", sem gozar da felicidade de ser amado por ela em plena consciência. Feliciani morrerá assassinada pelo ex-mestre de Balsamo (Althotas), alquimista louco, adepto do ocultismo, em busca de um elixir da imortalidade.

Sem dúvida alguma, e digam o que disserem, Freud é claramente o herdeiro de uma linhagem de cientistas do Iluminismo que, de Mesmer a Bernheim, passando pelo Joseph Balsamo de Dumas, fizeram da prática da hipnose o instrumento de um pensamento progressista a serviço da emancipação dos homens. E também têm em comum terem sido considerados charlatães pela ciência oficial sempre ciosa de positivismo.

Em contrapartida, existe uma história sombria e subterrânea da prática da hipnose, da qual o Doutor Mabuse, personagem criado pelo escritor Norbert Jacques e popularizado pelo cineasta Fritz Lang (a partir de 1922), é a encarnação mais moderna. Sob múltiplos disfarces, Mabuse coloca seus dons de hipnotizador a serviço de todas as formas possíveis de destruição e pulsão de morte. Mabuse é um anti-Freud que, ao longo dos anos, se tornará para Lang o símbolo do nazismo. Ele domina a Bolsa e a imprensa, dirige espiões e, na alta sociedade burguesa, se faz passar por um psicanalista reputado. O personagem de Mabuse será o arquétipo de todos os cientistas loucos presentes nos filmes de espionagem em que um herói a serviço do bem (James Bond) opõe-se a organizações criminosas e conspiratórias que encarnam as forças do mal.

Em outros termos, a prática da hipnose, da qual a psicanálise é herdeira, nunca deixará de interrogar a parte mais obscura e a mais luminosa da consciência humana.

Perguntando-se se a psicanálise poderia um dia vir a comandar nossa vida instintiva, Freud via-se compelido, como aponta Stefan Zweig, a uma luta trágica (*A cura pelo espírito*, 1932). De um lado, sua doutrina negava a dominação da razão sobre o inconsciente e, de outro, afirmava que só a inteligência podia dominar nossa vida instintiva. Tal é, a meu ver, a herança mais interessante da história da hipnose.

Ver: Amor. Desejo. Divã. Édipo. Guerra. Hitler, Adolf. Holmes, Sherlock. Psique/ Psiquê. Rebeldes. Salpêtrière. Sonho.

His Majesty the Baby
A criança rainha

Esse célebre sintagma é utilizado por Freud em 1914 num artigo que marcará época: "Introdução ao narcisismo". O excesso de admiração que os pais devotam aos filhos, ele diz, não passa da manifestação de um narcisismo profundamente enraizado em cada sujeito.

Retomada por todos os psicanalistas – de Jacques Lacan a Françoise Dolto, passando por Donald W. Winnicott –, a expressão serve para criticar a atitude dos pais que projetam nos filhos fantasias de onipotência a ponto de fazer deles fetiches destinados a realizar seus próprios sonhos de grandeza.

Interpretada de modo tendencioso, especialmente na França após os acontecimentos de Maio de 68, a expressão foi utilizada por todo tipo de pedagogos e psicólogos do declinismo, que quiseram ver nela a prova da influência nefasta das teorias freudianas na sociedade democrática, sendo os psicanalistas, em especial Dolto, acusados de fabricar "crianças rainhas", espécie de tiranos domésticos incapazes de respeitar qualquer autoridade.

Ver: Apócrifos & boatos. Fantasia. Infância. Londres. Espelho. Narciso. Psique/Psiquê. Sedução.

Hitler, Adolf

Édipo nazista

Dezenas de psicobiografias foram dedicadas a Hitler e às suas diferentes patologias, a ponto de este ter se tornado um dos "casos clínicos" mais comentados da segunda metade do século XX.

É fácil efetuar a síntese desse corpus semi-imaginário. Após uma infância infeliz, maltratado pelo pai e adorando a mãe, que morreu em 1907 quando ele tinha 18 anos, Hitler sentiu-se humilhado. Era habitado por um ódio voltado contra o mundo inteiro e, mais especificamente, contra as elites: os judeus e os intelectuais. Fascinado pelas ciências ocultas, vira espírita, como seu primo. Em 1918, é intoxicado por gás mostarda, depois hospitalizado em Pasewalk como vítima de trauma de guerra. Ali, é diagnosticado como histérico, depois tratado com hipnose. Graças a um excelente psiquiatra, cura-se milagrosamente de sua cegueira provisória.

Mais tarde, alguns comentadores explicarão que ele sofria de dupla personalidade, que tinha transes e crises de fúria, que era demente, diabólico, possuído, o que lhe permitia hipnotizar massas tão histéricas quanto ele. Um psiquiatra afirmou que ele era ciclotímico, masoquista, perverso, fetichista, impotente, acometido de histrionismo, maníaco por limpeza. Vários outros apontaram que vomitava constantemente e tinha fobias, que se embrulhava em cobertores ou permanecia horas invadido por calafrios de febre. Era assaltado por sombrios pesadelos centrados em torno do veneno judeu; atravessava estados de pânico mórbidos, era errático, associal, psicopata, seus lábios estavam sempre lívidos, seu rosto, amarelo; dedicava a seu bigode um culto fálico, convencido de que ele o diferenciava de todos os outros líderes políticos. Pretendia-se criminoso e cínico, disposto a assassinar povos inteiros. Por fim, mesmo sem ingerir álcool ou café, era toxicômano, consumia drogas de todos os tipos e receava comer carne. Tinha paixão por pastores-alemães (fêmeas de preferência) e por sua sobrinha Geli Raubal, que se suicidou com um tiro de pistola em 1931.

Inúmeros boatos circularam sobre a sexualidade de Hitler. Afirmou-se que um bode lhe comera metade do pênis em sua infância, que tinha

Hitler, Adolf

um único testículo, que era incapaz de qualquer relação sexual com uma mulher, que tivera de controlar sua homossexualidade para alcançar o poder, que não gostava de sexo mas de erotismo e êxtase; e, naturalmente, que se masturbara amplamente ao longo de toda a sua vida. Alguns comentadores têm absoluta convicção de que Eduard Bloch, médico judeu da família Hitler, teria consultado Freud em 1907 com a finalidade de obter um encontro dos dois em Viena. E afirmam que Freud teria, assim, tratado a depressão do jovem Adolf, sobrevinda na esteira da morte de sua mãe.

Em 1976, o historiador americano Rudolph Binion, impregnado de conceitualidade psicanalítica, publicou um livro aberrante, *Hitler among the Germans* (traduzido para o francês em 1994), no qual sustenta que a utilização do Zyklon B pelos nazistas tem como origem o fato de Hitler ter sido vítima de gás nas trincheiras da Primeira Guerra Mundial. Além disso, explica sua política do espaço vital como a expressão de uma oralidade agressiva ligada à perda de sua mãe, e vê a origem de seu antissemitismo no fato de Eduard Bloch não ter sido capaz de curá-la de seu câncer.

Em 1985, num livro de grande repercussão (*C'est pour ton bien*), Alice Miller, psicanalista suíça, pretendeu explicar a gênese do nazismo pela infância de Hitler. Sua política de extermínio dos judeus não teria sido senão o reflexo de sua condição de criança espancada pelo pai. Lendo esses comentários, percebemos que Hitler acumulava em si todas as patologias mais graves recenseadas pelos tratados de psiquiatria, e sem dúvida isso é verdade. Mas Bertolt Brecht fez melhor do que os seus psicobiógrafos na descrição de *A resistível ascensão de Arturo Ui* (1941).

Tais patologias, presentes em vários genocidas e dignitários nazistas, não explicam a gênese do nacional-socialismo, sistema totalitário fundado na luta das raças e que inverte os valores do bem e do mal a ponto de transformar em norma a criminalidade de Estado e em patologia o conjunto das leis que a reprimem.

A maioria das interpretações "psicanalíticas" relativas à gênese do nazismo foi refutada, pertinentemente, pelos historiadores, como sendo o protótipo dos impasses da psicobiografia. Ian Kershaw, o melhor biógrafo de Hitler, explicou em 1998 que tais alegações não repousavam em nenhuma fonte séria. Uma coisa é certa: Klara Hitler, mãe maltratada, sofredora e vítima de todas as torpezas de uma vida atroz e vazia, parece ter sido a única pessoa que Hitler realmente amou. Assim, a vida inteira ele teve a nostalgia da mãe perdida. Carregou o retrato de Klara consigo para o seu bunker e ele reinava em sua residência alpina de Obersalzberg: "Eu tinha reverenciado o pai", diz ele em *Mein Kampf*, "e não obstante amei a mãe" (*Ich hatte den Vater verehrt, die Mutter jedoch geliebt*). O "não obstante" (*jedoch*) é essencial nessa frase lapidar; não obstante a mãe...

Há outra maneira de refletir sobre o lugar ocupado pelo nome de Hitler na história da psicanálise. Vários historiadores estabeleceram um paralelo entre duas vidas vienenses da Belle Époque: a infame do jovem Hitler, com vinte anos em 1909, e a fulgurante de Freud, então em plena ascensão rumo à glória. O primeiro iria tornar-se o maior assassino de todos os tempos e o segundo, o pensador mais renomado e controvertido do século XX: dois inimigos espirituais. Foi nessa perspectiva que o cineasta Axel Corti dedicou dois filmes – em 1973 e 1976 – à juventude vienense de Hitler e à de Freud.

Foi também o que resumiu de maneira lapidar Thomas Mann em 1938: "Como esse homem [Hitler] deve odiar a psicanálise! Suspeito comigo mesmo que a fúria com que ele marchou contra certa capital era voltada para o velho analista que morava lá, seu inimigo verdadeiro e essencial, que desmascarou a neurose, o grande desilusionista, que sabe a que se ater e sabe tudo sobre o gênio." Mann não estava errado, uma vez que Freud empregava sempre o termo *Hitlerei* ("hitleria") para designar o nazismo: os "assuntos hitlerianos".

Grande admirador de Thomas Mann, Luchino Visconti soube mostrar, em *Os deuses malditos* (1969), a autodestruição edipiana da grande burguesia alemã através da história da família Essenbeck. Quatro episódios servem de pano de fundo para esse aniquilamento: a tomada do poder por Hitler, o incêndio do Reichstag, a Noite das Facas Longas e o auto de fé das obras primordiais da cultura ocidental, entre elas a de Freud. A força da narrativa deve-se ao fato de que os personagens principais ocupam alternadamente o lugar da vítima e o do carrasco, sendo cada um ao mesmo tempo de uma suntuosa elegância e de uma grande beleza física. Apenas Aschenbach, encarnação da raça dos grão-senhores, nunca é carrasco nem vítima, seu único dever sendo promover a extinção do laço genealógico que une os membros da família Essenbeck: versão hitleriana da tragédia de Sófocles.

Pervertido pela mãe, por sua vez subjugada por Aschenbach, o qual fez do amante desta um criminoso a serviço do nazismo, o jovem Martin – último rebento dessa nova família dos Labdácidas, alternadamente humilhada, pedófila e assassina – possui o corpo da mãe segundo um rito macabro. Enlouquecida, esta não passa de uma sonâmbula corroída pela desrazão e forçada pelo filho a se envenenar com cianureto após ter sido confrontada com uma cena de núpcias bárbaras, semelhante à de Hitler e Eva Braun em seu bunker, durante a qual um jurista exige que os recém-casados sejam declarados expurgados de todo vestígio de "judeidade". No final do filme, Martin, transfigurado, faz a saudação nazista: não obstante a mãe.

Ver: Antígona. Apócrifos & boatos. Bardamu, Ferdinand. Berlim. Édipo. Família. Frankfurt. Göttingen. Guerra. Hollywood. Hipnose. Incesto. Infâmias, exageros & calúnias. Infância. Livros. Loucura. Princesa selvagem. Rebeldes. Resistência. Romance familiar. Salpêtrière. Terra Prometida. Viena. *W ou a Memória da infância*.

Hollywood
Sunset Boulevard

Um dia, uma psicanalista francesa me criticou por ter escrito uma "história hollywoodiana da psicanálise", convencida aliás de que essa sacrossanta disciplina teria a particularidade de furtar-se a toda forma de relato histórico. Nada poderia me dar mais prazer do que me ver assim remetida ao coração de uma das mais belas aventuras do século XX. Ainda mais que o nascimento da psicanálise é contemporâneo do surgimento do cinematógrafo. Perturbadora coincidência, com efeito: é em 1895 que acontece a primeira projeção de um filme realizado por Louis Lumière, e é nessa data que Freud e Josef Breuer publicam seus famosos *Estudos sobre a histeria*, em que são relatados os tormentos neuróticos das adolescentes e mulheres da burguesia vienense. De ambos os lados, uma nova forma de representação da realidade irrompe no imaginário da sociedade ocidental. A arte cinematográfica e a psicanálise são duas grandes usinas de fabricar sonhos, mitos e heróis. Assim como o meu amigo Serge Daney, sempre julguei existir uma proximidade entre a arte psicanalítica, fundada no deciframento dos signos e na reatualização dos mitos, e o cinematógrafo, que não cessava de reconstruir, imagem por imagem, a linguagem mesma do sonho, do desejo e do inconsciente.

Em 1974, por ocasião de minha primeira visita aos grandes estúdios – Warner, MGM, Paramount, cujos logos eu estava cansada de conhecer –, tive a estranha impressão de me encontrar num quadro de Hubert Robert. Cenários em ruínas, templos antigos descosturados, fragmentos esparsos do Colorado, colunas antigas misturadas com uma selva de Tarzan, poeira das Rochosas, colts com coronhas quebradas, falsos índios desplumados, paisagens abandonadas, em suma, entrei num mundo aniquilado onde só o tempo da memória subsistia, um tempo parado, congelado, terrível.

Observei com intensa curiosidade aqueles lugares desconstruídos, vestígios da sublime usina de sonhos com que me alimentei na infância e adolescência, e cuja lembrança continuei a cultivar ao me tornar cinéfila. Os grandes estúdios já estavam desmantelados e vendidos aos canais de televisão.

Entre 1963 e 1970, foram a leitura dos *Cahiers du Cinéma* e a ida diária à Cinemateca que me formaram na literatura, na arte, na escrita e na interpretação dos textos e discursos. Como muitos outros jovens de minha geração, eu me recusara a idolatrar as obras reputadas difíceis ou ditas "de vanguarda" para fazer a apologia da arte mais popular de todos os tempos: o cinematógrafo. E, no âmbito dessa arte, escolhera sua expressão aparentemente mais simplista e comercial: o cinema americano e sua "idade de ouro hollywoodiana", desde a era dos pioneiros do cinema mudo até o grande desenvolvimento do cinemascope dos anos 1950. E, da mesma forma que meu pai me ensinara a percorrer todos os museus da Velha Europa e a diferenciar Leonardo e Michelangelo de determinado pintor menor valorizado pela existência de um movimento

Hollywood

estético, eu estabelecia uma hierarquia entre os grandes realizadores hollywoodianos e os realizadores menores. Mas amava-os a todos. Os deuses do Olimpo chamavam-se Fritz Lang, Alfred Hitchcock, John Ford, Charlie Chaplin e muitos outros ainda.

Em 1974, a era da televisão fez soar o dobre dessa arte de massa. Eis por que considerei que *O desprezo*, dirigido por Jean-Luc Godard em 1963, representava a alegoria de uma passagem entre o antigo e o novo. Nele, já encontrávamos as ruínas de Hubert Robert. Quanto à homenagem às paisagens do sul da Itália e à viagem de Ulisses, subsiste, ainda hoje, uma lembrança perturbadora: "O cinema substitui nosso olhar por um mundo conforme aos nossos desejos", dizia André Bazin. E Godard acrescentava: *"O desprezo* é a história desse mundo."

Foi me inspirando nessa história e nessa arte que passei a me interessar pela história da psicanálise.

Freud não compreendia nada da modernidade literária, que não obstante inspirava-se em suas descobertas, e ignorou o cinema. Por outro lado, Hollywood foi a Terra Prometida de todos os cineastas vindos da Europa, assim como a América foi a de todos os psicanalistas europeus perseguidos pelos nazistas. Hollywood e a psicanálise dita "americana" são então as duas facetas contraditórias de uma mesma representação do inconsciente freudiano. Além do mais, Los Angeles é a cidade que se presta a todas as extravagâncias da modernidade psicanalítica e cinematográfica. Horizontal como um divã, assexuada como uma praia infinita, impermeável a toda memória, alheia às temporadas, aberta a todas as comunidades e aos caprichos mais sofisticados das grandes estrelas melancólicas, ela é uma colagem heterogênea de lugares destruídos, um reservatório imenso de lágrimas, angústia e felicidade.

Através dos filmes de Alfred Hitchcock, Elia Kazan, Vincente Minnelli ou Nicholas Ray desenvolve-se não uma visão profissionalizada da prática psicanalítica dos anos 1950, mas uma espécie de retorno permanente às origens da invenção freudiana: decifração de sonhos, investigação policial no âmago do inconsciente, história de amor na qual um dos dois parceiros ocupa o lugar do terapeuta.

Em 1945, Hitchcock adapta para a tela um romance de sucesso, *The House of Doctor Edwardes*. O livro conta a história de um psicopata que se torna diretor de uma clínica a fim de realizar todas as suas fantasias de destruição. O cineasta transforma o caso numa trama amorosa e policial centrada na amnésia do herói (Gregory Peck), o qual acredita piamente que ocupou o lugar do doutor Edwardes após tê-lo assassinado. Graças a uma colega que se apaixona por ele (Ingrid Bergman) e o encaminha para um psicanalista, ele descobrirá a verdade e o nome do assassino. Hitchcock pediu a Salvador Dalí, grande admirador de Freud, que desenhasse as sequências dos sonhos.

Menos de vinte anos depois, realiza com *Marnie* uma verdadeira obra-prima. Num Estados Unidos semelhante a um quadro de Edward Hopper, ele recria as primeiras terapias freudianas. Uma mulher ladra e frígida (Tippi Hedren), cuja mãe conhece seu segredo devido a um crime cometido na infância, consegue curar-se graças ao amor perverso daquele com quem ela se casou à força (Sean Connery) e que se sente atraído por suas patologias. Num *happy end* tipicamente hitchcockiano, ela revê, face à sua mãe destruída, a cena do crime que havia sido recalcada, enquanto do lado de fora, depois da tempestade, crianças atrozes cantam cantigas de roda. Hitchcock será sempre o cineasta da inquietante estranheza – o *Unheimlich* no sentido freudiano –, capaz de fazer surgir a angústia e o terror no interior das cenas mais banais. Assim, transforma o cotidiano da vida numa projeção espectral que anuncia os piores tormentos. Algo como aquela violência da calma que lhe permite filmar um beijo como uma cena de assassinato e uma cena de assassinato como uma história de sexo.

Filmado em preto em branco em 1952, *Limelight* (*Luzes da ribalta*) é também a história de uma terapia clássica. Charlie Chaplin reconstrói a velha Londres de sua infância – a dos pobres e saltimbancos – para nela encontrar, como num palimpsesto invertido, a Viena das origens da psicanálise. Calvero, o velho palhaço, consegue curar a jovem dançarina (Claire Bloom) de sua paralisia histérica. No personagem de Calvero que ele próprio interpreta, Chaplin atualiza a descoberta do amor de transferência, é amado pela jovem mulher com um "falso amor" e a obriga a perceber

Hollywood

que ela está apaixonada por outro homem. Morre em função disso, após reencontrar no palco a onipotência da juventude.

Da mesma forma, sempre achei que os maiores filmes hollywoodianos partilhavam uma conivência com a representação freudiana do inconsciente, mesmo quando seus realizadores não tinham nenhum conhecimento da psicanálise e mesmo quando desconfiavam dela, como Otto Preminger ou Billy Wilder. Isso se deve à força mítica dessa arte, à sua maneira de contar, entre sombra e luz, as origens desse continente americano, Terra Prometida de todos os imigrantes, incessantemente atravessada por uma luta de morte entre o fanatismo religioso e o desejo de liberdade, entre a selvageria das armas e a vontade da lei.

É a John Ford que devemos a sabedoria de filmar a essência mesma dessa luta em *O homem que matou o facínora* (1962), reflexão nostálgica sobre a história do Oeste americano. Em 1910, o senador Ransom Stoddard (James Stewart) retorna a Shinbone para assistir com sua mulher Hallie ao enterro de um velho caubói, Tom Doniphon (John Wayne). Intrigado, o dono do jornal local pede-lhe que conte a história de seus anos de juventude. E, num longo flashback, cada um descobre um passado conturbado. Doniphon é o verdadeiro herói de uma história que foi ocultada. Em outros tempos, ele abateu o temível Liberty Valance (Lee Marvin), que aterrorizava a região, proibindo, aliás, toda forma de liberdade de imprensa. Incapaz de matar e desejoso de instaurar a lei no Oeste, Ransom sabia que na realidade Valance fora vencido por Doniphon. Mesmo assim, aceitara, em nome do dever, tornar-se o herói de Shinbone por um ato que ele não cometera. É esta então a história que ele conta ao jornalista, enquanto na tela se desenrola durante duas horas o condensado de uma tragédia clássica perfeitamente grega e tipicamente freudiana: oposição entre o imperativo categórico da lei e a singularidade de uma consciência moral.

Herói do Oeste condenado a desaparecer, Doniphon encarna, em todo o seu esplendor, as virtudes da coragem guerreira. Maneja as armas pelo bem da Cidade, ao mesmo tempo sabendo que será engolido pela nova ordem democrática vinda do Leste, aquela que abole a violência em prol do direito. Stoddard rouba-lhe a noiva, a quem ensina a ler e escrever, e carrega consigo o opróbrio de ter usurpado a identidade daquele que venceu a barbárie. Nesse filme nostálgico, que mostra a que ponto o advento da civilização repousa num assassinato fundador – o pai, o tirano, o ditador, o bárbaro –, John Ford celebra de maneira negativa a selvageria sombria e poeirenta do Oeste americano, ao mesmo tempo anunciando seu desaparecimento e o triunfo da industrialização. A morte de Doniphon faz soar o dobre de uma época defunta, assim como o assassinato de Liberty Valance punha fim ao estado de natureza. A última réplica é célebre: "No Oeste", diz o jornalista, "quando a lenda transcende a realidade, imprime-se a lenda." Ford relata nesse grande filme a realidade e o mito, a lenda e os fatos, a ilusão e a história. Essa lição fordiana define muito bem o trabalho do historiador, e nunca deixei de tomá-la como modelo, em especial no que se refere à história da psicanálise. O mito tem uma consistência histórica que permite compreender a história. Cumpre desmontá-lo e nomeá-lo, sem o que a narrativa histórica não passaria de uma coletânea de episódios.

Ver: Animais. Apócrifos & boatos. Cronenberg, David. Guerra. Holmes, Sherlock. Londres. Monroe, Marilyn. Rebeldes. Roth, Philip. São Petersburgo. Viena. Topeka. Worcester.

Holmes, Sherlock

Elementar, meu caro Freud

Num magistral ensaio de 1979 (*Mitos, emblemas e sinais*, 1989), o historiador Carlo Ginzburg observa que, no fim do século XIX, o campo das ciências humanas e da literatura foi invadido pelo surgimento de um modelo de pensamento que remetia à ideia de que a sociedade humana está dividida entre busca racional e atração pelo oculto, entre espírito lógico e delírio paranoico.

Utilizei muitas vezes essa pertinente análise em meus próprios trabalhos. Ela permite definir um "paradigma do sinal" – uma coisa confusa e perturbadora – personificado por Giovanni Morelli, inventor de um método capaz de distinguir as obras de arte das imitações e, portanto, de

Holmes, Sherlock

rastrear os falsários; depois por Freud, fundador de uma ciência do inconsciente que atribui um valor determinante a elementos insignificantes (lapsos, atos falhos, sonhos etc.); e, por fim, por Sherlock Holmes, célebre detetive, exímio na arte de resolver um enigma pela simples observação de alguns indícios: fios de cabelo, de tecido, cinzas, poeira, fragmentos de pele.

Embora seja exato afirmar que todo o fim do século XIX é assombrado pela irrupção de um discurso narrativo fundado tanto na submissão ao positivismo quanto no fascínio pelos sinais da anormalidade, é insólito constatar que um personagem de ficção, Sherlock Holmes, tenha podido se tornar a tal ponto real que quase esquecemos o nome de seu criador: sir Arthur Conan Doyle, escritor vitoriano, nascido em Edimburgo em 1859, discípulo de Edgar Allan Poe e médico que lutou na África do Sul contra os Bôeres, rebelde e visionário, e que abraçou tão apaixonadamente a causa do espiritismo quanto a de sua mãe, a quem obedecia em todas as coisas. Sir Arthur atribuía importância muito maior a seus romances, ensaios e peças teatrais – obra imensa que hoje ninguém mais lê – do que à saga do detetive, seu duplo maldito.

Mas quem é então esse homem do qual sir Arthur fez seu duplo, assim como Freud, que sempre se identificou tanto com Fausto quanto com Mefisto? Nascido em 1854, solteirão empedernido e violinista melancólico, de físico longilíneo, amante de ópio, tabaco e lutas marciais, Holmes aparece pela primeira vez em 1887, em *Um estudo em vermelho*, ao lado de seu biógrafo, John Watson, com quem divide um apartamento situado em Londres, no nº 221B da Baker Street. Sob a pluma de Doyle, ele jamais pronunciará a frase que um filme de 1929 lhe atribuirá: "Elementar, meu caro Watson". Mais uma frase apócrifa!

Ao longo dos anos, e graças à *Strand Magazine*, que lhe serve de suporte, Sherlock, contado por Watson, aprimora seu método através de uma longa série de folhetins, com tiragens superiores a trezentos mil exemplares: *O signo dos quatro, As aventuras de Sherlock Holmes* etc.

Incessantemente confundido com seu herói, Conan Doyle, exasperado, decide em 1893 fazê-lo morrer aos 39 anos de idade, nas cataratas de Reichenbach, na Suíça, num combate singular com seu pior inimigo, o professor James Moriarty, encarnação da ciência diabólica e apelidado de "o Napoleão do crime".

Durante dez anos, Conan Doyle sente-se libertado de seu mal interior: "Eu não poderia ressuscitá-lo, pelo menos por alguns anos. Sinto tamanha overdose dele – como um patê de *foie gras* que eu tivesse comido demais – que a evocação de seu nome ainda me dá náuseas." Todavia, em 1903, com vergonha de ter feito o mal triunfar (Moriarty), ele ressuscita seu herói, primeiramente em *O cão dos Baskerville*, cuja ação é situada antes da morte de Holmes, depois numa série de novas aventuras. O mundo anglófono suspira de alívio e a *Strand Magazine* dobra o número de assinaturas. Nunca mais sir Arthur fará Sherlock morrer. No total, irá dedicar-lhe quatro romances e 56 contos, tudo traduzido em 110 línguas. A que se acrescentam, oitenta anos após sua morte, duzentos filmes, dois mil pastiches, centenas de romances, vários museus e uma proliferação de institutos de "holmesiologia" espalhados pelo mundo.

É possível estabelecer certo paralelo entre Arthur Conan Doyle, Sherlock Holmes e Joseph Babinski, aluno de Charcot e professor de Clovis Vincent, grande destruidor da concepção da histeria como doença psíquica ou funcional. Contudo, a obsessão com que Babinski se empenhou para desmantelar a herança de Charcot repousava numa base racional. Para ele, a questão era delimitar um novo modelo: o da semiologia lesional. Em outras palavras, para fundar uma verdadeira ciência neurológica dos sinais (semiologia), era preciso delegar aos psiquiatras a tarefa de se ocupar da histeria, rebatizada pitiatismo (simulação). Babinski concebeu o famoso sinal que leva seu nome: o reflexo inverso do dedão do pé, permitindo detectar com segurança uma lesão da via piramidal.

Homem racional, Babinski era, não obstante, acometido de certa paranoia que hoje lhe teria valido um diagnóstico de doença mental. Morava junto com seu irmão Henri, engenheiro das minas e caçador de ouro, que lhe servia de governanta. Escrupuloso e exigente, segundo seu biógrafo, Joseph passava o tempo verificando tudo. Podia permanecer horas junto a um doente sem pronunciar uma palavra. Numa carta de 1918, explica que sua desconstrução da histeria talvez não tivesse como única causa a racionalidade científica. Temia que a ciência fosse capaz de produzir o pior, mas também via na histeria alguma coisa de incontrolável e demoníaco, que escapava à ciência e o fazia sentir medo. Sentia-se perseguido pelas forças do mal. Eis a razão pela qual, a par de sua ideia fixa de detectar incessantemente a histeria ou a simulação por trás de toda manifestação patológica, Babinski era fascinado pelos fenômenos de telepatia e mediunidade, a ponto de querer erradicá-los. Apraz-me imaginar o que poderia ter sido o encontro entre Babinski e Holmes. Sem dúvida alguma, o detetive teria sabido desvelar a loucura do neurologista, demonstrando-lhe que ele não precisava perseguir as histéricas para provar a existência de seu famoso sinal.

À parte esses traços comuns entre Babinski, Holmes e Conan Doyle, o que mais aprecio é a semelhança que podemos estabelecer entre Freud e Holmes, dois grandes gênios da decifração de sinais. Para constatarmos isso, devemos nos reportar a um romance célebre, *Uma solução sete por cento* (1975), tirado de um pretenso manuscrito inédito de Watson e redigido na verdade por Nicholas Meyer, um freudiano-holmesiano convicto. Tomando o lugar do bom doutor, o autor conta como Sherlock, cevado de cocaína, viaja a Viena, por volta de 1891, para ser tratado por Freud. Graças à hipnose, Freud descobre no inconsciente de seu paciente uma recordação de infância que ele prefere deixar soterrada, não sabendo se se trata de uma fantasia ou de um indício confiável. Fato é que Moriarty, o cientista demoníaco, está alojado na cama da mãe do detetive.

Herbert Ross realizou um filme a partir desse livro: *Visões de Sherlock Holmes* (1976). Unindo seus métodos e sua inteligência, o detetive e o cientista formam uma dupla inesquecível. Saem em perseguição a um malvado sultão, que rapta uma paciente de Freud, igualmente toxicômana. No papel de Moriarty, Laurence Olivier compõe um personagem perturbador, mais próximo de uma fantasia freudiana que de um demônio forjado na lógica do crime.

Não encontramos em Londres nenhum vestígio desse encontro entre os dois heróis: nem no Freud Museum, nem no Sherlock Holmes Museum. No entanto, é fundamentado num método holmesiano que Freud se transformará em detetive quando for elucidar o grande enigma do voo das aves na vida de Leonardo da Vinci.

Ver: Apócrifos & boatos. Autoanálise. *Carta roubada, A.* Édipo. Fantasia. Göttingen. Guerra. Hipnose. Hollywood. Humor. Infância. Leonardo da Vinci. Londres. Mulheres. Sonho. Salpêtrière.

Humor
Rir de tudo

"Para não chorar, rio logo de tudo", dizia Beaumarchais. Durante cinco anos, entre 1955 e 1960, graças a uma assinatura na Comédie-Française, tive a sorte de me iniciar em todo o repertório clássico e me regalar, uma quinta-feira por mês, tomando uma xícara de chocolate servida após o espetáculo no Ruc Univers. Nessa época, os atores, usando figurinos Grand Siècle, declamavam os alexandrinos com uma ênfase que saiu de moda nos dias de hoje. Mas que prazer assistir à derrota de todos os velhotes ridicularizados por Molière, o maior mestre do humor e do cômico! Burgueses grotescos, velhos libertinos abusivos, maridos enganados, carolas de todos os tipos, pedantes com roupas de domingo. Pais avarentos ou cornos, todos ocupavam um lugar de destaque em nossos estudos literários. E confesso que, em maio de 1968, quando vi surgir o rosto de um rapaz de olhar de fogo que apelidaram o "anarquista alemão" e que desafiava com um riso tonitruante todos os representantes de uma autoridade engessada, não pude me abster de pensar no riso que me sufocava na infância quando via entrar em cena Harpagon, Tartufo, Alceste, que eu sabia que seriam passados para trás por uma mocidade tão turbulenta quanto aquela que afirmara na entrada da Sorbonne: "Tomo meus desejos pela realidade pois acredito na realidade de meus desejos." Ou ainda: "Decreto o estado de felicidade permanente."

O humor, sob todas as suas formas, é um mecanismo de defesa que se confunde com o chiste. Nesse sentido, está ligado à linguagem. Em sua *Antologia do humor negro* (1940), censurada pelo regime de Vichy, André Breton lembra que o humor em si é uma forma de revolta do espírito

Humor   169

contra a estupidez e o dramalhão. Quanto ao humor negro, "polidez do desespero", ele não perdoa, é blasfemo, sacrílego, transgressivo e não poupa nada: nem o sofrimento, nem a miséria, nem as doenças, nem a velhice. Cultiva a indecência.

Quando falamos em humor, pensamos imediatamente no humor judaico. Em todo caso, não basta que uma anedota seja inventada por um judeu e se refira a outros judeus para que pertença ao humor judaico. Pois todos os folclores têm suas piadas, tão engraçadas quanto as anedotas judaicas. A respeito do MacGuffin – elemento vazio ou pequeno objeto insignificante usado para construir uma sequência filmada –, Hitchcock conta a seguinte piada, que se assemelha a uma anedota judaica: "Dois viajantes encontram-se num trem indo de Londres para Edimburgo. Um diz ao outro: 'Desculpe, senhor, mas que embrulho tão bizarro é esse que o senhor colocou no armário aí atrás?' 'Ah, isso, isso é um MacGuffin.' 'E o que é um MacGuffin?' 'É um dispositivo para capturar leões nas montanhas da Escócia.' 'Mas não há leões nas montanhas da Escócia.' 'Ah, nesse caso não é um MacGuffin.'"

Como aponta Joseph Klatzmann, os judeus tiveram, "em todos os países nos quais se dispersaram, uma história única sem equivalente em outros grupos humanos". Da mesma forma, o humor, para o povo judeu, o mais perseguido de toda a história humana, é uma maneira específica de rir para não morrer ou não chorar. A que se acrescenta, no caso dos asquenazes, a vontade de preservar a memória da língua perdida: o iídiche.

Freud era apaixonado pelas anedotas judaicas, os jogos de palavras (*Witz*), os aforismos, e adorava as piadas de *chnorrer* (mendigos) e *chadkhen* (casamenteiros). Em 1905, por exemplo, escreveu uma verdadeira dissertação em homenagem ao humor judaico da Mitteleuropa: *O chiste e sua relação com o inconsciente*. Ali, encontramos os três temas do humor judaico, que são também os do discurso antissemita. Sabemos que, em todas as épocas, os judeus foram acusados de deter os três grandes poderes próprios da espécie humana: a inteligência, o dinheiro e o sexo.

Um rapaz se queixa ao seu casamenteiro: "Miserável, você me enrolou. Disse que a garota manca, que tem má fama, que seu pai esteve na prisão e que é por isso que seu dote é de apenas dois mil rublos. Ora, ela tem apenas duzentos rublos." "Não grite tão alto. No que se refere aos rublos, tem razão, mas, quanto ao resto, eu disse a verdade."

Numa mercearia de Nova York, uma freguesa, não judia, pergunta ao merceeiro como é possível que os judeus sejam tão inteligentes. "Temos um segredo", ele responde. "Comemos cabeças de arenque." Após comer doze cabeças de arenque sem ter a impressão de ficar menos burra, a freguesa insulta o merceeiro: "O senhor é um ladrão, me vende cabeças de arenque a um dólar cada, quando um arenque inteiro com cabeça custa meio dólar!" "Está vendo?", responde-lhe o merceeiro. "Está começando a ficar inteligente."

Jornalista e polemista, fundador do jornal vienense *Die Fackel*, Karl Kraus aliava o humor mais temível ao ódio de si judeu. Não se cansou de criticar o ridículo da psicanálise e as manias de seus neófitos: "Meu inconsciente conhece bem melhor o consciente de um psicólogo do que o consciente deste último conhece meu inconsciente", dizia. E ainda: "A psicanálise é essa doença do espírito da qual ela se julga o remédio."

A psicanálise é não só um avanço da civilização contra a barbárie, como uma arma importante contra a estupidez, essa forma de perversão tão bem identificada por Flaubert, que a definia como um mal absoluto, a ponto de ter feito dela um personagem central de seu romance *Madame Bovary*. O sr. Homais, boticário, é com efeito o porta-voz de uma estupidez burguesa que veste os traços da ciência e do Iluminismo para destruir tolamente todos os seus valores. Um antecessor do cientificismo moderno, convencido de que a expertise da condição humana seria o suprassumo da ciência mais sofisticada.

Eis por que sempre apreciei o humor de Lacan, um humor feroz que não deve nada ao humor judaico, mas que se inscreve diretamente na linha do humor flaubertiano: "A psicanálise é um remédio contra a ignorância", dizia, "mas não tem efeito sobre a burrice." Isso quer dizer que quando os psicanalistas são imbecis desonram duas vezes sua disciplina: perdendo a significação primeira do humor judaico, o de Freud, e transformando

Humor

a psicanálise num boticário idiota. O próprio Lacan cedia a esse tipo de tolice quando confundia humor com insulto e degradação.

Lacan pensava que o humor era um critério de distinção entre os sujeitos normais e os doentes mentais. Uma piada conhecida atesta isso. Um louco sai do hospital arrastando um funil atrás de si. O vigia lhe pergunta educadamente: "Como vai Mirza?" Chocado, o louco lhe responde: "Isso é um funil." Alguns metros adiante, volta-se para o funil e diz: "Está vendo, Mirza, enganamos aquele paspalho."

Dentre as centenas de anedotas judaicas que li, citarei uma que sem dúvida é a mais apta a definir o trabalho genealógico do historiador dos mitos. Ela concerne aos cinco grandes judeus mais célebres no mundo: "O primeiro judeu, Moisés, disse: 'Tudo é lei.' O segundo judeu, Jesus, disse: 'Tudo é amor.' O terceiro judeu, Marx, disse: 'Tudo é dinheiro.' O quarto judeu, Freud, disse: 'Tudo é sexo.' O quinto judeu, Einstein, disse: 'Tudo é relativo.'" Eu acrescentaria de bom grado a essa lista um sexto judeu, Spinoza, que disse: "Tudo é desejo." E um sétimo, Emmanuel Levinas, que disse que Israel não pode nem deve tornar-se um Estado perseguidor.

O que é um comerciante judeu? "Aquele que consegue vender o que não tem a alguém que não precisa." Essa célebre piada judaica assemelha-se ao chiste de Lacan sobre o amor: "O amor consiste em dar o que não se tem a alguém que não o quer."

Quanto a Georges Perec, o escritor das coisas, das palavras, dos catálogos, dos inventários e do "Lembro-me", explicou um dia de que maneira seu patronímico judeu polonês (Peretz) tornara-se bretão (Perec como Perros-Guirec): "Do mundo externo, eu não sabia nada, a não ser que havia guerra e, por causa da guerra, refugiados: um desses refugiados se chamava Normando e morava numa casa de um senhor chamado Bretão. É a primeira piada de que me lembro."

Dentre as anedotas mais engraçadas que conheço há esta, procedente de Israel, e que visa os ex-militantes da esquerda proletária convertidos ao Talmude. No fim de sua vida, Mao Tsé-tung enlouquece e decide converter a população chinesa ao judaísmo. Pede a todas as comunidades judaicas do mundo que lhe enviem rabinos e circuncisadores. Chega um dia em que todos os chineses, agora judeus, decidem beneficiar-se da lei do retorno e instalar-se em Israel. Evoquemos igualmente esta citação de Theodor Adorno: "O antissemitismo é o rumor que corre a respeito dos judeus."

Sempre gostei do humor do caricaturista inglês Ralph Steadman, que, em sua história ilustrada de Freud (1979), inspirou-se no *Chiste* para conceber personagens extravagantes. Seu Freud é um vagabundo, espécie de Carlitos hirsuto, misto de Dioniso, criança birrenta e meiga e pensador em ebulição. Ele circula pelo espaço à maneira de um herói pulsional e, quando se aproxima do continente americano, deliberadamente dá as costas a Manhattan para melhor contar a Jung piadas absurdas. Célebre no mundo inteiro, esse Freud se tornou uma espécie de ícone em que se misturam, com ferocidade, humor negro, humor judaico e humor freudiano.

Por fim, em *Le Petit Freud illustré*, de Damien Aupetit e Jean-Jacques Ritz (2015), obra-prima de humor freudiano, redigido à maneira de um dicionário de medicina, encontraremos uma lista de indicações e contraindicações para a psicanálise: "Contra as insônias aleatórias, as crises de urticária fofoqueira ... a chegada da sogra ... o populismo galopante, as enxaquecas do neocórtex perpendicular, o retorno do parto e a tripolaridade. Pode deflagrar tiques da pálpebra esquerda (batimentos incontroláveis) se utilizado em jejum ou durante a atividade sexual ... um caso de catatonia passageira num genebrino calvinista. Dois casos de amnésia distrativa (esquecimento de uma meia na vizinha/vizinho) em dois conselheiros conjugais ... Quatro casos de levitação súbita (um lacaniano, um junguiano, um bispo arrependido e uma viúva de guerra cansada) com aterrisagem estabanada."

Ver: Apócrifos & boatos. Bardamu, Ferdinand. Desejo. Dinheiro. Frankfurt. Gershwin, George. Hollywood. Holmes, Sherlock. Injúrias, exageros & calúnias. Loucura. Máximas de Jacques Lacan. Roth, Philip. Terra Prometida. Viena. *W ou a Memória da infância*.

I

Incesto

Forçosamente trágico

É comum confundirem incesto com pedofilia, que é um abuso sexual sobre uma criança pré-púbere e, logo, por definição, sem consentimento, uma vez que ela se acha, *de facto*, sob a dominação do abusador. É também comparado a um estupro. No entanto, a definição estrita do incesto não é o estupro cometido por um pai sobre um filho, e sim a relação sexual sem coerção nem estupro entre consanguíneos adultos tendo atingido a maioridade legal, no grau proibido por lei, específico de cada sociedade: entre pai e filha, mãe e filho, irmão e irmã, tio e sobrinha, tia e sobrinho. A que se acrescentam os incestos entre pessoas do mesmo sexo. No incesto, não existe "vítima" no sentido penal do termo.

Na quase totalidade das sociedades humanas, as relações incestuosas entre pai e filha e entre mãe e filho sempre foram proibidas e sancionadas com a morte ou a prisão, ao passo que são mais bem toleradas entre pessoas de uma mesma geração: irmãos, irmãs, primos.

Nas democracias modernas, os casais incestuosos maiores de idade e anuentes não são mais perseguidos pela lei, uma vez que o Estado não intervém na vida privada dos adultos. Mas o interdito permanece na lei: consanguíneos não têm o direito de se casar. A instituição do casamento é efetivamente fundada na exogamia, e nenhuma filiação é aceita para um filho oriundo de relação endogâmica. Só a mãe pode reconhecê-lo, declarando-o nascido de pai desconhecido. Daí os "segredos de família", de que encontramos exemplos abundantes em todas as confidências recolhidas pelas redes sociais: "Sou filho do meu tio e da minha mãe, compreendi isso bem cedo e não tolero que tenham dissimulado minha verdadeira filiação." Outra versão: "Sou filha (ou filho) de meu pai com minha irmã mais velha." Ou ainda: "Sou filho de uma relação sexual entre um irmão e uma irmã. Quem sou eu?"

Distorcendo a significação da tragédia de Édipo, Freud adota a necessidade da interdição do incesto. A seu ver, a interdição é tanto mais necessária quanto mais desejada sua transgressão. Assim, não é o horror do incesto que, a seu ver, preside a proibição, mas, ao contrário, o desejo incestuoso. E é desse desejo que o sujeito se sente culpado. Sejam quais forem suas formas, as relações incestuosas são fonte de tragédia.

A história de Ló, patriarca bíblico, é, nesse aspecto, bem interessante. Rico demais para continuar a viver com seu tio Abraão, Ló prefere orar em Sodoma, cidade de todos os pecados. Uma noite, recebe a visita de dois mensageiros celestes e os instala em sua casa. Quando os sodomitas lhe ordenam que entregue seus hóspedes, ele prefere respeitar as leis da hospitalidade e lhes oferecer suas duas filhas virgens. Salvo por Deus da destruição da cidade, foge. Mas sua mulher, muito apegada aos bens materiais, volta o rosto para o que deixou para trás. Imediatamente é transformada em uma estátua de sal por ter desobedecido à proibição divina. Ló retira-se para a montanha. Convencidas de que todos os homens pereceram em Sodoma, suas duas filhas o embriagam para lhe assegurar uma descendência. Dessas duas uniões incestuosas, que não obstante parecem necessárias à sobrevivência de uma família, nascerão Moab e Ben-Ami (Amon), os quais engendrarão dois povos – os moabitas e os amonitas – condenados à destruição e à marginalização por parte dos hebreus, em virtude de sua origem vergonhosa.

Com Marie Bonaparte, Freud teve a oportunidade de abordar a questão da interdição do incesto no terreno clínico. Em 1928, a princesa anuncia-lhe seu intenso desejo de incesto. Sonha passar a noite com o filho. Em vez de responder diretamente, Freud redige uma carta na qual afirma que a razão do "tabu" não justifica proibir o incesto. Mas logo aponta que o incesto é, em primeiro lugar, um ato antissocial, como seria a anulação das restrições sexuais necessárias à preservação da civilização.

Em *Soul Murder*, Leonard Shengold conta uma história estarrecedora: um homem na casa dos trinta anos, casado e pai de família, descobre, durante uma breve análise, a recordação inteiramente recalcada do ato incestuoso cometido com sua mãe aos doze anos de idade. A penetração repetira-se diversas vezes até o momento em que, pela primeira vez, o menino tivera uma ejaculação. Aterrorizada diante da ideia de uma possível fecundação, a mãe fugira aos berros. Ela então banira para sempre de sua vida a loucura sexual que se apoderara dela e de que o filho fora vítima. Na idade adulta, este não conseguia se desvencilhar de uma nuvem escura e ameaçadora que flutuava em sua cabeça e lhe vedava todo êxito afetivo e profissional: "Qual Édipo, ele era cego por causa da 'peste' em sua vida, e fora uma vaga consciência desse fenômeno que o conduzira à análise", escreveu Shengold.

Há uma felicidade possível na relação incestuosa? Não penso assim. O incesto é forçosamente trágico. Em todo caso, existem associações que militam em sentido contrário e cujos membros recusam o termo incesto, de tal forma a palavra os amedronta. Assim, falam em "GSA" (Genetic Sexual Attraction): o jargão sempre tem como origem a vontade consciente de negar o trágico da existência em vez de com ele se confrontar. Os partidários do pretenso incesto feliz designam com essa sigla a atração sexual dita "normal" que sentiríamos por pessoas que nos são aparentadas, e julgam que conviria legitimar esse amor "diferente".

Alguns militam pela legalização do casamento consanguíneo: "Tenho sessenta anos e sou sexualmente atraído por minha sobrinha-neta e minha filha mais velha. Tentei transar com minha sobrinha-neta, em vão. Minha filha, por sua vez, parece aberta à questão." Uma garota do Texas afirma que vive maritalmente com seu pai e que são muito felizes. Outra mulher do Oregon conta ter transado três vezes com seu filho de dezoito anos. Sente-se "culpada". Resposta de um dos membros da associação: "A senhora não fez nada de errado! Seu filho guardará esses momentos privilegiados com carinho na memória."

Devemos desconfiar disso. Na realidade, esse tipo de questão termina quase sempre com uma queixa junto aos tribunais contra o pai incestuoso, acusado de estupro, especialmente quando uma filha concebe o filho deste último. No caso de incesto entre mãe e filho, a acusação de estupro é muito menos frequente. Mas o ato em si mesmo é vivido como uma tragédia absoluta, e não é por acaso que tem Édipo como modelo. Nada parece mais horrível para o filho do que retornar ao ventre da mãe com o risco de engendrar uma prole oriunda dessa relação.

Adoto de bom grado a definição de Claude Lévi-Strauss segundo a qual a proibição do incesto consuma a passagem da natureza à cultura (*As estruturas elementares do parentesco*, 1949), isto é, da selvageria à civilização, da animalidade à humanidade. Logo, não existe incesto feliz, e a transgressão desse interdito maior resulta sempre, como nos grandes mitos fundadores, numa tragédia. Ela viola a ideia de que a proibição seria uma necessidade estrutural que permite a existência da sociedade, ao preço do desaparecimento do que constitui sua negação. Do ponto de vista subjetivo, a proibição é igualmente a expressão da culpa do ser humano relacionada a um desejo recalcado.

Ver: Animais. Antígona. Desejo. Édipo. Família. Fantasia. Hitler, Adolf. Infância. Loucura. Presidentes americanos. Princesa selvagem. Salpêtrière. Sedução. Sexo, gênero & transgêneros.

Infância

A infância é o sono da razão

Milhares de livros foram dedicados à infância, ao conceito de infância, às crianças reais, à sua vida cotidiana, ou ainda ao olhar com que o adulto vê as crianças ou sua própria infância. Crianças felizes, crianças tristes, crianças abandonadas ou maltratadas, crianças glorificadas, tudo parece ter sido dito. Todos nós nos lembramos de nossa infância, todos guardamos na memória histórias do arco-da-velha. Como não pensar em Gavroche, menino de rua, nascido de um casal asqueroso (os Thénardier, *Os miseráveis*) e que foi a vida toda o protetor de todos os filhos da miséria? "Paris tem um filho e a floresta tem um pássaro; o pássaro se chama pardal; a

Infância 177

criança se chama guri." Ele percorre as ruas, mora ao ar livre, canta canções obscenas, assombra os cabarés, pragueja horrivelmente, mas não tem nada de ruim no coração.

Freud amava as crianças tanto quanto Victor Hugo, mas não as via como o poeta francês. Não se preocupava com os filhos da miséria, mas antes com o corpo sexuado da criança, ou da criança presente no imaginário dos adultos, ou ainda com aqueles sofrimentos psíquicos solitários e inconfessos que caracterizam as crianças oriundas das classes burguesas: infância melancólica, infância culpada e crianças criadas no culto do sucesso e da felicidade. Como todos os médicos, psiquiatras, pedagogos e psicólogos de sua época, herdeiros da filosofia do Iluminismo, Freud via-se confrontado, no fim do século XIX, com o enigma da sexualidade infantil. Perguntava-se qual era o lugar da criança numa sociedade em que esta virara objeto de predileção para os higienistas preocupados com uma educação sexual apropriada. Nessa época, centenas de livros expunham os danos da masturbação infantil na gênese das perversões e das neuroses. Da mesma forma, a criança masturbadora era associada ao homossexual e à mulher histérica como paradigma de uma doença que corroía a ordem familiar.

Uma vez que agora admitia-se que a criança não era um objeto inerte, disfarçado de "pequeno adulto", e sim um sujeito sexuado, cumpria encontrar para ela um quadro jurídico e psíquico a fim de protegê-la, tanto de seus excessos como dos malefícios da sedução. Daí a criação, especialmente na Alemanha, de métodos educativos fundados em sevícias corporais e destinados a combater o vício. Pedagogia negra contra pedagogia esclarecida. Os primeiros julgavam possível criar, desde a infância, um homem novo – espírito puro em corpo são, como mostra o admirável filme de Michael Haneke *A fita branca* (2009), cuja ação se situa antes da Primeira Guerra Mundial. Essa fita cinge os braços dos filhos de um pastor do norte da Alemanha a fim de que eles se lembrem da distância que os separa da pureza exigida pela religião. Impregnados, em nome dessa pureza, de ódio e do gozo do mal, essas crianças tornam-se assassinas. Quanto aos adeptos da pedagogia iluminista, pensavam o oposto, que era preciso educar a criança real com palavras e a transmissão de um saber racional.

Falar sobre sexualidade com as crianças e analisar sua sexualidade e a maneira como elas a exprimem: eis o programa implementado por Freud e seus primeiros discípulos com a publicação, em 1905, de um livro famoso: *Três ensaios sobre a teoria da sexualidade.*

Inicialmente, a tarefa de analisar as crianças coube às mulheres. Essa função dita "educativa" não as obrigava a cursar medicina – o que era restrito aos homens – e lhes permitia conquistar uma liberdade e um lugar no movimento freudiano. Nesse aspecto, a prática da psicanálise com crianças estimulou sua emancipação, sendo, ao mesmo tempo, palco de inúmeros dramas. Assim como os primeiros freudianos analisavam seus próximos, eles analisavam seus próprios filhos em tenra idade, ou os encaminhavam para colegas. Encontramos entre as primeiras praticantes da terapia infantil um número impressionante de suicidas: Arminda Aberastury (Argentina), Sophie Morgenstern e Eugénie Sokolnicka (França), Tatiana Rosenthal (Rússia).

Quanto a Hermine von Hug-Hellmuth, esteve na origem de um dos maiores escândalos da história da psicanálise: redigiu um falso diário de uma adolescente, depois foi assassinada, em 1924, pelo sobrinho após tentar educá-lo segundo os princípios da doutrina psicanalítica: interpretações sexuais exacerbadas de todos os atos da vida, aplicações dogmáticas do saber freudiano.

A seguir, duas figuras se destacam: Anna Freud, analisada pelo pai, e Melanie Klein, ambas oriundas do Império Austro-Húngaro e ambas emigradas para Londres, rivais, uma mais pedagoga e mais preocupada em ancorar a análise das crianças num contexto social e educativo, a outra mais inventiva. Melanie Klein foi a verdadeira fundadora da abordagem psicanalítica das crianças. Não gostava nem de crianças nem de sua própria infância, mas foi a primeira a suprimir as barreiras que impedem o terapeuta de alcançar o inconsciente da criança ainda muito pequena. Assim, criou uma moldura necessária ao exercício das terapias especificamente infantis: brinquedos, móveis, cadeirinhas. Cada criança, dizia, devia ter seu espaço próprio: cubos, bolas, animais de pelúcia, tesoura, lápis, massinha de modelar. Não imaginamos hoje a que ponto todos os especialistas na infância são kleinianos sem o saber.

Infância 179

Dentre os grandes psicanalistas da infância, citarei dois homens bem diferentes no que se refere tanto à sua prática quanto a seu destino: Donald Woods Winnicott e John Bowlby. Ambos herdeiros de Anna Freud e Melanie Klein, conferiram uma superioridade incontestável à escola inglesa de psicanálise. A ponto de, quando falamos em psicanálise da criança, ser impossível não pensar em Londres, centro da clínica mais elaborada do mundo.

Considerado pelos colegas um *"enfant terrible"*, Winnicott tinha um bom senso inexpugnável, que lhe permitiu resistir à influência de todos os dogmas. Pediatra por formação e homem prático, tinha preocupação com a clareza e a pedagogia e não hesitou em arrancar a psicanálise de seu gueto institucional para dirigi-la ao público mais amplo, em especial às mães de família, no rádio ou em múltiplas conferências pronunciadas nos mais diversos lugares. Inventou termos que hoje fazem parte do vocabulário corrente, como "falso self", que define um tipo de existência subjetiva em *trompe-l'oeil*, ou ainda "objeto transicional" (ou "naninha") para designar um objeto – brinquedo, animal de pelúcia ou pedaço de pano – zelosamente conservado pelo bebê ou a criança e que tem como função efetuar uma transição entre o mundo imaginário da relação materna, lugar de dependência psíquica, e o mundo externo, fonte de independência social.

A propósito da adoção, Winnicott afirmava que o trauma do abandono inicial nunca é cicatrizado. Mais do que pretender suprimi-lo, mimando exageradamente a criança, os pais adotivos, em especial as mães, não devem agir como se o filho adotado fosse uma criança comum. Pois, na realidade, ele diz, esses pais tornam-se igualmente terapeutas: veem-se responsáveis por um paciente e não por uma criança.

Portanto, de nada adianta mentir. Afirma com razão que as crianças adotadas sempre conhecem "inconscientemente" sua verdadeira origem e que cedo ou tarde terminarão sendo informadas disso. Num de seus livros, Winnicott conta como ele mesmo assumiu o risco de revelar a uma menina de oito anos o segredo de seu nascimento, contrariando assim a decisão parental. Quando a reencontrou, dez anos mais tarde, ela lhe contou que, apesar do choque que sentiu, aquela revelação tinha sido indispensável para que ela conquistasse uma verdadeira identidade. Winnicott preconiza a mesma atitude a respeito dos filhos "ilegítimos" – nascidos de um incesto ou um adultério.

Quanto à maneira como ele aborda a enurese ou o autismo – que ele chama de esquizofrenia infantil –, impressiona ver que prefere sempre compreender a significação de um estado psíquico, de uma história ou de um sintoma em vez de pretender anulá-lo por meios químicos ou técnicas comportamentais, eficazes no momento mas inadequados a longo prazo. Assim, escolhe dialogar com os pais, sem todavia culpá-los, e não deixá-los acreditar numa causalidade puramente orgânica que os eximiria de toda implicação na relação com a criança: "Eu gostaria de poder declarar ao mundo que a atitude dos pais não tem nenhuma incidência sobre o autismo, a delinquência ou a revolta do adolescente", ele dizia. "Mas não consigo. Se porventura conseguisse, isso equivaleria a negar o papel dos pais quando as coisas correm bem."

Foi durante a Segunda Guerra Mundial, junto a crianças privadas de cuidados maternos, que Winnicott começou a elaborar sua abordagem da dependência psíquica e biológica. Em 1964, enunciou seu célebre aforismo, "o bebê não existe", para indicar que o bebê nunca existe por si mesmo, mas sempre como parte integrante de uma relação com a mãe. Daí a ideia segundo a qual se a mãe é incompetente, ausente ou excessiva, a criança corre o risco de soçobrar na depressão ou adotar condutas delinquentes, como o roubo ou a mentira, a fim de encontrar, por compensação, uma "mãe suficientemente boa" (*good-enough mother*).

Essas noções vêm nos lembrar da necessidade de criticar algumas ideias feitas que tendem a afirmar ora que "tudo é predeterminado", uma vez que o psiquismo se reduziria a circuitos físico-químicos, ora que o feto *já* seria uma pessoa cuja "fala" pudéssemos escutar. Contra esses dois extremos, Winnicott mostra que é com o nascimento que o bebê se torna um sujeito *em situação*, mergulhado num universo de linguagem. Impossível, portanto, "psicanalisar" os bebês senão em sua relação com quem os cerca.

Menos conhecido que Winnicott, John Bowlby não obstante criou noções que se tornaram tão populares que esquecemos de onde vêm: apego,

Infância 181

separação, resiliência, privação, perda, carência de cuidados maternos, laço afetivo, aflição, conflito, ambivalência etc. Em outras palavras, quando expomos na televisão ou na grande imprensa histórias de crianças felizes ou infelizes, nutridas no seio ou na mamadeira, colocadas na creche, ou sob os cuidados de uma babá, ou numa escola, tratadas no hospital com ou sem seus brinquedos, criadas alternadamente por uma mãe e um pai, tratadas como objetos por adultos perversos, ridicularizadas por um grupo rancoroso, inferiorizadas, abandonadas, estamos involuntariamente citando Bowlby. Com efeito, ele teve o dom de tratar todos os aspectos da vida infantil conferindo-lhes um conteúdo clínico e conceitual com palavras tiradas do vocabulário corriqueiro.

Bowlby sempre esteve na contracorrente das ideias preconcebidas de sua época, apontando, por exemplo, que o conflito, a angústia, a ambivalência, o choro e as emoções são necessários a toda forma de humanização, muito mais que a calma monótona do silêncio, da norma e da submissão aparente; ou ainda, que o sorriso dos bebês serve tanto para cativar os pais como para contribuir para a sobrevivência da espécie humana, que a voz ou o olhar devem acompanhar a alimentação, que a autoconfiança é um dado fundamental da socialização, que as crianças podem sentir o mesmo luto ou ser tão violentas quanto os adultos. Todas coisas hoje integradas na educação dos "pequenos".

Ao contrário de seus colegas, Bowlby atribuía uma importância tão grande ao psiquismo quanto ao meio ambiente, à educação e à continuidade entre o mundo animal e o mundo humano. Daí decorria seu interesse pelo evolucionismo e os trabalhos de Konrad Lorenz sobre o fenômeno do *"imprinting"* constatado nos pintinhos que se apegam ao primeiro objeto móvel que se lhes oferece por ocasião de seu nascimento. Como Freud, Bowlby amava os animais e as crianças. Mas sustentava que o bebê é antes de tudo "uma criatura relacional". Para tornar-se autônomo, precisa apegar-se a uma mãe (ou a substituto materno), único meio que ele tem de construir uma "base de segurança". Bowlby considerava o apego um processo que se repete ao longo da vida e permite ao organismo adaptar-se às situações mais perigosas (resiliência).

O que a experiência clínica mostra é que de nada adianta aplicar teorias à educação das crianças. A educação nunca fabricará um homem perfeito. A história de Hermine von Hug-Hellmuth, assassinada pelo sobrinho, a quem ela entupia de conceitos freudianos, é o testemunho mais terrível disso.

A psicanálise também permitiu escutar os sofrimentos terríveis das crianças maltratadas. Penso especialmente no livro chocante do psicanalista americano Leonard Shengold (*Soul Murder: The Effects of Childhood Abuse and Deprivation*, 1989). O autor expõe talentosamente histórias de pacientes comuns que escolheram o tratamento freudiano para, sessão após sessão, compreender melhor a significação das terríveis violências físicas ou psíquicas que haviam sofrido na infância ou adolescência: "Há histórias contadas por esses pacientes", escreve Shengold, "capazes de fazer um psiquiatra soluçar: 'Meu pai batia tão forte que nos quebrava os ossos.' 'Minha mãe colocava água suja nos flocos de aveia do meu irmão retardado mental.' 'Minha mãe deixava a porta do quarto dela aberta quando levava homens para casa para nos mostrar que ia para a cama com eles.' 'Meu padrasto tomava banho comigo e me fazia chupá-lo até que ejaculasse, e quando contei isso à minha mãe ela me deu uma bofetada, me chamando de mentiroso.'"

As confissões incidem sobre abusos sexuais, e revelam também torturas morais em que o ódio e a indiferença reinam soberanos. Como na história desse rapaz depressivo e suicida oriundo de uma família riquíssima. Seu pai, alcoólatra e paranoico, tratara-o sempre como um objeto, ao mesmo tempo manifestando um amor incomensurável por seus cavalos. Sua mãe nunca deixara de humilhá-lo apesar de lhe proporcionar, com um luxo excessivo, suntuosas satisfações materiais. Quando soube que ele fizera uma análise, deu-lhe de presente de aniversário um par de pistolas que haviam pertencido ao seu próprio pai.

É de Daniel Paul Schreber, jurista louco educado pelo pai segundo os princípios da pedagogia negra e autor de uma célebre autobiografia comentada por Freud em 1911 (*Memórias de um doente dos nervos*), que Shengold toma a expressão "assassinato da alma" para designar as destruições sofridas na infância ou na adolescência. Ele não se contenta em descrevê-las: analisa como elas determinam o futuro destino das vítimas. Para sobrevi-

Infância 183

ver, o sujeito preserva uma imagem positiva do pai assassino justificando ou recalcando os maus-tratos que lhe foram infligidos. Assim, corre o risco de mais tarde, por sua vez, maltratar outras pessoas, crianças ou adultos. Através dos exemplos de pacientes ou escritores célebres – Dickens, Kipling, Tchekhov –, Shengold mostra que ainda assim é possível romper essa lógica repetitiva, seja por um tratamento psicanalítico que leve o sujeito a superar sua impotência e sua revolta, seja pelo desenvolvimento de um talento artístico que o leve a uma sublimação de seu infortúnio.

Jenny Aubry introduziu as teses de Bowlby na França, entre 1950 e 1960. Herdeira do Iluminismo, mas consciente dos impasses de um ideal educativo demasiado racional, mais próxima de Victor Hugo do que de Freud, bastante londrina em suas escolhas, minha mãe dedicou sua vida à infância, às crianças abandonadas na Assistência Pública, às crianças psicóticas, autistas, às crianças desajustadas dos bairros populares de Paris, às crianças maltratadas e às crianças acometidas de doenças intratáveis. No entanto, sua infância não se assemelhava à infância dessas crianças. Tampouco a minha. Oriunda da grande burguesia judaico-protestante, segunda mulher médica em um hospital público em 1939, ela era uma pura representante do ideal republicano, aliando espírito científico à filantropia. Hoje avalio a que ponto é difícil ser um filho da psicanálise. Mas para mim foi uma grande felicidade ter uma mãe absolutamente excepcional.

As crianças de que minha mãe cuidava haviam nascido, como eu, no fim da guerra, e às vezes eu me identificava com seus sofrimentos. Será que eu queria inconscientemente assemelhar-me a elas para melhor desafiar a autoridade dessa mãe que lhes havia dedicado parte tão essencial de sua vida? Fato é que durante muito tempo fui má aluna, indisciplinada. Eis decerto por que não faço parte daqueles que, hoje, manifestam uma nostalgia pela escola de antigamente. Eu me sentia mal nela. Não gostava dos uniformes obrigatórios, das normas, da disciplina rígida. No entanto, mesmo não sentindo a nostalgia das antigas salas de aula, jamais censurarei minha mãe por ter me transmitido seu ideal republicano. Ela tinha cem vezes razão em me impor, com ternura, uma autoridade que eu não queria.

Aos nove anos, fiz uma análise bem curta com outra pioneira da psicanálise de crianças na França: Françoise Dolto. Lembro-me da maneira incomum com que ela se dirigia a mim numa linguagem elegante: entre Pierre Fresnay e Louis Jouvet. Sabia falar com as crianças sem jamais utilizar esse nhenhenhém estúpido e infantil que alguns assimilam a uma pretensa "língua de criança". Conversava com elas como sujeitos autônomos. Criada na fé cristã e no culto da Action Française, não tinha nada a ver com minha mãe. Era terrivelmente francesa e desconhecia o mundo anglófono. Não pertencia à mesma França da minha mãe, mas ambas tinham em comum o gênio da infância, de todas as infâncias.

Devo à minha mãe ter me iniciado tanto no conhecimento íntimo de *Em busca do tempo perdido* como na descoberta de *Memórias de uma moça bem-comportada*. Como muitas mulheres de sua geração e seu meio, votava uma verdadeira admiração a Simone de Beauvoir, ao mesmo tempo conservando a lembrança deslumbrada da literatura proustiana, especialmente daquele famoso episódio do beijo da mãe. De um lado o tornar-se mulher, do outro as belezas da infância. Quantas vezes não convivi com essa ideia, de que minha mãe, como a do narrador da *Recherche*, pudesse às vezes esquecer esse grande ritual de consolação e apaziguamento que era a única coisa que me salvava da insônia. As palavras de Proust continuam presentes em minha memória, que não é outra senão a da minha mãe: "Minha única consolação, quando eu subia para dormir, era que mamãe viria me beijar quando eu estivesse na cama. Mas esse boa-noite durava tão pouco tempo, ela descia tão depressa, que no momento em que eu a ouvia subir, depois quando passava no corredor de porta dupla o rumorejo de seu vestido de jardim em musselina azul, do qual pendiam alguns cordões de palha trançada, era para mim um momento doloroso. Anunciava aquele que iria sucedê-lo, em que ela me teria deixado, voltando a descer. De maneira que aquela despedida que tanto me aprazia, eu chegava a desejar que viesse o mais tarde possível, para que se prolongasse o tempo de alívio em que mamãe ainda não viera."

Ver: Amor. Animais. Autoanálise. Desejo. Espelho. Família. Felicidade. Guerra. *His Majesty the Baby*. Hitler, Adolf. Incesto. Leonardo da Vinci. Londres. Mulheres. Monroe, Marilyn. Édipo. Romance familiar. Sedução. *Segundo sexo, O. W ou a Memória da infância.*

Injúrias, exageros & calúnias
Tenho a honra de ser odiado...

A injúria é sempre a expressão de uma vontade de potência ineficaz e insatisfeita, fundada na frustração (Pierre Guiraud, *Les Gros Mots*, 1975). Milhares de injúrias foram proferidas contra a psicanálise por seus inimigos, mas também pelos psicanalistas que recorrem à psicanálise para enxovalhar não só as mulheres, homossexuais e dirigentes políticos, como também seus colegas, eles mesmos e sua própria prática: é especialmente o caso de Jacques Lacan. Quanto aos exageros, insultos e calúnias, não são menos numerosos. Eis, por ordem alfabética, algumas amostras desse grande breviário de execração, degradação, ódio de si e ressentimento, em que se misturam antissemitismo, excessos de todos os tipos, misoginia, homofobia, delírios, conspiracionismo, insultos *ad hominem*.

"A psicanálise é como a cientologia, sabemos quando e por que entramos nela, não sabemos quando saímos e terminamos por esquecer por que entramos... Enquanto isso, carteira e pensamento se esvaziam!" (internauta anônimo)

"Sob François Hollande: triunfo da perversão. Triunfo do ânus e de Pierre Bergé. Triunfo do freudismo e de suas judiarias higienistas. Inverte-se tudo num satanismo absoluto, o que haviam compreendido claramente e praticado os judeus bolcheviques e sua revolução de 1917. *Penetrem uns aos outros!* Nova trindade franco-maçônica: Ateu, Analfabeto, LGBT. ... Sigmund Freud fornicava com sua mulher e com a irmã de sua mulher, com a concordância da própria mulher. Depois transou com a filha, que é lésbica. Freud drogava-se com cocaína, praticava as mesas girantes (espiritismo na moda naquele fim de século XIX). Freud também era franco-maçom. Como inúmeros judeus, Freud sabia se exibir. Chegou a fuçar a merda dos humanos, pois só sabia falar disso, dos baixos instintos. Não podendo alcançar os patamares superiores do humano, limitou-se a remexer no 'subsolo', donde sua expressão 'libido'; e como bom judeu transformou a coisa num negócio vendendo seu trabalho sob copyright: 'Psicanálise', assim ficava mais científico. E encontramos quase nosso atual 'casamento gay', ou sei lá o quê, com um Freud celebrando o casamento de sua opinião com um 'método' de psicoterapia. O mal está feito, a 'psicanálise' se espalhou feito um vírus, e isso até hoje. Com a 'libido', entrávamos um pouco mais no homem-máquina e no trans-humanismo, em suma, no mecanismo do humano, cujo carvão tornou-se a grana." (AIO, www.fangpo1, 2013)

"Quando leio que o seio materno forma o primeiro objeto do instinto sexual, penso por um instante em me escandalizar ... Pergunto-me simplesmente, com curiosidade, qual será, nessas condições, para as crianças criadas na mamadeira, o primeiro objeto sexual ... Não é culpa minha se as objeções que somos levados a opor a Freud geralmente parecem piadas." (Charles Blondel, 1924)

"A psicanálise não existe – é uma nebulosa sem consistência, um alvo em perpétuo movimento." (Mikkel Borch-Jacobsen, 2005)

"Foderam conosco os judeuzinhos depois que seu Buda Freud entregou-lhes as chaves da alma ... Admirem como julgam, sentenciam, nos dias de hoje, decidem nossos judeuzinhos supermentais-mentirosos sobre todo valor, a verdade, o poder, soberanamente, sobre todas as produções espirituais! Inapelável! Freud, o alter ego de Deus." (Louis-Ferdinand Céline, 1927)

"A psicanálise nos propõe uma peregrinação às fontes, mas passando pelos esgotos." (Gilbert Cesbron, 1978)

"Jacques Lacan: charlatão consciente de sê-lo que brincava com o meio intelectual parisiense para ver a que ponto conseguia produzir absurdos continuando a ser levado a sério." (Noam Chomsky, 2012)

"A verdade é que o movimento psicanalítico em seu conjunto é um dos movimentos intelectuais mais corruptos da História. Ele é corrupto por considerações políticas e opiniões indefensáveis, que continuam a ser repetidas unicamente por causa das relações pessoais e considerações de carreira." (Frank Cioffi, 2005)

Injúrias, exageros & calúnias 187

"Todas as vezes que falei de meus problemas de todos os tipos a alguém mais ou menos versado em psicanálise, a explicação que me deram sempre me pareceu insuficiente, até mesmo nula. Ela não batia, pura e simplesmente. Aliás, não creio senão nas explicações biológicas ou então teológicas dos fenômenos psíquicos. A bioquímica de um lado – Deus e o Diabo do outro." (Cioran, 1957-1972)

"Impossível dar um passo no setor freudiano sem topar com Madame Roudinesco. Ela é o inspetor que agarra você no fundo do corredor ... Ela é como uma viúva de grande escritor que se mete em tudo, sem cujo aval nada se pronuncia legitimamente sobre Freud." (Michel Crépu, 2010)

"Freud era um lunático. Um guarda-chuva é um falo, o senhor sonhou com um guarda-chuva, logo com um falo." (Pierre Debray-Ritzen, 1973)

"A sexualidade, segundo Freud: obsessão de um cérebro acometido de erotomania." (Yves Delage, 1915)

"A psicanálise junta-se à família das ideologias fundadas no irracional, até mesmo e incluindo a ideologia nazista. Hitler não fazia outra coisa ao cultivar os mitos da raça e do sangue, forma nazista da irracionalidade dos instintos." (Sven Follin, 1951)

"A psicanálise assume hoje, como todas as nossas ideias, uma forma aberrante e totalitária; ela busca nos confinar na prisão de suas próprias perversões. Ela ocupou o terreno livre deixado pelas superstições, mascara-se habilmente com uma semântica que forja seus próprios elementos de análise e atrai a clientela mediante intimidação e chantagem psíquica, um pouco como os gângsteres americanos que impõem sua proteção!" (Romain Gary, 1973)

"Uma observação fortuita: por que os principais representantes das novas tendências, como Einstein em física, Bergson em filosofia, Freud em psicologia, e muitos outros ainda de menor importância, são quase todos de origem judaica, senão porque há nisso alguma coisa que corresponde exatamente ao lado 'maléfico' e debilitante do nomadismo desviado, o qual predomina inevitavelmente nos judeus de sua tradição?" (René Guénon, 1945)

"Uma mulher caída nas mãos dos psicanalistas torna-se definitivamente imprópria para uso; cansei de constatar isso ... Sob a fachada de uma reconstrução do Eu, na realidade os psicanalistas procedem a uma escandalosa destruição do ser humano ... Não devemos confiar um pingo, em hipótese alguma, em mulheres que tenham passado pelas mãos dos psicanalistas. Mesquinharia, egoísmo, obtusidade arrogante, ausência completa de senso moral, incapacidade crônica de amar: eis o retrato exaustivo de uma mulher *analisada*." (Michel Houellebecq, 2008)

"A psicanálise é uma trapaça para o nosso século ... Ler uma descrição do inconsciente por um psicanalista é ler um conto de fadas." (Aldous Huxley, 1925)

"Lacan, cujo Seminário durante tanto tempo atraiu otários, idiotas e esnobes, tanto mais impressionados com a fala enigmática do mestre quanto menos compreendiam alguma coisa ... Desejando salvar a psicanálise francesa da medicalização que a ameaçava e da mediocridade em que estagnava, ele conseguiu em poucos anos a façanha de desconsiderá-la ... Poderíamos compará-lo a um outro 'salvador', o aiatolá Khomeini, que em poucos meses conseguiu desacreditar a revolução islâmica." (Roland Jaccard, 1981)

"O débil submetido à psicanálise torna-se sempre um canalha. Saibamos disso." (Jacques Lacan, 1976)

"Nossa prática é uma patifaria. Blefar, fazer as pessoas piscarem, ofuscá-las com palavras afetadas ... Do ponto de vista ético, nossa profissão é insustentável. Trata-se de saber se, sim ou não, Freud é um acontecimento histórico ... Acho que ele errou sua tacada. É como eu, em muito pouco tempo todo mundo estará se lixando para a psicanálise." (Jacques Lacan, 1977)

"A psicanálise, ideologia de baixa política e espionagem ... Ofensiva geral de um imperialismo nas últimas, tentando ceifar o impulso do movimento democrático em toda parte no mundo ... Você é a favor da psicanálise? Então você é a favor da psicanálise estilo ianque." (Guy Leclerc, jornal *L'Humanité*, 1949)

Injúrias, exageros & calúnias 189

"Pense nas iniciativas tomadas pelos homossexuais. O pequeno episódio do Pacs é revelador de que o Estado está abandonando suas funções de fiador da razão ... Instituir a homossexualidade com um status familiar é colocar o princípio democrático a serviço da fantasia. Isso é fatal, na medida em que o direito, fundado no princípio genealógico, cede o lugar a uma lógica hedonista, herdeira do nazismo." (Pierre Legendre, 2001)

"Por que uma mulher pode parecer um cavaleiro mais sedutor para uma coirmã do que um homem? Em primeiro lugar, claro, por causa de sua cumplicidade para negar a importância do instrumento ... Um homem que ama realmente uma mulher, isto é, para quem ela faz falta, e sem nesse caso se identificar com ela, não é o mais frequente." (Charles Melman, 2007)

"Mesmo assim ficamos fascinados ao ver como políticos laureados dobram o joelho perante Ségolène Royal, quando ela ainda não tem senão um programa moral. Trabalho, família, pátria, até mesmo exército, obrigado, já passei por isso. Conhece na História uma mulher no poder que tenha sido liberal?" (Charles Melman, 2013)

"Elisabeth [Roudinesco] era minha chaga, meu cilício. Ou então eu pensava que era a festa da rã, que era preciso deixá-la fazer bolhas e fuçar na lama ... Entre os civilizados, ela continua uma selvagem." (Jacques-Alain Miller, 2013)

"Permita-me abaixar-lhe um pouco o tom, França dos insubmissos. Ranço de alguns sob mim, transe dos outros sobre mim, vou lhe aplicar uma pequena injeção antirrábica de primeira linha, e depois você me dirá o que achou." (Jacques-Alain Miller, 2017)

"Marx-Einstein-Freud: a trípode maldita tão linda em nossos bolos íntimos que hoje não conseguimos mais avaliar, sem transpirar, seus envenenamentos. Toda a merda que saiu desses três ânus: a bosta total, os 25 centímetros marrons! Um dia talvez sejamos capazes de imaginar o que talvez houvesse sido o século XX sem esses Irmãos Marx canalhas da Depressão. A Bomba, o complexo, o social: não há sonho melhor para destruir o universo." (Marc-Edouard Nabe, 1998)

"Deixemos os crédulos e vulgares continuarem a acreditar que todos os infortúnios mentais podem ser curados com uma aplicação diária de velhos mitos gregos sobre as partes íntimas de sua pessoa." (Vladimir Nabokov, 1973)

"Madame Roudinesco, que foi por muito tempo stalinista no Partido Comunista Francês, conservou os cacoetes de uma patologia incurável: continua a amestradora das *víboras lúbricas e das hienas datilógrafas*." (Michel Onfray, 2010)

"Não poderíamos negar que o freudismo, infiltrando-se na opinião pública, foi um agente de obscenidade e desmoralização. Logo, ele não é apenas absurdo, é perigoso também. Nos Estados Unidos, por exemplo, as moças têm um manual para encontrar a significação sexual de seus sonhos. Criam-se assim neuroses que terminam por confinar com o desejo neurótico." (Jornal *Patrie*, 1924)

"Após passar boa parte de sua vida derrubando as bancadas dos vendedores de alface, o velho destruidor de bagatelas que sou não poderia deixar de sentir, na hora da morte, um grande arrependimento se não tivesse procurado pelo menos uma vez na vida terçar lanças com aquele que terá sido sem dúvida o maior impostor do século XX: Sigmund Freud." (René Pommier, 2008)

"A psicanálise oferece um exemplo ululante de que, para nós, alemães, nunca pode vir nada de bom de um judeu ... Tanto que foi possível ao judeu Sigmund Freud, num puro espírito de chicana judaica, obscurecer os fatos, deformá-los e dar-lhes uma interpretação errada." (Revista *Deutsche Volksgesundheit aus Blut und Boden*, 1933)

"Seus pontos de vista se aplicam aos judeus, seus irmãos de raça, particularmente predispostos ao pansexualismo libidinal, congênito por fatalidade étnica." (Ernest Seillière, 1928)

Injúrias, exageros & calúnias

"Há, na posição de ter filhos sem precisar se relacionar com o sexo masculino, um medo, um ódio, um temor, uma fobia do membro viril, que faz com que tentemos ter o produto do acasalamento sem precisar passar pelo ato de acasalamento." (Michel Schneider, 2004)

"No divã e graças a Freud, o burguês, de opressor econômico, volta a ser vítima psicológica. Isso lhe permite esquecer que, na vida real, ele é um predador do proletariado. O freudismo pode assim validar todo o comportamento libertário insuportável dos benjamins da burguesia." (Alain Soral, 2014)

"Jean-Luc Mélenchon volta contra os outros sua grande violência interior … Acuado, ou deveria eu dizer constipado, na fase anal, falam com ele de sexo, ele responde escatologia." (Jean-Pierre Winter, 2011)

"Legalizar a homoparentalidade é matar o pai e a mãe." (Jean-Pierre Winter, 2012)

Ver: Apócrifos & boatos. Bardamu, Ferdinand. Dinheiro. Fantasia. Hitler, Adolf. Humor. Máximas de Jacques Lacan. Sexo, gênero & transgêneros. Viena.

J

Jesuítas
Espirituais exercícios lacanianos

"Nada, aparentemente, contradiz mais violentamente a teologia moral e mesmo a *Weltanschauung* (visão de mundo) dos jesuítas fundada numa vontade guiada pela razão, consciente, do que a descrição e o tratamento das psicopatologias cotidianas às quais Freud vinculou seu nome", escreve Jean Lacouture (*Jesuítas*, vol.2, 1992).

Evidentemente, com efeito, nada poderia reunir os freudianos oriundos da Mitteleuropa e das comunidades judaicas e os intelectuais extravagantes da Contrarreforma senão uma vontade comum de mudar o mundo através das missões, conquistas e conversões, senão uma escolha soberana de empreender uma viagem infinita, *ad Majorem Dei Gloriam*, ao coração da subjetividade humana. Afinal de contas, a famosa Companhia de Jesus, da qual estava excluída a ideia mesma de um possível ramo feminino, não diferia muito da primeira Sociedade Vienense de Psicanálise (1902), a dos homens das quartas-feiras, reunidos em torno de um banquete platônico. Não eram eles, uns e outros, adeptos de um novo messianismo, servos de uma grande causa fundada no culto das elites?

Contudo, foi preciso esperar a reforma do freudismo efetuada por Jacques Lacan para que se instaurasse na França, depois nos países latino-americanos, uma verdadeira relação entre os herdeiros de Iñigo (Inácio) de Loyola e o pensamento psicanalítico.

Oriundo de um meio católico, iniciado por Alexandre Kojève na história das religiões e fascinado, não só, como Georges Bataille, pelas expe-

Jesuítas 193

riências místicas, mas também pelo caráter imperial do catolicismo romano, Lacan teve consciência, desde 1953, da expansão das ideias freudianas para fora do campo da medicina. Preocupado em reunir um grande número de adeptos em torno de sua doutrina, voltou-se para as duas instituições que se abriam então para a psicanálise nos anos 1950: a Igreja católica e o Partido Comunista Francês. Em 1964, acolheu vários jesuítas na Escola Freudiana de Paris. E, dentre eles, meus prediletos: Louis Beirnaert, que se tornará psicanalista, e Michel de Certeau, historiador.

Professor de teologia e ex-resistente numa rede gaullista, Beirnaert desempenha papel fundamental na história das relações entre a psicanálise e a Igreja, em especial no que se refere à questão do discernimento das vocações, destinada a promover uma vasta reflexão sobre a natureza da fé nos sacerdotes e, mais ainda, na renúncia a uma vida sexual. Leitor dos *Exercícios espirituais*, Beirnaert não cessou de estabelecer um diálogo entre o catolicismo e o lacanismo, a fim de criticar a maneira como Freud reduzira a religião a uma neurose e a uma ilusão.

Historiador aberto a todas as transversalidades, pensador lúcido e generoso, Michel de Certeau foi um renovador dos estudos sobre a mística. Mas foi também, pelo interesse que dedicava à transformação da mensagem freudiana, um dos fundadores da Escola Freudiana de Paris (1964), ao lado de Jacques Lacan.

É a ele que devo minha inclinação pela história. Em 1977, ele me incentivou a escrever a história da psicanálise na França. Na realidade, obrigava os historiadores a levar em conta a psicanálise, disciplina rejeitada pela École des Annales e por seus herdeiros. Vendo a mística como uma ciência experimental suscetível de reinstaurar uma comunhão espiritual abolida por ocasião da passagem da Idade Média à época moderna, ele comparava seu destino ao da psicanálise. Ambas, ele dizia (*A fábula mística*, 1982), contestaram o princípio da unidade individual, o privilégio da consciência e o mito do progresso. Ambas, por fim, tomaram impulso nas resistências encontradas.

Michel de Certeau possuía a arte de erotizar a história e era apaixonado pela alteridade. Através de seu ensino, compreendi a modernidade jesuítica, essa fidelidade a um saber luminoso, oriundo do Renascimento, em que se misturavam abertura aos outros povos – os "indígenas" – e hostilidade ao colonialismo e ao escravagismo. Certeau era um verdadeiro jesuíta, um jesuíta freudiano, menos lacaniano do que seu amigo Beirnaert. Fazia-me pensar num outro jesuíta que eu tanto amava, Aramis, mosqueteiro e superior na Companhia de Jesus, homem de espada, homem de Igreja, homem do segredo e do mistério, único sobrevivente de seus quatro companheiros, tão fiel quanto eles na amizade. É a Aramis que d'Artagnan se dirige no momento de morrer: "Aramis, para sempre, adeus." Aramis não morre, é o amigo cuja alma já foi arrebatada por Deus, está condenado a testemunhar, sabendo que nenhum de seus amigos, mortos antes dele, lhe dirá adeus.

No enterro de Michel de Certeau, estavam presentes para um último adeus todas as alteridades que haviam marcado o século XX: freudianos, marxistas, feministas, filósofos, historiadores, antropólogos e muitos outros ainda.

Ver: Amor. Beirute. Cidade do México. Cuernavaca. Desconstrução. Eros. Hipnose. Mulheres. Paris. Roma. Viena.

L

Leonardo da Vinci

Um abutre na boca

Leonardo da Vinci é o nome não somente do maior pintor do Renascimento, celebrado no mundo inteiro: é também o nome de um enigma transformado por Freud, se não em caso clínico, pelo menos num objeto intrigante com o qual gerações de psicanalistas se identificaram. Da mesma forma que Freud distorce a tragédia de Édipo para transformá-la no eixo de sua concepção do conflito inconsciente, faz Leonardo entrar num labirinto interpretativo que nenhum historiador da arte pode mais ignorar (*Uma recordação de infância de Leonardo da Vinci*, 1910). Com efeito, a famosa recordação da ave de rapina tornou-se uma peça importante do estudo da personalidade do pintor, "essencialmente depois que Freud lhe consagrou, em 1910, um ensaio tão brilhante quanto problemático" (Daniel Arasse, *Léonard de Vinci*, 1997, reed. 2011).

Quando decide estudar a vida de Leonardo da Vinci, Freud já tem um sólido conhecimento da pintura do Renascimento italiano, em especial pela leitura do livro de Jacob Burckhardt, amplamente anotado (*A civilização do Renascimento*, 1860). Além disso, apaixonado por viagens, não se cansa de, todos os anos, visitar a Itália e transpor as fronteiras entre passado e presente. Mas foi em Paris, em 1886, que teve pela primeira vez a oportunidade de extasiar-se diante das telas de Leonardo: *Mona Lisa* (1503-6), *A virgem dos rochedos* (1483-6) e *A virgem com o menino e Sant'Ana* (1508).

Em 1898, numa carta a Wilhelm Fliess, escreve: "Leonardo, de quem não conhecemos nenhuma aventura galante, talvez tenha sido o canhoto mais célebre do mundo." Adere então às hipóteses mirabolantes de seu amigo, que afirma que os artistas são dotados de uma "lateralização à esquerda mais forte e correspondente neles a uma acentuação do caráter sexuado oposto".

Na pintura do Renascimento italiano, as madonas são, para Freud, os modelos de uma maternidade sensual, e sua onipresença vai de par com o desaparecimento da figura arcaica de Deus pai. Como os artistas e escritores de seu tempo, Freud coloca o homem no centro de suas pesquisas. Quanto a Leonardo da Vinci, reconhecido como um gênio por seus contemporâneos, vive num mundo atormentado, o das guerras da Itália, da desconstrução do cristianismo medieval e das imprecações de Savonarola, um mundo em guerra e ao mesmo tempo voltado para a descoberta de novas terras, além da Europa, e rumo a uma nova compreensão das leis do universo. Serve a diversos patronos, por sua vez submetidos à violência daqueles tempos. Nessa época, se esboça no pensamento ocidental a crítica do universo fixo fundado na síntese aristotélica. Deus já não é mais visto como o centro do universo. As verdadeiras forças invisíveis que o artista deve descobrir, sem abandonar ainda oficialmente a iconografia clássica da cristandade, são aquelas da natureza e de uma humanidade em movimento que se amalgama com o mundo natural.

No começo do século XX, os trabalhos sobre Leonardo da Vinci estão em plena expansão e os historiadores da arte se interrogam sobre esse gênio que ensejou inúmeras lendas e que cultivava o segredo, apaixonando-se pelos enigmas do universo. Obcecado pelo "enigma do caráter de Leonardo", Freud devorou o livro de Dimitri Merejkovski, *O romance de Leonardo da Vinci*, publicado em 1900 e cujo subtítulo era "A ressurreição dos deuses". Esse autor russo obtivera um sucesso considerável ao apresentar Leonardo como um personagem ímpio, sublime por sua humanidade, mas anticristo por sua inclinação pelos monstros e sua paixão pela dissecação dos corpos: uma criatura estranha, assombrada pela dialética da beleza e da fealdade, infantil em seus excessos e sua identificação com as aves, espécie de profeta metafísico-religioso saído diretamente de um romance de Dostoiévski. Merejkovski continuava a propagar a versão lendária de um

Leonardo da Vinci

sábio de barba comprida. Não ignorava, contudo, que o jovem Leonardo era um homem de grande beleza, imberbe, gracioso, preocupado com sua aparência, de uma feminilidade evidente, usando cabelos cacheados semelhantes aos dos adolescentes andróginos que ele desenhava e que o cercavam em seu ateliê.

É nesse romance que Freud descobre a famosa recordação de infância, da qual transcreverá a versão italiana: "Parece que é meu destino escrever assim sobre o milhafre, pois entre minhas mais remotas impressões de infância, ocorre-me que, na época em que eu estava no berço, um milhafre veio abrir minha boca com sua cauda e, repetidas vezes, bateu com essa cauda nos meus lábios." Sabemos que Leonardo se interessava especialmente pelo milhafre (*nibbio*) porque observara a capacidade dessa bela ave de rapina de efetuar descidas em voo planado sem nenhum movimento das asas.

Essa recordação parece tão inquietante quanto a escrita invertida ou especular que caracteriza os comentários redigidos por Leonardo. Se é frequente encontrarmos, em mitos de origem, histórias de aves que pousam na boca de uma criança no berço – a cantora Barbara viria a criar uma nova versão para isso –, só Leonardo imaginou a cena de uma cauda de ave de rapina penetrando de maneira intrusiva no orifício bucal de um bebê. Leonardo apresenta essa recordação como se se tratasse de um vaticínio emanando da natureza. É o voo da ave que predestina o herói, e não o enviado de Deus; não o anjo da iconografia cristã, mas o animal.

O que Leonardo toma por uma recordação em forma de presságio é uma reconstrução imaginária tardia. Ele sabia que estava predestinado a se tornar um artista, um homem diferente dos outros. Sem colocar seu ilustre paciente num divã, Freud inventa uma vida inconsciente para ele conforme à ideologia psicanalítica do início do século XX, mas também às suas próprias fantasias: constrói um *Da Vinci Code* que é na verdade um *Da Vinci Freud*. Como Leonardo, Freud julga-se predestinado e, como ele, recusa os sistemas metafísicos. Assim, anexa o herói Leonardo ao seu sistema de pensamento a fim de mostrar que as obras deste último são repletas de sinais de uma vida que ele procura dissimular. Freud não compara a recordação contada por Leonardo a uma predestinação, mas a um enigma que ele pretende decifrar, tal como Édipo respondendo a uma Esfinge que lhe fizesse três perguntas: "1. Qual é a gênese da homossexualidade? 2. Qual é o status da infância no destino da humanidade? 3. Quem é a mãe?"

Entre janeiro e março de 1910, ele redige de um só fôlego seu estudo sobre a recordação da infância, que será publicado em maio. Interpreta essa lembrança transformando o milhafre (it. *nibbio*) num abutre (al. *Geier*), embora tenha consultado o texto italiano. Ora, um abutre não é um milhafre. Bastante assustador, o abutre possui um pescoço comprido e um bico pujante que lhe permitem escarafunchar as carcaças. Ao contrário, o milhafre, ave mais elegante, é provido de um pescoço atarracado, um bico pouco proeminente e uma cauda mais ampla.

Se Freud comete esse engano, é porque faz questão de associar o abutre a uma divindade andrógina do Antigo Egito (*Mout*), a ponto de levantar a hipótese de que o próprio Leonardo teria tido conhecimento desses mitos e divindades. Assim, transforma o episódio da cauda batendo nos lábios numa cena de felação. Segundo ele, essa cena é a reatualização de outra mais antiga: a da sucção do seio materno pela criança de berço. Donde Freud sugere a hipótese – falsa – de que Leonardo, filho ilegítimo de um pai que o reconhece e o trata bem, teria sido criado pela mãe durante seus primeiros quatro anos, depois se separado dela para juntar-se ao lar paterno e a uma madrasta. Daí a homossexualidade do pintor, classificado por Freud na categoria dos "invertidos inativos". Em outras palavras, Freud está convencido de que Leonardo nunca teve qualquer relação carnal com homens, hipótese no mínimo espantosa. Leonardo teria então sido homossexual sem ser sodomita. E, no mesmo impulso, Freud afirma que meninos criados exclusivamente por mulheres tendem a se tornar homossexuais. Freud, portanto, erra três vezes: sustenta que *ser* Piero teria sido um pai ausente, que Leonardo teria sido criado exclusivamente pela mãe durante quatro anos e que sua homossexualidade não carnal resultaria dessa situação.

Essa negativa do caráter carnal da homossexualidade de Leonardo foi possível porque, ao contrário de Michelangelo, Da Vinci foi sempre

Leonardo da Vinci

muito reservado sobre sua sexualidade. A relação que mantinha com sua homossexualidade permitiu a Freud construir sua sedutora hipótese. Não obstante, podemos nos perguntar em que medida essa discrição seria prova de que Leonardo jamais teria se relacionado com garotos: podemos igualmente imaginar que Leonardo era um homossexual ativo. Sabemos que era atraído por efebos que posavam nus para ele e que gostava de reproduzir em seus desenhos e telas seus rostos angelicais e sorrisos enigmáticos.

Além disso, em outubro de 1476, aos 24 anos de idade e ainda aprendiz no ateliê de Verrochio em Florença, Leonardo foi denunciado e depois, junto com outros jovens, preso por sodomia com Jacopo Saltarelli, prostituto notório. Podemos então supor que, depois desse episódio, ele tenha preferido manter-se discreto sobre o assunto, não obstante a homossexualidade ser tolerada em Florença. Leonardo decerto nunca fala abertamente de sua sexualidade. Mas evoca-a de maneira enigmática em suas confidências em escrita invertida.

Em abril de 1490, recolhe em sua casa Giacomo Caprotti, de dez anos de idade, delinquente andrajoso, inculto e ladrão, de uma beleza estarrecedora, a quem dá o apelido de Salai ("demônio" em árabe) e com quem age como mãe e educador. O menino lhe serve de modelo e criado e convive com os outros efebos do ateliê do mestre. Leonardo conservará Salai consigo a vida inteira. Em 1506, acolhe como aprendiz um jovem nobre de dezesseis anos de idade, Francesco Melzi, o exato oposto de Salai. Nessa data, portanto, Leonardo mora com Salai (26 anos) e Melzi (dezesseis anos), que vivem em perpétua rivalidade e cercados de muitos outros jovens.

Freud não ignora nada da vida levada por Leonardo, mas quer decididamente fazer seu herói entrar nessa categoria de homossexuais que "não procuram o pênis da mãe, tendo relações sexuais com os homens". Da mesma forma, sugere que Leonardo vira uma mãe ao procurar a companhia desses adolescentes, os quais espelhariam o filho que ele foi para ela. Teoria sedutora e parcialmente exata! Salvo por coincidir bem mais com a hipótese clínica de Freud sobre a gênese da homossexualidade masculina do que com a realidade da vida sexual de Leonardo. Porventura Freud projetaria no pintor admirado sua própria prática da abstinência iniciada em

1895? Porventura estaria expondo as primícias de sua teoria da sublimação, que ocupará cada vez mais espaço em sua doutrina?

E transforma então Leonardo num criador genial que, como ele, teria sublimado sua pulsão sexual colocando-a a serviço da civilização. Mas o mostra também sob os traços de uma criança narcísica, divertindo-se com brinquedos e animais, ou construindo máquinas, sem jamais conseguir terminar suas obras – prova, segundo Freud, de uma inibição sexual.

Para embasar seu argumento, Freud comenta o famoso desenho de Leonardo sobre a copulação. Observa, pertinentemente, que este representa de maneira estranha o órgão feminino, reduzindo-o a uma espécie de receptáculo, ao passo que desenha o homem paramentado com um pênis comprido. No mesmo desenho, figuram outro pênis seccionado, um torso de homem e ainda outro pênis irrigado por canais. E Freud comenta então o que Leonardo diz sobre o ato sexual que lhe causa horror: "O ato de acasalamento e os membros que nele são empregados são tão feios que, se não fossem a beleza dos rostos e os ornamentos dos atores e a pulsão contida, a natureza perderia a espécie humana." A conjugação da fealdade e da extrema beleza, perfeitamente detectada por Freud, é um dos componentes mais importantes da arte de Leonardo da Vinci. Corresponde também à interrogação de uma época: por trás do homem, por trás da iconografia sagrada, não se vê mais o Deus todo-poderoso do mundo medieval, mas um Cristo naturalizado, feminizado, imerso na natureza, nos órgãos, na anatomia. Por trás da estranha beleza divina dos retratos de Leonardo, esconde-se o corpo em todo o seu mistério e crueza: pedaços de corpos dissecados. Tal é o mundo invisível que Leonardo exibe em seus desenhos e que faz desaparecer em suas telas pintadas, povoadas, igualmente, de enigmas: rochedos devastados, paisagens indefinidas e inquietantes, cenas de guerra, rostos inacabados. Esse mundo corporal dissimulado na pintura de Leonardo é o exato reflexo do mesmo que Freud quer revelar na aurora do século XX: o mundo do psiquismo. Serve-se, portanto, dos enigmas de Leonardo para desenhar seus contornos.

Leonardo cria ficções. A propósito, esse desenho da copulação evoca claramente uma espécie de cena primitiva no sentido freudiano. A origem

Leonardo da Vinci

primeira do ser é o pênis portador do sêmen. Leonardo retoma aqui a tese medieval da inferioridade do órgão feminino, ao mesmo tempo hesitando quanto à questão da origem. O órgão da mulher ou o do homem? Leonardo não decide, interessado demais que é pelo funcionamento mecânico do corpo.

Numa reflexão sobre a atividade do pênis, Leonardo lhe atribui uma inteligência natural que não dependeria da vontade do sujeito. Quando procuramos estimulá-lo ele fica em repouso, diz, e às vezes, ao contrário, levanta-se sem qualquer autorização: "Frequentemente o homem dorme e ele vela e acontece de o homem estar acordado e ele dormindo." Em suma, Leonardo parece conhecer perfeitamente as atividades do pênis, ao passo que tem dificuldade para imaginar as do órgão feminino.

A androginia dos personagens de Leonardo e essa abolição da diferença de sexos podem ser interpretadas como a vontade de denotar a ausência de fronteiras entre madonas, anjos, sátiros, personagens femininos ou masculinos, profanos ou sagrados. Essa supressão das fronteiras também se encontra no sorriso enigmático das mulheres e dos homens: em *O anjo encarnado* (ou *Anjo Anunciação...*), retrato de Salai exibindo um pênis ereto e um torso dotado de um seio minúsculo; em *João Batista*, irmão gêmeo de Baco; em *Leda e o cisne*; na *Mona Lisa*, naturalmente; e no famoso quadro *Santa Ana Metterza* (*A virgem com o menino e Sant'Ana*). Sem falar que esse sorriso e essa androginia se encontram igualmente na *Última ceia*. Situado à direita de Jesus, o apóstolo João é uma réplica dos outros personagens andróginos da pintura de Leonardo. Possui o mesmo sorriso, a ponto de os decifradores de enigmas, oriundos da tradição esotérica, afirmarem ver nele uma Maria Madalena saída diretamente de um evangelho apócrifo, do qual Leonardo teria sido adepto. Em seu best-seller de 2003 *O código Da Vinci*, Dan Brown reatualiza essa interpretação segundo a qual um grupo de conspiradores detentores de um segredo dos Templários buscaria destruir a Igreja católica.

Muito distante de tal transfiguração, Freud mesmo assim empreende uma decifração de enigmas de outro gênero, não hesitando em fazer da psicanálise um método de revelação dos significantes ocultos. Engana-se imaginando que Leonardo foi o único pintor de sua época a escolher esse tema da madona trinitária, ao passo que o culto de Sant'Ana é bastante disseminado nos anos 1485-1510. Isso não impede que Freud observe, corretamente, que o emaranhamento dos corpos das duas mulheres é muito mais pronunciado em Leonardo do que em outros quadros e que a hierarquia das idades está ausente. Ana e Maria são quase idênticas, mas é Ana que melhor encarna o arquétipo do personagem do sorriso.

Como todos os comentadores, Freud procura resolver o enigma da origem desse sorriso, que ele imagina vir da infância de Leonardo: sorriso da mãe ou de um substituto. Freud não pretende resolver o enigma, mas cogita, evidentemente, como outros, na ideia segundo a qual Leonardo teria representado a si mesmo, o que lhe permite lançar as bases de sua teoria do narcisismo. Resumindo, graças a Leonardo ele responde às perguntas feitas por sua Esfinge imaginária sobre a homossexualidade, a criança e a mãe. E supõe que, à medida que envelhece, Leonardo é mais invadido pela recordação de sua infância: ave-abutre e o misterioso sorriso. Assim, afirma que, se a psicanálise é incapaz de explicar o gênio criador, torna compreensível, através do caso de Leonardo, a razão pela qual só um criador com essa infância pôde pintar a Gioconda e a Sant'Ana trinitária. Apenas um tal criador, sexualmente inibido, pôde lhes reservar uma triste sorte – o inacabamento –, preferindo a eles a investigação científica da natureza. Com essa interpretação da vida e da obra de Leonardo, Freud compõe um romance histórico de um novo gênero, no qual o herói do Renascimento ocupa o lugar de um Édipo transformado em Narciso, e faz dele o modelo primeiro de sua concepção da homossexualidade sublimada. Se Édipo e Hamlet são os paradigmas da revolta dos filhos contra o pai, Leonardo seria antes, na mitologia psicanalítica, o protótipo do herói da modernidade romanesca do século XX, a meio caminho entre um Freud sublimando sua sexualidade e um Proust frequentando os bordéis, ambos anunciadores de uma época atormentada pelo progresso das ciências, pelo enfraquecimento da autoridade patriarcal e pelo culto da interioridade do Eu.

A partir de 1910, Leonardo torna-se um personagem freudiano, um "Homem do Abutre", semelhante ao "Homem dos Lobos", paramentado com uma cena primitiva, imerso em sua inversão imaginária, seus enigmas, seu amor pelas madonas e as copulações gráficas, sua escrita especular

Leonardo da Vinci   203

e seus anjos andróginos. Com isso, inúmeros são os psicanalistas acometidos de uma verdadeira síndrome de toxicomania leonardesca, que se transformarão, ao longo dos anos, em caçadores de signos na busca incessante de captar a grande sombra da ave de rapina egípcia, mãe bissexuada com cabeça de pássaro.

Sempre obcecado pelo voo do abutre, Freud aceita a hipótese de seu discípulo Oskar Pfister, que, em 1913, diverte-se com o jogo da "imagem críptica inconsciente". Julga perceber no belo drapejado azul do manto de Maria a imagem de um abutre deitado com a cabeça ao contrário. Assim, quer ver nessa imagem oculta a prova segundo a qual a cauda da ave se desenvolveria secretamente próximo à boca do Menino Jesus. Retomada por Freud e por gerações de psicanalistas, essa tese sugere que o inconsciente de Leonardo, marcado pelo selo da felação e do seio materno, se inscreveria, qual uma ave do destino, num quadro que subverteria o tema bem conhecido da iconografia cristã.

Em vez de desencavar um abutre na prega de um manto entre Maria e Ana, por que não ver que, se Freud investiu tanto na história de Leonardo, foi porque sonhava fazer surgir na vida de todo criador um desejo irreprimível de elevar-se nos ares, acima dos outros homens, maneira de lançar um desafio permanente ao conhecimento universal, à natureza, à morte?

Desde sua publicação, o livro causou um verdadeiro escândalo, sobretudo na França. Freud foi acusado de ter manchado a memória de Leonardo, fazendo dele um homossexual. Nessa época, sua homossexualidade ainda era zelosamente dissimulada. Toda uma corrente negacionista continua, aliás, a afirmar que Leonardo nunca foi atraído pelos rapazes e que sua verdadeira amante, única paixão de sua vida, era a Mona Lisa. Outros ainda afirmam que Freud era um trapaceiro. Não substituiu conscientemente o milhafre por um abutre com a única finalidade de travestir a recordação de um grande homem?

Ver: Animais. Autoanálise. Berlim. *Carta roubada, A.* Édipo. Eros. Espelho. Família. Fantasia. Göttingen. Holmes, Sherlock. Infância. Narciso. *Origem do mundo, A.* Roma. São Petersburgo. Sexo, gênero & transgêneros. Zurique.

Livros

Freud's Library

Em todos os países, os psicanalistas gostam de livros, e, mesmo que não os leiam, cultuam bibliotecas e livrarias. Compram livros, os colecionam e veneram. É muito comum instalarem sua biblioteca em seu consultório. Pretendem-se bibliófilos e procuram edições raras adornadas com autógrafos. Sempre tiveram o desejo de serem escritores ou autores reconhecidos. Volta e meia criam editoras ligadas às suas associações e publicam artigos em revistas especializadas, cujos títulos costumam fazer referência a algumas frases célebres dos mestres fundadores.

Esse amor da letra e das letras deve-se ao fato de que os profissionais do inconsciente trabalham sobre o passado, os sonhos, os escritos, sobre essa arqueologia do sentido inscrito no coração do ser humano. São acima de tudo mitógrafos, clínicos da língua, do texto e da fala. Espalhados mundo afora e diferenciados uns dos outros ao longo de rupturas, exílios, cisões e querelas de panelinhas, consideram que seu único laço identitário reside no culto que votam aos textos fundadores, sobretudo à obra de Freud, reinterpretada de geração em geração. Se um dia os psicanalistas parassem de ler livros para, em nome do progresso, se transformar em distribuidores de receitas, drogas e jargões dignos de Diafoirus (*O doente imaginário*), isso levaria à morte da psicanálise, disciplina literária e filosófica, oriunda da tradição ancestral dos médicos da alma.

Grande colecionador de arte e livros, Freud possuía uma imensa biblioteca, que é possível consultar no Freud Museum: 2.522 livros, quase todos encadernados e anotados. Mas Freud também foi editor. Pensava que uma forte independência editorial favorecia a difusão de seu pensamento e de seus discípulos. Criou diversas revistas: *Jahrbuch* (ou Anais de pesquisas psicanalíticas), *Zentralblatt für Psychoanalyse* (vienense, depois internacional), *Imago* (revista dedicada à psicanálise aplicada às artes). Fundou uma editora (a Verlag) e, por fim, publicou, de 1925 a 1938, os *Almanaques da Psicanálise*, que hoje atestam a vitalidade do movimento psicanalítico internacional durante o entreguerras. Todas essas publica-

Livros 205

ções foram cuidadosamente conservadas pelos herdeiros de Freud, preo-cupados em preservar a memória de seu movimento após a destruição da psicanálise europeia pelos nazistas.

Igualmente colecionador, Lacan gostava de se cercar de livros. Costu-mava manifestar uma vontade frenética de possuí-los de imediato e queria sempre ser o primeiro a receber a obra cobiçada com a devida dedicatória do autor. Sua imensa biblioteca – aproximadamente 5 mil livros – era di-vidida em cinco partes, alocadas em diversos lugares: dois apartamentos à rua de Lille, em Paris; uma casa de campo, La Prévôté, situada na aldeia de Guitrancourt, perto de Mantes-la-jolie. Fiz uma lista desses livros em *Lacan, a despeito de tudo e de todos* (2011).

Ao contrário dos herdeiros de Freud, os de Lacan não criaram nenhum museu nem doaram sua biblioteca, que foi legada a um de seus netos. A biblioteca de Lacan, portanto, é um objeto não identificado sem futuro nem passado. Graças a François Wahl, seu editor, Lacan pôde criar, nas Éditions du Seuil, uma coleção (Le Champ Freudien), na qual até sua morte em 1981 publicou livros de seus principais discípulos, especialmente os de Serge Leclaire, psicanalista deslumbrante, de quem eu gostava muito e que me abriu seus arquivos, assim como seu amigo Wladimir Granoff, burguês ilustre, oriundo da aristocracia judaica de São Petersburgo, cole-cionador, bibliófilo, apaixonado pelos livros e arquivos. Leclaire tinha uma soberba biblioteca instalada num belo apartamento de três andares da rua Lhomond, onde recebia amigos e pacientes. Apreciava a arte moderna e as mulheres intelectuais.

Lacan também fundou uma revista, *Scilicet*, destinada a receber textos anônimos, não assinados pelos autores.

Sempre cultivei o amor pelos livros e sempre vivi cercada por eles: os da minha biblioteca são anotados, sublinhados, fatigados de tanto serem lidos e relidos, arrumados de maneira extravagante. Desde minha infân-cia, adoro mergulhar em dicionários, coleciono-os e consulto-os também na Internet. Meu avô paterno era livreiro e editor em Bucareste; meu pai, bibliófilo, sonhava ser escritor e possuía uma imensa biblioteca. Eu mesma tive uma livraria (La Répétition) entre 1974 e 1979, no nº 27 da rua Saint-

André-des-Arts, após o fechamento de La Joie de Lire. François Maspero, que era meu editor, aliás, me sucedeu, antes de desistir. Essa livraria, que ficava defronte à sala de cinema de meu velho amigo Roger Diamantis – analisando de Lacan –, permanecia aberta até meia-noite e às vezes até bem mais tarde. Eu a tocava junto com o poeta Henri Deluy, bibliotecário e redator-chefe da revista *Action Póetique*. Todas as sextas-feiras, recebíamos autores para noites de autógrafos: poetas, romancistas, filósofos, historiadores e psicanalistas. Aragon e Lacan iam lá às vezes, bem como André Green, que, a cada visita, verificava se seus livros estavam bem expostos nas prateleiras. Lembro-me de alguns encontros memoráveis com Octave e Maud Mannoni, François Roustang, David Cooper, Pierre Raymond. Georges Perec era assíduo e compartilhava minha afeição pela trilogia dos mosqueteiros de Alexandre Dumas, escritor das três fases da vida, que alimentara tanto sua infância quanto a minha: "Leio pouco", ele dizia, "mas leio sem parar ... Releio os livros que amo e amo os livros que releio, sempre com o mesmo deleite ... O de uma cumplicidade, uma conivência, mais que isso, de um parentesco finalmente descoberto."

Essa livraria me lembrava a que Adrienne Monnier abrira em 1915 no nº 7 da rua de l'Odéon, a qual batizara de Maison des Amis du Livre. Lá, promovia leituras públicas, de que participavam André Gide, Jules Romains, Paul Valéry, Louis Aragon, Walter Benjamin e, mais tarde, Jacques Lacan. Nessa mesma rua, Sylvia Beach criou em 1919 a livraria Shakespeare and Company, frequentada durante o entreguerras pelos escritores americanos, especialmente Ernest Hemingway, apaixonado por Paris. Foi lá que, extasiado, Lacan assistiu à primeira leitura do *Ulysses*, de Joyce. Em seguida, a livraria se instalou à rua de la Bûcherie, a dois passos do Sena.

Encontrei esse mesmo prazer da leitura em Antoinette Fouque, amiga de Serge Leclaire e analisada por Lacan. Eu não partilhava de seus gostos literários nem sua hostilidade por Simone de Beauvoir. Mas adorava seu amor à língua francesa, à psicanálise e aos livros. Em 1972, ela criou uma editora original, Des Femmes, e, dois anos mais tarde, uma livraria homônima situada hoje à rua Jacob, num espaço superelegante. Em 1980, teve a ideia de lançar uma coleção de audiolivros, da qual participei, assim

Livros   207

como centenas de autores e atores: "Na época isso não existia na França, e muito pouco em outros lugares. Eu queria dedicar esses primeiros livros falantes à minha mãe, filha de emigrantes, que nunca foi à escola, e à minha filha, que se queixava de ainda não conseguir ler, e a todas aquelas que, entre tabu e inibição, não encontram tempo nem liberdade para pegar um livro. Acredito que pelo ouvido podemos ir bem longe ... Uma voz é o Oriente do texto, seu começo." Tendo alcançado a celebridade, foi a idealizadora, em 2013, de um *Dicionário universal das criadoras, em três volumes*, que não é senão um dicionário amoroso da feminilidade sob todas as suas formas.

Lembro-me também de que foi por ocasião de uma conferência em 2008, na Sociedade de Leitura de Genebra, que pensei pela primeira vez em redigir este *Dicionário amoroso*. Por iniciativa de Mario Cifali e Delphine de Candolle, eu expusera todas as diferentes maneiras de conceber um dicionário e ficara fascinada pela imensa biblioteca da instituição, fundada em 1818: 400 mil livros. Tínhamos falado no papel desempenhado por Raymond de Saussure na história da psicanálise, e no de seu pai, Ferdinand de Saussure, cuja obra foi o ponto de partida de uma reforma estrutural do pensamento freudiano: "A ciência-piloto do estruturalismo no Ocidente", dizia Lacan, "tem suas raízes na Rússia, onde floresceu o formalismo. Genebra 1910 e Petrogrado 1920 dizem bem por que seu instrumento faltou a Freud" (*Escritos*, 1966).

Há trinta anos compartilho minha vida com Olivier Bétourné, editor excepcional que também devota um amor imoderado aos livros, em especial às grandes obras sobre a Revolução Francesa. Nada me é estranho nesse domínio, e não suporto o convívio com pessoas que não leem ou não gostam de livros.

Ver: Carta roubada, A. Desconstrução. Divã. Londres. *Origem do mundo, A.* Paris. São Petersburgo. *Segundo sexo, O.* Sonho. Viena. *W ou a Memória da infância.* Washington.

Londres

Bloomsburies & Golders Green

Freud amava a Inglaterra. Começou a ler a obra de Shakespeare aos oito anos de idade e falava inglês fluentemente. Em 1875, realizou seu sonho de ir a Manchester para passar uma temporada com seu meio-irmão, Emanuel, 23 anos mais velho. Preparou cuidadosamente a viagem: "Leio história inglesa, escrevo cartas inglesas, aspiro a olhares ingleses." Freud sempre sonhou em tornar-se cidadão inglês, a despeito "do fog, da chuva e da bebedeira".

Durante o entreguerras, e mais ainda após a chegada do nazismo ao poder, Londres tornou-se a grande cidade europeia da psicanálise, suplantando Berlim, que já suplantara Viena e Budapeste logo após a Primeira Guerra Mundial.

É a Ernest Jones, discípulo não judeu de Freud, nascido em 1879 em Gowerton, no país de Gales, que devemos a disseminação da psicanálise no mundo anglófono. Trabalhador obstinado, político pragmático, dispendeu uma fantástica energia para instalar o movimento freudiano em diversos países de língua inglesa: Canadá, Estados Unidos e Índia. Na Grã-Bretanha, fundou primeiro a Sociedade Psicanalítica de Londres, depois, em 1919, a British Psychoanalytical Society (BPS), no seio da qual irão forjar-se os maiores psicanalistas da escola inglesa, cujos nomes estão presentes em diversos verbetes deste *Dicionário amoroso*. Jones manteve uma intensa correspondência com Freud. Lia perfeitamente o alemão e era capaz de escrevê-lo, mas, quando pediu a Freud que trocasse os caracteres góticos pelos latinos, este preferiu redigir suas cartas em inglês.

Londres não seria o que é sem o bairro de Bloomsbury, onde se encontravam, todas as noites de quinta-feira, pintores, escritores, intelectuais e jornalistas, que rejeitavam em bloco o conformismo vitoriano e militavam contra as guerras imperiais. Como todos os movimentos de vanguarda, os Bloomsburies – ou Círculo de Bloomsbury – procuravam transformar os costumes da época e instaurar a igualdade entre homens e mulheres. Assim, defendiam uma nova concepção do amor e práticas sexuais capazes de fazer desabrocharem "naturalmente" todas as tendências do ser, em especial a bissexualidade e a homossexualidade. Rejeitavam o puritanismo e preconizavam um ideal ético e estético fundado tanto no liberalismo como no socialismo.

Por suas aspirações e seu ideal de uma felicidade individual, que não se furtava nem às turbulências da melancolia nem à aspiração a gozos extremos – mesmo os mais perigosos –, desempenharam um papel fundamental na floração da cultura freudiana em Londres. Entre eles, os irmãos Lytton e James Strachey, Dora Carrington, John Maynard Keynes, Roger Fry e, por fim, Leonard e Virginia Woolf: "Somos justos, selvagens, estranhos, inocentes, naturais", ela dirá, "mais excêntricos e industriosos do que é possível imaginar."

Em 1917, Leonard e Virginia Woolf fundam uma prestigiosa editora – a Hogarth Press –, que acolherá a tradução da obra freudiana, em edição preparada por James Strachey com o apoio de Jones, o qual sabia muito bem que Freud nunca se entenderia com seus discípulos americanos para um trabalho daquela envergadura. Acompanhado de sua mulher Alix Strachey, oriunda de uma família não conformista e criada por uma mãe feminista, James foi a Viena para ser analisado pelo mestre. Contudo, logo em seguida, enquanto Alix ia para Berlim consultar Karl Abraham, ele embarcava no trabalho de uma vida inteira, realizando assim, ao longo dos anos, a mais notável edição da obra de Freud. Graças a Strachey, ele se tornou um autor realmente inglês, herdeiro de Shakespeare, John Stuart Mill e Darwin. A famosa Standard Edition, com efeito, é muito mais lida no mundo, ainda hoje, do que a *Gesammelte Werke*.

Em 1926, a instalação em definitivo de Melanie Klein em Londres abala o cenário da psicanálise na Grã-Bretanha. Não só ela dá um novo impulso à abordagem da psicanálise das crianças, da sexualidade feminina e das psicoses (loucura), como forma à sua volta um círculo modernista – e não raro dogmático –, cujos princípios clínicos entrarão em conflito com os dos freudianos, em especial no momento do exílio da família Freud em Londres, em 1938. Daí em diante a BPS será composta por diversas correntes rivais: os partidários de Anna Freud, os kleinianos e os independentes. Essa convivência bastante *british*, fundada na aceitação permanente de conflitos violentos e no evitamento das cisões e panelinhas, constituirá a riqueza da escola inglesa de psicanálise, a qual gozará de uma considerável audiência internacional após a Segunda Guerra Mundial.

Em 1939, Leonard Woolf conheceu Freud: "Os nazistas tinham invadido a Áustria, foram necessários três meses para arrancar Freud de suas garras ... Fomos tomar chá na casa dele no dia 28 de janeiro ... As pessoas célebres são frequentemente decepcionantes ou tediosas. Ele não era nem uma coisa nem outra. Tinha uma aura de grandeza, não de celebridade. O terrível câncer no maxilar que o mataria oito meses mais tarde já o atacara. Não foi uma conversa fácil. Ele era extremamente cortês, mas de uma forma cerimoniosa e demodê. Por exemplo, ofereceu solenemente uma flor a Virginia. Havia alguma coisa nele que fazia pensar num vulcão extinto, alguma coisa de sombrio, recalcado, reservado. Ele passou uma impressão rara de grande bondade, mas havia uma grande força por trás dessa bondade."

Leonard contou então a história de um rapaz norueguês acusado de ter roubado alguns livros, entre os quais um de Freud. Para castigá-lo, o juiz condenou-o a ler o referido texto: "Meus livros me fizeram infame", respondeu Freud com certa amargura (citado por Viviane Forrester, *Virginia Woolf*, 2009).

Fui a Londres pela primeira vez em 1952. Acompanhava minha mãe num congresso sobre higiene mental dedicado em parte aos traumas de guerra. Foi sem dúvida minha estreia na história do movimento psicanalítico: uma história londrina. Durante uma semana, fiquei num colégio muito chique, que recebia crianças da aristocracia. Minha mãe me deixara lá com a promessa de vir me buscar depois. Compreendi que ela se encontrava secretamente com Ronald Hargreaves, que, assim como John Rickman e J.R. Rees, diretor da prestigiosa Tavistock Clinic, participara da renovação da psiquiatria inglesa.

Sempre que tenho a oportunidade, não deixo de assistir a documentários sobre a batalha da Grã-Bretanha. Fico particularmente comovida com a coragem dos londrinos e dos aviadores da Royal Air Force face à tentativa de invasão nazista de seu país. Como Freud, minha mãe era anglófila, e foi depois de conhecer Anna Freud que decidiu se tornar psicanalista.

Londres 211

Quando vou a Londres, hospedo-me no Russell, velho hotel vitoriano situado em Bloomsbury, com um bar noturno, uma taberna e um salão de chá. Lá, gosto de encontrar meus amigos londrinos, especialmente Julia Borossa, a mais fiel entre as fiéis, psicoterapeuta de esquerda anglo-canadense, diretora do programa de psicanálise da Middlesex University, especialista em Winnicott, Klein e Ferenczi, apaixonada pelos *cultural studies* e sempre pronta a desmascarar as violências da herança colonial no mundo arábico-islâmico.

Londres não seria o que é, também, sem o bairro de Hampstead, onde fica a última residência de Freud: um verdadeiro lugar de memória. Foi seu filho, Ernst, já exilado de Berlim durante o entreguerras, que adquiriu essa bela casa, situada em Maresfield Gardens 20. Freud morou ali até sua morte, em 1939, com a filha e a cunhada. Anna nunca deixou esse lugar, tendo convidado sua companheira americana, Dorothy Burlingham, para dividir a casa com ela. Em 1986, o local foi transformado em museu. Acessível aos visitantes, que lá podem contemplar o divã de Freud, sua mesa de trabalho, seus móveis, sua biblioteca e suas coleções de estatuetas, abriga igualmente inúmeros arquivos.

Em 1994, organizei, com René Major, um colóquio em parceria com o Freud Museum. O tema escolhido era *The Question of Archives (Mémoire d'archives)*. Reunimos diversos especialistas em história da psicanálise. Mas, acima de tudo, realizei um sonho ao convidar para um diálogo o grande historiador Yosef Hayim Yerushalmi, autor de um famoso livro (*O Moisés de Freud: judaísmo terminável e interminável*, 1993), e Jacques Derrida. Ao chegar a Londres, Yosef teve uma crise em decorrência de um enfisema, o que o impediu de pronunciar sua conferência. Derrida comentou o *Moisés* em *Mal de arquivo* (1995). O diálogo entre o historiador e o filósofo incidia sobre a questão da judeidade de Freud. Como sempre nesse tipo de controvérsia, eu concordava com ambos. Na sequência desse encontro, os dois homens se tornaram muito bons amigos. Sempre que Jacques ia a Nova York visitava Yosef, e, quando reencontrei este último, ele me disse o quanto lamentava não ter podido fazer sua intervenção no colóquio de Londres. Em 1997 revi-o em Munique para a realização de um filme sobre

Freud, que dirigi junto com Elisabeth Kapnist (*A invenção da psicanálise*, 1997); ele voltou a me falar de Londres, do Freud Museum, do amor que tinha por aquele lugar mágico, impregnado de toda a memória exilada da antiga judeidade vienense.

E Londres não seria o que é sem o bairro de Golders Green, onde se encontra o crematório homônimo, local de inumação laico situado defronte ao cemitério judaico homônimo, onde são acolhidos crentes, não crentes, escritores, comunistas, atores, livres-pensadores. É lá que se encontram as cinzas dos membros da família Freud e de alguns amigos próximos.

Em abril de 2014, descobri, ao lado de Anthony Ballenato, meu assistente, o esplendor desse lugar de memória único no mundo. Circulamos entre os túmulos espalhados num imenso gramado úmido. Contemplamos as lápides de mármore, onde estão gravados resumos de vida, poemas, hinos, vestígios indeléveis de múltiplas existências soterradas para sempre no tempo imóvel de uma terra ancestral. Cruzes da Vitória, capelas góticas, construções de tijolos em estilo lombardo, flores murchas; todas essas coisas, perfeitamente ordenadas, remetem cada visitante à sua própria morte anunciada. Como numa história de Jorge Luis Borges, cada um pode imaginar ali encontros improváveis entre Alfred Dunhill (indústria do tabaco) e Sean O'Casey (*O rebelde sonhador*), ou entre Bram Stoker (*Drácula*) e Doris Lessing (prêmio Nobel).

Saindo de um longo devaneio, julguei perceber por alguns instantes, bem no meio de uma cripta, a sombra emocionante de um chow-chow vermelho: uma luz freudiana atravessada por uma bandeira escarlate. Virginia Woolf gostava das luzes de Londres: "Não o êxtase inflamado da juventude, não esse estandarte violeta em farrapos, mas mesmo assim as luzes de Londres; luzes elétricas, duras, no topo dos escritórios; postes espalhados ao longo das calçadas secas; chamas roncando acima dos mercados ao ar livre. Sinto prazer em tudo isso quando me despeço momentaneamente do inimigo" (*As ondas*, 1952).

Ver: Berlim. Budapeste. *Carta roubada, A*. Descartes, René. Desconstrução. Holmes, Sherlock. Infância. Loucura. Mulheres. São Petersburgo. Viena. Worcester.

Loucura

Estás louco, cidadão?

Paixão, tumulto, frenesi, raiva, desvario, a loucura é sempre uma espécie de avesso da razão. Mas talvez seja também um excesso, uma desmedida, uma postura desviante: loucura das grandezas, loucura mansa, loucura do amor louco etc. Em todas as culturas, os loucos foram ora sacralizados como criaturas fora das normas que se devia respeitar ou idolatrar, ora perseguidos como pertencentes a uma "raça" inferior, como os judeus, homossexuais e perversos. E não foi um acaso os nazistas terem decidido, a partir de 1933, exterminar homens, mulheres e crianças acometidas por problemas mentais ou neurológicos e má-formação genética. Todos foram submetidos a um programa especial de eutanásia que pretendia "libertá-los de uma vida indigna de ser vivida". A morte era administrada fosse por injeções de substâncias mortais, fosse por "desnutrição", fosse, a partir de 1940, pelo uso de um gás, utilizado em seguida para o genocídio dos judeus e dos ciganos.

Extirpada do universo da magia, do sagrado ou da perseguição, a loucura pode ser pensada de várias maneiras. A primeira consiste em inseri-la no quadro da psiquiatria, designando-a com palavras técnicas – esquizofrenia, paranoia, psicose maníaco-depressiva (bipolaridade) –; a segunda visa analisá-la em função das diferenças culturais. Quanto à terceira, consiste em escutar o homem louco para decifrar sua vivência, sua linguagem, suas modalidades de expressão. De um lado, um olhar clínico, uma loucura pensada e domesticada, do outro um sujeito em sofrimento agitado por um delírio. De um lado, os psiquiatras, psicólogos e psicanalistas, do outro, aqueles que, designados como loucos, assumem todos os seus sofrimentos, até a morte: Antonin Artaud, Hölderlin, Van Gogh e muitos outros ainda.

Penso especialmente no conhecido lógico Kurt Gödel, nascido em 1906 no coração do Império Austro-Húngaro, cuja história, contada por Pierre Cassou-Noguès (*Les Démons de Gödel*, 2007), sempre me interessou. Ela mostra a que ponto o espectro da loucura assombra a razão e a ciência, e vice-versa.

Em 1931, Gödel demonstra que um sistema axiomático não pode ser ao mesmo tempo coerente e completo e que, se o sistema for coerente, então a coerência dos axiomas não pode ser provada no âmbito de um mesmo sistema. Com esse teorema da "incompletude", Gödel questiona toda forma de crença num sistema axiomático universal. Isso quer dizer, em suma, que nenhuma verdade poderia ser integralmente formalizável. Com esse gesto cartesiano, Gödel reinscreve então a dúvida – isto é, a incerteza ou a incompletude – no discurso da razão e da ciência, ao mesmo tempo fazendo dela um princípio fundador para as matemáticas.

Em 1940, instala-se em Princeton, onde fica muito amigo de Albert Einstein. Diariamente, os dois homens atravessam, conversando, o imenso campus dessa fabulosa universidade, onde, no período da Segunda Guerra Mundial, reúnem-se os maiores cientistas do mundo europeu. Convencido de que fantasmas habitam os bosques e persuadido de que estão tentando envenená-lo, Gödel inventa todo tipo de regime para evitar consumir algum alimento julgado suspeito.

Ao longo dos anos, elabora um sistema lógico que lhe permite considerar, por um lado, que a religião deve ser traduzida numa ciência rigorosa e, por outro, que mundos imaginários convivem com o mundo humano. Daí a ideia de dar um fundamento teórico à existência dos demônios, anjos e extraterrestres. Não só Gödel aplica seu teorema de incompletude ao diabo, apontando que o mal é o que escapa a toda axiomática, como propõe fazer da psicanálise e da teoria da relatividade os fundamentos de uma interpretação das crenças. Ele sabia que, no passado, Einstein e Freud haviam trocado ideias sobre a guerra.

Ao mesmo tempo, contudo, Gödel estabelece correlações extravagantes entre episódios, lugares, pessoas e estruturas. Ora marca um encontro com uma admiradora na mesma sala da universidade onde está uma mulher que ele quer seduzir, ora define a família como um átomo do qual o homem seria o núcleo e a mulher seria o elétron diabólico ou telepata. Uma vez, em conformidade com a ideia de que os universos são girantes, reserva em Paris diversos quartos de hotel a fim de ocupá-los simultaneamente num tempo bidimensional. Em 1978, ele para de se alimentar e

Loucura 215

morre de caquexia. Antes do desfecho fatal, faz circular junto aos amigos um texto sobre a prova ontológica da existência de Deus, inspirado no argumento de santo Anselmo, cujo método consistia em não se apoiar na autoridade para nada e em provar suas asserções exclusivamente pela razão.

Gödel fabrica, então, um sistema lógico capaz de ser ao mesmo tempo a versão sublimada da loucura de um homem e a tradução de um discurso da razão capaz de integrar o teorema da incompletude a seus fundamentos.

Se nos posicionarmos do lado do médico, vemos claramente que aquele que dispensa cuidados não conta a história da loucura da mesma forma que o paciente, pintor, lógico ou poeta. Assim, coloca-se outro problema que continua a perturbar a consciência tanto dos loucos como dos terapeutas: a loucura está fora da razão ou é inerente à própria racionalidade?

Foi sob a Revolução Francesa que se consumaram a transformação da loucura em doença mental e a internação dos loucos em locais específicos. A invenção do hospício moderno deu origem não só ao alienismo, e depois à psiquiatria, como à historieta, muito apreciada por Freud, em que o célebre alienista Philippe Pinel é consagrado herói de uma lenda que terminou mais verdadeira do que a realidade: "Sob o Terror", diz a lenda, "Pinel recebeu em Bicêtre a visita de Georges Couthon, que sofria de dores articulares e perdera o uso das pernas. Todos tremiam diante do aspecto do adepto de Robespierre, que era carregado por vários homens. Pinel levou-o até diante dos cubículos, onde a visão dos agitados causou-lhe um medo intenso. Recebido com insultos, voltou-se para o alienista e lhe disse: 'Estás louco, cidadão? Queres mesmo soltar estes animais?' O médico respondeu que os desatinados ficavam ainda mais intratáveis quando privados de ar e liberdade. Couthon então aceitou a supressão das correntes, mas alertou Pinel contra sua presunção. Foi transportado de volta até seu coche e o filantropo começou sua obra: retirou as correntes dos loucos e deu origem ao alienismo."

O alienista do fim do século XVIII era herdeiro do sacerdote, cabendo-lhe amparar e ajudar o doente. Uma vez laicizada, a doença mental deixou então de pertencer à esfera da possessão demoníaca. Dessa forma, o louco escapava à Igreja, aos xamãs, aos feiticeiros e aos exorcistas. Quanto ao médico, futuro psiquiatra após ter sido alienista, recebeu como missão acolher a confissão do sofrimento psíquico. Foi o tratamento moral: uma mistura de cuidados físicos e técnicas de coerção e persuasão. Se o alienado não era mais um desatinado, isso significava que sua loucura, e a loucura em geral, podia ser compreendida e explicada, logo, curada. No alienado, dizia-se, subsiste um resto de razão, e esse resto basta para constituí-lo como sujeito, isto é, uma criatura identificável.

O tratamento moral pressupunha o ideal utópico da cura, da erradicação e, logo, de uma subjetividade: não há cura sem a participação consciente de um sujeito *alienado*, mas nunca *desatinado*. Cumpria, com efeito, integrar o louco, como sujeito de direito, no espaço jurídico oriundo da *Declaração dos direitos do homem e do cidadão*. Se o louco passava a ser um sujeito como os outros, isso significava que a loucura podia ser reportada a uma série de signos visíveis, destinados a distinguir uma norma e uma patologia. Ela era então *observável* ao infinito, fosse numa iconografia, fosse em comentários escritos ou falados definindo uma clínica. Quanto ao hospício, devia assemelhar-se a uma espécie de jardim botânico do sofrimento mental, aonde viriam encalhar, como num quadro de Géricault, os fragmentos perdidos de uma desrazão mórbida, inteiramente submetida à lógica de um grande desejo de classificação.

No fim do século XIX, a internação asilar foi vista, em si, como o único meio de tratar a loucura. A longa duração do hospício tornou-se então o único tratamento possível de todas as doenças mentais: um exército de grabatários mergulhados no vazio. A instituição asilar implantou-se em quase todas as regiões do mundo onde se constituía um Estado de direito defensor das liberdades individuais, isto é, nos países ocidentais com regimes democráticos, ou potencialmente democráticos, mas também nos que se abriam a reformas: Rússia, Japão, China etc., países onde a antiga ordem feudal desmoronava lentamente e onde progressivamente se constituía a noção jurídica e filosófica de sujeito.

Com o surgimento dos diferentes métodos de tratamento psíquico, e mais ainda da psicanálise, os loucos deixaram de ser vistos como simples objetos de classificação, o que fez com que o imperativo do tratar e

Loucura 217

do curar mudasse de lado. O tratamento moral deixou de se restringir a uma técnica de persuasão. O devir do sujeito doente passou a repousar num trabalho de seu inconsciente, que se efetuava no seio de uma relação transferencial. Dando a palavra ao paciente e não mais ao médico, ao inconsciente e não mais ao consciente, a um inconsciente verbalizado e não mais sonambúlico, a psicanálise estabelecia os fundamentos de uma clínica que se afastava da postura indulgente da consolação.

Freud indicava os limites da vontade de curar, introduzindo a dúvida no âmago da relação terapêutica: a demanda de um sujeito pode ser efetivamente a expressão de um desejo de jamais curar-se e de não ser tratado. Aliás, em psicanálise, não se usa mais o termo "doente", e sim "analisando" ou "paciente". Não nos dirigimos mais àquele que sofre passivamente, e sim àquele que *já* aceita, pela transferência, analisar seu sofrimento de maneira dinâmica e não mais queixosa ou passiva.

A psicanálise, portanto, nasceu da ruína de um sistema de pensamento que colocara o hospício, a filantropia, a cura, depois a incurabilidade, no cerne de suas preocupações. Freud considerava que o método psicanalítico só se aplicava às neuroses. Não gostava dos loucos (os psicóticos) e não os julgava passíveis de serem analisados. Mas foi criticado por seus primeiros discípulos – quase todos psiquiatras –, que, acertadamente, viram na psicanálise o meio de transformar de maneira radical o meio asilar.

Ao contrário de Freud, Lacan, psiquiatra por formação, era um verdadeiro clínico da loucura. Em sua tese de medicina de 1932, incensada pelos surrealistas, expôs o caso de Marguerite Anzieu (caso Aimée), internada no hospital Saint-Anne após tentar matar uma atriz. Fez dela uma paranoica erotomaníaca procurando se punir. Com seus projetos literários, Aimée lembrava Emma Bovary: sonhava com uma vida diferente da sua. Retracei detidamente sua história em minha biografia de Lacan e fiz um paralelo entre seus dois destinos. Ela detestava seu psiquiatra, acusando-o de tê-la tratado como um "caso" e de ter-lhe furtado seus manuscritos. Não obstante, era ligada a ele de maneira trágica e romanesca, uma vez que, por um acaso extraordinário, ao sair do hospício foi trabalhar como governanta na casa do pai de Lacan.

O filho de Marguerite, analisado por Lacan, soube pela boca da mãe que este havia sido seu psiquiatra. Os conflitos entre Didier Anzieu e seu analista foram tão violentos como os que opuseram Marguerite a seu psiquiatra. Deduzo disso que a história desse "caso" ilustra magnificamente como os pacientes são hostis a seus terapeutas, sendo ao mesmo tempo atores de uma aventura que os reúne, vida afora, para o bem e para o mal.

Em nossos dias, nenhum psicanalista tem mais o direito de contar a história de um paciente sem a sua autorização. Mais que isso, agora são os pacientes que se transformam em narradores de sua história, a ponto de confiscar dos terapeutas o poder de dizer, em seu lugar, a verdade sobre o próprio caso. Nesse aspecto, a autoficção, como gênero literário nascido nos anos 1980, não passa do sintoma de uma mudança de paradigma oriundo dessa inversão. Inúmeras narrativas "autoficcionais", com efeito, parecem bem mais exposições de casos clínicos saídos diretamente de uma experiência terapêutica do que literatura romanesca ou autobiográfica.

Sempre admirei Ludwig Binswanger, descendente de uma dinastia de psiquiatras, príncipe dos alienistas. Durante a vida inteira, dirigiu sua clínica de Bellevue, em Kreuzlingen, tão bem descrita por Joseph Roth em *Marcha de Radetzky* (1932): "Aquela casa de saúde do lago de Constança, onde cuidados extremosos porém caros aguardavam os alienados dos meios pecuniosos acostumados a serem mimados e a quem os enfermeiros tratavam com uma delicadeza de parteira." O mesmo que dizer que as montanhas, as florestas e, sobretudo, os lagos são, na Suíça alemã, os elementos essenciais do tratamento clássico da loucura, calcado no da tuberculose, como se o "ar livre" fosse sempre preferível à imersão num meio urbano.

Discípulo crítico e amigo de Freud, Binswanger propunha uma abordagem fenomenológica da loucura. Seu método tinha como objeto a existência do sujeito segundo a tripla dimensão do tempo, do espaço e da relação com o mundo. Tinha 73 anos quando Michel Foucault fez-lhe uma visita, em 1953, após trabalhar como estagiário no hospital Saint-Anne.

Nessa época, a psiquiatria mudara de rosto com a generalização de novos tratamentos – eletrochoques, insulinoterapia, narcoanálise –, mas

Loucura 219

sobretudo com o surgimento dos primeiros psicotrópicos, Largactil e Tofranil (Geigy), que, vinte anos mais tarde, porão fim à internação asilar. A camisa de força química já estava então em vias de suplantar todas as outras abordagens. Mesmo assim, a nova geração psiquiátrica ainda sonhava misturar todos os tratamentos possíveis a fim de melhor compreender as facetas da personalidade humana: o corpo com ou sem órgão, a relação transferencial, o jogo, o desejo, o carnaval.

Em 2 de março de 1954, cercado pela equipe do hospício cantonal de Münsterlingen, igualmente situado no lago de Constança, Foucault assistiu ao fabuloso desfile dos loucos fantasiados, maquiados, disfarçados, carregando altivamente, em seus carros floridos, objetos diversos saídos diretamente dos contos de fadas ou de uma mitologia popular.

Todos tinham trabalhado com ardor para confeccionar adornos coloridos, máscaras de aspectos grotescos ou trágicos, cetros, coroas, varinhas de condão. O momento mais emocionante, mais Victor Hugo, foi quando desfilaram juntas a "gentil dama Largactil", conhecida por suas virtudes calmantes, e a "malvada dama Geigy", odiada por seus efeitos colaterais.

Iniciado pelos médicos e cuidadores, esse carnaval colocava mais uma vez a grande questão cartesiana da inclusão da loucura na razão. Trata-se, nesse ritual, de um momento em que o louco pode ser reconhecido pelo cuidador por outra coisa que não sua patologia? E se um louco é capaz de se fingir de louco – pode ter consciência de sua loucura? O carnaval dos loucos tem como finalidade subjacente encenar uma crítica do mundo da normalidade? Em suma, qual é o status possível de uma consciência enunciadora da loucura?

Em nossos dias, após o triunfo da química na abordagem das doenças mentais, perguntamo-nos se os psiquiatras, que no mundo inteiro abandonaram a perspectiva humanista, também não mergulharam na loucura.

É possível pensar dessa forma quando conhecemos o itinerário do psiquiatra Robert Leopold Spitzer, responsável, a partir de 1980, pela revisão do *Manual diagnóstico e estatístico dos distúrbios mentais* (DSM). Humanista e visionário decepcionado com a psicanálise, Spitzer foi o sincero artífice da maior loucura jamais sonhada pela psiquiatria: construir um discurso universal sobre os distúrbios mentais, válido para todo o planeta. O mais espantoso é que o *DSM* alcançou seu objetivo a ponto de haver se transformado na ferramenta dominante de toda a psiquiatria química, mas também o "monstro" mais contestado por uma maioria de psiquiatras que recusam seus princípios após o terem adotado por muito tempo.

Entre 1970 e 1980, cercado por uma equipe de "especialistas", Spitzer procedeu a uma "varredura ateórica" do fenômeno psíquico, substituindo a terminologia clássica por um jargão digno dos médicos de Molière. Os conceitos da psiquiatria foram banidos, em prol exclusivamente da noção de distúrbio (*disorder*), que permite introduzir no *Manual* 292 doenças imaginárias: a timidez, a angústia de morrer, o medo de perder o emprego, a síndrome traumática consecutiva a um ato violento. No *DSM-IV*, publicado em 1994, contabilizamos 350 delas, e nas versões seguintes muitas mais ainda.

Por conseguinte, os "loucos" de hoje multiplicam os ritos de carnaval – os *Mad Pride* – herdados dos anos 1950 e calcados no *Gay Pride*. Esses cortejos têm como característica exibir a existência de um orgulho positivo da loucura dissociada de qualquer referência a um discurso psiquiátrico, mesmo aquele tradicional da psicanálise ou da fenomenologia, ou ainda o "científico" da química. De agora em diante, o paciente está em condições de decidir ele mesmo o status de seu Cogito. Cabe a ele saber se a loucura é ou não parte integrante do grande discurso da razão ocidental. Cabe a ele dizer quem é mais louco: o psiquiatra, adepto do *DSM*, ou o louco.

Assim como o neurótico, o louco do primeiro quarto do século XXI tornou-se o ator-narrador da própria loucura, transformada num teatro da autoficção.

Ver: Amor. Angústia. Animais. Antígona. Autoanálise. Bardamu, Ferdinand. Berlim. Descartes, René. Desejo. Édipo. Guerra. Hipnose. Orgonon. Presidentes americanos. Psicoterapia institucional. Psiquiatria dinâmica. Rebeldes. Resistência. Salpêtrière. Zurique.

M

Máximas de Jacques Lacan
Afinidades eletivas

"Há pessoas que nunca teriam se apaixonado se um dia não tivessem ouvido falar no amor." Jacques Lacan considerava essa máxima do duque François de La Rochefoucauld como a essência do poder que a ordem simbólica exerce sobre a subjetividade humana imersa na linguagem. Assim, inventa um Freud em conformidade com seu imaginário Grand Siècle, situando-o, e com isso contrariando as próprias evidências, na linhagem dos moralistas, dos quais por sua vez se pretende o herdeiro. A vida inteira, Lacan produziu máximas, sentenças e aforismos, que fazem a alegria dos colecionadores de adágios. Eis uma lista não exaustiva das melhores máximas lacanianas, acopladas num texto contínuo:

"Não existe verdade que se possa dizer inteira. Digo sempre a verdade: não toda, porque dizê-la toda, não conseguimos... Faltam palavras para isso... É inclusive por esse impossível que a verdade está ligada ao real. Eu, a verdade, eu falo. Não é o mal, mas o bem que engendra a culpa. *A* Mulher não existe. O psicanalista não se autoriza senão a partir de si mesmo. O real é quando colidimos. O real é o impossível. O ato nunca é bem-sucedido a não ser falhando. O desejo é o desejo do Outro. O amor é oferecer o que não se tem a alguém que não o quer. Não existe relação sexual. O que vem em suplência à relação sexual é precisamente o amor. O amor é um tipo de suicídio. A psicanálise é um remédio contra a ignorância, sendo ineficaz contra a estupidez. Penso no que sou, ali onde não penso pensar. Eis o grande erro de sempre: imaginar que os seres pensam o que dizem. Se você entendeu, decerto está errado. A estrutura narcísica tem um caráter irredutível. O imaginário e o real são dois lugares de vida. A psicanálise é o questionamento do psicanalista. A definição do possível é que ele não pode acontecer. O inconsciente é a política. A linguagem é a condição do inconsciente. O inconsciente é esse capítulo da minha história que é marcado por um branco ou ocupado por uma mentira. A linguagem, antes de significar alguma coisa, significa para alguém. Na linguagem, nossa mensagem nos advém do outro sob uma forma invertida. O significante representa o sujeito para outro significante. Julgamos pensar com nosso cérebro, eu penso com meus pés. Todo juízo é essencialmente um ato. Faça como eu, mas não me imite. O débil submetido à psicanálise torna-se sempre um canalha. O mestre/senhor de amanhã, é desde hoje que ele comanda."

Ver: Amor. Desejo. Divã. Humor. Injúrias, exageros & calúnias. *Carta roubada, A.*

Monroe, Marilyn
Suicídio em Couch Canyon

Das grandes estrelas do planeta hollywoodiano, Marilyn Monroe foi a única a ter feito da psicanálise uma verdadeira droga. Criada pela mãe esquizofrênica, conheceu muito cedo a terrível miséria psíquica das crianças abandonadas, colocadas em orfanatos ou albergues, e foi de uma dessas instituições que fugiu aos dezesseis anos para se casar com James Dougherty. Após um segundo casamento, com Joe DiMaggio – jogador de beisebol, que continuará seu amigo –, conheceu Arthur Miller, dramaturgo e jornalista, bela figura da esquerda intelectual americana, declarado culpado de ultraje ao Congresso por, durante o período macarthista, ter se recusado a denunciar os nomes dos membros de um círculo literário suspeitos de filiação ao Partido Comunista. Marilyn estava então no auge da carreira, como ele, e muito bem orientada por Lee Strasberg, diretor do Actor's Studio, que a aconselhou a fazer um tratamento psicanalítico.

Com inclinações suicidas, entupida de sedativos e outros hipnóticos, incapaz de trabalhar de maneira regular, sofrendo de angústia e depressão, Marilyn era uma mulher inteligente, culta, grande leitora de literatura e poesia, e o que temia acima de tudo era ter herdado a loucura da mãe e da avó. Sentia-se humilhada sendo vista como símbolo sexual e, ao mesmo tempo, jamais conseguia se livrar dessa imagem, cujos contornos rejeitava: "Acho que sou uma fantasia", ela dirá em 1959. Filmou com os maiores cineastas de Hollywood, e alguns de seus filmes são verdadeiras obras-primas: *O rio das almas perdidas, Os homens preferem as louras, Quanto mais quente melhor.* Contudo, sua carreira se situa numa virada da história do cinema americano.

Por seu erotismo e sua maneira transgressiva de expor o corpo, Marilyn não podia em absoluto obedecer aos dois critérios – do classicismo e do puritanismo – característicos da arte hollywoodiana dos anos 1950 e 60. Moderna demais para respeitar as normas, mas tradicional demais para subvertê-las no âmbito de uma moldura rígida, não conseguiu nem se rebelar nem se submeter aos códigos que lhe impunham. Nada mais natural, portanto, do que ter sido mais bem compreendida por Billy Wilder, Howard Hawks ou John Huston do que por Hitchcock, que se recusou a trabalhar com ela. "Não gosto de atrizes que estampam o sexo no rosto", ele dizia.

A esse respeito, Arthur Miller fará um comentário perspicaz: "Para sobreviver, ela precisaria ter sido mais cínica ou pelo menos mais próxima da realidade. Em vez disso, era um poeta na esquina tentando recitar seus versos para uma multidão que lhe arranca as roupas" (Marilyn Monroe, *Fragments. Poèmes, écrits intimes, lettres,* 2010).

Sua história psicanalítica confunde-se com a dos psicanalistas imigrantes ligados a Anna Freud e ao pai fundador. Após um primeiro tratamento com Margaret Hohenberg, depois com Marianne Kris, instalada em Nova York, ficou sob os cuidados, em Santa Monica, de Ralph Greenson, terapeuta preferido dos astros de Hollywood: Tony Curtis, Frank Sinatra, Vivien Leigh. Procedente da Rússia, fanático por psicanálise, analisado diversas vezes, recebia seus pacientes em Beverly Hills, num bairro chamado Couch Canyon. Por ocasião de seu primeiro encontro com Marilyn, pediu a um de seus colegas que prescrevesse a ela drogas endovenosas, sem hesitar em lhe administrar pessoalmente psicotrópicos de todos os tipos. Convencido de que ela era "borderline, viciada paranoica e esquizofrênica", tentou em vão convencê-la a desistir da carreira e de seus múltiplos casos amorosos. Pior ainda, aconselhou-a a contratar para seu serviço uma estranha criatura, Eunice Murray, próxima da seita das Testemunhas de Jeová, que tinha como missão fazê-la ingerir medicamentos de substituição.

Durante trinta meses, de 1960 a 1962, Greenson manteve com Marilyn uma relação delirante, passional e inconsútil, obedecendo à injunção que ela lhe fizera de jamais abandoná-lo, de lhe servir de pai e mãe e ajudá-la todos os dias e todas as noites a não morrer, a se levantar, a viver. Ele a introduziu em sua intimidade familiar. Juntos, formavam um casal freudiano, ambos habitados pela loucura do tratamento e da transferência.

Em setembro de 1960, John Huston foi a Los Angeles para se encontrar com Greenson. Cultivava havia anos o projeto de realizar um filme sobre o jovem Freud e pedira a Sartre que redigisse um roteiro sobre o tema. Após discussões memoráveis com o filósofo, conseguiu realizar seu sonho e convencer Montgomery Clift a fazer o papel de Freud. Este já tinha sido parceiro de Marilyn em *Os desajustados* (*The Misfits*), ao lado de Clark Gable. O cineasta queria reuni-los novamente. O roteiro prestava-se perfeitamente a isso. Com efeito, Huston e Sartre haviam condensado num único personagem (Cecily) as diversas pacientes histéricas cujos casos eram descritos nos *Estudos sobre a histeria*. Marilyn estava arrebatada. Adorava Freud e devorara a sua biografia escrita por Jones. Aceitou imediatamente. Mas Anna Freud, hostil a todo o cinema hollywoodiano, desaprovava esse projeto e se opunha a toda forma de representação da imagem de seu pai, tanto na tela como nos palcos. Assim, ordenou a Greenson que proibisse Marilyn de aceitar aquele papel: "Seu pai como herói de cinema, escutando Marilyn Monroe deitada num divã, tudo consoante um roteiro de Sartre: isso era demais para a guardiã do templo", escreveu Michel Schneider (*Marilyn, últimas sessões*, 2006).

Huston não conseguiu convencer Greenson, que depois se recusaria obstinadamente a assistir a *Freud, além da alma*, no qual o papel da histérica afinal coube a Susannah York. "Não tenho nada a lhe dizer", vociferou o cineasta. "O senhor é um covarde. No fim é preferível não contar com ela para fazer a histérica de Freud; ninguém compreenderia como o velho sábio não a derruba no divã ao fim de cinco segundos de tratamento pela fala." Em sua fúria, Huston esquecia que, em seu filme, Freud era um jovem médico de trinta anos que duvidava de si próprio e ainda praticava a hipnose, e que sua jovem paciente não utilizava o divã.

Sempre que vejo esse filme, rodado à noite e magnificamente iluminado por Douglas Slocombe, não consigo evitar pensar na impressão de estranheza que poderia ter produzido na tela a atuação desses dois atores noturnos, atormentados, cada qual à sua maneira, pelos descaminhos de um destino suicida. E às vezes penso que os psicanalistas são mais doentes do que seus pacientes.

Greenson nunca se recuperou do suicídio de Marilyn. Acusado de lhe haver fornecido drogas, foi a Nova York fazer uma nova análise com Max Schur, que tinha sido o médico de Freud e o ajudara a morrer abreviando seus sofrimentos. Este o escutou durante doze horas: "Amei-a; não de amor, amei-a como quem ajuda uma criança doente, com seus medos e suas fragilidades. Seu medo me dava medo." Greenson se afastou de Hollywood e ficou sete anos no divã de Schur. Na sequência, estreitou a proximidade com Anna Freud, ainda sentindo-se culpado pela morte de sua ilustre paciente. Nunca usava a palavra "suicida" a respeito de Marilyn, limitando-se a afirmar que ela morrera de uma overdose, o que reforçava a ideia de que fora assassinada. Ao longo dos anos, foi considerado pela imprensa uma espécie de doutor Mabuse, enquanto a diabólica Eunice era descrita como a reencarnação de Mrs. Danvers, a terrível governanta de *Rebecca*, o filme de Hitchcock.

Nos escritos de Greenson publicados postumamente, encontramos estas palavras: "Fui eu que a matei, foi a psicanálise, como se começa a dizer? Quando me dizem que ela foi morta pela excessiva influência de minha família sobre ela, não veem que se tratava talvez de minha outra família, a dos psicanalistas, a família Freud e associados" (citado por Michel Schneider, op.cit.).

Ver: Amor. Angústia. Budapeste. *Segundo sexo, O.* Divã. Família. Fantasia. Göttingen. Hipnose. Hollywood. Londres. Loucura. Mulheres. Psicanálise. Psicoterapia. Psiquiatria. Sedução.

Mulheres

De repente, o segundo sexo

Quando a psicanálise nasceu, as mulheres não estavam presentes na história das disciplinas psicopatológicas senão enquanto pacientes. Mulheres loucas ou histéricas, tratadas no hospício da Salpêtrière ou em diversos asilos ou sanatórios da Europa, depois "escutadas" por Freud e seu amigo Josef Breuer (autores dos *Estudos sobre a histeria*) no segredo de um consultório médico, entravam em cena pela doença psíquica.

O feminino, na época, era comparado a um corpo fechado em frustrações e convulsões, e esse corpo se punha a falar, fosse nos gritos das mulheres do povo, como na Salpêtrière, em Paris, fosse nas confissões privadas da burguesia vienense.

Nesse sentido, as primeiras psicanalistas foram ou ex-pacientes, analisadas em função de graves problemas psíquicos – histeria ou melancolia –, ou mulheres marcadas por um destino excepcional: psicose, assassinato, suicídio, violências diversas. Seus sofrimentos e sua vontade de serem reconhecidas exprimiam um protesto e uma revolta contra sua condição no seio da sociedade ocidental do fim do século. Sua situação deve ser comparada com a dos primeiros psicanalistas homens.

Nascidas entre 1860 e 1885, as primeiras mulheres psicanalistas foram integradas progressivamente a esse grupo de homens, às vezes por seu talento pessoal, às vezes por serem suas esposas. Com efeito, muitas delas fizeram carreira no freudismo através do casamento. Assim, a história do movimento psicanalítico é em grande parte a história de uma família em que os cônjuges tornavam-se psicanalistas – e muitas vezes também os

Mulheres 227

filhos nascidos do casamento de dois psicanalistas. Foi a partir da segunda geração que mulheres puderam tornar-se, a mesmo título que os homens, verdadeiras chefes de escola.

Estas foram principalmente alunas de Freud, que tiveram acesso à análise porque se interessavam pela doutrina e queriam ser psicanalistas. Oriundas de um meio abastado ou culto, puderam fazer estudos de medicina, pedagogia ou literatura. Não foram emancipadas, portanto, por seu ingresso na psicanálise, e sim pelo afinco nos estudos. Entre as mais destacadas, Lou Andreas-Salomé e Marie Bonaparte.

Após a Primeira Guerra Mundial, as mulheres desempenharam um papel determinante no movimento, dedicando-se à psicanálise de crianças ou ocupando funções políticas nas instituições freudianas. Essas mulheres formaram um grupo mais homogêneo que os da primeira geração e, assim como os homens, tiveram violentos conflitos entre si. De maneira geral, foram menos individualistas e menos marginais ou fora das normas que as mulheres da primeira geração. Penso especialmente em Anna Freud, Helene Deutsch, Marie Bonaparte e em dezenas de outras.

Em seguida vieram as mulheres que não fizeram parte dos discípulos diretos de Freud em Viena, embora o tenham conhecido. Entre elas, Melanie Klein, a única que elaborou um sistema de pensamento capaz de renovar o primeiro freudismo. Em sua maioria, essas mulheres tiveram uma infância difícil e viveram relações turbulentas com suas mães. Abraçando a psicanálise, procuraram tanto existir profissionalmente quanto reparar os sofrimentos de uma vida tumultuada. Foi nessa geração que elas tiveram um papel predominante, não raro superior ao de seus pares masculinos.

Após a Segunda Guerra Mundial, o processo de feminização do movimento psicanalítico se acentuou fortemente, a ponto de, na aurora do século XXI, as mulheres serem maioria na quase totalidade das instituições psicanalíticas.

Ver: Amor. Antígona, Cronenberg, David. Desejo. Família. Infância. Loucura. Göttingen. Incesto. Livros. Londres. Monroe, Marilyn. Nova York. *Origem do mundo, A.* Paris. Princesa selvagem. Salpêtrière. Sedução. *Segundo sexo, O.*

N

Narciso
Sou a ferida e a faca

Mais uma vez, é um personagem da mitologia greco-latina que serve de ponto de apoio para a definição de uma das mais terríveis patologias humanas: a de amar a si próprio a ponto de se odiar e soçobrar na destruição absoluta. É a Ovídio que devemos a melhor versão desse mito (*Metamorfoses*, livro III). Nascido do estupro da ninfa Liríope pelo deus-rio Cefiso, Narciso se apaixona por outra ninfa, Eco, que é incapaz de exprimir seu amor: castigada por Hera, ela só sabe repetir a última sílaba das palavras que ouve. Assim, ela quer tocá-lo, o que ele não suporta, e ela morre em função disso. Face a essa tragédia, Narciso julga-se indigno de amar e ser amado, sem saber que a deusa Nêmesis, protetora de Eco, decidiu vingar a ninfa, precipitando o amante culpado na contemplação mortífera de seu ser. Um dia, para aplacar a sede, Narciso se debruça sobre a água de uma fonte e percebe seu rosto, de uma excepcional beleza. À sua revelia, começa a desejar a si mesmo, tornando-se ao mesmo tempo seu próprio amante e seu único objeto de amor, o que lhe impede toda forma de intercurso sexual. Ele definha e se suicida. Será transformado numa flor tóxica.

Não é Freud, mas Alfred Binet, grande amante de perversões sexuais e inventor da mensuração da inteligência (o famoso quociente intelectual, QI), que utiliza pela primeira vez o termo "narcisismo" para descrever uma forma de fetichismo que consiste em tomar sua própria pessoa como objeto sexual e, logo, em excluir da relação amorosa toda forma de alteridade.

Às vésperas da Grande Guerra, Freud apropria-se dessa questão, constatando que inúmeros pacientes são acometidos de sintomas que não derivam diretamente da neurose fundada num conflito psíquico recalcado de origem infantil ou sexual. Não se contenta mais então em falar da libido como manifestação da pulsão sexual, preocupando-se em mostrar que ela pode reportar-se ao Eu. Daí deduz que vigora no psiquismo uma oposição entre a libido do Eu e a libido de objeto, isto é, um narcisismo primário, estado elementar da vida, e um narcisismo secundário, que evolui para uma retração de todo investimento de objeto e, por conseguinte, para um estado mortífero. Freud abre assim caminho para uma nova era na psicanálise. Nessa perspectiva, o sujeito não é mais simplesmente um Édipo culpado de desejar sua mãe ou um Hamlet confrontado com o espectro do pai, mas um Narciso que não deseja mais nada senão destruir-se de tanto contemplar a própria imagem.

Compreende-se então por que as patologias narcísicas tornaram-se dominantes nas sociedades democráticas depressivas do fim do século XX, marcadas pelo desaparecimento progressivo da frustração sexual tão característica de uma época ainda dominada pelo puritanismo. Em consequência, a sociedade individualista moderna, assolada pela ditadura das imagens, desabrocha na cultura do narcisismo e na contemplação exacerbada da própria imagem: da mania da "selfie" à empolgação literária pela autoficção, da exibição da vida íntima à apologia da "pós-verdade". Tudo se passa como se agora o mundo externo tivesse menos importância do que o vivido emocional, e como se os fatos objetivos contassem menos, para modelar os espíritos, do que os grandes apelos à emoção e às opiniões pessoais.

É a Heinz Kohut, psicanalista americano nascido em Viena, que devemos a análise mais pertinente dessa passagem de Édipo a Narciso. Entre 1960 e 1970, ele analisa as patologias do self como o equivalente de uma pulsão de morte, entre loucura e perversão, que conduz ao furor de destruição do outro e de si mesmo: uma doença praticamente imune aos tratamentos. E Kohut estende sua análise do narcisismo a fenômenos coletivos, interessando-se pelas seitas e as relações de dependência entre um guru e seus adeptos.

A ideia de ligar o narcisismo a uma perversão que consiste em destruir o outro destruindo a si mesmo germinou em todas as sociedades pós-modernas do primeiro quarto do século XXI, consumidas pelo terror do inimigo interno, a ponto de os "perversos narcísicos" se transformarem, nas redes sociais, nos maiores vampiros da humanidade. Atestam isso, se necessário, as dezenas de sites de alerta psicológico a eles dedicados: "O perverso narcísico", podemos ler, "é dotado de uma inteligência lógica assustadora e destituída de afeto. Manipulador invisível, sente alegria diante do espetáculo de sua decadência associado ao sentimento de dominação mórbida. Verdadeiro rolo compressor, é reconhecível sobretudo por seus amores tóxicos ... Está em toda parte, no seu círculo profissional, no seio de sua família ... Fazendo-se de vítima, o perverso narcísico semeia a cizânia com discrição, cultivando a suspeição mediante um assédio moral constante."

Em outros termos, o perverso narcísico é o nome dado a tudo o que, num mundo aparentemente civilizado, mina a partir do interior a humanidade do homem. Mas não devemos esquecer a que ponto, nesse processo, a vítima se compraz com sua própria destruição, como aponta Baudelaire: *"Je suis la plaie et le couteau/ Je suis le soufflet et la joue/ Je suis les membres et la roue/ Et la victime et le bourreau"*.*

Ver: Amor. Antígona. Apócrifos & boatos. Autoanálise. Celebridade. *Consciência de Zeno, A*. Desejo. Espelho. *His Majesty the Baby*. Incesto. Loucura. Presidentes americanos. Psique/Psiquê.

Nova York

New York, New York, a cidade que nunca dorme

O que ainda não se escreveu sobre Nova York, a cidade mais freudianizada do mundo, a mais desejável, a mais psíquica, a de todos os sonhos e fanta-

---

* Em tradução livre: "Sou a ferida e a faca/ Sou o soco e a cara/ Sou os membros e a roda/ A vítima e o carrasco." (N.T.)

Nova York

sias migratórias? Liza Minnelli, Frank Sinatra, *West Side Story...* Nova York foi não só cantada, como psicanalisada. Falou-se tudo sobre a configuração sexual de suas avenidas, o emaranhamento erótico de seus *buildings* e a magia libidinal de sua miscigenação. Escreveu-se que Nova York era a própria essência do encontro do feminino com o masculino, do sólido com o líquido, do negro com o branco. Comentou-se que Manhattan era ora um gigantesco pênis, ora uma mulher lasciva encerrando em seu ventre o Central Park, útero originário pronto a ser fecundado. Houve quem imaginasse que seus arranha-céus eram máquinas viris em permanente ereção sob vestidos transparentes. Alguém declarou que Ellis Island assemelhava-se tanto a um inferno quanto a um paraíso, no qual se opunham titãs, entre pulsão de vida e pulsão de morte. Houve quem descrevesse suas latas de lixo, sua miséria, sua violência assassina, seus esgotos a céu aberto, sua atração pelo dinheiro delirante. Chegou-se a analisar o "conflito edipiano" de Nova York, cidade dividida entre um desejo de matar o pai – Washington, capital rival – e possuir a mãe, encarnada pela estátua da Liberdade. Cidade bissexual, cidade multicultural, cidade dos fluxos financeiros assimilados a máquinas desejantes, cidade da libido exacerbada, cidade midiática, criminosa e transgressora, Nova York é sempre identificada a uma cena de assassinato ou uma cena primitiva.

Como não pensar em Stewart Konigsberg, nascido em Nova York em 1935, filho de imigrantes judeus russo-austríacos, mais conhecido pelo nome de Woody Allen? Ele passou trinta anos num divã, antes de experimentar todo tipo de terapias. Amava Nova York e adorava detestar os psicanalistas, nova-iorquinos de preferência, divertindo-se com suas manias e seu jargão: "Acho os psicanalistas engraçadíssimos. Gosto dos psicanalistas, mas eles não me ajudam muito. Deles, espero sempre mais eficácia. Mas eles são um pouco eficazes e isso é melhor do que nada. Acho-os divertidos e é um bom meio também de explorar o inconsciente de meus personagens."

Em seu filme mais bonito, *Manhattan* (1979), filmado em preto e branco e cinemascope, vinte anos depois de *Dois homens em Manhattan*, de Jean Pierre Melville, ele presta uma homenagem a Nova York. Desde a abertura, as imagens da cidade desfilam, submetidas ao ritmo de "Rhapsody in Blue", como se o cineasta quisesse misturar seu destino ao de Gershwin, seu duplo e homólogo, ou como se, através dos planos decupados com esmero, ele desejasse apropriar-se das ruas, silhuetas, bancos, paisagens urbanas para transformá-las num percurso iniciático, o da neurose individual confrontada com o gigantismo de uma cidade subliminar.

Capturada pela câmera, envolta num comentário suave em voz off, Nova York transforma-se, aos olhos do espectador, numa floresta escura. Misto de Groucho Marx e Dédalo, o protagonista Isaac Davis é um curioso herói às voltas com a impotência de escrever e com a rememoração de seu passado. Imerso em Manhattan, fala consigo mesmo, cercado por sua segunda mulher, que assumiu ser gay (Meryl Streep), e sua jovem amante (Mariel Hemingway), cujos primeiros passos ele procura guiar. Perde o emprego, engata uma relação intensa com a ex-amante de seu melhor amigo (Diane Keaton), se muda, se sente culpado de tudo, explora as complicações de seu pensamento. Nada tem fim. Ao raiar do dia, após uma epopeia que ridiculariza a impotência do desejo, Nova York continua ali, suntuosa, enquanto os dois amantes, filmados de costas, sentam-se num banco diante da célebre Queensboro Bridge iluminada. Majestosa, Nova York reina sobre o Eu, o Isso e o Supereu.

Vendo essas imagens, temos uma noção do que foi o formidável impacto da descoberta da psicanálise pelos Estados Unidos a partir de 1909, quando, desembarcando da Europa a bordo do *George Washington* na noite de 29 de agosto, acompanhado de seus dois discípulos – Jung e Ferenczi –, Freud descortina o esplendor silencioso da baía de Hudson. Convidado a dar conferências em Worcester, passou alguns dias em Nova York.

Foi seu discípulo Abraham Arden Brill que recepcionou os três homens no cais para levá-los ao hotel Manhattan. Vindo de Toronto, Ernest Jones juntou-se a eles. Nascido na Galícia, em 1874, numa família judia, Brill emigrara sozinho para Nova York, aos quinze anos, e conseguira formar-se em psiquiatria. De volta a Viena, fizera uma análise com Freud, depois começara a traduzir sua obra. Sem demora, graças a seus talentos de propagandista, ocupou um lugar importante no meio psiquiátrico nova-

Nova York 233

iorquino. Em 1911, fundará a prestigiosa Sociedade Psicanalítica de Nova York, composta exclusivamente de médicos.

Durante cinco dias, guiou os três homens numa visita à cidade. Levou-os aos museus, depois ao parque de diversões de Coney Island, fazendo-os atravessar o Harlem e Chinatown. Freud assistiu pela primeira vez a uma sessão de cinematógrafo e se habituou a conviver com um novo povo urbano, o do *melting pot* americano: negros, brancos, mestiços, asiáticos, judeus.

Dentre as dezenas de relatos sobre a triunfante temporada de Freud em Nova York, dois romances policiais obtiveram um imenso sucesso: *A interpretação dos assassinatos*, de Jed Rubenfeld (2006), e *Manhattan Freud*, de Luc Bossi (2009). Ambos transformam o cientista vienense num detetive que resolve enigmas como se fosse um Sherlock Holmes do psiquismo.

Após as conferências em Worcester, Freud conquistou o Novo Mundo, mas passou a detestar mais ainda os Estados Unidos. Havia se esquecido do esplendor nova-iorquino, que mexera com ele, e se excedia em palavras duras para com seus discípulos americanos. Via-os como crianças estúpidas que só pensam em enriquecer. Não obstante, após a Primeira Guerra Mundial, ficará bastante satisfeito de recebê-los em seu divã em Viena. A guerra e a crise econômica o tinham arruinado e serão os freudianos americanos, principalmente os nova-iorquinos, que lhe proporcionarão um apoio incondicional. Isso não o impediu de declarar, em 1925: "Recentemente ofendi um americano ao lhe propor substituir a estátua da Liberdade no porto de Nova York pela de um macaco agitando uma bíblia."

Indiferente à modernidade, Freud ignorou o entusiasmo que suas ideias suscitavam na intelligentsia do Greenwich Village e no seio do movimento de renascimento do Harlem. Uns e outros encontravam na psicanálise, como no feminismo ou no socialismo, não só a possibilidade de uma autorrealização, como um contrapeso ao calvinismo e ao puritanismo. Viam o freudismo como uma revolução capaz de liberar as pulsões sexuais represadas pelo conformismo social: "Você está nervoso e irritadiço", dizia Max Eastman, "vive com medo, tem enxaquecas, náuseas e outros achaques misteriosos? Tente o novo e milagroso tratamento."

Em poucos anos, a psicanálise tornou-se a "terapia mental" mais popular do continente americano. Varreu as velhas doutrinas somáticas, implantou-se no lugar da psiquiatria, ridicularizou os princípios da moral civilizada, despertando o entusiasmo da classe média.

Durante o entreguerras, os Estados Unidos salvaram a psicanálise, acolhendo no país inteiro os exilados que fugiam do nazismo. Em todas as cidades americanas – Chicago, Los Angeles, Boston, Baltimore – as associações psicanalíticas floresceram, mas Nova York permaneceu o eixo de todas as aspirações, contradições e insônias: "Há alguma coisa no ar de Nova York", dirá Simone de Beauvoir, "que torna o sono inútil."

Foi em Nova York que foi criada, às vésperas da Segunda Guerra Mundial, a escola da Ego Psychology. Inaugurada por exilados desejosos de se integrar na nova Terra Prometida americana – em especial por Heinz Hartmann, Ernst Kris e Rudolph Loewenstein –, essa corrente procurava tornar o Eu mais autônomo, mais ligado à realidade social, sendo portanto mais capaz de controlar as pulsões desordenadas. É contra essa psicanálise dita "americana" que Jacques Lacan dirigirá seus ataques mais virulentos entre 1950 e 1970. Não foi o único.

A partir do fim dos anos 1960, esboçou-se um declínio da psicanálise nos Estados Unidos. A despeito de sua prodigiosa força institucional e de sua expansão em todos os setores da psiquiatria e da vida cultural, ela foi criticada com a mesma força com que antes fora adulada. Pode-se explicar esse furor. Europeu pessimista, Freud semeara confusão na consciência atormentada dos puritanos. Os americanos haviam recebido triunfalmente a psicanálise pelo que ela não era – uma terapia da felicidade – e a rejeitaram sessenta anos mais tarde por não cumprir a promessa que não poderia fazer.

Nenhum psicanalista europeu, por mais antiamericano que seja, consegue escapar à magia nova-iorquina. Em 1975, convidado para dar conferências nas universidades da Costa Leste, Jacques Lacan passou alguns dias em Nova York, escoltado por dois jovens professores universitários. No saguão de seu hotel, encontrou Salvador Dalí, trajando uma capa de vison e ali presente para inaugurar uma retrospectiva de sua obra. Os dois homens não se viam fazia quase quarenta anos e caíram nos braços um do outro. Dalí convidou Lacan e seus amigos para almoçar no restaurante Bruxelas, e foi então que se travou um diálogo incrível: "Faço nós", disse o psicanalista. "Ah, sim, as ilhas Borromeu", respondeu o pintor, que estava a par do amor do velho colega pela topologia, as tranças e os barbantes: "Deixa eu explicar, a coisa deve ser desenhada numa certa ordem, senão não funciona. Aprendi tudo na Itália. Se você for ao túmulo de Carlos Borromeu, compreenderá."

Circularam por Manhattan. As pessoas voltavam-se para Dalí, cujo retrato estava reproduzido em todas as revistas. A cada aceno, Lacan inclinava a cabeça para agradecer aos admiradores. Quando Dalí comprou os jornais nova-iorquinos para ler os artigos dedicados à sua exposição, Lacan pediu-lhe que, no dia seguinte, o lembrasse de consultar a imprensa para checar as resenhas de suas conferências.

Nas universidades da Costa Leste, Lacan provocou um verdadeiro escândalo ao afirmar diante de uma plateia de cientistas que a civilização era um dejeto, e acrescentou: "Julgamos pensar com nosso cérebro, eu penso com meus pés." O caso se espalhou e o rumor se transformou numa teoria da conspiração. Lacan, diziam, quisera converter os Estados Unidos a uma nova "peste", sugerindo uma origem pedestre da inteligência humana (E. Roudinesco, *Jacques Lacan. Esboço de uma vida, história de um sistema de pensamento*, 1993).

Mesmo assim, alguns anos após essa viagem, a obra lacaniana suscitou um formidável entusiasmo nos departamentos de literatura das universidades americanas. O pensamento francês, que se inspirava amplamente na obra freudiana, já recebia uma acolhida triunfal nos Estados Unidos, em especial as obras de Michel Foucault, Jacques Derrida, Louis Althusser, Gilles Deleuze, Roland Barthes etc. Todos esses intelectuais (*French Theory*) pareciam a tal ponto subversivos que a CIA tratou de espioná-los na França, vendo-os como agentes de uma nova guerra cultural antiamericana tão perigosa quanto o comunismo no período da Guerra Fria. Em 1985, num relatório mirabolante, que seria divulgado em 2011, os agentes da CIA comemoravam o declínio da vida intelectual francesa e o triunfo de uma geração de pretensos novos filósofos (Bernard-Henri Lévy ou André Glucksmann), hostis ao comunismo e, portanto, perfeitamente compatíveis com o conservadorismo americano. E, ao mesmo tempo, não enxergavam a que ponto o pensamento julgado "subversivo", como outrora o de Freud, já se tornara dominante nos *campi* americanos (*Le Monde*, 23 mar 2017), o que nunca será o caso da "nova filosofia".

Foi em 1963 que fui a Nova York pela primeira vez, mas só anos mais tarde, em 1990, tive a oportunidade de dar uma conferência na New School for Social Research, a convite de Alan Bass, psicanalista e filósofo. Lá conheci Eli Zaretsky, que ensinava história da psicanálise seguindo uma orientação bem diferente da minha. Em seguida, tive a felicidade de ser apresentada, em Nova York e em Princeton, a dois grandes historiadores do freudismo – Yosef Hayim Yerushalmi e Carl Schorske –, depois de ser convidada pela NYU (New York University).

Foi em 11 de setembro de 2001 que meu diálogo com Derrida, *De que amanhã... Diálogo*, foi publicado. Quando ele voltou de Nova York, após um colóquio com Jürgen Habermas, diversos jornalistas nos perguntaram se, usando esse título alusivo a Victor Hugo, tínhamos previsto o acontecimento daquele dia: "Se o que se passou em 11 de setembro podia ser chamado um acontecimento", dirá Derrida a Jean Birnbaum, "um acontecimento primordial, não era em função do pavor provocado, mas pela ameaça que aqueles atentados fazem pesar sobre todos nós. É o medo do dia seguinte, e não, em absoluto, o horror diante do que acabava de se passar que constitui o que chamamos de acontecimento." Nesse aspecto, *De que amanhã* não era uma "previsão", mas um diálogo que anunciava, especialmente para a psicanálise e o antissemitismo, um acontecimento vindouro: uma agonia para uma, uma perpetuação para o outro.

Em novembro de 2016, voltei a Nova York para o lançamento de minha biografia de Freud em inglês (*Sigmund Freud na sua época e em nosso tempo*, 2015), duas semanas após a eleição de Donald Trump à presidência dos Estados Unidos. Ao visitar o Ground Zero, e juntando-me a alguns manifestantes ao pé da Trump Tower da Quinta Avenida, não pude me abster de pensar nessa definição do que é um acontecimento primordial,

Nova York 237

mas também na história de uma mulher que morava em frente ao World Trade Center. A história é contada por uma psicanalista francesa, radicada em Nova York e dedicada a amenizar os traumas das vítimas: "Face ao drama, e enquanto seu marido faz as malas e prepara as crianças para fugir, ela [essa mulher] decide ficar no terraço, na fumaça e no pó, para 'assistir' àqueles que se jogam pelas janelas e caem no vazio." Estava de tal forma convencida de que ali se tratava de terror e abandono que decidiu rezar por eles. Com sua presença, julgava poder acompanhá-los ao longo de sua queda na desesperança.

Por ocasião de uma reunião no New York City Medical Center, em 11 de setembro de 2002, psicanalistas americanos, membros de diversas associações, evocaram histórias de pacientes traumatizados. Um deles contou a de uma garotinha cujo pai morrera no 104° andar do World Trade Center: ela afirmava que sua avó "vira alguma coisa em seu quarto, um anjo semelhante a uma borboleta". Ela desenhava borboletas e dizia que seu pai era "um anjo-borboleta bem vivo, bom e capaz de voar". O terapeuta evocou também a história de uma criança cuja escola situava-se do outro lado da rua; no momento da colisão, os alunos estavam trabalhando num projeto em torno da estátua da Liberdade, e dois dias depois do 11 de Setembro a criança desenhou uma estátua da Liberdade segurando nos braços dois bebês-torres gêmeas em forma de Madona. O psicanalista concluiu tratar-se de uma mãe "winnicottiana".

Desde o fim do século XX, a psicanálise não suscita mais entusiasmo nos Estados Unidos. Isso se deve ao fato de que os psicanalistas americanos transformaram a doutrina freudiana numa simples terapêutica, abandonando toda forma de especulação ou reflexão sobre a cultura. Querendo fazer da psicanálise uma ciência, eles preferiram dialogar com os especialistas em neurônios, em detrimento dos pesquisadores em ciências humanas. Contudo, em Nova York, inúmeros pacientes oriundos de um meio abastado continuam a escolher o divã para escapar à loucura medicamentosa que domina o exercício da psiquiatria, e centenas de escolas de psicoterapia florescem para responder a um sofrimento psíquico que não para de se expandir à medida que as desigualdades progridem. Observemos, a propósito, que as querelas entre historiadores da psicanálise são doravante mais importantes do que as que opõem os terapeutas. No continente americano, Freud tornou-se um objeto historiográfico tanto mais presente quanto mais atingido por avalanches de insultos e difamações (*Freud-bashing*).

Os psicanalistas, portanto, continuam a existir naqueles Estados Unidos que Freud tanto detestava. E foi por ocasião de um trauma maior – uma guerra sangrenta promovida contra sua arquitetura, seu modo de vida, seu *melting pot*, seu imaginário – que Nova York voltou a ser a cidade da psicanálise, através das centenas de depoimentos publicados sobre o acontecimento do 11 de Setembro.

Ver: Angústia. Apócrifos & boatos. Celebridade. Cronenberg, David. Descartes, René. Desconstrução. Gershwin, George. Guerra. Hollywood. Holmes, Sherlock. Infância. Injúrias, exageros & calúnias. *Carta roubada, A*. Monroe, Marilyn. Paris. Presidentes americanos. Psicoterapia. Psiquiatria. Rebeldes. Sedução. *Segundo sexo, O*. Topeka. Último índio, O. Washington. Worcester.

O

Orgonon

Latrinas místicas

Situado em Dodge Pont, no estado do Maine, o museu Orgonon, dedicado à obra e à vida de Wilhelm Reich, é um lugar estranho, que, em todo caso, atesta a proximidade entre as teorias mais extravagantes e as abordagens mais cientificistas das doenças da alma. Expulso de todas as instituições, rebelde entre os rebeldes, Reich retira-se em 1942 para uma antiga fazenda que ele batiza como Orgonon, a fim de lá instalar seu centro de estudo do orgônio (palavra composta de "orgasmo" e "ozônio").

Acreditava piamente ter descoberto uma energia cósmica, fonte de vida. Estava convencido de que, construindo grandes cabines capazes de acumular o orgônio, conseguiria não só curar todas as doenças, da esquizofrenia ao câncer, passando pela impotência sexual, como também ajudar os agricultores ameaçados pelas intempéries. Pensava poder finalmente salvar o planeta de uma invasão pelos extraterrestres e preparava-se para uma verdadeira "guerra nas estrelas".

Reich conhece Albert Einstein em Princeton. Depois de lhe expor suas teorias, deu-lhe um pequeno acumulador. Divertido, Einstein realizou um experimento sobre a diferença de temperatura entre o meio ambiente e o interior do aparelho e atribuiu-a a um fenômeno natural e não a uma propriedade orgonômica do objeto. Deu então por resolvido o problema. Assim, recusou a Reich qualquer autorização de usar seu nome em seus trabalhos e até mesmo de tornar pública a correspondência entre os dois. Este afirmou então que se tramava uma nova conspiração contra ele e que Einstein fora obrigado por seus perseguidores a se desviar do orgônio.

Rejeitado tanto pelos cientistas quanto pelos psicanalistas e psiquiatras, Reich expande sua influência nos meios artísticos e literários. Inúmeras personalidades tiveram a oportunidade de testar ou adquirir um acumulador de orgônios: Sean Connery, Allen Ginsberg e Jack Kerouac, que se inspirou nele em seu conhecido *On the Road* (1957): "Bill mantinha um acumulador de orgônios seguindo os princípios de Reich ... Old Bull achava que seu acumulador de orgônios seria mais eficiente se a madeira utilizada fosse a mais orgânica possível, e, assim, amarrava arbustos e galhos da vegetação pantanosa na sua estufa mística. Ela ficava no quintal abafado. Old Bull se livrou das roupas e foi sentar-se lá dentro, meditando sobre seu umbigo."

Orgonon possui hoje 175 hectares de campos e florestas, um observatório de energia, um salão para congressos, uma livraria onde se vendem as obras de Reich e diversos objetos (roupas, lápis, timbales), e ainda dois chalés para alugar. O museu está integrado a numerosas comunidades do Maine para atividades recreativas, educativas e sociais, e recebe visitas e adeptos da vegetoterapia e da bioenergética. Eles podem contemplar os objetos de Reich, sua biblioteca, sua mesa de trabalho, seus documentos.

Um soberbo cloudbuster (aparelho pseudocientífico) está instalado ao pé do túmulo do terapeuta mais louco, verborrágico e estarrecedor da história da psicanálise, que foi preso por charlatanice e morreu numa penitenciária, em 1957.

Ver: Felicidade. Loucura. Hitler, Adolf. Hollywood. Livros. Londres. Rebeldes. São Petersburgo. Topeka. Último índio, O. Viena. Zurique.

Origem do mundo, A
Farrapos de Deus

Delinear as feições de um rosto no ventre de um personagem é um dos grandes clássicos das caricaturas eróticas, assim como, aliás, a representação de uma vulva aberta ou uma cabeça de Medusa decapitada.

Em 1916, Freud conta a história de um paciente obcecado com o "cu do pai" (*Vaterarsch*). Quando via o pai entrar numa sala, imaginava-o sob o aspecto da parte inferior de um corpo provido de braços e pernas, à qual faltavam a cabeça e o busto. Os traços do rosto eram pintados no ventre. Freud pensou então no mito de Baubo, figura feminina da tradição órfica ligada aos mistérios de Elêusis: hóspede de Deméter, um dia Baubo tentou consolá-la da perda de sua filha, Perséfone, raptada pelo deus Hades; e, num gesto obsceno, arregaçou sua túnica e exibiu a vulva. Deméter pôs-se a rir e a beber.

Partindo da fantasia do "cu do pai", símbolo em seu paciente de um terror inconsciente do falo, Freud empreende uma comparação entre o fato de substituir o corpo masculino por um órgão único e o mito de Baubo relativo à exibição da vulva. O buraco aberto remete à potência do feminino. Em 1922, ele compara esta última à figura antiga da Medusa, terrível Górgona, cujos cabelos são eriçados de serpentes e cujos olhos dilatados transformam em pedra quem os fita. O semideus Perseu, filho de Zeus, decapita Medusa e coloca sua cabeça num saco, sem conseguir suprimir-lhe o poder de petrificação. Ela carrega a morte nos olhos. Assim, para Freud, o sexo feminino é o equivalente de uma cabeça de Medusa cercada de pelos e cuja visão provocaria não o riso, mas o pavor. A descoberta da ausência do pênis na mãe suscitaria, segundo ele, uma angústia de castração que levaria a um "medo do feminino" e, logo, a um medo de que o buraco não passe de um pênis dissimulado. De Baubo à Medusa e do riso à angústia, a mitologia da vulva desdobra-se em inúmeras metamorfoses.

Muito mais aterradora do que a representação do pênis do pai, a do sexo feminino sempre ensejou uma imponente literatura. Esse sexo de onde cada ser humano surge por ocasião de seu nascimento não é a origem da vida, a origem da humanidade, a origem do mundo? Tal é a interrogação de Georges Bataille em *Madame Edwarda* (1941), quando põe em cena uma prostituta, louca e obscena, que pede ao narrador para olhar seu sexo aberto (seus "farrapos"): "Está vendo", diz ela, "sou Deus."

É a George Devereux que devemos o estudo psicanalítico mais aprofundado da celebração dessa vulva aberta (*Baubo, a vulva mítica*, 1983). Durante trinta anos, ele se interessou por todas as facetas do grande mito da "coisa exibida", que, segundo ele, remetia a um cerimonial arcaico: o da redução do corpo humano a um "ventre facificado", como atesta aliás o célebre quadro de Magritte *O estupro* (1934), que por sua obscenidade sugere tratar-se ali de uma desfiguração violenta da beleza feminina: um rosto de mulher excessivamente alongado, confundido com um ventre, cujos olhos são mamilos sem expressão. A cabeleira lembra um escovão e a boca limita-se a um montinho de pelos pubianos. Alternadamente ogra fálica, consolo destruidor, homem tubular, mulher murada ou monstro estuprado, Baubo torna-se, no trabalho de Devereux, a expressão mais sofisticada de nossas fantasias sexuais recalcadas.

Igualmente fascinado por essa "coisa exibida", que ele chama de "buraco escancarado", impossível de ser representado, em 1954 Jacques Lacan adquire, a conselho de Bataille, o famoso quadro de Gustave Courbet *A origem do mundo*, pintado em 1866 para um diplomata otomano, Khalil-Bey, residente em Paris, cuja "biografia" o historiador de arte Thierry Savatier escreveu (*L'Origine du monde. Histoire d'un tableau de Gustave Courbet*, 2006): "*A origem do mundo* não é um quadro como os outros, ocupa um lugar único na arte ocidental, uma vez que representa sem concessão, sem álibi histórico nem mitológico, O Sexo dA Mulher e, mais além, de todas as mulheres, amantes e mães incluídas."

Nele descobrimos, em sua própria nudez, o sexo exposto de uma mulher logo após as convulsões do amor. Nenhum artifício vem atenuar a representação desse púbis escuro com pelos cerrados ladeado por um ventre abaulado e duas coxas que terminam numa fenda ligando a vulva a um ânus invisível. A tela causou escândalo e estarreceu os escritores da época. Em 1994, o caso repetiu-se quando Jacques Henric, autor do romance *Adorations perpétuelles*, decidiu reproduzir o quadro na capa do livro. Em Clermont-Ferrand, três guardas municipais pediram a um livreiro que retirasse o livro de sua vitrine. Na maioria das livrarias da França ele será escamoteado. Quanto ao autor, não será convidado para nenhum programa literário.

A tela continua a ser objeto de todo tipo de ritos, a ponto de, em 2014, por ocasião de uma exposição, uma artista plástica de Luxemburgo, con-

Origem do mundo, A

vencida de agir da maneira "mais natural", vir deitar-se à sua frente, com as pernas abertas e numa postura que pretendia imitá-la, ao passo que só fazia realçar seu esplendor veneziano. Com efeito, Courbet dizia-se herdeiro tanto de Ticiano quanto de Veronese. Nada é "natural" nessa pintura realista, da qual estão banidos pernas, braços, ombros, pescoço e rosto. O realismo consiste, como dizia Roland Barthes, não em copiar o real, mas em copiar uma cópia pintada do real. Não é a fotografia do sexo, nem sequer sua exibição real, que é julgada inaceitável, e sim sua representação pictórica, como apontará Philippe Sollers.

Se Baubo é um "ventre facificado" e se a Medusa não passa de um rosto com a boca protuberante e os olhos dilatados, o sexo da mulher sem nome de *A origem do mundo* é um lugar de delírios e de gozo, que jamais cessará de interrogar o olhar. Daí a necessidade de controlá-lo para melhor exibi-lo.

Lacan pendurou a tela de Courbet no escritório de sua casa de campo em Guitrancourt. Sylvia Bataille, sua mulher, pediu a André Masson que confeccionasse uma tela de madeira para dissimulá-lo. Esse "neoquadro", feito de linhas abstratas, parecia recalcar, ao mesmo tempo exibindo-a, a tela original. E Lacan não se enganava. Adorava surpreender as visitas, deslizando a tela de Masson a fim de afirmar melhor que Courbet já era lacaniano: "O falo está no quadro", dizia, num tom enigmático, transformando o célebre artigo de Freud sobre o fetichismo (1927) num comentário sobre o véu que mascara a ausência do que se quer dissimular (E. Roudinesco, *Lacan, a despeito de tudo e de todos*, 2011).

Em 1994, o quadro foi legado ao museu d'Orsay. Livre de seu tapa-sexo, *A origem do mundo* continua a intrigar quem o contempla. Lacan nunca escreveu qualquer comentário sobre essa tela e nunca tolerou que outro que não ele ousasse mostrá-la. O sexo da mulher sem nome era "sua coisa".

Ver: Amor. Angústia. Animais. Celebridade. Desejo. Eros. Fantasia. Leonardo da Vinci. Loucura. Mulheres. *Segundo sexo, O*. Sexualidade. Topeka.

P

Paris
Insurreições vindouras

Sempre defendi que a França era o país mais freudiano da Europa, ainda que lá a criação da primeira sociedade psicanalítica tenha sido tardia (1926). Com efeito, a França é o único país no mundo onde – desde 1914 – reuniu-se o conjunto das condições necessárias a uma integração bem-sucedida dessa disciplina em todos os setores da vida cultural e científica: tanto pela via médica e terapêutica (psiquiatria, psicologia, psicologia clínica) como pela via intelectual (literatura, filosofia, política, universidade). Esse êxito não se deu sem atritos e, nesse aspecto, a França também é o país onde a resistência chauvinista à psicanálise e, depois, o ódio a Freud foram mais intensos.

Como tive a oportunidade de escrever diversas vezes, existe então uma "exceção" francesa, cuja origem remonta à Revolução de 1789, que dotou de uma legitimidade científica e jurídica o olhar da razão sobre a loucura; depois às barricadas de 1848, que fizeram de Paris a capital de todas as revoluções europeias; e, por fim, ao caso Dreyfus, que tornou possível a instauração de uma consciência de si da classe intelectual. Designando-se como "vanguarda", esta pôde se apoderar das ideias mais inovadoras e fazê-las frutificar à sua maneira. A que se acrescenta o nascimento de uma modernidade literária que enunciou, por meio de Charles Baudelaire, Arthur Rimbaud ou Lautréamont, e numa nova escrita, a ideia de mudar o homem a partir do "Eu é um outro". A França é o único país onde fizemos da psicanálise uma verdadeira revolução da subjetividade: uma revolução política.

Paris   245

A exceção francesa deve-se também ao status atribuído nesse país, desde o decreto real de Villers-Cotterêts (1539), à gramática, às palavras, ao vocabulário, ao léxico. Longe de ver a língua como o instrumento empírico de uma comunicação, as elites francesas sempre a inscreveram num lugar único: ela é precipuamente uma língua escrita tendo como função homogeneizar a nação, depois a República, como atesta o decreto de 2 Termidor do ano II (20 de julho de 1794), que impõe o francês como única língua administrativa em todo o território. Em outras palavras, após a execução de Luís XVI em 1793, a língua se torna, segundo Michel de Certeau, o novo "corpo do rei", pelo qual a nação, eliminando os patoás e os dialetos, impõe uma ordem simbólica sem por isso restaurar o antigo poder monárquico, perdido para sempre. Essa concepção da língua explica que um gramático, membro da Action Française – Édouard Pichon –, tenha conseguido desempenhar papel tão importante na gênese de uma conceitualidade francesa do freudismo, cujos vestígios encontraremos a partir de 1938 nos dois mestres da psicanálise deste país: Jacques Lacan, formalista de uma língua do inconsciente, e Françoise Dolto, porta-voz de um léxico local adaptado à identidade da França.

Por fim, esse sucesso do freudismo deve-se ao status particular da laicidade à moda francesa (lei de 1905), isto é, a esse princípio de separação da sociedade civil e da sociedade religiosa, que, opondo-se a todo reconhecimento de uma religião de Estado, garantiu a liberdade de consciência a todo cidadão e o direito de todos de praticar a religião de sua escolha. Há um elo entre a definição francesa de laicidade e a concepção freudiana da psicanálise dita "profana" ou "leiga". Com efeito, chama-se *Laienanalyse* a prática da psicanálise por parte dos não médicos.

Contudo, mais amplamente, esse termo significa que, para existir enquanto tal, a psicanálise deve escapar a toda dominação. Para "associar livremente", é necessário pelo menos que o sujeito, deitado num divã, possa acessar livremente seu inconsciente. E foi na França que a separação entre o Estado e a dominação comunitária (a religião) se realizou com maior sucesso: "Feliz como Deus na França", diziam os judeus do Leste Europeu: se ele vivesse lá, não seria incomodado pelas rezas, ritos, bênçãos e pedidos de interpretação de delicadas questões dietéticas. Cercado de ímpios, poderia igualmente relaxar, de tardinha, como milhares de parisienses em seu café preferido. Poucas coisas são mais agradáveis e civilizadas do que uma sossegada varanda ao crepúsculo.

É por volta de 1920 que a psicanálise obtém um sucesso considerável nos salões literários parisienses. Numerosos escritores resolvem fazer uma análise, em especial Michel Leiris, René Crevel, Antonin Artaud, Georges Bataille e Raymond Queneau. As revistas desempenham um papel central, servindo de suporte à descoberta vienense, entre elas a *Nouvelle Revue Française* (NRF), em torno de André Gide e Jacques Rivière, *La Révolution Surréaliste*, com o papel determinante de André Breton e, por fim, a revista *Philosophies*, na qual Georges Politzer elabora sua "psicologia concreta", inspirando-se no modelo freudiano. Outros dois escritores voltam-se para o freudismo: Romain Rolland, que manterá uma correspondência com Freud, e Pierre Jean Jouve, que utilizará o método psicanalítico em sua obra em prosa, baseando-se no material clínico fornecido por sua mulher, Blanche Reverson, psicanalista.

A importância do meio intelectual parisiense é tamanha que, ao chegar a Paris em 1940, Otto Abetz, diplomata nazista, declarou que existiam três poderes naquela cidade: os grandes bancos, a franco-maçonaria e a *Nouvelle Revue Française*. De minha parte, prefiro o ponto de vista de Walter Benjamin: "Paris é a cidade dos espelhos. O asfalto de suas ruas, liso feito um espelho, e sobretudo as varandas envidraçadas dos cafés. Uma superabundância de glaces e espelhos nos cafés, para torná-los mais claros no interior e dar uma agradável amplitude a todos os compartimentos e recantos minúsculos que compõem os estabelecimentos parisienses. As mulheres aqui são mais vistas do que em outros lugares; daí vem a beleza singular das parisienses" (*Paris, capital do século XIX*, 1939).

Uma vez que a psicanálise é antes de tudo um fenômeno urbano e que a França é um país jacobino, foi em Paris que se desenrolaram todos os grandes acontecimentos psicanalíticos franceses, e, em seguida, foi nas grandes cidades – Estrasburgo, Marselha, Montpellier, Lille, Bordeaux – que se formaram grupos freudianos, sempre vinculados à capital antes de

Paris 247

se tornarem mais autônomos. É em Paris que as associações psicanalíticas têm sua sede, e duas delas tomaram Paris como nome de origem: a Sociedade Psicanalítica de Paris, criada em 1926 por Pichon, René Laforgue, Marie Bonaparte, Rudolph Loewenstein e alguns outros, e a Escola Freudiana de Paris, fundada por Lacan em 1964 e dissolvida em 1980.

Paris é uma cidade rebelde por excelência, cidade das Luzes, cidade daquela Revolução que Freud não apreciava, cidade da Comuna (1871), que foi por ele qualificada de "surto de histeria", cidade múltipla, cosmopolita, literária para toda uma geração de escritores americanos expatriados durante o entreguerras: é na varanda de La Closerie des Lilas que Francis Scott Fitzgerald mostra a Ernest Hemingway o original de *O grande Gatsby* (1925).

Na Closerie des Lilas, na École Normale Supérieure da rua d'Ulm, na Salpêtrière ou na Maison de l'Amérique Latine, inaugurada em 1946 no local do ex-palacete de Jean-Martin Charcot, a psicanálise está onipresente em Paris, seja em reuniões e colóquios, seja ao longo de discussões e conflitos às vezes virulentos, seja em seminários teóricos. Ela faz parte desse sonho acordado à la Victor Hugo, desse poema-objeto surrealista, dessa projeção descentrada do Eu, incontáveis vezes celebrada pelos apaixonados do freudismo: "Nada mais insólito, nada mais trágico, nada mais soberbo."

Como Nova York, Paris foi objeto de múltiplas interpretações ditas "psicanalíticas", cada uma mais estúpida do que a outra. Em 1953, Frédéric Hoffet, ensaísta protestante, fanático pelo vocabulário freudiano e já autor de *Psicanálise da Alsácia* (1951), publica *Psicanálise de Paris* (1953), que será um best-seller. Faz da capital uma espécie de lupanar complexado acometido de um vírus permanente de feminilização da virilidade. Não são mais os judeus que são culpados, a seu ver, da decadência da cidade das Luzes e da pretensa ditadura que ela exerce sobre a província, mas os "pederastas". Da mesma forma que os polemistas dos anos 2015-17, convencidos de que a França entrou em decadência por causa da presença de milhões de imigrantes e muçulmanos em seu solo, Hoffet denuncia os costumes corrompidos dos parisienses, independentemente de sua classe: "O homem parisiense feminilizou-se", escreve ele, "a ponto de sua própria virilidade ser atingida. Nunca, com efeito, o clima moral de Paris foi mais feminino no sentido pejorativo da palavra do que durante as últimas duas ou três décadas." E é então a "franco-maçonaria dos pederastas" que é a causa dessa decadência feminina, perceptível em todas as cidades europeias, sobretudo em Paris. Essa franco-maçonaria é "mais poderosa do que todas as sociedades secretas". Assim, é tanto mais eficaz quanto mais desconhecida de todos os historiadores. Hoffet se regozija com a adoção, pelos Estados Unidos e a URSS, de uma legislação especial contra os homossexuais.

Até a Segunda Guerra Mundial, os psicanalistas moravam na Rive Droite, em Passy e Neuilly, no Trocadéro, na place de l'Étoile ou no Champ de Mars, e seus pacientes eram essencialmente grandes burgueses conservadores e estetas. A partir de 1945, os psicanalistas da segunda geração, mais universitários, residiram geralmente na Rive Gauche, em Montparnasse, Saint-Germain-des-Près, nos Invalides, e seus pacientes, oriundos da classe média alta, assemelhavam-se a eles. Poucos frequentavam a place Blanche, a Pigalle ou o bairro dos Halles.

Quatro editoras parisienses, de renome mundial, acolheram suas publicações: Gallimard, Payot, Presses Universitaires de France e Seuil, as três primeiras privilegiando os freudianos clássicos e ortodoxos, a outra os lacanianos. Com efeito, foi estimulado por Lacan que o editor François Wahl introduziu a psicanálise na casa da rua Jacob, criando, em 1965, a coleção Le Champ Freudien, na qual um ano mais tarde será publicada a obra do mestre, *Écrits*, que lhe dará alcance internacional. A partir do início do século XXI, os psicanalistas abandonaram as casas voltadas ao campo intelectual a fim de criar suas próprias editoras para trabalhos destinados basicamente a seus respectivos grupelhos.

Lacan morou a vida inteira em Paris, sua cidade natal. Passou a infância no bairro da Bastilha, a dois passos do palacete de Franz Mesmer, fez seus estudos no colégio Stanislas, instalou-se em seguida como terapeuta próximo à igreja Saint-Augustin, e, por fim, em 1941, no número 5 da rua de Lille, onde recebeu, até sua morte em 1981, centenas de pacientes. Não existe um Museu Lacan na França, nem em Paris, nem em qualquer outra cidade. E, no entanto, Lacan foi, como Freud, um grande colecio-

Presidentes americanos   249

nador. Também podemos imaginar o que seria tal museu, composto de sua imensa biblioteca, suas telas de grandes pintores, suas aquarelas, seus manuscritos, todas as cartas que recebeu, seus cadernos íntimos, todas as miniaturas e estatuetas às quais era tão apegado.

Será que um dia haverá em Paris um museu virtual dedicado a Lacan, no modelo do Museu dos Sonhos de São Petersburgo? Até lá, existe uma rua Jacques Lacan, um beco, situado no 13º *arrondissement*, nas proximidades da Biblioteca Nacional, entre a rua Françoise Dolto (psicanalista) e a rua Jeanne Chauvin (advogada).

Ver: Bardamu, Ferdinand. *Carta roubada, A*. Cidades. Descartes, René. Desconstrução. Desejo. Dinheiro. Divã. Espelho. Família. Felicidade. Hipnose. Infância. Injúrias, exageros & calúnias. Livros. Londres. Loucura. Máximas de Jacques Lacan. Mulheres. Nova York. *Origem do mundo, A*. Princesa selvagem. Rebeldes. Resistência. Salpêtrière. São Petersburgo. *W ou a Memória da infância*. Wolinski, Georges.

Presidentes americanos
Doutor Fantástico

Faz muito tempo que os historiadores se colocaram a questão da relação entre poder e loucura. Não faltam biografias evidenciando a longa lista de soberanos, imperadores, homens de Estado e ditadores que apresentam sinais manifestos de distúrbios psíquicos ou mentais: Nero, Heliogábalo, Joana a Louca, Carlos VI, Luís II da Baviera, Paul Deschanel, Adolf Hitler, Stálin etc. Eram loucos antes de chegarem ao poder ou, ao contrário, o poder os deixou loucos, menos loucos ou ainda mais loucos?

Em 1919, o dr. Augustin Cabanès, conhecido por seus estudos clínicos sobre essa questão, declarava: "É a pura verdade que o número de loucos e semiloucos entre os chefes de Estado ou fundadores de seitas é maior do que imaginamos geralmente, e que houve alienados nos tronos, bem como à frente dos governos democráticos." Nessa perspectiva, novas nomenclaturas foram forjadas pela psiquiatria e reempregadas pela psicanálise para descrever suas personalidades e seus comportamentos: ciclotímicos (ou bipolares) para os instáveis de todo tipo, paranoicos para os orgulhosos acometidos de delírios megalomaníacos e receios persecutórios, mitômanos para os vaidosos irrefreados, histéricos para os obcecados com a conquista ou os exaltados com tendência criminal, perversos narcísicos para os sádicos ou destruidores de toda forma de relação de alteridade etc.

Existe, contudo, uma diferença entre chefes de Estado eleitos pelo povo e monarcas ou ditadores. A princípio, a democracia permite evitar que loucos autênticos e manifestos arroguem-se o direito de governar um país. A propósito, desde a generalização da expertise psiquiátrica e a força cada vez mais consolidada da imprensa, ficou difícil para um candidato com sinais visíveis de alienação alcançar uma função governante.

A questão que então se coloca é, de um lado, saber como detectar os sinais patológicos naqueles que querem alcançar a mais alta magistratura e, de outro, se perguntar se a dita patologia é ou não um obstáculo ao exercício do poder.

Foi nos Estados Unidos que se desenvolveram os trabalhos mais interessantes nesse domínio. Nesse país puritano, que não herdou nenhuma tradição monárquica, a exigência de transparência é ainda maior, na medida em que os presidentes são investidos de uma missão bíblica. Longe de serem os representantes de Deus na Terra, como antigamente os monarcas, são antes investidos de um dever sagrado: ser infalível, irreprochável, sem pulsões, sem sexualidade transgressiva, sem vícios, sem mentiras. Em suma, devem mostrar-se exemplares em todos os domínios da vida. Para ter essa performance, precisam então camuflar defeitos que, nas outras democracias, são menos penalizados. É no âmbito desse duplo jogo de dissimulação e exigência de verdade que os presidentes americanos são tão frequentemente expostos, pela imprensa e pela opinião pública, a expertises e opiniões morais sobre suas atividades sexuais ou sua paranoia. Não foi por acaso que se tornaram heróis do cinema hollywoodiano. Mais de cem filmes foram consagrados a seus desempenhos na história dos Estados Unidos, especialmente diante de crises graves: abolição da escravatura, bomba de Hiroshima, assassinatos, direitos civis, Guerra Fria, conflitos com Cuba, perigo de um holocausto nuclear etc.

Num estudo clássico sobre o presidente Thomas Woodrow Wilson, publicado a título póstumo (1966) e em grande parte redigido pelo diplomata americano William C. Bullitt, Freud propõe uma análise da loucura de um homem de Estado aparentemente normal, porém acometido de diversas patologias psíquicas e cerebrais e, a seu ver, responsável pelo tratado de Versalhes, que se revelou desastroso para a Europa e que, humilhando além da conta os vencidos, levou à vitória do nazismo.

Identificado desde a mais tenra idade com a figura do próprio pai, Wilson, 28º presidente dos Estados Unidos, começa tomando-se pelo filho de Deus, antes de se converter a uma religião de sua lavra, na qual se atribui o lugar de um salvador da humanidade, raciocinando com a ajuda de silogismos: o que está bem não pode estar mal e quando se tem razão não se pode estar errado. Quando Wilson chegou ao poder, nunca tinha transposto as fronteiras dos Estados Unidos, que ele vê, assim como a Inglaterra de Gladstone, como o país mais bonito do mundo. Ignora tudo acerca da geografia europeia e não sabe que se falam várias línguas nesse vasto continente. Qual uma criança fanática, feminilizada, semi-impotente, feio e desgracioso, acossado por sofrimentos físicos e morais, vomitando, tossindo, quase sempre de cama, é incessantemente atormentado e obcecado pelo fantasma de seu "incomparável pai", o reverendo Joseph Ruggles Wilson.

Lendo as descrições de Bullitt, que se apoiam nas teses de Freud, perguntamo-nos como a nação democrática mais poderosa do mundo pôde eleger um doente mental desse naipe para uma alta função, mesmo a neurose de um presidente, por mais perigosa que seja, não bastando para torná-lo o único responsável por uma política global. Mas o estudo também mostra que Wilson materializa sua neurose em escala mundial e que nada é pior em política do que um déspota iluminado que usurpa o lugar de Deus.

Eu tenderia a defender a ideia de que o Wilson freudiano descrito por Bullitt é de fato o protótipo do que há de pior em certos presidentes americanos que se tomam por Deus, estando convencidos de que os Estados Unidos teriam como destino permanente combater, no mundo inteiro, o eixo do mal em nome do eixo do bem. Nesse aspecto, aliás, podemos dizer que os atos wilsonianos antecipam o que virá a ser, anos mais tarde, o princípio recorrente do intervencionismo americano nos assuntos mundiais (Sigmund Freud, *Esboço de psicanálise*, 1931).

Depois da publicação desse livro, inúmeros autores, psiquiatras e psicanalistas se debruçaram sobre o destino dos ocupantes da Casa Branca. Num estudo da universidade de Duke (na Carolina do Sul) datado de 2006, descobrimos, sob a pena de três estudiosos, que, entre a Declaração de Independência (1776) e o fim do mandato de Nixon (1974), metade dos presidentes americanos "cumpre as condições necessárias ao estabelecimento de um diagnóstico de distúrbio psicológico", agrupando ansiedade, depressão, alcoolismo e estados bipolares. Na maior parte dos casos, a "doença" dos presidentes permaneceu secreta.

Todos conhecem as patologias de John Fitzgerald Kennedy. Acometido de diversas doenças somáticas, que nunca o impediram de governar seu país, também era conhecido por sua hipersexualidade, que herdara de seu pai. Consumia um grande número de psicotrópicos: anfetaminas, ansiolíticos, esteroides. Seu sucessor, Lyndon B. Johnson, era obcecado pelo próprio pênis, que chamava de "Dumbo" e que manipulava na frente dos conhecidos. Costumava urinar ao ar livre, o mais alto possível. Foi igualmente classificado como "bipolar" e acometido de uma "paranoia destrutiva", segundo psiquiatras chamados à sua revelia.

Por ocasião da inesperada eleição de Donald Trump em novembro de 2016, as expertises espontâneas proliferaram. O 45º presidente dos Estados Unidos parecia, por mil motivos, muito mais louco que os demais. Em todo caso, sua neurose era visível, escancarada, perceptível, até mesmo valorizada pelas massas num contexto mundial de escalada dos populismos nacionalistas, de ódio às elites e rejeição dos valores da democracia representativa. Além dos insultos, das declarações grosseiras, do nepotismo, do fascínio pelo incesto, da negação da realidade do aquecimento global, da adesão ao criacionismo, da utilização exacerbada de sua conta no Twitter e de opiniões improvisadas, esse estranho presidente, saído diretamente do universo dos reality-shows, parece efetivamente sujeito a diversas pa-

Presidentes americanos

253

tologias: busca ilimitada por admiração, infantilismo, obsessões sexuais, narcisismo grave, declarações débeis, racistas ou misóginas.

Eis algumas amostras de seus discursos públicos: "Meus dedos são compridos e bonitos. Assim como, e isso foi bem documentado, determinadas outras partes de minha anatomia ... Meu QI é um dos mais altos do mundo e vocês todos sabem disso." Falando da filha mais velha, declarou: "Sim, é realmente uma coisa, uma verdadeira gata essa aí. Se eu não fosse feliz no meu casamento, enfim, em suma, se eu não fosse seu pai..."

Quanto às suas opiniões sobre o conjunto dos países do planeta ou sobre a história da humanidade, não são melhores que isso. Com efeito, Trump afirmou que as armas nucleares americanas eram feitas para proteger o Japão e que os japoneses podiam ficar sentados tranquilamente diante da televisão em caso de conflito. E, num arroubo digno do personagem Doutor Fantástico, criado por Stanley Kubrick em 1964, acrescentou: "Podemos falar dos japoneses. Podemos falar da maneira como eles aprenderam a lição em 1945. Mas a verdade é que criamos as armas nucleares para Hitler, não para eles. E depois de Pearl Harbor percebemos que os japoneses sofrem de um caso clássico de falta de liderança. Quer dizer, por que um camundongo atacaria um leão? Pensamos que os ajudávamos, cuidando para que eles nunca se aliassem aos nazistas. E isso funcionou. Desde então, somos os melhores aliados."

Pela primeira vez nos Estados Unidos, colocou-se a questão de saber se um homem acometido de tal patologia mental estava em condições de governar a maior potência mundial. A ponto de um coletivo de psiquiatras, psicólogos e psicanalistas ter se constituído em fevereiro de 2017, sob o comando de John Gartner, professor de psiquiatria na Universidade Johns Hopkins, a fim de reivindicar sua destituição em nome da 25ª emenda da Constituição, que prevê o impeachment de um presidente quando "inapto a exercer suas funções".

Um abaixo-assinado nesse sentido já recolheu milhares de assinaturas. No texto, Trump é designado como um perigoso doente mental acometido de uma síndrome de "narcisismo perverso", "comportamento antissocial" e paranoia: "Essa síndrome é encontrada nos criminosos e se caracteriza por um desprezo total pelos outros e seus direitos. São pessoas que conscientemente desprezam o fato de violarem os direitos do outro e mentem repetidamente... E sabemos que Trump faz muito isso ... Qualquer pessoa que não concorde com ele é suspeita de complô. E ele acredita em todo tipo de teorias completamente loucas. A maneira como ataca as ciências ou a imprensa é da esfera da paranoia. De tanto criar pouco a pouco a própria realidade, você se vê disposto a tudo para combater aqueles a quem percebe como inimigos diabólicos. É precisamente o que fez Hitler com os judeus; partindo do princípio de que eram inimigos diabólicos, a única coisa a fazer, a solução mais lógica, era seu extermínio." Observemos que, depois de Auschwitz, sempre que se quer descrever a loucura no poder, volta-se a Hitler, a quem Thomas Mann tachou de pior inimigo de Freud e da psicanálise.

Evidentemente, Trump não se assemelha a nenhum outro presidente americano. Seria antes um "antipresidente", saído direto de um reality-show. "Não é tanto Trump como personagem, como arquétipo humano – estereótipo do magnata dos imóveis, predador capitalista sem coração e sem escrúpulo – que vai além da imaginação", sublinha Philip Roth, "é Trump como presidente dos Estados Unidos ... Desprovido de toda decência e dispondo de um vocabulário de 77 palavras de uma língua que parece mais a língua de um idiota do que a de Shakespeare" (*Vanity Fair*, abr 2017).

Numa perspectiva mais freudiana, eu citaria a opinião da historiadora Laure Murat: "Donald Trump cria uma forma de fusão-cisão de dois mundos a priori antinômicos, encarnados pelos negócios e a política, o lucro de um só e o bem comum; ele inventa a alternância com ele mesmo, ameaçando submeter toda a população, e o mundo, a um estresse permanente. É o sujeito clivado por excelência, o *outsider* e o *insider*, ao mesmo tempo que percebe e nega a realidade; o Coringa (como no *Batman*), isto é, *the villain* (o vilão), mas também o supertrunfo, que corta todas as outras cartas. Resultado: nunca estará ali onde esperamos. Salvo que seria preciso ser cego e surdo para não compreender onde ele estará realmente: em toda parte" (*Libération*, 21 dez 2016).

Princesa selvagem

Enquanto isso, todos os meus amigos americanos mobilizam-se e choram como no filme de Michael Cimino, *O franco-atirador* (1978). *God Bless America.*

Ver: Apócrifos & boatos. Celebridade. Cronenberg, David. Green, Julien. Guerra. *His Majesty the Baby*. Hitler, Adolf. Hollywood. Incesto. Loucura. Narciso. Nova York. Rebeldes. Roth, Philip. Psiquiatria. Salpêtrière. Washington. Worcester.

Princesa selvagem
Marie Bonaparte

Nunca é demais dizer o quanto a história da psicanálise está vinculada à das monarquias europeias. O mundo freudiano é povoado por grandes burgueses melancólicos e suicidas, por contos de fadas barrocos, príncipes e princesas neuróticos. Embora alguns deles tenham recorrido a todas as formas possíveis de tratamentos psíquicos, só Marie Bonaparte, bisneta do Imperador, transformou seu triste destino de princesa real num engajamento inabalável em favor da causa freudiana.

Em 1925, quando chega a Viena para encontrar o célebre doutor, Marie Bonaparte, com 45 anos, entedia-se mortalmente. Sua vida, de um conformismo invulgar, não lhe dá nenhuma satisfação. Criada por um pai indiferente e uma avó assustadora, casou-se sem amor com o príncipe Jorge da Grécia, homossexual afetado que não compreende os sofrimentos da esposa. Frígida, narcísica e selvagem, apesar dos suntuosos trajes por trás dos quais esconde sua miséria psíquica, a princesa julga encontrar a solução para seus problemas em cirurgias. Assim, passa o tempo acreditando que a sexualidade é um assunto químico, biológico, orgânico. Mediante uma análise bem-sucedida, ela percebe como se perdeu em seu caminho e sai de seu estado suicida e masoquista não pela cura de seus sintomas, mas por uma conversão à psicanálise que fará dela outra mulher, isto é, a heroína intelectual que ela sonhava ser desde sua infância. É quando desiste de mutilar seu corpo incessantemente.

Marie Bonaparte não só incorpora uma nova identidade, tornando-se a pioneira do freudismo na França, a melhor tradutora das obras do mestre e, por fim, a "salvadora" de seus arquivos e de sua vida, ameaçados pelo nazismo, como encontra, no âmago do movimento psicanalítico – em plena mutação por causa da escalada do nazismo na Europa –, uma família tolerante que a recebe *como ela é*. Paga um resgate considerável para arrancar Freud das garras da Gestapo, salvaguarda seus manuscritos e instala-o em Londres em 1938 com a família.

Ao longo da análise, que se desenrola em alemão e inglês em etapas sucessivas, de 1925 a 1938, Freud explora todo o seu gênio clínico junto à sua querida princesa. Impõe-lhe limites, evitando-lhe assim uma relação incestuosa com o filho. Quanto a ela, cobre Freud de presentes. Se Lou Andreas-Salomé foi para Freud a encarnação da inteligência, da beleza e da liberdade – alguma coisa como *A Mulher*, ao mesmo tempo sublime e carnal –, Marie Bonaparte foi sobretudo a filha, a aluna, a discípula, a admiradora, a embaixadora devotada.

Os diversos textos de Marie Bonaparte referentes às suas relações com Freud encontram-se atualmente dispersados. Quanto às cartas de Freud para ela, ainda inéditas, são crepusculares. Já doente, ele fala o tempo todo do câncer que lhe devora o maxilar, enquanto assiste à agonia da Áustria. Em meio a esse desastre, reafirma posições essenciais, depuradas de tudo que suas correspondências de juventude têm de exuberantes. Embora demonstre uma imensa ternura por Marie Bonaparte, mostra-se cético, pessimista, feroz às vezes, triste e exaurido. Por exemplo, numa carta de 21 de abril de 1926, reafirma sua hostilidade feroz à religião a propósito do convite que recebe do B'nai B'rith: "Considerome um dos inimigos mais perigosos da religião, mas eles parecem não enxergar isso."

Encontramos ainda uma reafirmação de sua crença na origem biológica das psicoses a respeito de uma paciente de 45 anos tratada por Ernst Simmel nas suntuosas dependências do sanatório de Schloss Tegel, em Berlim. (Berlim! De novo Berlim!) No caso dessa paciente, Freud recomenda um "tratamento ovariano": "Você sabe que, em tais psicoses, não obtemos nada com a análise. Falta principalmente o Eu normal com que possamos nos relacionar. Sabemos que os mecanismos das psicoses não diferem dos mecanismos das neuroses, mas não dispomos de quantidades suficientes de excitação que deveríamos desenvolver para modificar esses mecanismos. As esperanças de desenvolvimento para o futuro residem na química orgânica e, mais precisamente, no caminho que leva a ela, passando pela endocrinologia. Esse futuro ainda está longe, mas deveríamos estudar cada caso de psicose pela análise, pois esse conhecimento regerá mais tarde a terapia química" (15 jan 1930).

Essa paciente não era outra pessoa senão Alice da Grécia, esquizofrênica e a mãe do príncipe Philip Mountbatten. Futuro esposo da rainha Elisabeth II, Philip passou parte de sua infância junto a Marie Bonaparte, que contribuiu para sua educação. Pergunto-me como Freud, tão fascinado pelas turbulências das dinastias reais, teria reagido às desventuras da família real dos Windsor.

Quando penso em Marie Bonaparte, não posso me abster de pensar em minha grande amiga Célia Bertin, que escreveu sua biografia e me confiou seus arquivos.

Em 2004, Benoît Jacquot inspirou-se na biografia de Célia Bertin para realizar um filme sobre Marie Bonaparte, *Princesse Marie*, com Catherine Deneuve no papel-título. Muito bem interpretado pelo ator Heinz Bennent, Freud parece estar no umbral da morte, lúcido e humanista, vibrante e já desligado das coisas deste mundo. Um Freud cuja voz, mais que o rosto, nos restitui um condensado do que foi a compreensão freudiana do tratamento. Esse Freud íntimo, filmado de maneira luminosa e realista, junto às três mulheres de sua vida – sua mulher, Martha, sua cunhada Minna e Anna, sua filha –, é como que despertado pela chegada dessa princesa extravagante que exige dele que a cure de seus sintomas.

Contudo, longe de ater-se à narração das relações de Freud e de seu círculo vienense, Benoît Jacquot realiza uma façanha, misturando à ficção documentos de atualidades cuidadosamente selecionados, conseguindo encenar o lado de *fora* dessa história íntima, um lado de fora aterrador: o da ameaça hitlerista. Ele introduz um filme documentário no filme, um filme dentro do filme. Daí resulta que, à medida que se cruzam as duas realidades, do lado de fora e do lado de dentro, temos a impressão de que a ficção torna-se um documentário e vice-versa.

Ver: Autoanálise. Berlim. Bonaparte, Napoleão. Celebridade. Cronenberg, David. Guerra. Hitler, Adolf. Hollywood. Incesto. Infância. Londres. Monroe, Marilyn. Mulheres. Paris. *Segundo sexo, O.* Sexo, gênero & transgêneros. Viena. Washington.

Psicanálise
Planeta freudiano

Termo criado por Sigmund Freud em 1896 para denominar um método de tratamento fundado na verbalização – ou tratamento pela fala – e oriundo do procedimento catártico (ou purgação das paixões) utilizado por Josef Breuer. A psicanálise fundamenta-se na exploração do inconsciente mediante o método da livre associação, que consiste em o paciente exprimir sem discriminação todos os pensamentos que lhe vêm à cabeça. O papel do psicanalista é interpretar o que o paciente diz.

Por extensão, damos o nome de psicanálise ao tratamento psíquico (ou psicoterapia) praticado segundo esse método, à disciplina fundada por Freud, na medida em que ela compreende uma organização clínica, um sistema de pensamento e uma modalidade de transmissão do saber baseados na transferência e que permite formar clínicos do inconsciente. Damos também o nome de movimento psicanalítico a uma escola de pensamento que engloba todas as correntes originadas do freudismo original: annafreudismo (Anna Freud), kleinismo (Melanie Klein), Ego Psychology, Self Psychology, culturalismo, neofreudismo, lacanismo (Jacques Lacan).

A psicanálise é uma disciplina que não pertence à esfera da medicina. Ela trata todo tipo de patologias denominadas "doenças da alma", transtornos psíquicos, distúrbios mentais – neuroses, depressões, melancolia, perversões, psicoses, estados-limite etc. –, geralmente em associação com uma abordagem medicamentosa (psiquiatria). Está implantada em cerca

Psicoterapia

de cinquenta países e em quatro dos cinco continentes, com forte predominância na Europa, nas Américas do Norte e do Sul, no Japão, em Israel, no Líbano, na Rússia. Ligada ao enfraquecimento das crenças religiosas e do patriarcado tradicional, é em todas as partes do mundo um fenômeno basicamente urbano. Erigiu seus institutos e associações em grandes cidades cosmopolitas, cujos moradores, em geral, acham-se distantes de suas raízes.

Para vir a ser psicanalista, em qualquer parte do mundo, é preciso seguir um currículo preciso: psicanálise "didática", depois psicanálise de controle ou supervisão. Embora não seja necessário ser médico ou psiquiatra para tornar-se psicanalista, a quase totalidade dos psicanalistas no mundo conquistou diplomas universitários: são psiquiatras, psicólogos, diplomados em ciências humanas. A psicanálise é ensinada nos departamentos de psicologia que formam psicólogos clínicos.

Duas condições são em geral necessárias à implantação da psicanálise: de um lado, a constituição de um saber psiquiátrico, de outro, a existência de um Estado de direito suscetível de garantir o livre exercício de um ensino. A psicanálise foi combatida em toda parte pela religião – e mais pelo islã legalista e político do que pelos outros dois monoteísmos (cristianismo e judaísmo), ainda que religiosos tenham se tornado psicanalistas – e pelas ditaduras – ainda que terapeutas tenham aceitado colaborar com elas.

A psicanálise também é uma cultura (um sistema de pensamento) que alimentou, no mundo inteiro, todas as formas de expressão artística: literatura, pintura, cinema etc. Como cultura, é amplamente considerada em todas as disciplinas: filosofia, antropologia, sociologia, história etc.

O termo "psicanálise" figura em praticamente todos os verbetes deste *Dicionário amoroso*.

Psicoterapia
Tratamento dos estados psíquicos

A partir do fim do século XX, denomina-se psicoterapia um método de tratamento psicológico dos estados psíquicos que utiliza como meio terapêutico a relação entre o terapeuta e o paciente sob a forma de uma relação ou de uma transferência. Todos os métodos terapêuticos próprios da psiquiatria ou da psicanálise devem ser incluídos na noção de psicoterapia.

Designam-se pelo termo psicoterapias (no plural) todos os métodos de abordagem do psiquismo ditos "relacionais", derivados ou dissidentes da psicanálise, até mesmo hostis a ela. Estão em expansão no mundo inteiro: quatrocentas escolas ou correntes, desde a hipnoterapia (derivada da hipnose) até as terapias cognitivo-comportamentais, passando pela Gestalt-terapia, as diversas terapias de grupo, a arte-terapia, a sofrologia, a bioenergética, o *coaching*, o relaxamento, a sexoterapia, a autoajuda... As psicoterapias são tão numerosas quanto as classificações adotadas pelo *Manual diagnóstico e estatístico dos distúrbios mentais* (DSM), e sua lista (não exaustiva) inclui ainda psicodrama, psicossíntese, logoterapia, autoafirmação, análise transacional, hipnoterapia "ericksoniana", psicogenealogia, psicoterapia integrativa, programação neurolinguística, vegetoterapia, amorologia, dessensibilização pelos movimentos oculares, gestão do estresse, análise psico-orgânica, emetanálise etc.

Psicoterapia institucional
Loucura no maqui

Expressão criada, em 1952, pelo psiquiatra francês Georges Daumezon para designar uma terapêutica da loucura que se funda na ideia de causalidade psíquica da doença mental (ou psicogênese) e que visa reformar a instituição asilar (os hospitais psiquiátricos) privilegiando a relação dinâmica entre os terapeutas e os pacientes.

Foi na França que esse movimento de renovação da psiquiatria surgiu, em 1940, no hospital de Saint-Alban, símbolo da resistência antinazista. Ali também, o tratamento da loucura era associado a uma luta contra a barbárie e a tirania, herdada do Iluminismo e da Revolução. Dentre os idealizadores desse caminho, três psiquiatras abertos à psicanálise: François Tosquelles, militante anarquista e antifranquista, Paul Balvet, mili-

Psique/Psiquê

tante católico, e Lucien Bonnafé, membro do Partido Comunista Francês. Frantz Fanon passou uma temporada em Saint-Alban antes de assumir a direção do hospital de Blida, na Argélia.

Os movimentos de contestação da psiquiatria que se desenvolveram na Itália, na Grã-Bretanha e nos Estados Unidos foram, de certo ponto de vista, a continuação, sob outras formas, da psicoterapia institucional. Esta empenhava-se em reformar o hospício, enquanto a antipsiquiatria visava suprimi-lo e abolir a noção de doença mental.

Ver: Berlim. Loucura. Psicanálise. Psiquiatria. Psiquiatria dinâmica. Terra Prometida. Topeka. Zurique.

Psique/Psiquê

A alma é uma terra distante

O estado psíquico – ou psique, ou psiquismo – é um conjunto consciente e inconsciente, uma espécie de aparelho mnêmico, ou estrutura mental do ser humano, que conserva os traços da vida subjetiva: sua parte visível e sua parte oculta, sua mitologia, sua pregnância arcaica, sua história, sua linguagem. Numa carta a Wilhelm Fliess, de 6 de dezembro de 1896, Freud escreve: "Você sabe que trabalho com a hipótese de que nosso mecanismo psíquico surgiu por superposição de estratos, o material presente sob forma de traços mnêmicos passando de tempos em tempos por uma rearrumação segundo novas relações: uma retranscrição."

Psique, na linguagem corrente, é a alma, o sopro, a energia, a força vital, o Eros, o desejo, o corpo e o espírito. O termo recobre então um espectro bastante amplo, e hoje ninguém confundiria a psique – o estado psíquico – com o espírito, que é um conjunto de faculdades mentais (intuição, percepção, emoções, cognição) que geralmente associamos às atividades cerebrais e aos neurônios. Fato é que Freud evolui nessa questão, preferindo a referência à psicologia em vez de à neurologia. Em 1900, afirma que o inconsciente é o psiquismo. Mais tarde, declara que a concepção mitológica do mundo não passa de uma psicologia projetada para a realidade externa. Por fim, liga a psique a Eros, à beleza, ao amor, ao mesmo tempo sustentando a ideia de que o aparelho psíquico é uma figuração que dá conta da inscrição de traços mnêmicos inconscientes. Em outras palavras, esse aparelho engloba todas as funções do inconsciente, do consciente, do pré-consciente (primeira tópica), depois do Eu, do Isso e do Supereu (segunda tópica). Em suma, o aparelho psíquico, dissociado do modelo neurofisiológico da cognição, confunde-se com a organização do psiquismo em tópicas (lugares ou instâncias): "A divisão do psíquico num psíquico consciente e num psíquico inconsciente constitui a premissa fundamental da psicanálise, sem a qual ela seria incapaz de compreender os processos patológicos", afirma em 1924.

Dezenas de esquemas foram difundidos, colocando em cena as seis instâncias, qual personagens de teatro: inconsciente (princípio de prazer, desconhecimento da realidade); consciente (princípio de realidade); pré-consciente (passarela entre os dois); Eu (intelecto, reflexão); Supereu (consciência moral); Isso (instintos, pulsões, desordem, multidão, horda, fluxo etc.).

Convém dizer que a conceitualidade freudiana presta-se a esse tipo de dramatização e mitologia. Os conceitos da psicanálise são personagens de ficção, mitemas (estruturas paradigmáticas), lições de coisas, percursos, com os quais é possível construir a genealogia mediante fórmulas, gráficos, flechas, equações, *topos*, clichês. Em sua correspondência, Freud desenhava planos, esquemas e mapas, utilizando magnificamente as abreviações e os termos gregos.

Melanie Klein e seus herdeiros fizeram a mesma coisa com seus bons e maus objetos internalizados, suas posições (esquizoide/paranoide), suas representações do mundo arcaico materno, semelhantes a quadros de Max Ernst. Quanto a Lacan, foi ávido por esse tipo de exercício. Inventou o grafo do desejo, utilizou o quadrado lógico de Apuleio para fabricar "fórmulas da sexuação", construiu matemas (modelos de linguagem) nos quais inseriu todos os seus conceitos (significante, estádio do espelho, desejo, Outro e outro etc.); por fim, em seus últimos anos de vida (1972-81), não parou de desenhar nós e tranças (figuras topológicas ou modelos de estrutura) destinados a transcrever sua tópica (real, simbólico, imaginário). Todas

Psique/Psiquê

essas figuras são *schibboleth* através dos quais os psicanalistas reconhecem seu pertencimento a uma comunidade de pensamento.

Psiquê também é o nome de uma personagem mitológica cuja história encontramos registrada no romance picaresco de Apuleio, autor latino do século II, *Metamorfoses ou O asno de ouro*. O autor conta as aventuras de um certo Lúcio transformado em asno por almejar desvendar os mistérios da magia. Condenado a vagar pelo mundo, é confrontado com diversas situações ao longo das quais lhe são narradas histórias variadas que o conduzem pouco a pouco à "purificação" de seu ser. Na estrada, encontra uma velha que lhe conta a história de Psiquê, cuja beleza era tão deslumbrante que suas duas irmãs a detestavam e Vênus a invejava. Não suportando mais a afronta que lhe fazia o divino esplendor daquela mortal, a deusa ordenou a seu filho Cupido (Amor/Eros) que ferisse Psiquê com uma de suas flechas para fazê-la se apaixonar pelo homem mais monstruoso do mundo. Mas, assim que viu Psiquê, Cupido se apaixonou e, levando-a para o seu palácio, uniu-se a ela, fazendo-a jurar que jamais tentaria descobrir seu rosto. Impelida pela curiosidade, contudo, ela não resistiu à tentação: uma noite, acendeu uma lamparina e contemplou Cupido adormecido. Por descuido, deixou cair uma gota de óleo sobre o corpo do esposo, que acordou e desapareceu. Desesperada, ela apelou a Vênus, que lhe impôs uma série de provas: selecionar sementes, trazer-lhe os fios do Tosão de Ouro, mergulhar no Styx para nele encontrar uma água mágica, descer aos infernos em busca de uma fonte de beleza. Cupido junta-se a ela e pede justiça a Júpiter, que convoca uma assembleia dos deuses do Olimpo para decidir a sorte da jovem. A história tem um final feliz: Psiquê se casa com Cupido, torna-se imortal e mãe de uma filha chamada Volúpia.

Em 1925, Freud compra um "bloco mágico" (*Wunderblock*), no qual vê uma "máquina" suscetível de integrar todos os conceitos inaugurais da psicanálise a fim de arquivá-los – as duas tópicas, os dois princípios (prazer/realidade), o recalcamento etc. Pretende, em suma, registrar os traços mnêmicos dos conceitos da psicanálise com base no modelo do funcionamento do aparelho psíquico. Esse *Wunderblock* é o equivalente do que chamamos hoje de lousa mágica: uma prancheta na qual podemos, com um simples gesto, deletar as anotações que fizemos, uma espécie de computador *avant la lettre*. O fato de que a escrita desapareça todas as vezes que é rompido o laço entre o papel que recebe impressão e a tabuinha de cera que conserva seu arquivo é visto por Freud como o equivalente do trabalho do inconsciente e do sistema consciente-pré-consciente. Assim, a superfície receptiva continua virgem e o traço, permanente. Tal é a essência do psiquismo: um traço subsiste mesmo quando é apagado.

Quanto a Psiquê, forçada a imergir no labirinto do aparelho psíquico, passou a vida submetendo-se a provas semelhantes às enfrentadas por Lúcio. Obcecada pelo ser invisível, que ela julga um monstro, serpente ou dragão, não suporta a ideia de ser um simples objeto de desejo. Quer juntar a alma ao corpo. Transgride o interdito do olhar. Como um explorador, é impelida a uma viagem iniciática ao âmago das profundezas noturnas do sonho e do inconsciente.

Ao longo dos séculos, a lenda de Psiquê, alma errante e curiosa em busca de amor, dotada de asas de borboleta, inspirou inúmeros pintores, que a representaram de diversas maneiras: mulher madura seduzindo um anjinho, anjo assexuado dormindo com outro anjo, moça com a pele lisa e nívea e semblante em êxtase, carregada nos ares por um adolescente egresso da puberdade (na visão de William Bouguereau)... Rafael realizou para o banqueiro Agostino Chigi um magnífico afresco inspirado na lenda de Apuleio: *Loggia di Psiche*.

Enquanto Freud não tinha qualquer interesse por essa iconografia, Lacan, ao contrário, fez de Psiquê a heroína de uma disjunção entre a alma (a psique) e o desejo (Eros). A seu ver, a personagem poderia ter gozado de uma verdadeira felicidade se a sua curiosidade não a houvesse impelido a querer contemplar o rosto de seu amante. Ela só começa a viver, com efeito, quando passa do desejo sexual (Cupido) ao amor, depois que o desejo que a preencheu se furtou (O Seminário, livro 8, *A transferência*, 1960-61). Numa lição de seu Seminário, Lacan conta toda a história das desventuras de Psiquê a seus alunos, e distribui a cópia, feita por André Masson, de um quadro de Jacopo Del Zucchi, de 1589, representando a cena em que Psiquê vê o rosto do amante, descobrindo assim a potência de Eros, cujo sexo é

Psique/Psiquê 265

mascarado por um buquê de flores. Temendo ver um monstro, ela tinha se armado com uma cimitarra, que empunha na mão direita.

Não era preciso tanto para Lacan interpretar esse gesto como uma ameaça de castração de um pênis "ausente", tendo desaparecido antes mesmo de ser decepado. "Todos sabem que Eros foge e desaparece porque a pequena Psiquê foi curiosa demais e, além disso, desobediente. É isso que, na memória coletiva, resta do sentido desse mito. Mas alguma coisa está oculta atrás, e, se acreditarmos no que nos revela aqui a intuição do pintor, isso seria simplesmente esse momento decisivo que ele pintou."

É curioso constatar a analogia existente entre o silêncio de Lacan a respeito de *A origem do mundo*, de Courbet, e o prazer que ele demonstra ao comentar, a respeito das aventuras de Psiquê, o enigma de uma dissimulação exibida. E não é por acaso que ele, mais uma vez, encarrega André Masson de copiar uma obra original para melhor comentá-la publicamente. Quer dizer, Lacan se interessa pelos amores de Psiquê sem dúvida para evitar falar de *A origem do mundo*, sua coisa secreta. Em vez de comentar o quadro de Zucchi, poderia igualmente ter evocado o estranho e erótico *Vênus e Psiquê* de Courbet, hoje desaparecido, mas do qual resta um vestígio em outra tela, *O despertar* (1866). Nele, vemos duas mulheres enlaçadas, uma das quais despeja uma chuva de rosas no rosto adormecido da outra. Um casal de mulheres, portanto, *Vênus e Psiquê*, o que mostra claramente que, segundo a perspectiva lacaniana, a história de Psiquê não é a do casal que ela forma com Cupido-Eros: "A temática dessa linda história de Psiquê", diz Lacan, "não é a do casal. Não se trata das relações entre homem e mulher. Basta saber ler para ver aquilo que só está realmente escondido por estar em primeiro plano e evidente demais, como na *Carta roubada* – nada além das relações entre a alma e o desejo."

Eis, portanto, a lógica da demonstração lacaniana cujo traço reencontramos em toda parte, tanto no comentário sobre *A carta roubada* de Edgar Allan Poe como no do quadro de Zucchi, reproduzido por Masson, o mesmo Masson que fora requisitado para dissimular *A origem do mundo*.

Seja ela "bloco mágico", máquina infernal internalizada ou distorção da alma e do desejo, Psiquê possui então uma natureza múltipla que integra todos os dados da subjetividade humana. Quanto ao aparelho psíquico, seja qual for sua formulação – aparelho mnêmico (Freud), relações de objeto (Klein) ou percurso de um significante (Lacan) –, é um tecido de enigmas que é preciso decifrar e cujas armadilhas cumpre desfazer.

Donde podemos concluir que existe então um "fato psíquico" que podemos estudar racionalmente, como um "fato social". Nesse aspecto, a psicanálise é, de longe, a disciplina que melhor descreve seu funcionamento.

Ver: Amor. Animais. *Carta roubada, A.* Desconstrução. Desejo. Eros. Espelho. Fantasia. Holmes, Sherlock. *Origem do mundo, A. Schibboleth.* Wolinski, Georges.

Psiquiatria
Os direitos nobiliários da loucura

O termo surge em 1802. A psiquiatria é uma disciplina médica dedicada ao estudo e ao tratamento das doenças mentais: loucura e psicoses. Nascida com Philippe Pinel e a filosofia iluminista, substitui o antigo termo "medicina alienista" e se divide em diversos grandes modelos – psicanalítico, neuroquímico, sociológico –, conforme tratemos da causalidade psíquica, biológica ou social da patologia. Nesse aspecto, está ligada à psicanálise e a todas as psicoterapias de tipo dinâmica, institucional ou relacional. A partir do fim do século XX, a psiquiatria tornou-se progressivamente biológica, com a generalização dos psicotrópicos ou medicamentos do espírito. Assim, dissociou-se do modelo psicanalítico e, em parte, do modelo sociológico, a ponto de vincular-se aos laboratórios farmacêuticos, para os quais todo distúrbio psíquico ou mental supõe um tratamento químico. Agora, é criticada não só pelos pacientes, que não sabem mais do que sofrem, como pelos próprios psiquiatras, que contestam suas classificações. Estas, contudo, são utilizadas no mundo inteiro por meio do *Manual diagnóstico e estatístico dos distúrbios psíquicos (DSM)*, cuja lista conta hoje com cerca de quatrocentas e aumenta a cada cinco anos.

Dentre os fracassos e descaminhos da psiquiatria, figura especialmente a cirurgia do cérebro – ou psicocirurgia – que visa erradicar as psicoses, as depressões e a homossexualidade com operações bárbaras: lobotomia, leucotomia, topectomia, talamotomia. Seja qual for a variedade das técnicas, trata-se sempre, como demonstrou Carlos Parada (*Toucher le cerveau, changer l'esprit*, 2016), de extirpar uma substância cerebral com o objetivo de alterar um distúrbio psíquico ou mental.

Aprimorada em 1935 pelo médico português Egas Moniz (1874-1955), que recebeu o prêmio Nobel em 1949 por suas pesquisas, essa prática, hoje abandonada em prol dos tratamentos químicos ou dos eletrochoques (sismoterapia), repousa na convicção de que existiria uma continuidade absoluta entre o cérebro e o espírito. Como se extirpar um lobo com a ajuda de um bisturi bastasse para modificar a condição humana. Essas intervenções jamais tiveram qualquer eficácia e só fizeram acrescentar a um desequilíbrio psíquico uma anomalia, associada à amputação. Alguns casos ficaram célebres nos Estados Unidos, em especial o de Rosemary Kennedy (1918-2005), operada em 1941 sob o maior sigilo, a pedido de seu pai, Joseph Kennedy – patriarca do clã. Ela nunca se recuperou. Quanto a Moniz, sofrerá uma agressão por parte de um paciente esquizofrênico; obrigado a circular numa cadeira de rodas, prosseguirá seus experimentos até morrer.

Outro equívoco: a psiquiatria colonial, cujo criador foi o psiquiatra francês Antoine Porot. Nascido em 1876, ele exporta para Túnis, em 1912, depois para Argel, os grandes princípios de uma psiquiatria adaptada a uma pretensa "mentalidade nativa", recomendando a interrupção da transferência de alienados para os hospícios da Metrópole. Nessa perspectiva, funda a Escola Psiquiátrica de Argel, onde serão formadas gerações de psiquiatras especializados na abordagem racialista dos doentes mentais. Convencidos da existência de uma inferioridade das populações nativas, os psiquiatras coloniais criam uma classificação das patologias psíquicas fundada numa pretensa "psicologia dos povos". Analogamente, afirmam que o "magrebino muçulmano" seria dotado de uma subjetividade peculiar: "fanfarrão, mentiroso, preguiçoso, fraco, histérico, criminoso etc.". Esse breviário do ódio racial, calcado no do antissemitismo, levará à elaboração, em 1952, de um *Manual alfabético de psiquiatria clínica e terapêutica*, no qual os negros são descritos como crianças estúpidas desprovidas de inteligência, os magrebinos como mentirosos caprichosos, indolentes e não civilizados, acometidos de abulia, fatalismo e insolência crônica: "A mentalidade do primitivo é reflexo sobretudo de seu diencéfalo, ao passo que a civilização é aferida pela emancipação desse domínio e a utilização crescente do cérebro anterior." Em 1938, às vésperas da Segunda Guerra Mundial, é inaugurado em Blida-Joinville um hospital psiquiátrico de inspiração colonialista, onde essas teses aberrantes serão aplicadas.

Será preciso esperar 1953 para que Frantz Fanon, nomeado médico-chefe desse hospital, ponha fim a essa distorção da psiquiatria, encarregando-se, durante três anos, dos doentes mentais no contexto da guerra de libertação nacional. Nascido em Fort-de-France (Martinica) e figura de proa da luta contra o colonialismo, Fanon alistara-se, aos dezenove anos, nas Forças Francesas Livres, antes de entrar para o hospital de Saint-Alban, onde participara, sob o comando de François Tosquelles, do fervor da corrente da psicoterapia institucional, nascida na França com a luta antinazista.

Em 1952, em *Pele negra, máscaras brancas*, Fanon rejeitava magistralmente todas as formas de psicologia colonial, adotando o princípio de um culturalismo fenomenológico marcado pelo ensino de Maurice Merleau-Ponty. Obviamente, descartava a psicanálise, julgada inapta a levar em conta a negritude, mas concordava com a ideia de que a loucura era um componente essencial da condição humana. Em sua tese de psiquiatria de 1951, homenageara Lacan: "Pessoalmente, se tivesse de definir a posição de Lacan, diria que ela é uma defesa encarniçada dos direitos nobiliários da loucura."

Por fim, dentre as derivas, sobressai igualmente a utilização abusiva do saber psiquiátrico com fins políticos, com a criação de hospitais psiquiátricos "especiais" destinados a internar os dissidentes e oposicionistas a um regime ditatorial. Em 1970, Vladimir Bukovski foi vítima disso na URSS. Denunciou esse descaminho num livro célebre: *Uma nova doença mental na URSS: a oposição* (1971).

Ver: Berlim. Cidade do México. Descartes, René. Guerra. Londres. Loucura. Cidade do México. Monroe, Marilyn. Orgonon. Presidentes americanos. Psicanálise. Psicoterapia. Psicoterapia institucional. Psiquiatria dinâmica. Último índio, O. Zurique.

Psiquiatria dinâmica

A cura pelo espírito

Esse termo é empregado para designar o conjunto das escolas e correntes que se interessam pela descrição e a terapia das doenças da alma, dos nervos ou do humor numa perspectiva dinâmica, isto é, recorrendo a um tratamento psíquico ao longo do qual se instaura uma relação transferencial entre o terapeuta e o paciente. A psiquiatria dinâmica está associada, por um lado, à psiquiatria, cujas classificações adota; por outro, à psicologia clínica, que sustenta um dualismo entre a alma e o corpo, ao mesmo tempo propondo técnicas de compreensão da subjetividade; e, por fim, às abordagens psicanalíticas. Em certos países, ainda se mistura com as tradições dos curandeiros (transe, xamanismo etc.).

A psiquiatria dinâmica engloba, portanto, todos os tratamentos ligados aos sofrimentos da alma. Ela suscita a hipótese de que existiria um deslizamento dinâmico entre a norma e a patologia, ambas sendo variáveis segundo as culturas e épocas.

Ver: Berlim. Guerra. Hipnose. Loucura. Psicanálise. Psicoterapia. Psiquiatria. Rebeldes. Terra Prometida. Topeka. Último índio, O. Zurique.

R

Rebeldes

Fenichel, Lindner, Reich, Gross, Tausk, Mannoni, Groddeck

"O espectro da psicanálise continua a assombrar a sociedade, mas são poucos a quem ele assusta. Ao longo dos anos, a sombra tornou-se mera sombra de si mesma. Trocou seu aspecto ameaçador, às vezes revolucionário, por um comportamento afável" (Russel Jacoby, *Otto Fenichel: destins de la gauche freudienne*, 1986). Se é verdade que a América salvou a psicanálise de sua destruição pelo nazismo, o exílio forçado de seus clínicos contribuiu igualmente para um recalcamento de seu espírito de rebelião, a princípio encarnado pelo próprio Freud.

Nesse aspecto, as principais vítimas dessa situação foram os freudianos de esquerda, marxistas, comunistas ou social-democratas, que procuravam ligar a revolução freudiana – liberação da sexualidade e exploração do inconsciente – à revolução social e estender os princípios do tratamento, sob outras formas, às classes menos favorecidas: pobres, abandonados, marginais e delinquentes. Todos contestavam a ideia de que a psicanálise pudesse estar a serviço de uma adaptação dos cidadãos à ordem dominante do *American Way of Life*. E, analogamente, acusavam os "neofreudianos", oriundos da emigração, de serem os incentivadores desse ideal de normalização. Mas também recriminavam a escola inglesa e Melanie Klein, acusando-as de esquecer totalmente o social em prol de uma concepção arcaica da determinação inconsciente.

Todos esses freudianos que aderiram ao marxismo ou ao socialismo foram perseguidos tanto pelos defensores da ortodoxia freudiana – de

Freud a Ernest Jones – como pelo movimento comunista internacional, que não cessou de comparar a psicanálise a uma biologia dos instintos ou, a partir de 1949, no momento da Guerra Fria, a "uma ciência burguesa", concebida pelo imperialismo americano.

Conservador esclarecido, Freud constituíra-se, no início do século XX, no paladino de um ideal de emancipação fundado na reforma dos costumes e na descriminalização de todas as variantes da sexualidade. Criticava a moral sexual "civilizada" e a comparava a uma doença nervosa. Condenava a frustração e a abstinência impostas à juventude, e das quais ele mesmo fora vítima, o que não o impediu, em 1930, de considerar que a civilização repousava na capacidade de os homens controlarem suas pulsões. A seu ver, a liberdade sexual de que as sociedades democráticas gozavam não devia se transformar numa atividade pulsional desenfreada, suscetível de encerrar o sujeito numa nova alienação. Em outras palavras, Freud achava que o Eu deve ser dominado pelo Supereu (instância moral) sob pena de descambar inteiramente na loucura do Isso (lugar das pulsões destrutivas).

Grande figura da rebelião de esquerda, Otto Fenichel, judeu vienense nascido em 1897, muito cedo militou nos movimentos de juventude para ligar revolução política e liberação sexual. Instalado em Berlim após a Primeira Guerra Mundial, formou um círculo de estudos e clínica onde se encontravam ao mesmo tempo técnicos do tratamento e militantes políticos. Forçado a dissolver seu grupo em 1933, instaurou um sistema de comunicação clandestino – as cartas circulares ou *Rundbriefe* – que permitia a todos os membros dessa sociedade tornada secreta manterem-se informados acerca de suas respectivas atividades. Fenichel cultivava o gosto pela clandestinidade. Deixando a Alemanha, passou um tempo em Praga, onde começou a redigir um ensaio importante sobre como considerar o antissemitismo do ponto de vista da psicanálise sem soçobrar numa psicologia simplista.

Em seguida, emigrou para os Estados Unidos, após passar por Oslo, depois por Chicago e Topeka, onde encontrou a diáspora freudiana em exílio. Por fim estabeleceu-se em Los Angeles. Foi, contudo, obrigado a submeter-se à experiência humilhante de ter de validar, na idade adulta, seu diploma de medicina, não reconhecido na América, depois a renegar oficialmente suas opiniões marxistas, ao mesmo tempo exibindo, no meio psicanalítico, uma ortodoxia implacável – situação ainda mais insustentável na medida em que ele continuava a trocar clandestinamente cartas circulares com seus amigos militantes. Não cessou de lutar em duas frentes: contra os psicanalistas que não levavam em conta a realidade social e contra os marxistas inflexíveis que não queriam ouvir falar em realidade psíquica. Além disso, sofreu uma vigilância implacável por parte do FBI, tanto como rebelde socialista quanto como judeu exilado. Destino trágico, morreu de esgotamento antes dos cinquenta anos.

Seu amigo Robert Mitchell Lindner, nascido em Nova York, também era um rebelde, ligado à análise leiga (praticada pelos não médicos), que teve de lutar muito para se fazer ouvir no seio da Sociedade Psicanalítica de Washington-Baltimore. Criticou insistentemente a violência dos tratamentos ministrados aos doentes mentais – eletrochoques e intervenções cirúrgicas – e cuidou dos delinquentes e presidiários, como atesta seu célebre estudo de 1944 *Rebel without a Cause*, no qual Nicholas Ray se inspirou em 1955 para realizar um filme não menos famoso, *Juventude transviada*. Assim como ele, os protagonistas desse filme – James Dean, Sal Mineo e Nathalie Wood – conheceram uma morte prematura: o primeiro num acidente de carro, o segundo assassinado, a terceira afogada. Rebelde, alcoólatra e com um pai violento, Nicholas Ray, cineasta de esquerda apaixonado pela psicanálise, foi, como Elia Kazan, o genial inspirador de uma reforma interna dos códigos hollywoodianos. Rejeitando os heróis clássicos, preferiu apegar-se a anti-heróis neuróticos, movidos tanto pela contestação das normas repressivas quanto pela revolta contra a onipotência de um patriarcado decadente; tal como Johnny Guitar (o personagem-título do filme de 1954), caubói ansioso em busca da felicidade, ex-matador das pradarias agora pacifista e armado apenas com seu violão, não obstante obrigado a se defender, pistola em punho, contra uma quadrilha de fazendeiros de aspecto macarthista.

Em sua introdução, Lindner explica que o "criminoso psicopata" é um "rebelde sem causa, um agitador sem slogan, um revolucionário sem

Rebeldes

programa". Cineasta da angústia, Nicholas Ray conserva essa definição, mas recusa a ideia de que a delinquência seja sempre consequência da miséria social. Muito pelo contrário, os anti-heróis de *Juventude transviada* vêm de um meio relativamente abastado, e sua revolta é mais psíquica e geracional do que social.

Wilhelm Reich, o psicanalista mais rebelde, o mais conhecido também por suas obras traduzidas no mundo inteiro e por seu destino excepcional, o mais atormentado e o mais radicalmente comunista, era igualmente o mais odiado por Freud e pelo movimento psicanalítico. Amigo de Fenichel e nascido no mesmo ano que ele, vinha de uma família judia da Galícia, na Europa central, e foi em Viena que integrou o primeiro círculo freudiano, sustentando que a sexualidade não domesticada deveria ser o fermento de toda revolução digna desse nome. Freud tratava-o de "impetuoso ginete de cavalos de batalha, venerando o orgasmo genital como contraveneno de toda neurose".

Entusiasta da Revolução bolchevique, viajou a Moscou em 1929 e conheceu Vera Schmidt, fundadora de uma casa pedagógica, o Lar Experimental para Crianças [Detski Dom], onde eram acolhidos cerca de trinta filhos de dirigentes e funcionários do Partido Comunista a fim de lá serem educados segundo os métodos combinados do freudismo e do marxismo. Assim, Reich foi um dos raros intelectuais dessa época a conhecer a realidade dos debates russos sobre a psicanálise, que findaram em 1930 com a instauração do poder stalinista.

Instalado em Berlim, criou uma associação por uma política sexual proletária: a famosa SexPol. Assimilava então a luta sexual à luta de classes e desafiava os costumes tanto dos comunistas como dos psicanalistas. Após ter sido expulso do Partido Comunista da Alemanha e da internacional freudiana, tomou o rumo do exílio, passando pela Dinamarca e a Noruega, para, em seguida, emigrar para o continente americano. Cada vez mais louco e perseguido, construiu uma teoria orgástica do universo, julgando descobrir um "orgônio atmosférico" suscetível de tratar e curar todas as doenças. Reich, contudo, permanecerá como o autor de um estudo magistral, *A psicologia de massas do fascismo* (1930), que servirá de bíblia a todos os contestadores dos anos 1960-70. Longe de considerar o fascismo o resultado de uma situação econômica, via nele a expressão de uma estrutura inconsciente nascida de uma insatisfação sexual coletiva.

Eu gostaria de evocar outras duas personalidades rebeldes que não eram marxistas nem tiveram de sofrer os traumas do exílio americano: Otto Gross e Viktor Tausk. De certa maneira, ambos foram filhos rebeldes de Freud, que encarnaram, cada qual à sua maneira, a famigerada "revolta" contra o pai, presente na origem da psicanálise. Psiquiatra libertino, amante das duas irmãs Von Richthofen, Else e Frieda – casadas uma com um economista, a outra com D.H. Lawrence –, toxicômano e marcado pela obra de Nietzsche, Otto Gross era filho de Hans Gross, reputado criminologista austríaco que proferia teorias delirantes contra os mendigos, os criminosos, os ciganos e os trapaceiros e criara um museu para nele expor instrumentos de violência, e que achava que os revolucionários e degenerados deveriam ser deportados para a África, uma vez que não eram passíveis de nenhum "tratamento".

Otto Gross tornou-se o arquétipo de tudo que seu pai rejeitava. Este então o internou na famosa clínica do Burghölzli de Zurique para um tratamento de desintoxicação. E foi lá que ele conheceu Carl Gustav Jung, que o tratou ao mesmo tempo como paciente e discípulo. Apaixonado pela psicanálise, Otto Gross cultivava os amores plurais, pregava a destruição da monogamia e o advento de um direito materno, e frequentava o bairro Schwabing de Munique, conhecido por seus cafés intelectuais. Após causar sensação no meio psicanalítico, terminou sua vida errante em Berlim em 1920, morto de frio e fome: "Ele me fazia pensar", escreverá Franz Kafka, "no desamparo dos discípulos de Cristo diante do crucificado."

Viktor Tausk, psiquiatra brilhante e rebelde louco, nascido na Eslováquia, amante de Lou Andreas-Salomé, criado por um pai tirânico e uma mãe masoquista, voltou-se para a psicanálise esperando encontrar nela a solução para seus problemas. Após redigir um texto sobre a esquizofrenia em que evocava parte de sua história, suicidou-se em 1919 por estrangulamento e arma de fogo simultaneamente.

Rebeldes 275

Na França, a própria psicanálise sempre foi vista como uma disciplina rebelde. Jacques Lacan, seu representante mais prestigioso, era a encarnação desse espírito insurgente típico da exceção francesa. Foi ele quem inventou o famoso mito da peste para designar a revolução freudiana. Foi, contudo, igualmente um ortodoxo do texto freudiano. Quanto à sua escola, fundada em 1964, atraiu uma juventude intelectual cujo engajamento político era muito claramente situado à esquerda: socialista, marxista, radical, comunista. Um verdadeiro espírito de resistência. Por conseguinte, os psicanalistas rebeldes na França não tiveram de sofrer as mesmas perseguições que seus pares americanos.

Nascida em Courtrai em 1923, Maud Mannoni, analisada por Lacan e aluna de Françoise Dolto, formada integralmente na clínica inglesa, encarnava à perfeição esse espírito de rebeldia. Permaneceu a vida inteira uma militante de esquerda. Passara a infância em Colombo, capital do Ceilão (hoje Sri Lanka), onde seu pai exercia as funções de cônsul geral da Holanda. A dupla experiência de uma juventude difícil e de uma situação colonial levou-a a interessar-se pelos marginais, delinquentes e loucos, a ponto de fundar em Bonneuil-sur-Marne, em 1969, uma Escola Experimental que acolhia adolescentes e crianças indigentes. Anticolonialista ferrenha, assinara em 1960 o Manifesto dos 121 sobre o direito à insubmissão na guerra da Argélia. Rebelava-se sobretudo contra todas as formas de dogmatismo, e desempenhou um papel importante no campo psicanalítico dos anos 1970. Eu gostava muito dessa lacaniana de rosto humano, sempre disposta a reviver o espírito rebelde dos primeiros freudianos ingleses.

E, aqui, gostaria agora de oferecer ao meu amigo Jean-Claude Simoën (criador da maravilhosa coleção Dicionário Amoroso) o perfil de seu psicanalista preferido, George Groddeck, criador do conceito de Isso, magnífico pronome neutro confiscado por Freud em 1923 para designar o inconsciente, lugar de todas as pulsões por oposição ao Eu e ao Supereu. Nascido em 1866 e filho de Carl Theodor Groddeck, médico ultraconservador que assimilava a ideia democrática a uma epidemia suscetível de abolir a consciência de si, George não se rebelou contra esse pai, mas contra a mãe, que o tinha criado sem afeição e a quem criticava por ter degradado a função paternal. Fundador, em 1900, de um sanatório famoso em Baden-Baden, seduziu Freud com suas teorias extravagantes, que lembravam as de Wilhelm Fliess. Definia-se como um "psicanalista selvagem" e via o mestre de Viena como um pai que ele amava e contra o qual podia rebelar-se, esperando dele um reconhecimento jamais obtido. Freud sabia ser cruel, o que não o impedia de apreciar o verdadeiro talento clínico daquele discípulo fora do comum, que foi também amigo íntimo de Sandor Ferenczi. Groddeck emigrou para Zurique, onde morreu em 1934.

Em seu sanatório, recebia pacientes vindos de toda a Europa. Aperfeiçoou um método de tratamento fundado na hidroterapia, no diálogo, nas intervenções corporais, o que fez dele um dos fundadores da medicina psicossomática. Convencido de que o câncer, as úlceras, o diabetes e os reumatismos eram a expressão de um desejo orgânico, via por exemplo no bócio um desejo de criança e no diabetes um desejo de o organismo ficar "açucarado". Por fim, assim como Fliess, era adepto de uma sexualização dos órgãos corporais, o nervo óptico ficando do lado da masculinidade e as cavidades cardíacas do lado da feminilidade. Todos os psicossomáticos modernos veem Groddeck como um pioneiro e concordam com a ideia de que existiria uma mesma força, a do Isso, em ação no domínio psíquico e na vida orgânica.

Em *A montanha mágica* (1924), Thomas Mann apresenta o diálogo infinito que opõe dois personagens condenados a morrer num sanatório suíço: Settembrini e Naphta. O primeiro encarna os valores da racionalidade e do Iluminismo solares, a outra, os da irracionalidade e do Iluminismo sombrio. E ambos estão certos e errados, uma vez que a única coisa que importa é a existência em si do debate, o mesmo que opõe Freud a si próprio e a Groddeck. Difícil, com efeito, decidir o que na vida humana deriva de um mal psíquico ou de uma doença orgânica, daí a existência recorrente, na história da medicina, de teses delirantes opondo os fanáticos da causalidade orgânica aos fanáticos da causalidade psíquica.

É dessa perspectiva que Thomas Mann faz o retrato do dr. Edhin Krokovski, especialista na "dissecção psíquica", que evoca furiosamente Groddeck. Krokovski interroga-se o tempo todo sobre a luta entre a cas-

Resistência

tidade e a paixão, sempre em busca das "formas assustadoras do amor, de variedades bizarras, desprezíveis e lúgubres de sua natureza e de sua onipotência". Sob que forma o amor recalcado reaparece? Diz ele: "Sob a forma da doença", pois o sintoma da doença é uma atividade amorosa disfarçada e toda doença não passa do amor metamorfoseado: "Eis Krokovski", exclama Settembrini. "Ei-lo que passa e conhece todos os segredos de nossas damas. Peço que observe o simbolismo sofisticado de suas roupas. Veste-se de preto para indicar que o domínio específico de seus estudos é a noite."

Ver: Angústia. Apócrifos & boatos. Berlim. *Carta roubada, A*. Cronenberg, David. Descartes, René. Divã. Família. Felicidade. Hitler, Adolf. Hollywood. Infância. Livros. Londres. Loucura. Nova York. Orgonon. Paris. Psiquiatria. Resistência. São Petersburgo. Terra Prometida. Topeka. Último índio, O. Viena. Zurique.

Resistência

Resistimos à invasão dos exércitos mas não à invasão das ideias

No tratamento, o termo "resistência" designa as reações de defesa de um paciente cujas manifestações constituem obstáculo ao desenrolar do processo analítico.

Na história da psicanálise, remete igualmente às formas de rejeição e ódio que ela permanentemente suscita, o que Freud atribui também ao fato de que a psicanálise inflige ao narcisismo humano uma agressão comparável a outras duas feridas, suscitadas pelas descobertas de Nicolau Copérnico e Charles Darwin: a Terra não está mais no centro do mundo, o homem descende do animal. Afirmando que o sujeito não é mais senhor de si, Freud coloca-se então numa genealogia prestigiosa: designa-se, com efeito, como o terceiro responsável por uma ferida infligida à humanidade.

A resistência engendrada pelo surgimento de uma ideia nova é quase sempre sintoma do progresso dinâmico desta, e nenhum exército conseguiria vencê-la. Nesse aspecto, toda ideia nova é intrusiva à maneira de uma epidemia, o que Lacan sempre afirmou, declarando que Freud levara a "peste" para os Estados Unidos. A palavra também exprime a resistência que os psicanalistas opõem à crítica de sua própria doutrina quando esta se transforma em dogma.

Prefiro "resistência" a "resiliência", palavra vaga que costuma remeter a uma psicologia do desenvolvimento pessoal.

Gosto da palavra "resistência" quando associada ao heroísmo e à luta pela liberdade. Dito de outro modo, o que gosto nessa palavra é a Resistência com R maiúsculo, isto é, a resistência interior francesa, que engloba o conjunto das redes clandestinas que combateram o nazismo, Vichy e os colaboracionistas: "A Resistência é o capítulo mais romanesco de nosso romance nacional", escreve Gilles Perrault. "Começa com um desastre militar sem precedente. Tábula rasa. Cada um e cada uma face a si mesmo. Entrar na resistência é oferecer-se para a tortura e a morte. Nunca o heroísmo foi tão cotidiano; nunca a traição fez correr tanto sangue e lágrimas ... Quem se aventura nessa história sectária decerto não tem noção do que faz. União consubstancial? Com certeza, não. Mas todos aceitam morrer no mesmo poste" (*Dictionnaire amoureux de la Résistance*, 2014). Desnecessário dizer que tenho horror a Vichy, Pétain e tudo que é da esfera da Colaboração (com C maiúsculo). E particularmente a todos os psicanalistas que contribuíram com as ditaduras: em Paris, Berlim, Buenos Aires ou Rio de Janeiro. Nasci na libertação de Paris, de pais resistentes, e meu prenome é o mesmo de Elisabeth de la Bourdonnaye, minha madrinha, gaullista de primeira hora, engajada na Rede do Musée de l'Homme sob o codinome Dexia, ao lado de Boris Vildé e Léon-Maurice Nordmann.

A palavra "resistência" é inseparável da palavra "heroísmo". Em 1915, Freud retoma dos antigos a ideia de uma oposição entre a "bela morte", aquela heroica, dos guerreiros que escolhem uma vida breve, e a morte natural ligada a uma vida tranquila e longeva. Sugere que a guerra contemporânea suprime as fronteiras entre as duas mortes, uma vez que precipita o soldado anônimo no cotidiano de uma finitude imediata antes mesmo que ele possa se identificar com um ideal. E ressalta o quanto essa nova guerra desnuda o prazer do assassinato de massa para além da morte heroicizada e da morte natural.

Embora esse ponto de vista se aplique com justeza à carnificina da Primeira Guerra (1914-18), ele não permite pensar o que foi o combate dos resistentes, que, no âmago da Segunda Guerra Mundial, escolhiam claramente a "bela morte". Numa homenagem tipicamente freudiana a seu amigo Jean Cavaillès, o filósofo Georges Canguilhem se interroga sobre a "passagem ao ato" que, num intelectual, caracteriza a escolha de um destino heroico. Em que momento da execução de sua obra um pensador decide engajar-se numa ação de resistência a ponto de sacrificar não só sua vida, como o futuro da obra que carrega dentro de si? O heroísmo, diz Canguillem em substância, é uma maneira de conceber a ação sob a categoria de um universal do qual estaria excluída toda forma de sujeito psicológico: uma vez tomada a decisão de maneira consciente, tudo se passa como se cada gesto e cada ação se impusessem do exterior sem controle nem premeditação. Em outras palavras, a entrada na resistência é "filha do rigor antes de ser irmã do sonho". A força dessa definição deve-se ao fato de remeter todo ato heroico ao rigor inconsciente, porém deliberadamente escolhido, do próprio ato.

Jean-Pierre Vernant, outro grande resistente, não diz outra coisa ao explicar que se engajou na Resistência pelas mesmas razões que combateu o colonialismo quando da guerra da Argélia. Se, pelas mesmas razões, um mesmo homem pode querer salvar a França da vergonha imposta pelo nazismo e a Argélia da servidão colonial imposta pela França, é porque a decisão de agir é tomada em nome de um universal – ou mais exatamente de uma perda do Eu e de um acesso à verdade de si – que supera amplamente as referências ao particularismo. O agir deriva então da identidade própria de um homem e de sua capacidade de se fundir, no instante presente, com a ação em si mesma.

A essa ideia segundo a qual a entrada na resistência é uma "passagem ao ato" premeditada – isto é, um evitamento de toda explicação psicológica em prol de um destino da alçada do inconsciente –, eu acrescentaria de bom grado a ideia de Sartre: "Nunca fomos mais livres do que sob a ocupação alemã. Tínhamos perdido todos os nossos direitos, a começar pelo direito de falar; insultavam-nos diariamente e tínhamos de nos calar; deportavam-nos em massa, como trabalhadores, como judeus, como prisioneiros políticos; em toda parte, nos muros, jornais, na tela, deparávamos com esse imundo e inexpressivo rosto que nossos opressores queriam nos dar de nós mesmos: por causa de tudo isso éramos livres. Uma vez que o veneno nazista esgueirava-se até em nosso pensamento, cada pensamento correto era uma conquista." E acrescenta: "Pois o segredo de um homem não é seu complexo de Édipo ou de inferioridade, é o próprio limite de sua liberdade, é seu poder de resistência aos suplícios e à morte ... Eis por que a Resistência foi uma democracia verdadeira: tanto para o soldado como para o chefe, mesmo perigo, mesma responsabilidade, mesma absoluta liberdade na disciplina. Assim, na sombra e no sangue, constituiu-se a mais forte das Repúblicas" ("La République du silence", 9 set 1944, *Situations*).

À sua maneira, Sartre, que nunca foi resistente e que considerava que não tinha inconsciente, derruba o princípio da liberdade do sujeito. Com efeito, é na resistência profunda e silenciosa que, a seu ver, reside a essência da liberdade. O que faz os combatentes fremirem. E, no entanto, Sartre compartilha com eles a convicção de que o combate espiritual é tão brutal – até mesmo inconsciente – quanto a batalha dos homens, não sendo da alçada de nenhuma explicação psicológica.

Pena que os psicanalistas – que, em seu conjunto e salvo algumas exceções, preferiram a neutralidade ao engajamento – não tenham sabido honrar em seu justo valor a palavra "Resistência".

Ver: Antígona. Bardamu, Ferdinand. Beirute. Berlim. Édipo. Guerra. Loucura. Narciso. Psicoterapia institucional. Rebeldes.

Roma
Sonho perder-me no gozo romano

A psicanálise nunca foi bem recebida na Itália, por um lado porque durante a primeira parte do século XX a cena intelectual italiana era dominada por correntes de pensamento hostis à doutrina freudiana e, por outro, porque

Roma

a Igreja acusava Freud de ser o pior inimigo da moral cristã em particular e da religião em geral.

Em 1938, um decreto do regime fascista veda aos judeus qualquer possibilidade de exercer uma profissão. Nesse contexto, Edoardo Weiss, nascido em Trieste em 1889 e fundador do movimento psicanalítico italiano, viu-se forçado ao exílio. Foi para Topeka, depois instalou-se em Chicago. Após a Segunda Guerra Mundial, diversos psicanalistas italianos, de todas as tendências, formaram associações em praticamente todas as cidades italianas, sem jamais ocuparem uma posição dominante, nem na universidade nem na instituição psiquiátrica, a qual, a partir de 1970, será fortemente contestada pelos defensores da antipsiquiatria, que pregavam a abolição do hospício.

Em todo caso, a cidade de Roma – ou, melhor, o nome dessa cidade – ocupa um lugar importante na história de dois grandes pensadores da psicanálise: Freud e Lacan.

Entre 1876 e 1923, Freud visita grande parte das cidades italianas, atraído tanto pelas ruínas da Antiguidade romana, que a seu ver encarnam as profundezas arqueológicas do inconsciente, quanto pela pintura do Renascimento – Leonardo da Vinci, Michelangelo, Luca Signorelli –, na qual se inspira em sua luta a favor de uma nova concepção humanista da subjetividade. Mais uma Terra Prometida: todas as vezes que duvida de alguma coisa ou é espreitado pela angústia, "exige a Itália", espera sua próxima viagem para o sul. Ora se identifica com Aníbal, general semita que enfrentou o Império romano assim como ele mesmo, judeu sem deus, desafia a Igreja católica; ora se vê como um Da Vinci do século XX, gênio da ciência e da arte, capaz de sublimar suas pulsões.

Roma, para ele, é um antídoto para Viena, um remédio, uma droga. Roma remete-o à sua busca de um alhures. Quando finalmente descortina-a pela primeira vez, em setembro de 1901, toma um banho, veste-se com esmero e escreve: "Tornei-me romano ... Faz um calor delicioso, o que tem como consequência essa luz esplendorosa que se espalha por toda parte, inclusive na Capela Sistina ... Hoje mergulhei a mão na Bocca della Verità jurando voltar."

Em 1923, já vítima do câncer, retorna a Roma pela última vez, acompanhado de sua filha Anna. Juntos, durante três semanas, percorrem a cidade e visitam todos os lugares que Freud conhece de cor: o Capitólio, a Capela Sistina, o Panteão, o Campo de Fiori: "São nossos últimos dias. Para facilitar a partida, o siroco voltou a soprar e as reações do meu maxilar doem mais do que nunca."

Muito diferente da Roma de Freud, a Roma de Lacan é barroca, semelhante às fachadas de Francesco Borromini ou à transverberação de Teresa d'Ávila, esculpida por Bernini, instalada na capela Cornaro da igreja Santa Maria della Vittoria e inspirada nas célebres palavras da santa varada pela flecha de ouro do Anjo divino: "A dor era tão grande que me fazia gemer. E, não obstante, a leveza dessa dor excessiva era tão grande que tornava impossível eu tentar me livrar dela." Para Lacan, o êxtase místico não se parece em nada, como para Freud, com uma síncope histérica, e sim, antes, com uma "erotomania divina". Ela é puro gozo, mais além do sexo, um gozo exclusivamente feminino. É uma experiência de ser falante.

De cultura católica, Lacan procura em Roma uma nova Terra Prometida. Não quer enfrentar a Igreja, mas conquistá-la. A Roma imperial de Lacan é papista, é a do Império católico, uma cidade onde o papa não é mais pregador, mas comandante em chefe. Lacan pretende-se o missionário de uma Contrarreforma da qual Roma seria o palácio e a língua francesa o jardim. Tal é a significação de seu "retorno a Freud" dos anos 1950: trata-se de formar um novo exército a fim de reconstruir o poder simbólico originário da obra freudiana, segundo ele distorcida pelo pragmatismo americano.

Eis a razão pela qual pronuncia em Roma, em setembro de 1953, sua conferência inaugural sobre a linguagem e o inconsciente, que se chamará "Discurso de Roma". Consciente da importância dessa reforma pela qual efetua uma ruptura com a internacional freudiana dominada pelo poderio anglo-americano, tenta encontrar o papa Pio XII por intermédio de seu irmão Marc-François Lacan, monge beneditino: "O núcleo está em Roma", ele escreve, "há religiosos entre meus alunos e, sem dúvida alguma, terei de estabelecer relações com a Igreja nos anos vindouros ... Meus alunos mais sensatos e autorizados me pedem para obter uma audiência com o

Romance familiar

Santo Padre. Devo dizer que me sinto bastante inclinado a fazê-lo e que não é sem um profundo interesse pelo futuro da psicanálise na Igreja que irei levar ao Pai comum minha homenagem. Acha que isso pode ser feito?"

A despeito de todos os seus esforços, Lacan nunca encontrará o papa.

Ia a Roma todos os anos e se hospedava no hotel Hassler, na melhor suíte do último andar. Viajava para lá suntuosamente, acompanhado de sua família e suas amantes, que levava para visitar os lugares mais barrocos de sua cidade preferida. Gostava de discorrer sobre suas relações imaginárias com os prelados e de sua paixão pelo ritual do lava-pés, celebrado anualmente na quinta-feira santa em memória de Jesus, que, na véspera de sua morte, lavara os pés de seus apóstolos.

Será que o papa Francisco, jesuíta argentino, que boatos afirmam ser um leitor dos *Escritos* de Lacan, teria aceitado recebê-lo? Fato é que esse papa "lacaniano" franqueou às mulheres o ritual do lava-pés.

De minha parte, seja qual for sua faceta, Roma jamais me abandonou.

Ver: Amor. Angústia. Apócrifos & boatos. *Che vuoi? Consciência de Zeno, A.* Cuernavaca. Desejo. Jesuítas. Leonardo da Vinci. Loucura. Mulheres. *Origem do mundo, A.* Paris. Psique/Psiquê. Rebeldes. Salpêtrière. Sonho. Terra Prometida. Topeka.

Romance familiar

Às vezes o destino nos estende um copo de loucura para beber

Otto Rank cria a expressão "romance familiar" para designar a maneira como um sujeito modifica seus laços genealógicos forjando para si outra família que não a sua (*O mito do nascimento do herói*, 1909). Toda criança, num dado momento, interroga-se sobre suas origens. E, como acha que seus pais não a amam como ela gostaria, imagina que não são seus pais verdadeiros e forja novos, mais valorizadores. É isso o romance familiar.

Para demonstrar que esse mito tem um alcance universal, Rank estuda as lendas-tipo das grandes narrativas fundadoras sobre o nascimento dos reis e profetas. Por exemplo, Rômulo, Páris, Lohengrin, Jesus, Moisés têm em comum serem crianças abandonadas pelos pais em razão de uma funesta predição. São em seguida recolhidos por uma família nutriz e, na idade adulta, descobrem sua identidade original, vingam-se e conquistam seus reinos. Às vezes recusam a integração à família de origem, preferindo a adotiva. No caso de Rômulo, a ama de leite é um animal (uma loba). Na história de Moisés, a família de origem é modesta e a família de adoção, da realeza. Na peça de Sófocles, as duas famílias de Édipo são nobres. Quanto a Jesus Cristo, seu destino é especial, uma vez que a criança é fruto do acasalamento entre um deus e uma virgem (Maria), esposa do pai adotivo (José).

Sempre achei que Victor Hugo foi o criador dos romances familiares mais subversivos da história literária do século XIX. Por exemplo, em *O homem que ri* (1869), sua história mais louca, mais barroca e menos apreciada, ele construiu uma epopeia da consciência de si ocidental, encarnada tanto por sujeitos singulares quanto por uma ancoragem na história do Iluminismo europeu. Em suma, Hugo – europeu convicto, apaixonado pelas famílias, as revoluções, os animais e os anormais, ourives na arte das inversões identitárias – relata nesse livro as grandezas e misérias do reino da Inglaterra através do destino de diversos personagens.

No fim do século XVII, Ursus, saltimbanco misantropo, vigia dos sonhos, vendedor de poções e ator, coberto de peles de ursos, viaja numa carroça, acompanhado de seu fiel companheiro, um lobo imenso, a quem denominou Homo. Ursus é o homem e Homo, o animal. Ele acolhe Gwynplaine, menino de dez anos abandonado por *comprachicos* (ladrões de crianças), após ter sido desfigurado para assemelhar-se a um palhaço de riso permanente, isto é, uma criança "chocalho ou brinquedo": "A infância seduz", escreve Hugo, "mas uma criança reta não é muito divertida. Um corcunda é mais alegre ... Pegávamos um homem e fazíamos dele uma aberração. Pegávamos um rosto e fazíamos dele um focinho." Gwynplaine carrega em seus braços uma bebê cega que vai se chamar Dea (deusa). Ursus decide que será o pai dessas duas crianças e que Homo será seu tio: família sublime e atípica, iluminada pelo amor. As crianças passam sua primeira noite na carroça: "Uma noite de núpcias antes do sexo. O garotinho e a garotinha, nus e lado a lado, tiveram durante essas horas silenciosas a promiscuidade seráfica da sombra ... Eram marido e mulher como os anjos."

Durante anos, a trupe apresenta nas aldeias um espetáculo, *Caos vencido*, em que é narrado o romance familiar do homem que ri, da menina cega, do urso e do lobo. Já famoso, Gwynplaine fica sabendo que seu nome verdadeiro é Germain Clancharlie e que é filho de uma das mais ilustres famílias da nobreza inglesa, herdeiro de uma fortuna colossal. Fora raptado de sua família de origem por um rei vingador, Jaime II, cujo pai fora executado por Cromwell. A nova rainha, Ana, restitui-lhe nome e fortuna. Manipulado pela duquesa Josiane, criatura sensual, desejável e satânica – um olho preto e o outro lilás –, e por Barkilphedro, bufão obeso com uma caveira no lugar da cabeça, Gwynplaine vê-se então joguete de um casal infernal: volta a ser um chocalho, uma coisa. Aterrado por esse destino indesejável, dirige-se à Câmara dos Lordes, onde pronuncia um vibrante discurso em favor dos miseráveis: "Sou o povo, sou o homem que ri de vocês ... Rio, quer dizer: choro." A plateia cai na gargalhada e toma-o por um louco perigoso.

Gwynplaine desaparecerá com Dea, sua "esposa virgem", nas águas do Tâmisa, enquanto seus dois pais adotivos – Ursus e Homo – continuarão a viajar em busca de uma nova família. Nunca antes Hugo desenvolvera estilo tão ardoroso para denunciar os delitos de uma sociedade aristocrática decadente, que trata seus filhos e súditos como coisas: "Das sociedades envelhecidas resulta certo estado disforme", escreve. "Nelas, tudo termina por ser um monstro: o governo, a civilização, a riqueza, a miséria, a lei ... Todos se odeiam, cada um prepara sua tempestade. A alma se debate. Daí o caos ... Em dois povos, sobretudo, ele é característico. Na Inglaterra após 1688, revolução falsa; na França antes de 1789, revolução verdadeira. 93 conclui."

Ver: Amor. Animais. Antígona. Apócrifos & boatos. Desejo. Édipo. Eros. Família. Fantasia. Infância. Loucura. Psique/Psiquê. Sedução.

Roth, Philip

O pênis apaixonado, todos os judeus ao mesmo tempo

Freud nunca poderia imaginar que um dia um escritor judeu, nascido em 1933 em Newark, no âmago daqueles Estados Unidos que ele tanto detestava, e, como ele, oriundo de uma família de imigrantes da Galícia, seria capaz de vir a ser mais freudiano do que ele, mais obcecado do que ele pelo sexo e a neurose, mais virulento ainda em sua denúncia das tradições do judaísmo religioso. Nunca teria pensado que um novo complexo seria identificado, em 1969, por um estranho médico vienense – O. Spielvogel – saído diretamente da antiga Mitteleuropa. Eis então o "complexo", descrito em *O complexo de Portnoy*: "Exibicionismo, voyeurismo, fetichismo, autoerotismo e felação manifestam-se profusamente; em consequência da intervenção da moralidade do paciente, todavia, nem suas fantasias, nem seus atos engendram satisfação sexual genuína, e sim um insuperável sentimento de vergonha e medo do castigo, em particular sob forma de castração ... Podemos considerar ... que muitos dos sintomas têm como origem os laços nascidos das relações mãe-filho."

Nesse longo monólogo humorístico, Alexander Portnoy conta sua vida, sua infância, suas relações conturbadas com a mãe, o pai e as mulheres, ao mesmo tempo descrevendo o meio judeu americano com um misto de cinismo e ternura. Denuncia a submissão dos filhos e dos pais à autoridade matriarcal, inculta e vulgar, fustiga o racismo de seu círculo para com os não judeus e faz de si próprio o retrato de um neurótico perfeito, hipocondríaco, violento, impulsivo, instável e obcecado por seu pênis, verdadeiro herói de seu romance.

Durante horas, Portnoy entrega-se a um exercício inaudito de masturbação, passando o tempo descrevendo suas "bronhas" e "empunhando o mastro" ou a banana. Ou seja, trata-se, no caso, de uma descrição pornográfica dos estados mais transgressivos do "perigoso suplemento" tão bem evocado por Jean-Jacques Rousseau e transformado, na sociedade individualista moderna e pós-freudiana, na própria encarnação de uma sexualidade livre de todos os interditos: o prazer solitário em estado bruto: "Em meio a um universo de lenços gosmentos, Kleenex amarrotados e pijamas manchados, eu manipulava meu pênis nu e inchado, temendo perpetuamente ver minha ignomínia descoberta por alguém justo no instante em que eu esporrava ... 'Garotão, garotão, oh, me dá tudo', implorava a garrafa de leite vazia que eu mantinha escondida no espaço das lixeiras no porão para deixá-la louca após a escola com meu pau vaselinado. 'Vem, garotão, goza', berrava o pedaço de fígado delirante que, em minha loucura, comprei uma tarde no açougueiro e, creiam ou não, violentei atrás de um painel de propaganda, a caminho de uma aula preparatória para o *bar mitzvah*."

No fim da história, no momento em que Portnoy berra sua dor de existir, sentindo-se cercado, qual uma carniça, por uma horda de policiais imaginários, Spielvogel, o criador do complexo, sai de seu silêncio e afunda na poltrona pronunciando estas palavras: "Pon. Enton acora talvez possamos gomeçar a beber, não acha?"

Convém comparar essa saga do pênis apaixonado deitado num divã com algumas observações de Freud dedicadas à vida peniana: "Para as crianças pequenas, toda criatura tem um pênis ... Na infância da mulher, o clitóris comporta-se como um verdadeiro pênis ... Édipo = pé inchado = pênis ereto. O fetichismo do pé se relaciona com o pênis intangível da mulher ... Quando o garotinho descobre a ausência do pênis na mulher, concebe o pênis como algo destacável, análogo ao excremento ... Terminei por concluir que a masturbação era o único grande hábito – a necessidade primitiva – e que os outros apetites, como a necessidade de álcool, morfina, tabaco, não passam de seus substitutos."

Após explorar todas as facetas masturbatórias do universo freudiano-judaico-americano de Portnoy, Roth tenta, em *Operação Shylock*, publicado em 1993, responder à questão colocada pelo sionismo. É possível um Estado dos judeus? Que judeus fazem parte desse Estado? Que desastre aguarda os judeus no caso de esse Estado não conseguir existir por si só mas exclusivamente em função de seus inimigos? Em suma, ele adere à maneira como Freud abordara, em 1930, a grande questão da Terra Prometida, recusando a ideia da fundação de um Estado para os judeus (Josyane Savigneau, *Hors-séries Le Monde*, 2013, e *Avec Philip Roth*, 2014).

Assim, coloca em cena a obsessão judaica da eleição, da dispersão e da catástrofe. Adepto dos raciocínios atormentados, concebe mais uma vez um duplo de si mesmo, ou melhor, um "falso si mesmo" – Moishe Pipik, fundador do grupo dos antissemitas anônimos, que usurpou sua identidade. Esse Moishe Pipik (ou Moisés Umbigo) é qualificado de "junguiano pós-sionista", espécie de Portnoy invertido. Junguiano porque, por um lado, Carl Gustav Jung metamorfoseara-se num duplo odiado por Freud após tê-lo amado, e porque, por outro lado, Freud elegera Jung como chefe de seu movimento, esperando que um não judeu antissemita evitaria que a psicanálise fosse tratada como "ciência judaica".

Duplo louco de um Jung antifreudiano e de um Theodor Herzl maníaco, Pipik é acima de tudo um impostor que usurpa a identidade do autor-narrador, o qual se restabelece lentamente de uma depressão tratada com a ajuda de um terrível psicotrópico: o halcyon. Roth atribui-lhe esse nome para distingui-lo de si mesmo quando, em 1988, assiste ao julgamento de John Demjanjuk, suspeito de ser o carrasco de Treblinka. A partir de Jerusalém, Pipik pretende resolver a nova questão judaica do "pós-sionismo" criando um movimento semelhante ao antigo sionismo: o diasporismo. E, para isso, adota novamente a identidade do verdadeiro Roth, narrador sem território, mas amigo do escritor israelense Aharon Appelfeld, sobrevivente da Shoah. Pipik propõe levar para a Europa todos os judeus asquenazes de Israel. Estes poderiam então regenerar esse velho continente, que perdeu sua alma ao exterminá-los. Com esse retorno à Terra Prometida, o gênio da história judaica seria ressuscitado: hassidismo, judeidade, Haskalá, sionismo, socialismo, psicanálise, obras de Heine, Marx, Freud, Spinoza, Rosa Luxemburgo, Proust, Kafka.

Em vez de festejar todo ano "o próximo ano em Jerusalém", esses judeus novos poderiam finalmente celebrar a recordação de sua partida libertadora e restituir aos árabes suas terras, aliás deixando lá os sefarditas, instalados de longa data, bem como os fanáticos, racistas ou fundamentalistas: "ano passado em Jerusalém", diriam, conscientes de terem finalmente obtido uma vitória histórica sobre Hitler e Auschwitz. Pois é preferível perder um Estado a perder sua alma, correndo o risco de deflagrar uma guerra nuclear.

A força dessa narrativa deve-se ao fato de retraçar os descaminhos de uma condição própria da identidade judaica: o judeu é sempre o outro de si mesmo, simultaneamente Pipik, Moisés e o *outro* de todos os outros judeus: "Existe no mundo um personagem mais múltiplo? Não digo 'dividido'. Dividido não é nada. Até os *goyim* são divididos. Mas em cada judeu há uma multidão de judeus. O bom judeu, o mau judeu. O novo judeu, o judeu de sempre. Aquele que ama os judeus, aquele que odeia os judeus ... O judeu judeu, o judeu desjudeizado. Devo continuar a discorrer sobre o judeu como resultado da compilação de três mil anos de fragmentos espelhados..."

Roth transforma então a reflexão clássica sobre a identidade judaica num tratamento psicanalítico que arrasta o leitor para o âmago de uma trama cujos fios ele jamais conseguirá desemaranhar. Nela, cruzamos com todos os tipos de personagens que não passam das metamorfoses do um e do múltiplo: Louis B. Smilesburger, espião do Mossad; George Ziad, o amigo palestino; Jinks, a amante do impostor, mas também um duplo do rabino Hafetz Haïm, autor de um conhecido livro sobre as maledicências; e, por fim, Sigmund Freud, o mais "judaicamente judeu de todos os judeus". Alter ego invertido do rabino, ele termina por autorizar os judeus a falarem conforme "sua língua ruim" (*lashon hara*): zombaria, humor, degradação etc.

A identidade judaica assim colocada permanece então um problema insolúvel, cujo destino podemos desdobrar ao infinito. Essas faces contraditórias de uma consciência judaica esfacelada, presente no conjunto da obra de Roth, têm como traço comum remeter o leitor à constelação dos textos em que elas se inspiram.

Com *Operação Shylock*, Roth reatualiza a ideia freudiana segundo a qual a identidade judaica, quando se prende a um território, ameaça destruir o que a funda: sua capacidade de ser ao mesmo tempo o um e o múltiplo. Quanto ao sexo apaixonado, é, por sua vez, parte integrante dessa impossível busca, uma vez que Portnoy não se cansa de declarar ao seu psicanalista que nunca consegue ter uma ereção no Estado de Israel. Sou incapaz, diz ele, de ter uma ereção na Terra Prometida.

Ver: Autoanálise. Bardamu, Ferdinand. Cronenberg, David. Divã. Espelho. Eros. Fantasia. Green, Julien. Hitler, Adolf. Humor. Infância. Injúrias, exageros & calúnias. Mulheres. Nova York. Romance familiar. *Schibboleth*. *Segundo sexo, O*. Sexo, gênero & transgêneros. Terra Prometida. Viena. *W ou a Memória da infância*. Wolinski, Georges. Zurique.

S

Salpêtrière

Versalhes da dor

Antigo arsenal construído em Paris por Luís XIV e destinado à fabricação de pólvora (*salpêtre*), a Salpêtrière foi por três séculos o maior hospital da Europa reservado à miséria feminina: indigentes, vadias, mendigas, prostitutas, alienadas, epiléticas, alcoólatras. Diversas histórias descrevem esse lugar de perdição como um inferno.

Théroigne de Méricourt, pioneira do feminismo no período da Revolução, passou lá dezessete anos de sua vida (1799-1817), até morrer ainda mais louca do que estava antes de sua internação, oferecendo o espetáculo assustador do que era a vida dos alienados nessa época. Entrega-se a práticas de automutilação e a ritos purificatórios com água gelada. Come excrementos. Rasteja, morde, come palha e penas, não sabe mais escrever e anda nua sem qualquer pudor. Quanto mais sua melancolia evolui rumo à perda de si, mais seu corpo assemelha-se a uma fortaleza impermeável às agressões externas. Um dia, inopinadamente, deita-se e recusa-se a comer até a catexia extrema.

Em 1862, no momento em que o grande neurologista Jean-Martin Charcot, já atraído pelo estudo da histeria, entra nesse centro da desrazão, a vida das alienadas não melhora nada, como constata o escritor Jules Claretie: "Por trás dessas muralhas, vive, pulula e ao mesmo tempo se arrasta uma população especial: velhas, pobres mulheres, *repousantes* esperando a morte num banco, dementes berrando sua dor ou chorando sua tristeza no pátio das agitadas ou na solidão da cela ... É como um Versalhes da dor."

Salpêtrière 291

Alcunhado o César da Salpêtrière, Charcot torna-se o cientista mais reputado do mundo na compreensão da histeria, doença do corpo e da alma caracterizada desde sempre como uma enfermidade feminina: sufocações da matriz para Platão, possessão demoníaca para a Igreja católica, desequilíbrio dos fluidos para Franz Anton Mesmer. Charcot, por sua vez, vê nela uma doença nervosa. E, para mostrar que as mulheres ditas "demoníacas" confinadas na Salpêtrière não são nem simuladoras perversas nem monstros sexuais, utiliza a hipnose: adormece-as e desperta-as. Forja experimentalmente sintomas para dali a pouco suprimi-los, provando assim o caráter neurótico da doença. Entre outubro de 1885 e maio de 1886, Freud assiste às demonstrações da Salpêtrière. Cultiva uma profunda admiração por Charcot.

Em 1887, André Brouillet, aluno de Jean-Léon Gérôme, especialista em "cenas de gênero", compõe uma gigantesca tela, de um realismo estarrecedor, que se tornará célebre: "Uma lição clínica na Salpêtrière". Trata-se da representação de uma cena inteiramente forjada. Nela, vemos Charcot diante de uma plateia de uns trinta espectadores – médicos, assistentes, jornalistas, escritores –, todos trajando preto e branco, sentados ou em pé, uns usando barba ou bigode, outros glabros. Afiguram-se o que são: burgueses da Terceira República, estudiosos e reverentes a um mestre de rosto largo, escanhoado, cuja postura corporal evoca a de um personagem teatral, ao mesmo tempo terrível e possuído por uma convicção: não salvar a mulher histérica das injúrias sofridas durante séculos, mas fazer da alma e do corpo sexuado das mulheres um objeto de ciência tão realista e teatral quanto a cena inventada por Brouillet.

Uma janela filtra a luz que ilumina a grande cena masculina. Três mulheres posicionam-se à direita do quadro: a paciente histérica Blanche Wittmann, desnuda e adormecida; uma vigilante, Marguerite Bottard, enfermeira austera, laica e republicana; e, mais retraída, uma enfermeira da qual se vê apenas o rosto. Blanche é retida por Joseph Babinski, o aluno preferido de Charcot, que trairá o mestre após sua morte. Face a esses homens, únicos detentores do saber e da autoridade, as três mulheres, oriundas de um meio popular, encarnam perfeitamente a hierarquia de classes característica do hospital público. O pescoço de Blanche Wittmann está voltado para a esquerda, enquanto seu braço e sua mão estão rígidos, coincidindo com a postura característica da histérica.

Ao fundo da sala, na parte não iluminada da parede, surge na sombra outro quadro – uma gravura dentro do quadro –, o de uma mulher em estado de convulsão, o corpo arqueado, sugerindo que ela seria o espelho invertido da cena à sua frente. De um lado, Blanche Wittmann, elegante em seu papel de histérica moldada pelo mestre, do outro, seu duplo demoníaco envergando a longa camisa de força das loucas e cujo rosto perturbado desaparece na penumbra.

O sucesso do quadro foi suficientemente amplo para que gerasse cópias, em especial sob a forma de litografias de Eugène Louis Pirodon. Freud não figura na cena masculina. Mas por toda a vida conservará acima de seu divã uma cópia dessa litografia.

Se Brouillet, pintor acadêmico do poder masculino, conseguiu compor uma cena fundadora da qual todos os psicanalistas se lembrarão, às vezes esquecendo a presença inquietante da gravura na parede, é a Désiré-Magloire Bourneville que devemos a versão feminizada da grande cena da histeria parisiense *"fin-de-siècle"*. Não um quadro, mas uma iconografia fotográfica de grande beleza, tanto mais fascinante na medida em que não precisa ser "realista". Retratado no quadro de Brouillet, esse aluno de Charcot soube reinventar a histeria servindo-se da imagem. Alienista progressista, deputado da esquerda radical ligado à laicidade republicana, soube apreender com sua lente todas as atitudes sexuais das mulheres da Salpêtrière, todas vítimas de estupro e maus-tratos diversos: corpos convulsionados, rostos em êxtase, orgasmos descomedidos, paralisias, ataques de pânico. A principal heroína dessa segunda cena, que lembra a sombria gravura da parede, não é mais Blanche Wittmann, mas Augustine, quinze anos, ingressada na Salpêtrière em outubro de 1875. Filha de uma faxineira, entregue a uma ama de leite, depois às freiras de La Ferté-sous-Jouarre, que a espancavam, foi durante certo tempo a rainha dessa nova arte da imagem. Terminará por fugir do inferno da Salpêtrière, disfarçada de homem, para juntar-se a um namorado.

Em 1928, Louis Aragon e André Breton prestam homenagem às atitudes passionais da bela Augustine: "Nós, surrealistas", escrevem, "fazemos

Salpêtrière 293

questão de celebrar o cinquentenário da histeria, a maior descoberta poética do fim do século ... A histeria é um estado mental mais ou menos irredutível, caracterizando-se pela subversão das relações que estabelecem entre si o sujeito e o mundo moral do qual na prática ele julga derivar, fora de todo sistema delirante. Esse estado mental funda-se na necessidade de uma sedução recíproca que explica os milagres precipitadamente aceitos da sugestão (ou contrassugestão) médica. A histeria não é um fenômeno patológico e, sob todos os aspectos, pode ser considerada um meio supremo de expressão." Eu não poderia dizer melhor.

Mesmo sendo sabido, no fim do século XIX, que a histeria era uma doença dos nervos que não tinha mais nada a ver com a matriz uterina, ela subsistiu como doença das mulheres e reflete uma época em que estas eram condenadas a exprimir uma revolta gestual que não era estranha às antigas formas de possessão demoníaca.

No entanto, existe uma diferença radical entre a histeria das mulheres do povo mostrada e exibida no grande hospício da Salpêtrière e a histeria das mulheres da burguesia escutadas por Freud. As mulheres loucas ou semiloucas oriundas da periferia são objeto da elaboração de uma clínica do olhar, ao passo que as mulheres vienenses, dissimuladas no segredo do gabinete privado, ajudam na construção de uma clínica da escuta, uma clínica da interioridade e não mais da exterioridade. Charcot herda de certa forma uma tradição ligada à confissão pública, ao passo que Freud, à sua revelia, refere-se a essa evolução do íntimo oriunda do concílio de Trento, que proibira a exibição das confidências em prol da confissão, relato privado enunciado no segredo de uma espécie de cabine sagrada situada na parte escura de uma igreja ou catedral. Freud substitui a teatralização dos sintomas no palco do hospital público e no reino do olhar soberano do dono da casa por um relato e uma clínica da escuta. Decerto o cientista encarna a autoridade, mas coloca-se atrás do paciente, não mais para um exercício de exibição do corpo e sim para o de uma confidência, até mesmo um cochicho.

Ver: Autoanálise. Desejo. Divã. Guerra. Hipnose. Incesto. *Origem do mundo, A.* Paris. Sedução. *Segundo sexo, O.* Sexo, gênero & transgêneros. Viena. Wolinski, Georges.

São Petersburgo
Jurássico Freud

Durante os primeiros anos do século XX, a Rússia se abre para a psicanálise, a qual suscita debates no seio da intelligentsia de São Petersburgo, cidade imperial fundada por Pedro o Grande e que será rebatizada duas vezes antes de recuperar seu primeiro nome: Petrogrado de 1914 a 1924, Leningrado até 1991. Antes e depois da revolução de Outubro de 1917, são muitos os russos, médicos, intelectuais ou psicólogos de língua alemã, que adotam as teorias freudianas, ao mesmo tempo formando um movimento importante de Moscou a Kazan, passando por Odessa.

A partir de 1927, com a supressão das liberdades de associação e a stalinização do sistema soviético, a prática se extinguiu, a ponto de em 1930 a psicanálise ser erradicada, ainda que um punhado de clandestinos permanecesse em atividade. No fim dos anos 1940, é lançada a grande cruzada contra a ciência e a arte ditas "burguesas". No contexto da Guerra Fria, a psicanálise é oficialmente condenada como "ciência burguesa americana e imperialista", e desaparece do território soviético, substituída por todo tipo de psicoterapias derivadas do condicionamento (a partir de Ivan Pavlov) e por uma psiquiatria de orientação biológica.

A partir de 1985, a chegada ao poder de Mikhail Gorbatchev e, em seguida, a implantação da Perestroika favorecem a reconstrução de um movimento psicanalítico russo fundado ao mesmo tempo na rememoração do passado e na abertura à globalização. É nesse período que florescem dezenas de associações, cujos protagonistas cultivam relações com todas as correntes psicanalíticas do mundo ocidental: francófonas, germanófonas ou anglófonas. Tudo se passa então como se, para resgatar a cultura psicanalítica russa do início do século XX, os atores desse renascimento se atribuíssem como missão ligar passado e presente, repatriando para a consciência coletiva russa um freudismo que fora recalcado ou exilado. Donde um trabalho de tradução dos autores modernos, como Jacques Lacan e Melanie Klein, por exemplo, que vai de par com a volta à circulação das obras de Freud já traduzidas antes da extinção da psicanálise, mas

São Petersburgo

cuidadosamente conservadas em bibliotecas, onde só especialistas tinham o direito de consultá-las.

Esse rompante é logo acompanhado de uma proliferação de todas as correntes ocidentais da psicoterapia oriundas da Costa Oeste dos Estados Unidos e de uma acentuação dos conflitos entre as escolas. Com efeito, estas rivalizam entre si para conquistar o imenso território do sofrimento psíquico russo negado no passado sob o regime comunista, o qual abolira a própria ideia de que uma "fala livre" pudesse estar na origem de uma possível exploração do inconsciente e da subjetividade humana. A isso acrescenta-se um combate feroz entre São Petersburgo, fortaleza de uma intelligentsia paramentada de todos os seus mitos, e Moscou, "a usurpadora", capital soviética imposta pelo poder bolchevique.

Foi nesse contexto que Viktor Mazin, filósofo e esteta, nascido em Murmansk em 1958, apaixonado pela psicanálise e marcado pelo ensino de Gilles Deleuze, teve a ideia genial de criar em São Peterburgo um Museu dos Sonhos Sigmund Freud, situado no rés do chão de um belo prédio do século XIX, que abrigava igualmente o Instituto Psicanalítico do Leste Europeu. Inaugurado em 4 de novembro de 1999 para comemorar o centenário da publicação de *A interpretação dos sonhos*, esse museu é pautado no modelo do superenigmático Museu da Tecnologia Jurássica, fundado em 1988 por David Hildebrand Wilson e instalado na região metropolitana de Los Angeles. A referência à Era Jurássica, no caso, significa que se trata de um acervo de objetos fossilizados semelhantes aos da época pré-histórica (o Jurássico inferior), remetendo por sua vez a um ciclo transgressivo/regressivo.

No gabinete das curiosidades de Wilson, o visitante é convidado a uma nova maneira de pensar a história da humanidade, centrada na justaposição de elementos inesperados: um texto de Charles Dickens gravado numa cabeça de alfinete, um crucifixo esculpido num caroço de fruta etc. Em suma, o antilugar da memória, concebido à maneira de uma história de Jorge Luis Borges ou Georges Perec.

Mazin, por sua vez, conseguiu recriar uma era geológica em que se acham reunidos, segundo o princípio da lógica do sonho, uma galeria californiana e um pedaço de Palácio de Inverno reinventado por Serguei Eisenstein. Percorrendo esse dédalo de reflexos e luzes sutis, o espectador pensa, com efeito, na técnica da "montagem de atrações", ou "montagem intelectual": série de planos curtos e sequências destinada a criar metáforas, deslocamentos e condensações significantes.

Não tendo à sua disposição nem arquivos, nem móveis, nem objetos capazes de rivalizar com o conteúdo dos outros dois museus dedicados a Freud (em Londres e em Viena), Mazin imaginou um cenário atemporal que permite descobrir, sempre de pé, as principais figuras da conceitualidade freudiana. Acima da porta de entrada, que não é uma porta de verdade, reina um retrato de Freud, o rosto carcomido pelo câncer, os olhos cingidos pelos famosos óculos redondos. Vitrines se sucedem, semelhantes a cabines telefônicas, instaladas num ladrilhado preto e branco.

Visitei esse museu em 2000. Entra-se por um labirinto em claro-escuro, repleto de espelhos destinados a imergir o visitante num espaço geográfico dividido entre sonho e realidade. Graças a uma iluminação edipiana, o museu conta o romance familiar do mestre, desde uma fotografia de sua casa natal até um retrato de seu rosto tal como repousou em seu leito de morte. Numa primeira vitrine, descobrimos o lado paternal de sua vida, numa outra, o lado maternal. Penetramos em seguida no universo de seus sonhos comentados por pintores e escritores. Numa sala comprida flutuam cópias de documentos, livros, gravuras, estatuetas pertencentes às diversas coleções reunidas em Londres. Para evocar os sonhos de Freud e os de seus pacientes, o visitante é convidado a contemplar outras imagens: retratos, animais, paisagens, remetendo sempre à história das origens quase jurássicas da psicanálise. Eis então esse museu das miragens, dos dinossauros e da negação da realidade, transposto para a cidade de Fiódor Dostoiévski: "Uma cidade de semiloucos... Não existe lugar onde a alma humana seja submetida a influências tão funestas e estranhas."

Esse museu único no mundo convida o visitante a uma espécie de introspecção, mas também pode ser decifrado como um *Dicionário amoroso de Freud*.

Ver: Animais. Cronenberg, David. Desejo. Divã. Eros. Espelho. Fantasia. Göttingen. Green, Julien. Hollywood. Infância. Londres. Orgonon. Psicoterapias. Romance familiar. Sonho. Viena. *W ou a Memória da infância*. Zurique.

Schibboleth

Grite bem alto o schibboleth

Schibboleth é uma palavra hebraica que significa "espiga" e que encontramos no Livro dos Juízes, onde se conta que as pessoas de Galaad desmascaravam as de Efraim pedindo-lhes para repetir o termo, que estas pronunciavam *sibboleth*. Essa má pronúncia, aos olhos das pessoas de Galaad, designava um adversário ou um inimigo. Daí o sentido figurado de prova decisiva que permite julgar a capacidade de alguém de fazer parte de uma comunidade.

Na narrativa bíblica, a palavra só vale pela maneira como é dita, a ênfase, a sonoridade. Logo, é um significante puro que não traduz nenhuma significação precisa, remetendo a um traço privilegiado, à margem da língua. Assinala um pertencimento, é uma senha de entrada numa sociedade.

Freud utiliza esse termo para distinguir o que caracteriza a aliança dos fundadores da psicanálise face a outras comunidades de cientistas. O emprego dessa fórmula permite saber quem é e quem não é psicanalista. Trata-se de uma senha pela qual uma comunidade se distingue do que não é ela. Por exemplo, os *schibboleths* da psicanálise são frases, conceitos, lugares, personagens, códigos, objetos (um entalhe, uma joia, um anel) que lhe pertencem com exclusividade. Freud ressalta que o inconsciente, no sentido de uma outra cena dissociada da consciência (*O Eu e o Isso*, 1923), é o primeiro *schibboleth* da psicanálise, ao qual ele acrescenta aquele que adere a essa disciplina e nada tem em comum com o psicólogo ("Revisão da doutrina do sonho", 1932). Poderíamos denominar *schibboleth* numerosos termos ou noções, como o complexo de Édipo ou a sexualidade no sentido freudiano.

Sem dúvida alguma, os psicanalistas de todas as tendências se reconhecem como uma comunidade justamente em virtude de formarem uma diáspora espalhada por todos os países. Assim, adotaram essa palavra bíblica para nomear revistas, colóquios ou associações, a fim de designar o entre-si, para além das querelas, cisões e fronteiras geográficas que os separam. O *schibboleth* reporta-se aos começos da língua de origem; para o movimento psicanalítico, remete ao primeiro círculo dos freudianos vienenses, cujos membros eram quase todos judeus do Império Austro-Húngaro. Da mesma forma que sela uma aliança entre aqueles que nada têm de seu – os judeus –, ele tece um laço entre os herdeiros do freudismo, que, sem exceção, reconhecem Freud como pai fundador.

Em 1986, Derrida promoveu uma junção de dois usos do *schibboleth*, o dos freudianos e o de Paul Celan, que, num poema de 1960, faz desse termo um grito de aliança contra todas as opressões: "Todo homem circunciso pela língua é como um judeu, como um poeta. Todos os que habitam a língua carregam em si a mesma ferida, a mesma marca" (*Schibboleth: pour Paul Celan*).

Ver: Desconstrução. *Carta roubada, A*. Humor. Livros. Terra Prometida. Viena.

Sedução
Rebeca, tira teu vestido

O termo designa, na origem, um procedimento que visa deliberadamente suscitar no outro uma admiração, uma submissão, uma ascendência, uma transferência, um amor. Isso significa que, sob esse aspecto, tem uma conotação negativa, uma vez que supõe uma relação de dominação entre o sedutor e a pessoa seduzida. De Don Juan a Casanova, de Satanás a Eva, das sereias de Ulisses a Cleópatra, passando por Joseph Balsamo, os sedutores são vistos como grandes predadores que buscam apenas o prazer de destruir o outro, dispostos a destruírem a si mesmos. Nesse sentido, a palavra "sedução" vai de par não só com a ideia de um prazer ilimitado, mas com a prática do sono hipnótico.

Acha-se, portanto, ligada a uma situação social e subjetiva, na qual se privilegiam todas as diferentes maneiras de gozar. Se abordamos sob esse ângulo a sociedade burguesa do século XIX, cruzamos com hedonistas absolutos, homens e mulheres de todas as idades, solteiros ou casados, todos apaixonados por bordéis ou engodos conjugais, performances e furores eróticos, mas incessantemente em busca de uma transgressão das normas

Sedução

às quais aderem em sua vida social. Nesse mundo, a classe dominante está às voltas com a febre, o êxtase e o delírio, ao mesmo tempo estando cercada por três grandes discursos: o discurso médico, voltado tanto para a fecundação e o higienismo quanto para a descrição minuciosa dos orgasmos; o discurso religioso ou puritano, preocupado com a norma, mas obcecado pelo vício; e por fim, o discurso pornográfico – de Sade a Flaubert –, centrado na vontade extrema de provocar a excitação, a libertinagem e a passagem ao ato.

Foi nesse mundo, sabemos, que nasceu a psicanálise. E compreendemos então por que o jovem Freud foi obcecado pela sedução.

O termo remete, portanto, à ideia de uma cena sexual em que um sujeito, geralmente adulto, usa de seu poder real ou imaginário para abusar de outro sujeito, reduzido a uma posição passiva: uma criança ou mulher, em geral. É dessa representação que Freud parte quando utiliza a hipnose e constrói, entre 1895 e 1897, sua teoria da sexualidade, segundo a qual a neurose teria como origem um abuso sexual real: um "atentado", como ele disse. Essa teoria baseia-se ao mesmo tempo numa realidade social e numa evidência. Nas famílias, às vezes mesmo na rua, frequentemente as crianças são vítimas de estupros por parte dos adultos. Ora, a lembrança desses traumas é tão penosa que todos preferem esquecê-los, ou não enxergá-los, ou recalcá-los.

Escutando mulheres histéricas do fim do século lhe contarem esse tipo de histórias, Freud afirma que é por terem sido realmente seduzidas que elas são acometidas de distúrbios neuróticos. Ele percebe duas coisas: ora as mulheres inventam, sem mentir nem simular, cenas de sedução que não aconteceram, ora, quando as cenas aconteceram, estas não explicam por si só a eclosão de uma neurose.

É em 21 de setembro de 1897, numa carta dirigida a Fliess, que Freud anuncia ter desistido de sua primeira teoria da sedução: "Não acredito mais na minha *neurotica*, o que não há de ser compreensível sem uma explicação." Segue então uma longa exposição das dúvidas, hesitações e suspeitas que o conduziram ao caminho da verdade. E ele conclui que arrisca decepcionar a humanidade e não se tornar nem rico nem célebre, uma vez que renunciou a uma falsa evidência, que não obstante ficava bem para todo mundo: "Rebeca, tira teu vestido, não és mais noiva."*

Para dar coerência a essa invenção, Freud substitui a teoria da sedução pela da fantasia. Todos os seus contemporâneos tinham pensado abandonar a ideia de causalidade real e passar à "outra cena". Mas Freud é o primeiro a indicar sua localização, resolvendo o enigma das causas sexuais: elas são do âmbito da fantasia, mesmo quando um trauma real existe, uma vez que o real da fantasia não possui a mesma natureza que a realidade material.

Considerando a importância capital desse abandono, no que se refere às origens da psicanálise, a questão da teoria da sedução foi objeto de debates e comentários particularmente intensos. Várias tendências se desenharam entre os freudianos. A primeira, representada pelos ortodoxos, nega a existência de abusos reais em prol de uma supervalorização da fantasia, levando, por conseguinte, a jamais ocupar-se, durante o tratamento, dos atentados sofridos pelos pacientes, tanto em sua infância quanto em sua vida presente. Os partidários dessa posição afirmam que o trauma sexual teria como missão mascarar o autoerotismo infantil, isto é, o fato de a criança ser igualmente não só um sedutor, como um sujeito suscetível de gozar por ter sido possuído. Tese inadmissível para o direito moderno, uma vez que a vítima é antes de mais nada uma vítima e o agressor, forçosamente um culpado para a lei: e isso cada vez mais, à medida que as democracias reconhecem o direito não só das crianças como de todas as vítimas.

Observemos que os partidários de Melanie Klein, sem negar a existência de seduções reais, levaram bem longe a primazia da realidade psíquica, fazendo derivar os traumas de uma relação de objeto fundada numa sedução imaginária de tipo sádico e julgada muito mais violenta que o trauma real: daí a invenção do objeto bom e mau. Outra tendência é representada

---

* Em carta a Fliess de 21 de setembro de 1897, Freud cita essa frase, numa alusão a uma piada de *Schadhen* (casamenteira judia). O adjetivo "noiva" foi escrito em iídiche (*kalle*), e a frase significava que Freud, tendo resolvido mudar de orientação teórica, estava inteiramente nu, qual uma moça abandonada pelo noivo na véspera do casamento. (N.T.)

Segundo sexo, O 301

pelos adeptos do biologismo. Ela consiste em negar a existência da fantasia e reportar toda forma de neurose ou psicose a uma causalidade traumática, isto é, a um estupro (do pensamento ou do corpo) realmente vivido na infância. Foram os partidários desse discurso que, durante os anos 1990, promoveram uma campanha nos Estados Unidos em favor da rememoração de pretensas recordações de estupros que, na realidade, nunca tinham existido. Ironia da história: os denunciadores de sedução tornaram-se eles mesmos sedutores.

Seja como for, uma coisa é certa: nenhum abuso sexual real é banal. E todas as observações mostram que as pessoas abusadas na infância são extremamente frágeis e mais facilmente suscetíveis de serem seduzidas, na idade adulta, por terapeutas transgressivos. Prova isso uma pesquisa de 1989 realizada em Topeka, na clínica Menninger, que indica que mulheres nessa situação "não aceitam" passivamente a relação sexual no tratamento senão porque sofrem de um abandono inicial ligado a um abuso sofrido na infância. Daí a necessidade de se banir esse tipo de prática.

Ver: Amor. Divã. Eros. Família. Fantasia. Green, Julien. Hipnose. Hitler, Adolf. Incesto. Infância. Mulheres. Narciso. Romance familiar. Roth, Philip. Salpêtrière. Sexo, gênero & transgêneros. Sonho. Topeka. Viena. Wolinski, Georges.

Segundo sexo, O
A psicanálise constituída mulher

Quando publicado, em 1949, *O segundo sexo* causou escândalo, como se o livro tivesse saído diretamente do inferno da Biblioteca Nacional. Não obstante, não parecia nem uma história do marquês de Sade, nem um texto pornográfico, nem um tratado de erotismo. Simone de Beauvoir estudava a sexualidade à maneira de um cientista, um historiador, um sociólogo, um antropólogo, um filósofo, baseando-se tanto na pesquisa de Albert Kinsey (*O comportamento sexual do homem*, 1948) como nas obras de um número impressionante de psicanalistas, levando em conta ao mesmo tempo não só a realidade biológica, social e psíquica da sexualidade feminina, mas também os mitos fundadores da diferença dos sexos, pensados pelos homens e pelas mulheres, além do domínio da vida privada.

O sexo feminino irrompia subitamente, e de maneira inédita, no campo do pensamento: doravante fala-se sobre *O segundo sexo*, como já se falava sobre *O discurso do método*, *As confissões*, *A interpretação dos sonhos* etc. No futuro, lutar pela igualdade social e política não será mais suficiente. Cumprirá levar em conta, como objeto antropológico e vivido existencial, a sexualidade da mulher.

Não era preciso tanto para desencadear uma avalanche de ódio e insultos contra a autora: "frígida", "ninfomaníaca", "lésbica", "malcomida", "bacante", "Pentesileia de Saint-Germain-des-Prés" etc. Convém dizer que os excertos do livro publicados ineditamente em dois números de *Les Temps Modernes* já haviam suscitado uma indignação ferrenha. Sartre e Beauvoir foram subitamente acusados de imoralismo, de quererem destruir a literatura, de degradação da nação e corrupção da juventude. Esses "monstros", dizia-se, haviam inoculado a abjeção, a demência e a anormalidade no âmago das belas-letras e, pior ainda, no mais recôndito da língua e civilização francesas. Haviam preferido o desvio, a perversão e o culto do baixo-ventre ao esplendor de uma prosa romanesca devotada ao heroísmo e à virtude.

François Mauriac inaugurou as hostilidades no *Figaro Littéraire* de 30 de maio de 1949, mandando publicar artigos assinados por algumas das grandes plumas do pós-guerra, bem como textos de jovens estudantes. A caça aos inimigos da ordem moral estava assim aberta, e Mauriac tomou parte nela pessoalmente, redigindo contra *O segundo sexo* um artigo pérfido, por sinal bastante representativo de certo bestialógico francês da época. Atacava não só Beauvoir, como André Breton, o surrealismo, Freud, a psicanálise e Gide, responsáveis, a seu ver, pela conspurcação "sadiana" da cultura francesa. Germanofobia, misoginia, estigmatização da homossexualidade, chauvinismo, abominação de toda tradição rebelde da literatura: era este então o juízo daquele que, não obstante, jamais cedera ao espírito *pétainiste*, mas que sem dúvida, com a leitura desse livro, passou a odiar parte do que ele mesmo era. Sabia disso muito bem, uma vez que, em res-

Segundo sexo, O 303

posta a um artigo de François Erval publicado em *Combat*, admitiu ser-lhe possível meter "o nariz em seus próprios assuntos". Não estava fascinado, em seus escritos, pelo que pretendia denunciar?

A diatribe de Mauriac merece ser citada. Não só Beauvoir é descrita como uma desavergonhada, como também Freud, que não leu uma linha da obra de Sade, é acusado de ter contribuído para seu sucesso na França do pós-guerra. Além disso, Mauriac parece ignorar a que ponto Gide se alimentou da clínica psicanalítica em seus romances: "É importante não se hipnotizar com Breton nem com Sartre e não perder de vista principalmente André Gide, cuja obra, que se irradia sobre três gerações, recebeu a consagração do prêmio Nobel, e depois dele o filósofo cujas descobertas marcam evidentemente o corte mais visível entre duas épocas literárias: o dr. Sigmund Freud. É independente de qualquer pessoa que a psicanálise tenha aberto novos caminhos e modificado profundamente os métodos para conhecer o homem. Que ela tenha introduzido a sexualidade na literatura é um fato contra o qual nenhum interdito moral tem poder. Primeiramente, Freud é responsável pelo lugar desproporcional que Sade e seus êmulos ocupam hoje nas preocupações da crítica moderna, cuja vocação diríamos que é reconstruir a catedral literária em torno de algumas gárgulas."

Tachada de burguesa pelo Partido Comunista, Beauvoir não foi apoiada pelas associações feministas. Estas haviam centrado a luta no reconhecimento da igualdade social entre homens e mulheres, no direito à contracepção e na valorização do status da mãe no seio da família. Por conseguinte, não queriam nem ouvir falar em vagina, orgasmo, clítóris, masturbação e, menos ainda, na possibilidade de as mulheres serem homossexuais, reivindicarem o aborto, recusarem o casamento ou não quererem procriar. Tudo isso não impedirá milhares de mulheres de testemunharem a Beauvoir, por carta, sua gratidão. O livro foi um best-seller, traduzido no mundo inteiro, e o é até hoje.

Beauvoir, que não obstante não era freudiana, foi insultada de todos os lados, da mesma maneira e pelas mesmas razões que Freud havia sido e continuava a sê-lo: ele por ter ousado falar, no início do século, na sexualidade infantil "perverso-polimorfa", ela por ter tido a arrogância, quarenta e cinco anos mais tarde, de descrever sem nenhum efeito literário o gozo feminino. Ambos analisavam a sexualidade humana, daí terem sido vistos como o contrário do que eram: perversos sadianos. Quanto à psicanálise, enquanto doutrina da sexualidade, dez anos após a morte de Freud continuava a ser enxovalhada *como se fosse uma mulher*, uma prostituta, uma depravada, uma invertida, atentando contra a moral civilizada.

O segundo sexo foi sem dúvida alguma o primeiro livro na história do debate intelectual sobre a sexualidade feminina a tomá-la como objeto em todos os seus estados. A esse título, é fundador não só do feminismo moderno, como de uma mudança teórica própria da história do movimento psicanalítico.

Pela primeira vez, portanto, numa análise erudita, tecia-se um laço entre as diversas teorias da sexualidade feminina oriundas da revolução freudiana e das lutas pela emancipação. Quase todos os grandes nomes do corpus psicanalítico eram citados por Beauvoir: Freud, Wilhelm Stekel, Alfred Adler, Carl Gustav Jung, Helene Deutsch, Karen Horney, Ernest Jones, Karl Abraham, Jacques Lacan etc. Aos quais se acrescentavam os nomes de Havelock Ellis, Gaëtan Gatian de Clérambault e muitos outros ainda. A tal ponto que o livro era não só atravessado de ponta a ponta pela teoria psicanalítica, como era o equivalente de uma espécie de psicanálise constituída mulher, emergindo subitamente do continente negro ao qual a haviam relegado. Beauvoir afirmava a existência de um segundo sexo: "Não se nasce mulher", ela diz, "torna-se mulher." A fórmula era nova, e as páginas que Beauvoir dedica à infância e à adolescência atormentadas das meninas são ainda mais pungentes, na medida em que se baseiam nos grandes casos da literatura psicanalítica ou psicopatológica.

Mulher livre e independente, Beauvoir entrava então na modernidade concebendo um livro sobre a alienação feminina, no qual descrevia situações aparentemente bastante distantes da sua, mas cujo duplo poder de destruição e emancipação ela sentia sem dúvida melhor do que ninguém.

À exceção de alguns livros – *A força da idade* ou *A cerimônia de adeus* –, nunca fui, como muitas mulheres de minha geração, uma grande leitora da obra de Simone de Beauvoir, e só tardiamente, em torno de 1980, des-

Segundo sexo, O

cobri a importância de *O segundo sexo*. Isso se deve ao lugar muito especial de certo feminismo, encarnado pela minha tia Louise Weiss. A força que emanava dessa mulher me impressionara muito cedo, sem contudo suscitar em mim qualquer admiração. Era um monumento de infortúnio e narcisismo ferido, conspirando diariamente para receber tal prêmio, tal cruz de honra, tal recompensa.

Portanto, sempre me espantou muito o fato de feministas, que não obstante eu respeitava, a endeusarem (*Les Temps Modernes*, jan-mar 2008, número especial coordenado sob a direção de Liliane Kandel). Pois o que eu guardara de minha tia – além da inegável luta feminista da primeira parte de sua vida – fora seu fascínio pelo marechal Pétain, a quem ela teria servido se sua família não tivesse se oposto, lembrando-lhe que era judia e que conhecera Lênin; depois sua abominação do gaullismo revestida de ardor colonialista, e, por fim, sua hostilidade profunda a toda forma de questionamento da lei de 1920 sobre a proibição do aborto. De tudo isso, eu tinha sido testemunha e as feministas não o mencionavam. Progressivamente as coisas mudaram, graças à publicação, por Célia Bertin, em 1999 de uma excelente biografia que restabelece a verdade.

Eu tinha lido a *Carta a um embrião*, estranho panfleto publicado em 1973, no qual Louise Weiss atacava a decadência da família francesa, considerando que a obtenção do direito ao aborto seria a etapa derradeira, para as mulheres, de sua aceitação da dominação masculina. Eu também sabia que ela tivera a intenção, em 1978, de apresentar ao teatro do Odéon uma peça em três atos que acabava de escrever sobre Sigmaringen, na qual fazia de Pétain um herói que, naquele momento de exílio, soubera resistir à embriaguez de um poder artificial.

A bem da verdade, minha mãe, Jenny Aubry, bem diferente da irmã, tinha uma sólida admiração por Simone de Beauvoir. Era favorável ao aborto e a todas as formas de liberdade sexual. Além disso, sempre tivera coragem de tomar o partido de Sartre todas as vezes que, nas reuniões familiares, ele era tão rudemente insultado quanto Freud.

De minha parte, nunca tive a impressão de ser alienada sob qualquer forma que fosse. Ao contrário, eu via minha condição de mulher como uma oportunidade excepcional. A emancipação para mim acontecera antes, na geração anterior, e minha mãe, como Beauvoir, era sua inspiradora mais importante.

Ver: Autoanálise. Bonaparte, Napoleão. Cronenberg, David. Família. Göttingen. Infância. Injúrias, exageros & calúnias. Mulheres. Paris. Princesa selvagem. Resistência. Sexo, gênero & transgêneros.

Sexo, gênero & transgêneros
Uma sombra sobre o ventre

A sexualidade ocupa um lugar tão importante na história da psicanálise que foi possível dizer, com pertinência, que era o eixo da teoria freudiana. No entanto, não foi nem a sexualidade, nem o sexo, nem as performances sexuais, nem seus "desvios" que Freud privilegiou, e sim a ideia de que o conflito sexual e sua representação seriam a própria essência da atividade humana. A psicanálise baseia-se então num conjunto conceitual que permite pensar essa atividade de um ponto de vista filosófico ou clínico: amor, desejo, Eros, libido, bissexualidade, homossexualidade, sexualidade feminina ou masculina, psique, pulsão. Nesse aspecto, ela se afasta de uma abordagem puramente anatômica, genital ou biológica da sexualidade – e logo da sexologia. Freud não forja termo específico para diferenciar, na sexualidade, a determinação anatômica de sua representação social ou psíquica. Seus sucessores não se privarão de fazê-lo e mesmo de criticá-lo, criando um termo específico – o gênero – que conhecerá um sucesso considerável a partir do fim do século XX.

Derivado do latim *genus*, o termo sempre foi utilizado pelo senso comum para designar uma categoria qualquer, classe, grupo ou família, que apresente os mesmos sinais de pertencimento. Empregado como conceito pela primeira vez em 1964 pelo psicanalista americano Robert Stoller, especialista em transexualismo, designa então o sentimento da identidade sexual, ao passo que o sexo define a organização anatômica da diferença entre o macho e a fêmea. A partir de 1975, o termo é utilizado nos Estados

Sexo, gênero & transgêneros

Unidos e nos trabalhos universitários para estudar as formas de diferenciação que o status e a existência da diferença dos sexos induzem numa dada sociedade. Desse ponto de vista, o gênero é uma entidade moral, política e cultural, isto é, uma construção ideológica, ao passo que o sexo permanece uma realidade anatômica incontornável.

Em 1975, como aponta a historiadora Natalie Zemon Davis, faz-se necessária uma nova interpretação da história, que leve em conta a diferença entre homens e mulheres, a qual teria sido até então "ocultada": "Nosso objetivo é descobrir a extensão dos papéis sexuais e do simbolismo sexual nas diferentes sociedades e períodos." A historiadora Michelle Perrot apoiou-se igualmente nessa concepção de gênero em seus trabalhos sobre a história das mulheres, bem como Pierre Bourdieu em seu estudo da dominação masculina. A propósito, sob diversos aspectos, essa noção está presente em todas as obras que tratam da construção de uma identidade, diferente da realidade anatômica: a começar pelas de Simone de Beauvoir, que em 1949 afirmava em *O segundo sexo* que "não se nasce mulher, torna-se mulher".

Dentre os agora denominados "estudos de gênero", destaquemos a obra de Thomas Laqueur, *Inventando o sexo* (1992), que estuda a passagem da bissexualidade platônica ao modelo da unissexualidade a fim de descrever as variações históricas das categorias de gênero e sexo desde o pensamento grego até as hipóteses de Freud sobre a bissexualidade, o qual sustenta que existem sempre no inconsciente humano duas componentes, uma feminina, a outra masculina. Como vemos, a noção de gênero foi amplamente utilizada antes de se tornar um conceito e dar origem a estudos específicos.

Nessa perspectiva, o livro da filósofa americana Judith Butler *Problemas de gênero e subversão da identidade* (1990) teve repercussão mundial, primeiramente no mundo acadêmico internacional, depois na sociedade civil. Ela pregava o culto de "estados-limite", afirmando que a diferença é sempre nebulosa e que, por exemplo, o transexualismo (convicção de pertencer a outro sexo anatômico que não o seu) podia ser uma maneira, especialmente para a comunidade negra, de subverter a ordem estabelecida recusando-se a curvar-se à diferença biológica, construída pelos brancos. Daí, em seguida, a profusão de termos para designar as sexualidades minoritárias ou "estranhas": os *queer* (da palavra inglesa "estranho", "pouco comum"), os "transgêneros" (contração de transexualismo e travestismo). Ao disseminar-se na sociedade civil, o termo "gênero" serviu para dar uma dignidade a minorias antigamente condenadas à fogueira, depois às câmaras de gás, e hoje banidas, presas e torturadas pelos regimes ditatoriais, especialmente nos países islâmicos. A honra de aceitá-los coube às democracias. E, a esse título, a "teoria *queer*" ou os estudos de gênero tiveram o mérito de dar voz a uma "diferença radical".

Portanto, é um delírio imaginar que lésbicas, gays, bissexuais, trans, *queer* (LGBTQ) e outras minorias que reivindicam um hipotético "terceiro sexo" e que vemos desfilar há anos nas Paradas do Orgulho Gay possam ser a causa de qualquer perigo para a ordem familiar. Muito pelo contrário, sua presença atesta a tolerância de que é capaz um Estado de direito e seu desejo de integração na sociedade.

Mas existem distorções, especialmente quando alguns psicanalistas adeptos das teorias LGBTQ revisam toda a história da humanidade em função de uma grade única, às vezes imaginando, em publicações sofisticadas, que Anna Freud era *queer*, que Freud usava suportes dissimulados sob suas calças, que Lacan era um bissexual ativo porque se vestia de maneira extravagante, que Melanie Klein era um homem disfarçado de mulher e que Winnicott frequentava *backrooms*.

Em toda parte onde se implantou, a psicanálise era qualificada pejorativamente de "pansexualismo", tanto pelos religiosos quanto pelos psiquiatras e psicólogos. Alguns afirmavam que ela devia seu sucesso à mentalidade vienense particularmente lúbrica. O mais espantoso é que esse termo era a expressão não só de um verdadeiro nacionalismo como de uma ideologia conspiracionista, que acusava os freudianos, assim como os judeus, os homossexuais e os franco-maçons, de atentar contra a integridade da família e promover o divórcio, a prostituição e a degradação da autoridade patriarcal. Na França, país particularmente germanófobo, a teoria sexual foi assimilada, a partir de 1905, a uma visão bárbara e desordenada da sexualidade dita "germânica", "teutã" ou "boche", à qual se opunha a

Sexo, gênero & transgêneros

"racionalidade cartesiana". Da mesma forma nos países puritanos. Nos países escandinavos, ao contrário, acusaram o freudismo de privilegiar uma abordagem "latina", e logo decadente, da sexualidade, inadmissível para a "mentalidade nórdica". Em suma, em todos os quadrantes a psicanálise foi vista como uma monstruosa epidemia fabricada por conspiradores sem pátria nem fronteiras e tendo como missão destruir a ordem estabelecida abolindo a diferença dos sexos.

Impressionou-me ver ressurgir na França essa temática da sexualidade perigosa e corruptora, por ocasião das manifestações de 2014, consecutivas à votação da lei autorizando o casamento entre pessoas do mesmo sexo. Convencidos de que uma pretensa "teoria do gênero" era ensinada nas escolas da República, os partidários de "La Manif pour Tous", reunidos no comitê "Jour de Colère", acusaram o poder socialista de ser responsável por uma conspiração fomentada à frente do Estado por lobbies transgêneros visando destruir a família e abolir a diferença dos sexos. Segundo eles, essa conspiração teria tido como objetivo transformar meninos em meninas, meninas em meninos e as escolas num vasto lupanar, onde os professores ensinariam aos alunos as alegrias da masturbação coletiva.

Felizmente, em diversos estabelecimentos escolares, os alunos ridicularizaram as fantasias dessas novas ligas. Na era dos tablets e da web, as crianças não devem de modo algum ser tomadas como imbecis. O que se vê é que o sexo, reinventado por Freud no começo do século XX, continua a suscitar o mesmo pavor, inclusive em certos psicanalistas, convencidos por sua vez dos perigos permanentes de uma pretensa abolição da sacrossanta diferença dos sexos.

Ver: Amor. Angústia. Autoanálise. Bonaparte, Napoleão. Desconstrução. Desejo. *Segundo sexo, O.* Desejo. Eros. Família. Fantasia. Hamlet branco, Hamlet negro. *His Majesty the Baby.* Incesto. Infância. Injúrias, exageros & calúnias. Leonardo da Vinci. Londres. Loucura. Mulheres. Narciso. *Origem do mundo, A.* Psique/Psiquê. Pulsão. Romance familiar. Sedução. Terra Prometida. Viena. Wolinski, Georges. Worcester.

Sonho

Sonhei com A interpretação dos sonhos

Quer tenha sido considerado uma visão advinda do além, ou ainda signo premonitório, profecia, oráculo, adivinhação, o sonho, enquanto fenômeno universal, foi desde a noite dos tempos objeto de múltiplas investigações fundadas na vontade de descobrir sua chave, uma chave dos sonhos válida para o conjunto das civilizações. No pensamento ocidental, é antes a alma do sonhador que não cessa de suscitar inúmeras interrogações. E se Aristóteles aceitava a ideia de que o sonho pudesse exprimir uma realidade oculta da subjetividade, ao mesmo tempo recusando a concepção sobrenatural segundo a qual os sonhos seriam revelações enviadas aos homens pelos deuses, Descartes assimilava a vida sonhada a um estado próximo da loucura.

Quanto aos românticos, viam na criação onírica a própria essência da existência humana, a ponto de conceberem a consciência como o prolongamento de um inconsciente imerso nas profundezas melancólicas de uma alma sempre noturna. Dessa atitude contemplativa nasceu então, na segunda metade do século XIX, a ideia de um possível estudo experimental dos processos do sonho. Sucedendo ao romantismo, a escola positivista instrumentalizou o sonho, enquanto os poetas – de Rimbaud a Lautréamont, passando por Baudelaire – inventavam uma escrita moderna que permitia renovar o grande princípio de uma subversão do sujeito: Eu é um outro, a verdade está lá fora.

No limiar do século XX, todas essas pesquisas pareciam abrir caminho para um melhor conhecimento dessa vida situada no inconsciente e mascarada pelo sono, a qual continuava-se a temer que fosse povoada de monstros como numa história de H.G. Wells.

Em 1890, a publicação do romance *Peter Ibbetson*, de George du Maurier, pareceu unir a tradição romântica e o estudo experimental, ao mesmo tempo restituindo uma base à antiga tese da transmissão de pensamento. No romance, o autor contava a história de dois amantes distantes um do outro mas que davam um jeito de se encontrar todas as noites em seus

Sonho

sonhos para explorar o mundo de sua infância, de seus ancestrais e dos séculos anteriores.

Ao contrário do que Freud afirmou a vida inteira, sua famosa *Traumdeutung* (*A interpretação dos sonhos*), publicada em 4 de novembro de 1899 e datada do ano 1900, não foi ignorada pelo público. Reimpresso incessantemente com extensas alterações, mesmo sem ser um best-seller o livro foi acolhido e criticado como uma contribuição magistral à questão, muito debatida, do status do sonho nos fenômenos de sonambulismo e dupla consciência. Os escritores se entusiasmaram com aquele livro estranho, bizarramente construído, tecido de lembranças íntimas, casos clínicos, reminiscências culturais e povoado por heróis admirados ou personagens míticos. Os surrealistas, pintores e poetas, fizeram dele sua bíblia, vendo o sonho como o acesso a uma conversão da consciência em seu contrário.

A bem da verdade, com o título *A interpretação dos sonhos* Freud lançava uma espécie de desafio ao pensamento positivista do início do século, colocando como epígrafe a seu prefácio uma citação latina extraída de Virgílio: *"Flectere si nequeao Superos, Acheronta movebo* ("Se não posso curvar aqueles do alto, transporei o Aqueronte"). Pois sua "descida aos infernos" podia muito bem voltar-se contra ele e fazê-lo passar por um adepto da astrologia.

Na verdade, ele reata com a ideia antiga de destino, até de adivinhação, afirmando ao mesmo tempo que os sonhos têm uma significação precisa e que eles se ligam a um ônfalo, a um ponto obscuro e inanalisável, que deixa em suspenso o próprio princípio de uma interpretação demasiado unívoca. A vida sonhada, diz ele em substância, é efetivamente uma vida real. Mas, para conhecê-la, devemos interpretá-la. O sonho tem então um sentido que deve ser reconstruído pelo próprio sujeito em função de sua própria história e em referência a uma teoria racional do psiquismo.

Em outros termos, Freud estabelece um laço entre um sistema de interpretação, no qual o sonho é assimilado a um estado psíquico entre outros – e logo suscetível de ser analisado segundo o método da associação livre –, e uma teoria do psiquismo que postula a existência de um funcionamento universal da atividade onírica articulada em torno de três princípios: o sonho é a realização de um desejo inconsciente e recalcado, de natureza sexual e de origem infantil; supõe um trabalho, isto é, uma atividade da linguagem comparável a uma charada e dotada de um processo específico – condensação, deslocamento, conteúdo latente, conteúdo manifesto etc. –; por fim, remete a uma psicologia geral do homem, fundada no primado do inconsciente com relação à consciência. Sonho, logo existo.

Se *A interpretação dos sonhos* se tornou um clássico, foi também porque possui espantosas qualidades literárias. Ao longo dos 223 sonhos que ilustram as demonstrações de Freud, o leitor descobre um mundo inesperado feito de vidas minúsculas, onde se emaranham as exposições mais sofisticadas, os relatos mais simples e os fragmentos de palavras mais sobredeterminados.

À sua revelia e como num pesadelo, cujo desfecho ele não saberia interpretar, Freud coloca em cena o teatro de um destino europeu: agonia dos Impérios Centrais, declínio dos patriarcas autoritários, insensibilidade das mães abusivas, rebelião dos filhos, discriminação dos judeus, ou ainda beleza convulsiva das moças histéricas perdidas em suas humilhações: "É a ele que cabe o mérito de ter dado uma organização à anarquia do sonho", dizia Karl Kraus. "Mas tudo ali acontece como na Áustria."

Freud renova assim a tradição dos cientistas sonhadores que, em todos os tempos, levaram a sério essa segunda vida, fosse para se inspirarem nela, fosse pelo simples prazer de descobrirem-se outros que não quem pensavam ser. Dentre todos aqueles que souberam contar seus sonhos, cito os nomes de dois filósofos do século XX que aprecio particularmente: Theodor Adorno e Louis Althusser.

Adorno não se limitou a refletir sobre o status do pensamento freudiano: experimentou o tratamento, à sua maneira, sem divã, anotando seus sonhos de 1934 a 1969, com o projeto de publicá-los. Assim, pratica um exercício estarrecedor de imersão numa subjetividade que, embora seja a sua própria, revela-se como o lugar de uma expressão literária do inconsciente, escapando a toda forma de simbolização: "Sonhei que seria crucificado. Fui a um bordel americano … . Numa arena, acontecia, sob meu comando, a execução de um grande número de nazistas … . Mais uma vez – como o Pierrot lunaire – eu devia ser executado. Dessa vez como

Sonho

um leitão, jogado na água fervente ... Outro sonho de bordel ... Cenas de execução. As vítimas eram fascistas ou antifascistas? ... A execução se deu segundo o princípio do self-service ... Eu observava o movimento das pessoas sem cabeça. Eu tinha uma briga terrível com a minha mãe ... Gritava na cara dela: maldito seja o corpo que me deu à luz ... Seria mais uma vez crucificado. Dançava com um gigantesco buldogue marrom e amarelo ... Às vezes eu e o cachorro nos beijávamos ... Sala de execução. Decapitação ... O golpe veio sem que eu tivesse acordado ... Constatei que eu continuava ali ... Num imenso hotel, um psicoterapeuta queria realizar, em sua especialidade, uma conferência sobre Schubert ... Nós nos juntamos para assassinar o psicoterapeuta ... Eu comentava com A. o plano de dar um fim aos meus dias" (*Meus sonhos*, 2007).

Adorno transforma o material do sonho numa série de fotomontagens semelhantes tanto a novelas de Arthur Schnitzler quanto a curtas-metragens de Alfred Hitchcock ou Stanley Kubrick. Sonhos perversos, sonhos cruéis, sonhos de ódio, de execução, de compaixão, sonhos com animais: tudo se passa aqui como se o filósofo de Frankfurt invertesse a ordem da razão, na perspectiva de uma dialética negativa: "O sonho é negro como a morte", diz ele. Daí a sensação de inquietante estranheza que ele inflige ao leitor, deixando-o livre para se moldar na multiplicidade de interpretações possíveis.

Quanto a Louis Althusser, querendo fazer do sonho um objeto de estudo, afasta-se no entanto de toda ideia de opor um discurso racional a uma imersão no inferno da desrazão. Confrontado desde 1938 com a experiência da melancolia, recusa-se a separar o enunciado do sonho de suas outras atividades de missivista.

Vemos surgir de sua lavra (em *Des rêves d'angoisse sans fin. Récits de rêves [1941-67], suivi de Un meurtre à deux [1985]*, 2015) avalanches de pesadelos semelhantes aos evocados por Goya em sua famosa obra de 1797, *O sonho da razão produz monstros*. Da mesma forma que o herói adormecido da gravura sente ao seu redor a presença de inquietantes criaturas saídas de um mundo de terror, Althusser é invadido, excedido, aterrorizado pelo desencadeamento permanente das pulsões inconscientes que o fustigam durante noites aterradoras. É em 1969, numa carta à sua mulher Hélène, que resume melhor o teor dessa atividade onírica: "As relações com meu inconsciente não são de forma alguma serenas. Pesadelos terríveis, e de uma precisão alucinante. Outra noite, eu espancava minha mãe e batia boca com meu pai."

O mais espantoso são os sonhos premonitórios. Em agosto de 1964, ele registra em seus cadernos o conteúdo de um sonho de assassinato: "Tenho de matar minha irmã ... Matá-la com sua concordância, aliás: espécie de comunhão patética no sacrifício ... eu diria quase como um travo de fazer amor, como um descobrir [sic] as entranhas de minha mãe ou irmã, seu pescoço, sua garganta."

Eu gostaria de homenagear aqui um poeta anônimo que, para celebrar o centenário da publicação do livro de Freud, em 2000, vislumbrou um *"remake"* do livro que teria como título *Sonho com "A interpretação dos sonhos"*:

J'ai rêvé d'une girafe, d'un cheval, d'un rat
D'une meute de loups
D'un chimpanzé, de la guillotine
J'ai rêvé ensuite
Du matériel dans le rêve, de la mémoire du rêve
Du récent et de l'indifférent
D'un rêve d'escalier modifié
De 1900 à 1913
De Bismarck
De Goethe
De mon fils le myope
D'OEdipe déguisé, du lynx sur le toit

J'ai rêvé toujours d'Amilcar dans les jardins d'Annibal
De l'injection botanique
De l'enfant qui brûle avec des hannetons
Du bonnet de fourrure
De pas-de-printemps-pour-Marnie

Sonho 315

De la femme qui rit et de la femme du peuple.
J'ai rêvé encore des théories du rêve
De la condensation de la métonymie
Du déplacement de la métaphore
De la mort d'une personne chère
Du marin de Gibraltar
Du papier d'étain et de Casimir Bonjour
De Napoléon avec Goethe
De la politique c'est le destin
De l'oncle de la mère de Freud

J'ai rêvé enfin de L'Interprétation du rêve.*

Ver: Amor. Angústia. Bardamu, Ferdinand. Descartes, René. Desejo. Divã. Espelho. Frankfurt. Hipnose. Hollywood. Loucura. Psique/Psiquê. Salpêtrière. São Petersburgo. Terra Prometida. Viena. *W ou a Memória da infância.*

---

* Sonhei com uma girafa, um cavalo, um rato/ Com uma matilha de lobos/ Com um chimpanzé, a guilhotina/ Sonhei em seguida/ Com o material do sonho, com a memória do sonho/ Com o recente e o indiferente/ Com um sonho de escada modificada/ Com 1900 a 1913/ Com Bismarck/ Com Goethe/ Com meu filho míope/ Com Édipo disfarçado, com o lince no telhado// Sempre sonhei com Amílcar nos jardins de Aníbal/ Com a injeção botânica/ Com a criança que arde com besouros/ Com gorro de pele/ Com Marnie/ Com a mulher que ri e com a mulher do povo./ Sonhei também com teorias do sonho/ Com a condensação da metonímia/ Com o deslocamento da metáfora/ Com a morte de uma pessoa querida/ Com o marujo de Gibraltar/ Com o papel-alumínio e Casimir Bonjour/ Com Napoleão e Goethe/ Com a política é o destino/ Com o tio da mãe de Freud// Sonhei, enfim, com *A interpretação dos sonhos.*

T

Terra Prometida

Eu vi a Terra Prometida

Contemporâneo do sionismo, do socialismo e do feminismo, o movimento psicanalítico – chamado freudismo – estava em busca de uma "Terra Prometida". Pretendia conquistar esse planeta mal conhecido denominado inconsciente. A Terra Prometida desejada por Freud e por seus primeiros discípulos, vindos dos quatro cantos de um império em decadência, não se assemelhava a nenhum território. Não era cercada por nenhum muro e não tinha nenhuma necessidade de afirmar sua soberania. Inerente ao próprio homem, era tecida por narrativas, mitos, linguagem. A Terra Prometida de Freud são sempre cidades e não territórios, são fragmentos de Europa povoados de personagens romanescos.

Não impede que esse movimento tenha se atribuído como missão conquistar várias Terras Prometidas: a da psiquiatria, a da psicologia, cujo ensino estava presente em todas as universidades. A psicanálise devia conquistar esses bastiões. E os freudianos, assim como os jesuítas, os sionistas ou os homens da Revolução Francesa, pretendiam transformar de ponta a ponta a realidade de sua época. Sonhavam fundar uma Jerusalém do espírito, uma Jerusalém que fosse também uma Nova Atenas.

Da mesma forma, a ideia de "Terra Prometida" estava presente em todas as suas fantasias e projetos. Eram todos judeus sem Deus, judeus desjudeizados, oriundos de uma longa linhagem de comerciantes, e carregavam consigo uma ideia forte: sair do gueto, de todos os guetos. O sonho de uma Terra Prometida está sempre ligado a um desejo de liberdade, de alforriar-se da escravidão ou da submissão voluntária: "Não estou preocupado com isso agora", dizia Martin Luther King na véspera de sua morte, em 1968. "Deus me permitiu subir ao topo da montanha. Olhei ao redor e contemplei a Terra Prometida. Posso não chegar até ela com vocês. Mas quero que saibam que nós, como povo, chegaremos à Terra Prometida."

Freud não ignorava nada do grande movimento de regeneração dos judeus inaugurado por Theodor Herzl, seu contemporâneo. Sabia que Napoleão Bonaparte pensara nisso também, preparando, por ocasião do cerco de São João de Acra, em 1799, uma proclamação à nação judaica: "Israelitas, nação única que as conquistas e a tirania, durante milhares de anos, privaram de sua terra ancestral, mas não de seu nome nem de sua existência nacional!" Em 1816, em Santa Helena, o imperador destronado declarara: "Eu queria libertar os judeus para torná-los cidadãos plenos. Eles deveriam se beneficiar das mesmas vantagens que os católicos e protestantes. Eu insistia para que fossem tratados como irmãos, uma vez que somos todos herdeiros do judaísmo."

Sem jamais ter renegado sua identidade judaica, Freud não imaginava um só instante que o retorno a uma terra prometida "real" pudesse trazer uma solução ao problema do antissemitismo europeu. Freud era um judeu de diáspora e não um judeu de território. Em 1930, intuiu que a questão da soberania sobre os Lugares Santos estaria um dia no centro de uma controvérsia insolúvel entre os três monoteísmos: "Não creio que a Palestina possa se tornar um Estado judeu, nem que o mundo cristão, como o mundo islâmico, possa um dia estar disposto a entregar seus Lugares Santos a judeus." Nesse aspecto, é a Philip Roth, em *Operação Shylock* (1993), que devemos a reflexão mais freudiana que há sobre a questão da Terra Prometida, território do impossível, paradigma infernal das errâncias de uma condição própria da identidade judaica sempre intangível.

Se a ideia de Terra Prometida está claramente presente na história da psicanálise, isso se deve ao fato de esta não se confundir com um território, e sim, muito mais, com uma memória, um sonho, uma fantasia: desejo de partir para o outro lado do espelho, desejo de explorar uma terra incógnita, desejo de estar lá fora porque "Eu é um outro", segundo a fórmula de Arthur Rimbaud.

Entretanto, a partir de 1933 os psicanalistas foram obrigados a deixar a Europa, uma vez que eram majoritariamente judeus. E, nesse aspecto, a Terra Prometida com que haviam sonhado transformou-se num verdadeiro território. Para a quase totalidade deles, foi o mundo anglófono: Londres, Nova York e todas as cidades norte-americanas. Max Eitingon e Moshe Wulff, contudo, se instalarão na Palestina, lançando as bases de uma futura associação psicanalítica israelense.

Oriundo de um meio católico da França profunda, Jacques Lacan também sonhou com uma "Terra Prometida". Não os territórios da psiquiatria ou da psicologia já amplamente investidos, mas o da filosofia, de um lado, depois do marxismo e, por fim, da Igreja católica, de outro.

Dentre os grandes intérpretes do freudismo, Lacan foi o único a levar em conta o pensamento filosófico, de que Freud se afastara para ancorar sua doutrina num modelo biológico. Com seu "retorno a Freud", que não passa de um sonho de "Terra Prometida", ele efetuou, em meados do século XX (1950-54), uma nova revolução simbólica, baseando-se nos trabalhos de Roman Jakobson e Claude Lévi-Strauss. Lacan afirmou que o inconsciente é "estruturado como uma linguagem" e elaborou um conceito de sujeito (determinado pelo significante) ausente da obra de Freud.

Além disso, consciente de que o Partido Comunista Francês estava em vias de desestalinização, teve a convicção de dever acolher a juventude militante nas fileiras do movimento psicanalítico. Em 1963, ajudado pelo filósofo marxista Louis Althusser, transmitiu seu ensino na École Normale Supérieure e formou alunos que impulsionaram seu retorno a Freud. Analogamente, partiu para a conquista da Igreja católica. Esta era então a terceira "Terra Prometida" investida por Lacan.

Em 2000 tive o privilégio, graças ao meu aluno Guido Liebermann, de ir pela primeira vez a Jerusalém. E foi com Schlomo Dunour, notável professor de história, que descobri a "Terra Prometida". Judeu polonês sionista e laico, exilara-se durante o entreguerras e conhecia cada lugar, cada construção, cada pedaço de terreno, cada nome, cada rua, cada pedaço de muro, cada habitante judeu ou árabe. Suas palavras restituíam vida àquele

Topeka 319

mundo soterrado da antiga Europa que vira nascer Freud e seus discípulos. E ele me contou como, incorporado no Exército britânico e exibindo a estrela de Davi em seu uniforme, participara em 1945 da libertação de um campo de extermínio, para grande espanto daqueles que, sobreviventes do inferno e carregando igualmente uma estrela, brasão do horror, haviam-no acolhido como um irmão.

E lá, 55 anos mais tarde, em meio a um povo que ele reconhecia como seu, embora sabendo que o que os unia era um trabalho incessante da memória, angustiava-se com o futuro daquela terra de Sião tornada sua única pátria. Emoção, nostalgia, esperança, humor: nunca conheci ninguém como ele, capaz de transmitir, em poucas horas e com infinita lucidez, a subjetividade trágica dos judeus europeus, dos judeus freudianos. Falava um francês admirável e, como Eli Wiesel, possuía a voz suave dos que tinham sabido conservar em suas entonações, e a par de um exílio doloroso, tanto o canto fúnebre característico do iídiche quanto a elegância aristocrática tão específica da língua polonesa. Minha "Terra Prometida" não era Jerusalém, mas Schlomo, que, por sinal, tinha o mesmo prenome de Freud.

"Jerusalém não se pertence, Jerusalém não é de Jerusalém, Jerusalém é uma cidade-mundo, uma cidade onde o mundo inteiro marca encontro, periodicamente, para se enfrentar" (Vincent Lemire, *Jérusalem, histoire d'une ville-monde*, 2016).

Ver: Antígona. Beirute. Bonaparte, Napoleão. Buenos Aires. Cidade do México. Cuernavaca. Espelho. Fantasia. Frankfurt. Hollywood. Humor. Jesuítas. Nova York. Paris. Psique/Psiquê. Rebeldes. Roma. Roth, Philip. Psicoterapia institucional. Psiquiatria. *Schibboleth*. *Segundo sexo, O*. Topeka. Viena. Washington. Worcester. Zurique.

Topeka
Homenagem aos ancestrais desaparecidos

Topeka é uma cidade do Kansas situada originariamente no território dos ameríndios shawnees. No período da guerra de Secessão, foi palco de combates sangrentos opondo os escravagistas aos antiescravagistas.

É lá que Karl Menninger funda, em 1926, o maior centro de formação psiquiátrico-psicanalítica do mundo, a Menninger Clinic, que se tornará lugar de passagem obrigatório de todos os terapeutas expulsos da Europa pelo nazismo. A vida inteira, Menninger militou por uma abordagem humanista da loucura e lutou em prol dos direitos das crianças e mulheres, de todos os oprimidos, independentemente da cor de sua pele. No tocante aos indígenas, explicava que os Estados Unidos eram culpados por um crime cuja responsabilidade deviam assumir, reparando o mal que haviam cometido em nome da civilização. Donde o interesse que demonstrava pela questão das diferenças culturais.

Durante os anos 1950, a Menninger School, associada ao Winter Hospital, tornou-se a "Meca da psiquiatria e da psicanálise", como dirá Henri Ellenberger, historiador e psiquiatra, que lá passou uma temporada. Lugar sintomático daquela "psicanálise americana" que Freud erradamente detestava, a clínica Menninger visava um ideal bastante alheio ao da psicanálise europeia. A todo tipo de pacientes – veteranos de guerra, nativos angustiados, doentes mentais etc. – misturavam-se psicanalistas vindos dos quatro cantos do mundo. Nesse lugar único em toda a história da psiquiatria, da medicina e da psicanálise, a prioridade era tratar o homem doente, adaptá-lo a seu meio ambiente, curá-lo, se possível, cuidando de seu corpo, de sua alma, de sua felicidade. Examinado sob todos os ângulos, radiografado, fotografado, gravado, submetido a intermináveis baterias de testes, o paciente devia ser a prova viva de que o saber médico conseguiu finalmente domar o inconsciente graças a uma tecnologia adequada.

Para minha grande lástima, nunca fui a Topeka e nunca mais poderei visitar a clínica de estilo gótico, que deixou de existir, mas cujos vestígios foram conservados graças a alguns documentos de arquivos. Foi substituída por um hospital psiquiátrico situado em Houston que, a despeito do uso do nome de Menninger, não tem mais nada a ver com "A Meca" dos anos 1950.

Foi em Topeka, em 1950, que Georges Devereux, psicanalista de origem húngara e grande admirador dos povos autóctones, em especial dos indígenas das planícies, criado, por sua vez, na encruzilhada de múltiplas

Topeka 321

culturas e sempre em busca de uma intangível identidade, ministrou um tratamento famoso a Jimmy Picard, então com trinta anos, veterano da Segunda Guerra Mundial e pertencente à tribo dos Pés Pretos (Blackfoot). Fez um relato minucioso desse tratamento num livro magnífico – *Psychothérapie d'un Indien des plaines* –, que prefaciei em 1998. Devereux ia na contramão do ideal adaptativo preconizado na clínica. Mesmo assim, recebeu o apoio de Menninger.

Alcoólatra, acometido de vertigens e cefaleias, Jimmy Picard, filho de um chefe guerreiro, morto quando ele tinha cinco anos, sofria de um problema ligado à sua condição de índio e de distúrbios psíquicos clássicos. Para tratar esse homem, Devereux acrescenta à técnica freudiana do tratamento uma abordagem dita "étnica" ou etnopsiquiátrica. Consciente da importância atribuída por Jimmy ao culto dos antigos, incentivou-o na relação transferencial a utilizá-lo como um "espírito guardião" e induziu-o a desviar suas pulsões assassinas para o círculo infinito dos gloriosos ancestrais, núcleo intocável do ideal do eu.

Quando Devereux morreu, em 1985, suas cinzas foram trasladadas, seguindo seu desejo, para o cemitério Mohave de Parker, no Colorado. Sua alma errante juntava-se assim à de seus queridos índios.

Em 2013, Arnaud Desplechin levou à tela a história dessa terapia. Embora inspirado por John Ford, realizou seu filme em ambiente fechado e como se num sonho, a fim de melhor reconstituir em estúdio o cenário da clínica desaparecida para sempre. Mas, sobretudo, fez de Devereux, representado por Matthieu Amalric, um personagem tão neurótico quanto seu paciente, interpretado por Benicio del Toro. Nesse encontro entre um judeu húngaro exilado no continente americano e esse índio das planícies às voltas com seus tormentos trava-se uma amizade que remete cada um deles a uma herança comum: a do extermínio de seus respectivos povos. Maneira de homenagear o espírito guardião do grande ancestral: Karl Menninger.

Ver: Bardamu, Ferdinand. Budapeste. Felicidade. Guerra. Hollywood. Loucura. Psicoterapia institucional. Psiquiatria. Rebeldes. Sonho. Terra Prometida. Último índio, O. Worcester. Zurique.

U

Último índio, O

A estrada de nosso futuro conduz ao passado

Em *A democracia na América* (1835), Alexis de Tocqueville compara os indígenas do Novo Mundo aos germanos da antiga hierarquia feudal, apegados aos valores viris de seus ancestrais e incapazes de se adaptar à nova sociedade industrial. Ao visitar diversas tribos dos Estados Unidos, ele compreende que a decadência das últimas grandes nações indígenas é tão inelutável quanto a da aristocracia francesa às vésperas da Revolução. Os indígenas americanos conheceram suas últimas horas de glória no fim do século XIX, antes de serem selvagemente massacrados e fuzilados alguns anos mais tarde, depois condenados a uma longa agonia antes de serem definitivamente insulados em reservas.

Foi quando o grande antropólogo Alfred Kroeber, nascido em 1876 e aluno de Franz Boas, criou na universidade de Berkeley um Departamento de Antropologia que serviria de modelo no mundo inteiro para todos os pesquisadores sociais dedicados ao estudo da vida e do pensamento dos povos autóctones e à coleta de vestígios de um passado soterrado.

Em 1911, Kroeber teve um encontro que iria abalar sua vida. Um dia, próximo a Oroville, um homem faminto saiu da montanha, após ter perdido seus familiares em decorrência de uma expedição assassina liderada por homens brancos. Era o último índio da América a ter vivido desde o nascimento (c.1865) sem qualquer contato com o mundo moderno. Abrigado na universidade de Berkeley, torna-se amigo de Kroeber e sua equipe e recebe o nome de Ishi. Ele trabalhou com o linguista Edward Sapir, que

Último índio, O   323

decifrou seu dialeto. Conservou sempre um olhar eivado de tristeza e recusou-se obstinadamente a tornar-se um índio dos tempos modernos.

Kroeber e sua equipe conduziram-no ao Chaparral, a fim de que ele reencontrasse seu meio de origem. Ishi tornou-se então mestre dos homens de ciência, que aprenderam com ele os hábitos e costumes dos antigos Yahi. Ensinou-lhes as propriedades das plantas medicinais e a arte de fabricar flechas e arpões. De volta a Berkeley, contraiu tuberculose. Kroeber estava então em viagem na Europa. Sabendo que o fim de Ishi se aproximava e temendo que seu corpo fosse entregue à autópsia, recomendou a seu assistente que respeitasse os ritos funerários yahi: o índio só devia abordar o reino dos mortos após ter sido integralmente cremado. Quando Kroeber soube que o corpo de Ishi fora desmembrado, em nome da ciência, e seu crânio conservado em museu, e não cremado, deixou de pronunciar o nome de seu querido índio. Passou por um grave episódio de melancolia e fez uma análise em Nova York com Gregory Stragnell, que se interessava profundamente pelos mitos e o folclore do Leste Europeu. De volta a São Francisco, o próprio Kroeber exerceu a psicanálise, tornando-se assim o primeiro freudiano da Costa Oeste.

Sempre me comovo com a história desse último índio, como me comovi na infância – e ainda hoje – com a figura hollywoodiana do índio guerreiro que continua a assombrar a memória da América. E sempre pensei que, se os estúdios da Costa Oeste haviam ressuscitado o passado das nações indígenas para melhor exorcizá-lo, a antropologia estava fadada, com os meios da ciência, a uma tarefa idêntica. Kroeber e muitos outros foram assim a consciência humanista de uma América assassina. Da mesma forma, a antropologia francesa contribuiu, por sua vez, a partir da Rede do Musée de l'Homme, abatida pelas balas dos nazistas, para reparar os crimes do colonialismo.

Quando olho a fotografia de Kroeber e Ishi, unidos na mesma pose, um usando barba e colarinho clássico, o outro com o rosto sem pelos e a gravata torta, penso que teria sido um prazer conhecer aquele que conhecera o último índio antes de ser o primeiro freudiano da Califórnia.

Ver: Bardamu, Ferdinand. Cidades brasileiras. Hamlet branco, Hamlet negro. Hollywood. Nova York. Psiquiatria. Topeka.

V

Viena
Welcome in Vienna

Ao contrário da burguesia francesa, que destruiu a ordem feudal instalando uma república após executar o rei, e da burguesia inglesa, que instaurou uma monarquia constitucional na esteira da condenação à morte de um soberano, a burguesia austríaca jamais conseguiu destruir a aristocracia dos Habsburgo: nem regicídio, nem integração. Por conseguinte, permaneceu enfeudada em seu penúltimo imperador, Francisco José – pai tutelar de um imenso império formado por minorias –, sem jamais conseguir monopolizar o poder. Incapaz de efetuar tal percurso, desistiu de pôr fim a uma realeza ultrapassada a fim de melhor conservar seu aparato. Aderiu ao liberalismo, mantendo o povo afastado da cena política.

Em Viena, capital de um imenso reino cuja agonia não cessava de atormentar os espíritos, até mesmo a valsa, símbolo da alegria imperial, transformara-se no fim do século XIX numa dança crepuscular, cuja grandeza Maurice Ravel celebrou em 1920 num magnífico poema sinfônico em homenagem a Johann Strauss: "Concebi essa obra como uma espécie de apoteose da valsa vienense, à qual se junta, em meu espírito, a impressão de um rodopio fantástico e fatal." Em Viena, cidade das espirais, das turbulências, das radicalidades e dos círculos infinitos, o sonhado assassinato do pai conduz perpetuamente à revalorização simbólica da figura decaída da paternidade: o Supereu freudiano.

Como aponta o historiador Carl Schorske, os contragolpes da progressiva desintegração do Império Austro-Húngaro fizeram dessa cidade

Viena

o lugar por excelência da cultura "a-histórica" do século XX. Os criadores modernos romperam os laços que ainda os uniam à tradição liberal na qual haviam sido educados por seus pais. À racionalidade opuseram o sentimento, e às normas sociais, a liberação dos instintos de vida e morte. À história promissora de um futuro radioso preferiram um alhures ancorado nos mitos, no sonho, na neurose, na desconstrução do eu, na atemporalidade (*Viena fim de século*, 1980; e *De Vienne e d'ailleurs*, 2000).

Oriundo de uma longa linhagem de comerciantes judeus vindos da Galícia, Freud morou em Viena durante 78 anos, de 1860 a 1938. Tinha quatro anos quando sua família se instalou em Leopoldstadt, subúrbio popular de Viena, habitado por judeus pobres, que às vezes ocupavam alojamentos insalubres. Como muitos vienenses, execrava aquela cidade, à qual era tão apegado que só a deixou quando sua vida e a dos seus viram-se ameaçadas pelos nazistas: "Faz cinquenta anos que estou aqui", disse a Jones um dia, "e nunca encontrei uma ideia nova."

Por mais inacreditável que seja tal declaração, ela denota, não obstante, o fato de Freud não se interessar nem pela arte moderna, nem pelos pintores da Secessão, nem pela arquitetura, nem pelos escritores vienenses dessa época fulgurante: Robert Musil ou Hugo von Hofmannsthal. Cultivava relações de amizade com Stefan Zweig e temia Arthur Schnitzler, que fizera carreira médica idêntica à sua antes de se tornar um escritor cujos romances, novelas e ensaios pareciam uma longa análise crítica da psique vienense. Não nos surpreende então que Freud o tenha agraciado, em 1912, com o título de "confrade" na exploração dos fenômenos sexuais. Freud via-o como seu duplo e fez de tudo para jamais encontrá-lo.

Esse mal-entendido entre Freud e a modernidade foi recorrente. Atesta isso, em 1921, a visita de André Breton à Berggasse. Nessa data, o poeta francês, grande admirador da revolução freudiana, regozijava-se com a ideia de encontrar o mestre vienense. Este o recebeu em seu horário de consultas da tarde e, ao fazê-lo esperar junto com seus pacientes, Breton viu-se então face a um velho sem traquejo, que não se interessava nem pelo surrealismo nem pelo movimento Dada, e que proferiu banalidades sobre a juventude. Decepcionado, Breton descreverá o "gabinete do dr.

Freud" como um lugar enxameado de "aparelhos de transformar coelhos em cartola e pelo determinismo azul do mata-borrão. Não me aborrece saber que o maior psicólogo destes tempos mora numa casa de aparência medíocre num bairro perdido de Viena" (*Les Pas perdus*, 1924).

Embora Freud não se sentisse atraído pela literatura moderna – a qual, não obstante, inspira-se amplamente em sua obra –, tinha paixão pelos clássicos: a Grécia antiga, o século XIX, Goethe, Shakespeare, Cervantes. Nesse sentido, como mostra Jacques Le Rider em *Modernidade vienense e crises de identidade* (1990), Freud era muito mais vienense do que ele próprio julgava. Com efeito, colocando no âmago de sua doutrina a questão do assassinato do pai, vinculava-se à história da burguesia judaica mercantil do Império Austro-Húngaro.

A partir de 1850, e durante três décadas, os judeus da Europa oriental afluíram a Viena. O imperador concedera-lhes o direito de negociar livremente. Desvencilhados das servidões da religião, também adotaram os ideais do liberalismo. Mais tarde, durante os anos 1873-90, com a crise econômica, da qual o pai de Freud, Jacob, foi vítima – e a escalada em poder de um antissemitismo cada vez mais violento à medida que os judeus urbanizados iam ficando invisíveis em virtude da assimilação –, uma virada se esboçou. Os filhos dos antigos negociantes, apoiados por suas famílias, desistiram do comércio para se tornarem escritores, jornalistas, médicos, músicos, cientistas. Esses judeus fizeram da Viena dos anos 1900 o cadinho de todas as angústias de uma classe patrícia impregnada da certeza de seu declínio. Convictos de estarem na vanguarda de um sonho ainda não realizado – o de uma Europa onde as nacionalidades se diluiriam –, iluminaram as facetas de sua identidade intangível. Daí a busca, em especial de Freud, de um futuro cuja realidade se projetasse no passado.

Em outras palavras, a psicanálise, revolução da subjetividade, foi inventada por judeus da Haskalá (movimento do Iluminismo judaico), no âmago de uma Mitteleuropa marcada pelo declínio dos Impérios Centrais e pelo surgimento das minorias nacionais. Em Viena, metaforicamente, tudo se passava como em Tebas (Édipo) e como no reino da Dinamarca (Hamlet). Para os primeiros freudianos, a psicanálise foi um messianismo

Viena 327

da fala individual, muito mais que um projeto coletivo de refundar a sociedade. Mudar o mundo com palavras brotadas do inferno de um exílio interior, mudar a vida fazendo surgir o inconsciente na consciência: o Isso freudiano.

Em 1891, Freud instalou-se com toda a sua família no número 19 da Berggasse, num amplo apartamento, e no ano seguinte alugou um segundo imóvel no rés do chão para lá montar seu consultório. Foi em seu domicílio que se reuniram os primeiros freudianos. Ao redor do "pai", formavam um cenáculo de iniciados, ao mesmo tempo vivendo num mundo dilacerado por conflitos familiares. Assim, começaram a praticar a psicanálise com pacientes neuróticos que se lhes assemelhavam.

Quando Freud deixou Viena, a caminho de Londres, em 1938, carregou consigo a história das origens da psicanálise. A residência onde vivera foi declarada *judenrein* (expurgada dos judeus): verdadeiro túmulo sem sepultura enfeitado com uma suástica. Quando o historiador Henri Ellenberger foi à Berggasse em 1958, com a esperança de lá afixar uma placa em memória de Freud, a dona do prédio lhe explicou: "É aqui, mas não tem nada para ver. Está tudo mudado. Não podemos mostrar nada." Com efeito, após a Segunda Guerra Mundial, o olvidamento de Freud em Viena foi tão grande que os guias turísticos nem sequer mencionavam seu nome: Viena recalcara não só a psicanálise como o nome de Freud.

Foi nesse contexto que, em 1955, Lacan foi convidado a pronunciar uma conferência na clínica neuropsiquiátrica de Viena: "A coisa freudiana ou o sentido do retorno a Freud em psicanálise". Não tinha o menor interesse pela Viena *fin-de-siècle* e, em 1965, qualificará essa cidade detestada de "porão mais baixo do mundo psicanalítico". A conferência permitia-lhe registrar o esquecimento de Freud nessa cidade, e também colocar-se como fundador de uma psicanálise moderna que revalorizaria o nome de Freud e o retorno à "literalidade" do texto freudiano e ao inconsciente (o Isso) contra as distorções de uma psicologia do Eu. Com efeito, Lacan opunha a Velha Europa, carregada de uma cultura dos mitos, ao Novo Mundo do além-mar, designado como "a-histórico" e acusado de ter extinguido os "princípios de uma doutrina", muito mais que "os estigmas de uma proveniência". Reatava, portanto, com o antiamericanismo de Freud para fazer de Paris a nova Viena da segunda metade do século XX.

Ao regressar, contou que, por ocasião de sua conferência, a tribuna onde estava começara a falar com ele, e que tivera muita dificuldade para retomar a palavra. Nesse episódio da tribuna falante, Lacan parecia homenagear sua juventude surrealista, a das mesas girantes e dos sonos artificiais, como se o seu grande apelo à renovação de um freudismo europeu, cuja origem histórica seriam Viena e a capital moderna, Paris, fosse enunciado para desfazer o mal-entendido que opusera Freud a André Breton.

Mesmo assim, a psicanálise conseguiu sobreviver em Viena imediatamente após a vitória dos Aliados, graças a três grandes aristocratas, que haviam recusado toda forma de colaboração com os nazistas: o conde Igor Caruso, o barão Alfred von Winterstein e o conde Wilhelm zu Solms-Rödelheim. Contudo, foi logo emulada pelas inúmeras escolas de psicoterapia, que obtiveram do Estado um reconhecimento oficial de seu status, o que levou as autoridades austríacas a verem a psicanálise como uma terapia entre outras.

Em 1971, o apartamento de Freud foi transformado num museu que não continha senão fotografias, alguns móveis da antiga sala de espera, um sobretudo, uma bengala e um chapéu. A associação psicanalítica vienense tinha sua sede no mesmo prédio. Mas jamais nenhum exilado de 1938 voltou para se instalar na cidade que assistira ao nascimento da psicanálise.

Fui diversas vezes a Viena para colóquios, comemorações ou encontros, e nunca deixei de ir à Berggasse, onde sempre tive uma acolhida calorosa. A ausência dos móveis, coleções, objetos e bibliotecas, tudo transportado para o museu de Londres, torna ainda mais comovente o museu de Viena, lugar de memória dos 47 anos da vida do homem Freud dedicados à ciência, à arte e à cultura.

Meu amigo August Ruhs, psiquiatra freudiano francófono, esteta lacaniano, principal representante do movimento psicanalítico vienense de minha geração, sempre me disse que a psicanálise freudiana sofria de uma "ferida narcísica" irreparável, ligada à sua destruição no momento do Anschluss. Ele sempre se diverte, evocando a famosa piada: "Qual é a característica do gênio vienense? É olhar Beethoven como um austríaco e Freud como um alemão." Sempre que o encontro, constato a que ponto ele também cultiva uma relação ambígua com Viena. Detesta a cidade imperial, à qual opõe a dos rebeldes à ordem imperial: Oskar Kokoschka, Alfred Kubin, Egon Schiele etc.

Assim como a Berggasse permanece um lugar vazio, desertado pela história e fadado ao abandono e ao trágico, existe uma "outra Viena", rebelde a toda tomada de consciência de seu passado. Ela foi soberbamente descrita por Axel Corti em *Welcome in Vienna* (1982-86), trilogia cinematográfica inspirada nas lembranças de George Stefan Troller e centrada na destruição da Áustria entre 1938 e 1944. Essa trilogia usa diversos elementos como pano de fundo: o massacre dos judeus durante a Noite dos Cristais, o exílio dos sobreviventes nos Estados Unidos, seu retorno a uma cidade em ruínas governada pelos vencedores. Rodado em preto e branco, o filme conta a epopeia de pessoas comuns – em especial dois adolescentes judeus, Freddy Wolff e Georges Adler – tragadas por uma tormenta que as priva de sua pátria de origem para todo o sempre.

Perseguidos pelos nazistas, estigmatizados além-mar, obrigados a se tornarem outros distintos do que eram e por fim incorporados ao Exército americano, eles retornam a Viena, esperando encontrar um verdadeiro *homeland*. Em vez disso, assistem a um novo desastre. Os vienenses só pensam em esquecer o passado e, pior ainda, reintegram, a golpes de mercado negro e corrupção, todos os antigos nazistas, a maioria agora aliada aos americanos, doravante preocupados com a luta contra os soviéticos. Comunista de primeira hora, Adler sonha construir uma sociedade nova, mas descobre então que os militantes stalinistas não lhe oferecem nada a não ser um destino de espião. Desesperado, colabora com os vienenses na ocultação do passado nazista da Áustria, enquanto seu amigo Freddy recusa qualquer comprometimento, ao preço de tornar-se um exilado perpétuo.

Viena nunca se recuperou de seu passado nazista e nunca nenhum membro da família Freud aceitou colaborar para um renascimento da psicanálise na Áustria: nem na edificação de uma nova Berggasse, nem na reconstrução do movimento freudiano. Quarenta e sete mil judeus vienenses foram deportados e assassinados entre 1938 e 1944, entre os quais quatro irmãs de Freud. Em 1945, Anton Freud, neto de Freud, e Harry, seu primo, ambos incorporados ao Exército americano, participaram da caçada aos nazistas austríacos, mas nenhum dos dois quis recuperar a nacionalidade austríaca.

No começo do século XXI, a Berggasse foi o teatro de diversos dramas. Em 2005, o museu Freud tornou-se uma fundação privada, da qual os psicanalistas vienenses foram excluídos. Três anos mais tarde, na esteira de controvérsias a respeito de um projeto de exposição sobre o exílio de Freud, uma historiadora, Lydia Marinelli, diretora científica, suicidou-se atirando-se de uma janela.

Está previsto que, em 2020, a Berggasse se adeque à legislação dos grandes museus europeus: acesso sem obstáculos, instalação de um elevador, vestiários, sanitários, restaurante, biblioteca digitalizada e, por que não?, um percurso pedagógico permitindo a inúmeros visitantes descobrir os lugares graças a imagens virtuais. Pergunto-me onde colocarão o sobretudo, a bengala e o chapéu de Freud.

Ver: Antígona. Bardamu, Ferdinand. Bonaparte, Napoleão. Buenos Aires. Cidades. Cidades brasileiras. Desejo. Divã. Édipo. Eros. Espelho. Família. Hamlet branco, Hamlet negro. Hitler, Adolf. Humor. Londres. Loucura. Nova York. Paris. Psique/Psiquê. Rebeldes. Roma. Roth, Philip. São Petersburgo. Terra Prometida.

W

W ou a Memória da infância
Escrever após Auschwitz

Sempre gostei muito de Georges Perec, que nunca me falou de sua análise, mas de Raymond Roussel, autor que eu escolhera estudar, em 1969, para minha tese em literatura, e de Franz Kafka, seu escritor fetiche. Nessa época, eram vários os escritores que afirmavam peremptoriamente, em nome de um sacrossanto engajamento de vanguarda, que a "verdadeira literatura" começava com Mallarmé e Joyce, que todos os escritores do século XIX – de Balzac a Tolstói, passando por Hugo e Dumas – não mereciam mais qualquer consideração e que nada era mais ridículo que as biografias, os romances históricos ou as autobiografias. Perec recusava esse tipo de querelas entre os antigos e os modernos, que pareciam renovar, em forma de farsa, uma eterna batalha de *Hernani*. Eu me sentia próxima dele e de seus gracejos sobre as vanguardas. Ele ia regularmente à livraria La Répetition, como vários oulipianos, os membros do grupo Ouvroir de Littérature Potentielle (OuLiPo), que seguiam Raymond Queneau: Harry Mathews, Jacques Roubaud, Italo Calvino etc. Morreu aos 45 anos de idade, sem conseguir escrever todos os livros que planejava escrever: "Estou com câncer, vou morrer. É isso."

Ao mesmo tempo etnólogo da língua, documentarista das palavras, romancista das coisas bizarras, historiador de uma história que se atribuía como norma a regra mais inesperada, Perec amava tanto a escrita que edificava sua obra como um lugar de memória reunindo não só todos os gêneros literários possíveis como passagens inteiras de textos hauridos nas obras dos outros escritores. A construção de um livro, portanto, não era senão a maneira incessantemente renovada de coletar em toda parte citações ora transcritas como tais, ora reconfiguradas. Procurava sempre não escrever duas vezes o mesmo livro, enquanto reescrevia sempre o mesmo, com a condição de que fosse, a cada vez, iluminado de uma nova maneira. Eis por que apreciava dicionários, listas, citações (verdadeiras ou falsas), catálogos, inventários de palavras, as coisas banais e o próprio princípio do tratamento psicanalítico: associação livre, tartamudeio desordenado, amontoamento de detalhes.

Perec fez três análises: a primeira com Françoise Dolto, aos onze anos, entre 1947 e 1948; a segunda, muito breve, dez anos mais tarde, com Michel de M'Uzan; a terceira, a mais longa, com Jean-Bertrand Pontalis, entre 1971 e 1975. Três psicanalistas franceses bem diferentes, todos eles famosos no meio freudiano.

E excelentes clínicos. Dolto sabia interpretar magistralmente desenhos de crianças, De M'Uzan fundava sua prática na exploração dos territórios arcaicos do inconsciente – ilhas perdidas no fundo do oceano – e Pontalis, brilhante esteta, considerava a si mesmo um escritor de narrativas. Administradas por três psicanalistas diferentes, as três análises de Perec desenrolaram-se em três idades de uma vida bem curta: infância, juventude, maturidade. Cada uma foi uma etapa do que viria a ser, após *As palavras*, de Sartre (1964), uma das maiores obras-primas da literatura autobiográfica francesa da segunda metade do século XX: *W ou a Memória da Infância* (1975).

Quando foi encaminhado a Dolto, o menino Perec apresentava alguns sinais de instabilidade escolar. Distraído e gazeteiro, perdia seus lápis. Dolto interpretou que "ele estava intimamente perdido". Desenhava "atletas de corpos rijos e fácies inumanas".

Aos vinte anos, melancólico e cogitando o suicídio, sente-se um "mau filho" e sonha ser escritor: "Ser Chateaubriand ou nada." Numa noite de bebedeira, retira da moldura uma fotografia de seu pai e tenta rabiscar no verso: "Há algo de podre no reino da Dinamarca." Decide não voltar a Dolto, e sim procurar De M'Uzan. As coisas correm bem, mas "Diabos,

W ou a Memória da infância

que salada no meu cérebro! Dou-me conta de que a maioria de meus pensamentos e processos mentais são completamente furados."

Em consequência dessa terapia, Perec visita pela primeira vez o túmulo do pai, sepultado na ala militar do cemitério de Nogent. Na cruz de madeira estão inscritas três palavras: Perec Icek Judko. "A impressão mais tenaz era a de uma cena que eu estava em vias de representar, de encenar para mim." Era de fato uma cena de Hamlet, que ele representava, encontrando assim o espectro de seu pai, engajado como voluntário e morto no front, em 1940.

No verão de 1970, Perec cogita escrever sua autobiografia, mas atravessa um novo período de instabilidade: "Não estou triste, é mais grave. Toco um limite, uma parede. Durante anos, vivi em abrigos capengas ... Ocasionalmente bêbado, desabafando, acuado o resto do tempo ..." Em setembro observa novamente um retrato do pai, convencido de sua semelhança com Kafka. Em abril de 1971, mostra a Harry Mathews duas marcas paralelas de cortes com navalha em seu braço esquerdo, sinal de uma tentativa de suicídio. Este o intima a procurar ajuda (David Bellos, *Georges Perec: une vie dans les mots*, 1994).

Perec começa então, com Pontalis, sua terceira etapa de análise. Coloca sua escrita a serviço do tratamento, anota seus sonhos, deambula por Paris. Uma queda de braço é travada entre os dois homens. O paciente não suporta o silêncio de seu analista, desconfia, não consegue distinguir verdade e mentira. Mas volta a temer uma falha da memória e transcreve compulsivamente acontecimentos banais. Redige sua "Tentativa de inventário dos alimentos líquidos e sólidos que ingeri durante o ano de 1974". No fim da análise, Pontalis relata o caso, atribuindo a Perec o nome de Stéphane. Desconfia dos sonhos desse paciente, madrugador, que dilui suas angústias nas palavras e se dedica a jogos de escrita.

O medo de esquecer leva Perec, entre 1970 a 1974, a finalmente escrever sua autobiografia, reunindo duas narrativas que se entrelaçam, ambas redigidas na primeira pessoa. A primeira, composta em itálico, é uma ficção aterradora, que conta a história de um desertor alemão, Gaspard Winckler, que usou documentos falsos. Em consequência de uma carta e de um encontro com um estranho "doutor" – Otto Apfelstahl, terapeuta de náufragos, saído diretamente da saga freudiana –, ele fica sabendo que aquele cuja identidade usurpa é, na realidade, surdo-mudo, órfão e desaparecido no mar. Otto pede ao falso Gaspard que o ajude a encontrar esse duplo de si mesmo privado de fala, palavra e escuta.

A segunda parte dessa primeira narrativa em itálico é redigida na terceira pessoa. Relata a história de uma ilha, W, situada na Terra do Fogo e inteiramente dedicada ao esporte e ao culto de uma espécie de virilidade ariana. Contudo, em vez de uma cidade ideal, essa ilha da utopia não passa, na realidade, de um imenso campo de extermínio. Os famosos "atletas de corpos rijos e fácies inumanas" desenhados por ocasião da análise com Dolto não são outra coisa senão, na narrativa, deportados forçados pelos SS a correr, dias a fio, até a morte.

A segunda narrativa, em caracteres normais, é uma verdadeira autobiografia, na qual Perec evoca a história recalcada de sua infância: "Não tenho recordações de infância. Até mais ou menos os doze anos de idade, minha história cabe em poucas linhas: perdi meu pai aos quatro anos, minha mãe aos seis; passei a guerra em diversos internatos de Villar-de-Lans. Em 1945, a irmã do meu pai e seu marido me adotaram ... 'Não tenho recordações de infância': eu fazia essa afirmação com segurança, quase com uma espécie de desafio. Não havia o que me interrogar sobre essa questão. Ela não fazia parte do meu programa. Eu estava dispensado dela: uma outra história, a Grande, a História com seu agá maiúsculo, respondera em meu lugar: a guerra, os campos de extermínio."

Entremeando essa segunda narrativa, inserem-se, em negrito, dois textos redigidos quinze anos antes, na sequência da breve análise com De M'Uzan, e que se assemelham à reconstituição de um romance familiar. Neles vemos surgir, de um lado, o retrato e o túmulo do pai – Jehudi Isaac Perets, rebatizado Icek Judko Perec –, de outro, a história da vida da mãe, Cyrla Schulevitz, antes de sua deportação. Três frases resumem essa rememoração: "Eu imaginava várias mortes gloriosas para o meu pai ... Não vejo minha mãe envelhecer ... Ela visitou a terra natal antes de morrer. Morreu sem ter compreendido."

W ou a Memória da infância

Na parte final do livro, as duas narrativas se juntam: "Esqueci as razões que, aos doze anos, me fizeram escolher a Terra do Fogo para instalar W: os fascistas de Pinochet se encarregaram de dar à minha fantasia uma última ressonância – várias pequenas ilhas da Terra do Fogo são hoje campos de deportação." Acrescento que Perec nunca se refere ao judaísmo, mas sempre a uma judeidade sem outra Terra Prometida a não ser a da literatura e da psicanálise. Como inúmeros filhos de imigrantes, ele elegera domicílio na língua, sua única pátria.

Nem autoanálise, nem autoficção, nem romance, nem memórias, esse livro é único nos anais da literatura e nunca li nada parecido. Nenhum autor, que eu saiba, conseguiu a tal ponto misturar num único texto diversos relatos: o relato dissimulado de um tratamento analítico que permitiu seu surgimento; o do extermínio dos judeus, que ameaça sempre retornar sob outras formas (a ditadura chilena); o da reconstrução de uma genealogia familiar; por fim, o de um narrador, por sua vez surdo e mudo, que consegue finalmente escrever a história de seus pais, judeus poloneses, a qual não podia se expressar. Resgatado da Shoah, da qual só conheceu os efeitos, assombrado pela morte, o suicídio e o desaparecimento das letras, das palavras e das identidades, Perec realiza a façanha de renovar todos os desafios da autobiografia clássica e transformar a psicanálise numa ficção, afirmando que nenhuma literatura poderia prescindir de um retorno à existência muda de uma memória apagada: "O que escrever após Auschwitz?" Perec dá uma resposta a esta pergunta: construir uma obra que confie nos poderes da língua e que, no mesmo movimento, saiba fazer advir a destruição e a reconstrução" (Claude Burgelin, "'W ou le Souvenir d'enfance' de Georges Perec", *Les Temps Modernes*, 1975).

Num opúsculo de 2012, Pontalis presta uma homenagem póstuma a seu antigo paciente, parodiando *Je me souviens* (1978) ao longo de todo um inventário perequiano – *Avant* – no qual zombava dos nostálgicos do "antes era melhor" e do qual, suprema ironia, ele mesmo fazia parte: "Era melhor 'quando a palavra «Revolução» portava esperança' ou 'quando Lacan ... ainda não fabricara lacanianos' ou ainda 'quando Sartre não era famoso' e 'quando eu ia dançar no Bal Nègre, à rua Blomet'."

Maneira de perpetuar a arte das grandes listas caras a esse escritor que via a psicanálise como uma sequência necessária de uma vida modo de usar.

Ver: Apócrifos & boatos. Autoanálise. Bardamu, Ferdinand. Cidades brasileiras. *Consciência de Zeno, A*. Berlim. Buenos Aires. Descartes, René. Divã. Édipo. Família. Göttingen. Guerra. Hamlet branco, Hamlet negro. Hitler, Adolf. Humor. Infância. Leonardo da Vinci. Livros. Paris. Resistência. Romance familiar. Roth, Philip. Sonho.

Washington
Lacrar os arquivos é delegar o poder ao inimigo

Tão célebre quanto o Salão Oval ou a águia-de-cabeça-branca, figura emblemática do poder imperial norte-americano, a Biblioteca do Congresso de Washington (Library of Congress, LoC) é um dos centros do poder que o arquivo pode exercer sobre a história de uma doutrina, seus profissionais, pesquisadores e representantes.

É lá que estão depositados os arquivos de Freud (cartas e manuscritos), bem como os de grande parte dos psicanalistas dispersos por inúmeros países após a Segunda Guerra Mundial. Imenso reservatório de saber, os Sigmund Freud Archives (SFA) foram criados por um psicanalista vienense, Kurt Eissler, exilado em Nova York, que passou a vida coletando documentos e realizando entrevistas com todas as testemunhas da vida de Freud. Ao longo de anos, organizou e classificou toda a memória de um mundo soterrado, do qual conhecera apenas os últimos momentos. Por muito tempo, recusou aos historiadores profissionais acesso a esse fabuloso acervo e, durante os anos 1980, esteve na origem de uma incrível querela, muito falada, que teve como consequência deflagrar uma batalha memorável entre os historiadores que desejavam ter acesso aos arquivos e, em especial, os antifreudianos (ou *Freud-bashing*). Participei dessa batalha historiográfica, mais violenta do que as travadas pelos grupelhos psicanalíticos. Eissler errou ao acreditar que, censurando arquivos, favorecia a pesquisa mais séria. Isso é falso e, nesse aspecto, os maiores inimigos da

Washington

psicanálise permitem a seus historiadores progredirem. A paz não voltará nunca mais. E tanto melhor assim.

Graças a Eissler, todos os pesquisadores do começo do século XXI podem agora acessar a quase totalidade do "tesouro", milhares de documentos: depoimentos, fotografias, telegramas etc. Nada mais emocionante do que trabalhar na sala silenciosa da seção de Manuscritos, a qual só acessamos após passarmos por uma revista e deixarmos na entrada tudo que possa prejudicar sua conservação. Como nos vestiários dos ginásios esportivos, cada pesquisador tem direito a um armário com chave: ali, ele guarda seus documentos de identidade, seu material de escrita e agasalhos. Só notebooks e tablets são autorizados na sala de leitura. Ainda assim, é preciso que passem por um scanner. Nem tabaco nem bebida alcoólica são tolerados. Nem comida, nem bebida, nem conversa em voz alta, nem manifestação de qualquer emoção. Os banheiros ficam no andar superior.

Em 2014, auxiliada pelo meu assistente Anthony Ballenato, pude consultar, sem qualquer tipo de censura, uma parte dos arquivos cuidadosamente selecionados por Eissler, e fiz anotações a lápis em papéis pautados fornecidos pela administração, como se faz em todos os acervos desse tipo; constituí assim um arquivo que se acha agora protegido por um envelope amarelo no qual figura o logo da LoC. Não pude resistir ao prazer de registrar minha passagem, fotografando não só documentos como carrinhos repletos de caixas de papelão bege, anotadas, inventariadas e transportadas por guardas vigilantes. A pedido da responsável pela seção, fiz dedicatórias em meus próprios livros. Que prazer senti ao capturar instantâneos de todos os que estavam presentes naquele lugar mágico! Anton Kris, em especial, filho de Ernst Kris, historiador da arte, discípulo vienense de Freud, foi me prestigiar e falou de suas recordações de infância. Como eu, é um filho da psicanálise, herdeiro de sua história. Conhecia minha mãe.

Quando tocamos nos arquivos, mergulhamos por alguns minutos na intimidade de um relato feito de vidas minúsculas, testemunhos anônimos e sempre surpreendentes. Palavras inesperadas, caligrafias diversas, tintas diferentes, conversas datilografadas em velhas máquinas, estilos múltiplos, sofrimentos de longo curso, em suma, essa biblioteca única no mundo encerra um corpus sem o qual nenhum historiador poderia imergir numa temporalidade infinita a obra e a vida de um homem, de sua família e de seus discípulos.

Jacques Derrida gostava de evocar "a relação trágica e inquieta" que todos podem cultivar com o arquivo, ou melhor, com o espectro do arquivo absoluto, com essa ideia louca de que seria possível arquivar tudo. Em todo historiador, em toda pessoa apaixonada pelo arquivo, existe uma espécie de culto narcísico do arquivo, uma captação especular da narração histórica pelo arquivo, e temos de nos violentar para não ceder a isso. De minha parte, não me canso de dizer que, se tudo é arquivado, se tudo é vigiado, anotado, julgado, o historiador como criação não é mais possível. Ele é então substituído pelo arquivo doravante saber absoluto, espelho de si. Mas se nada é arquivado, se tudo é apagado ou destruído, a história tende para a fantasia ou o delírio, para a soberania delirante do Eu, isto é, para um arquivo reinventado que funciona como um dogma.

Nesse aspecto, a Biblioteca do Congresso de Washington satisfaz a todas as fantasias daquele que deseja "tocar o arquivo". Podemos nos afogar nela se não soubermos percorrê-la, mas ela permanece um lugar incontornável para quem busca decifrar o universo enigmático da psicanálise.

Ver: Amor. Apócrifos & boatos. Desconstrução. Desejo. Fantasia. Livros. Narciso. Nova York. *Schibboleth*. Viena. Worcester.

Wolinski, Georges
Mulheres num divã

Pouco tempo antes de ser assassinado, Georges Wolinski me presenteou com um magnífico desenho intitulado *Psychanalisés, lisez Charlie Hebdo* [Psicanalisados, leiam o *Charlie Hebdo*]. Nele vemos uma mulher horrível sentada numa cadeira, a boca munida de uma espécie de pênis entre os dentes: uma cabeça de medusa, uma vagina dentada. Enquanto toma notas, ela se dirige rispidamente ao seu paciente, que está às gargalhadas, deitado num divã e lendo o *Charlie Hebdo*: "Pare de rir feito um idiota e me fale de sua infância", diz.

Sempre adorei os desenhos de Wolinski e, a seu pedido, tinha escrito um perfil dele para o catálogo da exposição que a Biblioteca Nacional da França lhe dedicara em 2012. Ele tinha em comum com Reiser, outro caricaturista genial, a mesma aversão à burrice, e quando a detectava num psicanalista ficava ainda mais feroz, na medida em que tinha uma verdadeira paixão pelo amor e pelo sexo e era dotado de um humor insolente. Como Lacan, tinha horror à "estupidez". Assim, inventara a história do rei dos estúpidos, com sua cara de asno coroado e seu narigão em forma de pau mole, todo peludo e introduzido em tudo que é buraco, principalmente na boca das mulheres, que não se pareciam em nada com a horrível psicanalista berrando com seu paciente.

Falou-se muito que Wolinski era um "machão mediterrâneo", judeuzinho tunisiano viciado em mulheres, obcecado pelas mulheres, adito em mulheres. De fato, ele não se cansou de desenhá-las, megeras, desgrenhadas, vestindo anáguas ou calcinhas, às vezes monstruosas em sua avidez, ou vigaristas, com suas mímicas dementes ou seu sorriso carnívoro. E, sem dúvida, é em seu autorretrato mais engraçado e irônico (*Georges entouré des femmes nues*) que ele desvela o que sonhou ser. Diríamos Ingres revisto e corrigido por Buster Keaton. Com seus olhos arregalados e seu charuto, gravata-borboleta e smoking preto estilo anos 1950, ele reina qual uma criança mimada plantado no meio de quinze massagistas frenéticas, orgulhosamente sentado no sofá de um bordel, espécie de divã freudiano em forma de vagina carnuda. Esse desenho é o espelho invertido do outro, e eu o incluiria de bom grado no verbete "Divã" deste *Dicionário amoroso*. Trata-se, com efeito, de uma celebração de todas as fantasias suscitadas pela própria existência desse objeto mágico: entre o sofá do sultão, o *Diwan* de Goethe e *The Couch* de Andy Warhol.

Em geral o "Eles só pensam naquilo" é atribuído aos homens. Ora, Wolinski derruba a proposição, como aliás inverte todos os clichês ligados à sexualidade, mostrando mulheres acariciando homens aterrorizados que não sabem mais o que fazer de tanto serem invadidos. Assim, consegue ridicularizar o puritanismo das feministas sem jamais cair na vulgaridade dos reacionários que negam a existência dos aspectos mais sombrios da dominação masculina. Pois, com suas inversões, Georges jamais se esquece de prestar homenagem a *todas* as mulheres: bonitas, jovens, feias, velhas, loucas. Todas as idades da vida e todos os territórios do feminino estão presentes em seus desenhos, que poderiam ilustrar obras eruditas sobre a história das práticas sexuais na sociedade francesa moderna. Felações, *cunnilingus*, sodomia, múltiplas posições: tudo envolvido por um halo de romantismo alegre que não deixa de lembrar que a pulsão sexual remete o ser humano à angústia de sua morte iminente. Eis a ética materialista de Wolinski, quando faz dialogar uma mulher e um homem: "Todas as religiões estão mancomunadas contra *as mulheres*", diz a primeira. "Eu só tenho uma religião: *A Mulher*", responde o segundo. Está tudo dito.

Mas nada é mais vibrante em Wolinski do que seu humor, oriundo tanto de sua experiência trágica da vida – o pai assassinado diante de seus olhos, a mãe às voltas com problemas de saúde, a primeira mulher morta num acidente de carro – quanto de sua concepção da virtude conjugal, um humor judaico de tirar o fôlego, já que um dia ele ousou dizer: "Quero ser cremado. Eu disse à minha mulher: jogue as cinzas na latrina, assim verei sua bunda todos os dias."

Ver: Amor. Angústia. Bonaparte, Napoleão. Desejo. Divã. Eros. Espelho. Fantasia. Humor. Injúrias, exageros & calúnias. Mulheres. *Origem do mundo, A*. Princesa selvagem. Psique/Psiquê. Romance familiar. Roth, Philip. *Segundo sexo, O*. Sexo, gênero & transgêneros.

Worcester

Um incrível devaneio

Worcester é o nome de uma cidade do estado de Massachusetts situada a cerca de sessenta quilômetros de Boston. Fundada por autóctones ameríndios, foi em seguida colonizada pelos ingleses.

Foi a Clark University de Worcester, fundada em 1887, que, por intermédio de Granville Stanley Hall, convidou Freud e Jung (acompanhados de Ferenczi) para pronunciar algumas conferências lá, em 1909. Freud pronunciou as suas em alemão, por cinco vezes e sem qualquer anotação, diante de uma plateia em que figuravam todas as sumidades americanas da psicologia e da antropologia. Elas o transformaram num herói do Novo Mundo. Ernest Jones e Abraham Arden Brill (seu discípulo americano) participaram desse acontecimento. Na foto de grupo, realizada por ocasião da cerimônia de entrega do título de doutor *honoris causa*, não há nenhuma mulher presente. No entanto, foi Emma Goldman, a célebre anarquista, que fez o comentário mais vívido e feroz sobre essa visita. Quase foi expulsa da sala.

Em poucos anos, a psicanálise impôs-se nos Estados Unidos como um novo ideal da felicidade, suscetível de fornecer uma solução para a moral sexual da sociedade liberal. O homem, dizia, não está condenado ao inferno da neurose, ele pode se curar. No entanto, não era esta a mensagem de Freud, que, embora clínico, não reduzia sua doutrina a um método terapêutico. Ele estava convencido de que, quando os americanos descobrissem a importância que ele dava à sexualidade, abandonariam a psicanálise. Estava enganado.

No fim do século XX, os oponentes da psicanálise puseram-se a refutar o tratamento freudiano não em razão da importância dada à sexualidade, mas devido à sua "ineficácia terapêutica". Preferiram terapias biológicas, farmacológicas ou cognitivas, fundadas numa concepção experimental do homem, as quais tampouco se mostraram eficazes. A psicanálise nunca salva uma vida, ela não cura o homem da condição humana, mas salva existências, da mesma forma que outras terapias. Com a condição, todavia, de que o sujeito aceite, pelo menos conscientemente, a validade do tratamento que empreende.

Em Worcester lembramo-nos, contudo, desse acontecimento. Por ocasião do 75º aniversário da visita de Freud e Jung, William Koelsch retoma a expressão "incrível devaneio", usada por Freud em referência a essa viagem americana: "Um devaneio às vezes torna-se realidade, e o que a Clark University tornou possível para Freud e para Jung em 1909 vale, seguramente, para esse 75º aniversário lançar um olhar para trás. Ressalto que, como em 1899 e em 1909, um lanche será servido na Biblioteca. Os senhores e senhoras encontrarão, na Sala Wilson de Livros Raros, uma pequena e seleta exposição: manuscritos, edições originais, fotografias e *memorabilia*, reportando-se à vinda de Freud e Jung. Algumas dessas peças nunca foram mostradas ao público antes. Recomendo portanto vivamente que visitem essa sala e, no andar superior, a Sala de Exposições da Biblioteca Principal. Lá, descobrirão documentos que convém examinar com atenção."

Em Worcester, como em Washington e como no conjunto do mundo anglófono, Freud tornou-se um suntuoso objeto museológico, o que desagrada sobremaneira os psicanalistas, em especial os franceses, que não gostam nada de ver assim exposta a história de sua doutrina, da qual se sentem expropriados pelos historiadores, professores universitários e curadores de museu.

Ver: Cronenberg, David. Hollywood. Livros. Londres. Nova York. Orgonon. Resistência. São Petersburgo. Viena. Washington. Zurique.

Z

Zurique

Contornar um barco que dá a volta num lago

Nunca é demais repetir que Zurique, berço do protestantismo, do movimento Dada e cidade de exílio para tantos refugiados políticos, foi também, desde o início do século XX, o centro nevrálgico da implantação da psicanálise no campo da medicina mental. As paisagens alpinas, as florestas, o lago, a ética local dessa parte suntuosa da Suíça alemã ofereciam aos doentes da alma uma acolhida, um repouso, uma tranquilidade e uma vida coletiva que os afastavam das opressões do mundo urbano. Se por um lado a prática da psicanálise vai de par com uma exploração solitária da subjetividade, por outro supõe um trabalho coletivo que só pode se desenrolar serenamente num lugar apropriado – clínica ou sanatório –, onde os cuidadores convivem, como num mosteiro, com pacientes inteiramente sob sua responsabilidade, às vezes por semanas ou meses a fio.

Há muito a população camponesa do Cantão tomara consciência de sua força como classe social e obtivera o direito de acesso aos estudos universitários. Foi nesse contexto que o saber psiquiátrico ganhou impulso com a prestigiosa clínica do Burghölzli, situada sobre a colina arborizada do bairro de Riesbach e cujos primeiros diretores eram alienistas alemães que, diziam, passavam mais tempo com seus microscópios do que com seus pacientes. Os arquitetos haviam tomado o cuidado de construir o prédio com os fundos dando para o lago, a fim de evitar que os internos propensos ao suicídio vissem a água.

Contra essa tradição dos médicos alemães, julgada cientificista e positivista, Auguste Forel, filantropo e fundador de uma instituição de combate ao alcoolismo, preconizou, a partir de 1879, uma abordagem dita dinâmica da loucura, centrada na escuta do sofrimento do paciente, muito mais do que na classificação dos sintomas. Quando seu aluno Eugen Bleuler lhe sucedeu em 1898, adotou, por sua vez, uma abordagem dinâmica fundada na decifração da linguagem dos pacientes e na compreensão de seu delírio. Em outros termos, como Freud, e na mesma época, ele rejeitava as concepções normativas da loucura, que não se preocupavam em melhorar a sorte dos alienados.

Compreende-se então por que o método psicanalítico foi recebido com entusiasmo pelos jovens psiquiatras que foram desfrutar dos ensinamentos de Bleuler no interior daquela magnífica cidadela, que em poucos anos se tornou a Terra Prometida do freudismo. Estupefato, Freud alegrou-se com a anexação dessa nova Terra Prometida e, em 1907, constatou que a maioria de seus alunos e pacientes chegava a ele via Zurique. Quanto a Bleuler, estava enfeitiçado pela inteligência do mestre vienense, ao mesmo tempo permanecendo reservado quanto à extensão da teoria sexual e à capacidade de Freud de tratar psicóticos.

A epopeia do dinamismo freudiano-bleuleriano durou décadas e a fortaleza do Burghölzli tornou-se o símbolo de um encontro bem-sucedido entre a psicanálise e a psiquiatria asilar, da mesma forma, aliás, que a clínica de Topeka, no Kansas. De Karl Abraham a Jacques Lacan, passando por Adolf Meyer, inúmeros clínicos, vindos de todas as partes do mundo, dirigiram-se sucessivamente a Zurique para completar sua formação psiquiátrica. Em 1972, Paul Parin, cirurgião, neurologista e etnólogo de origem eslovena, ex-membro dos resistentes iugoslavos, passou uma temporada lá, após criar em Zurique, com a esposa e alguns amigos, um Seminário de psicanálise que se tornará célebre por sua orientação culturalista e heterodoxa.

É em 1900 que Carl Gustav Jung assume suas funções no Burghölzli. Lá, cruzou com Sabina Spielrein e Otto Gross e instaurou uma relação triangular com Freud e Bleuler, ao mesmo tempo desenvolvendo suas

Zurique   345

próprias abordagens clínicas, bastante diferentes das deles. Dotado de uma inteligência arguta e um real talento clínico, atraído pelo espiritismo, os fenômenos ocultos e os estados alterados da consciência, cujo impacto ele conhecia através das histórias de fantasmas contada pelos membros de sua família materna, não podia em hipótese alguma permanecer discípulo de um mestre racionalista que pretendia transformá-lo em seu herdeiro. Almejava tão somente, portanto, fundar a própria escola.

Alguns anos mais tarde, Jung deixou a clínica e se separou de Freud em meio a dor e violência, sem nunca abandonar o lago, em cujas margens construiu, em Küsnacht, uma casa conforme seus anseios. No frontão da porta, gravou um adágio de Erasmo: *"Vocatus atque non vocatus, Deus aderit"* ("Chamado ou não chamado, Deus está presente"). Jung descobrira esse texto durante sua juventude, quando, num estado alterado, julgou ver Deus defecar sobre a catedral da Basileia. Desde esse dia, convenceu-se de que o verdadeiro começo da sabedoria residia no temor e no respeito a Deus.

Morou a vida inteira em Küsnacht, cercado por sua mulher, que será seu principal discípulo, seus filhos, que ignoravam tudo acerca da sexualidade, seus cachorros não castrados e seus alunos, entre os quais suas amantes. Tornou-se o fundador de uma escola de psicoterapia que teve adeptos no mundo inteiro: "O cômodo mais bonito e espaçoso do andar era a biblioteca, onde Jung recebia a maioria de seus pacientes", escreve Deirdre Bair, biógrafa de Jung. "Várias portas-janelas davam para o lago, com sofás e poltronas confortáveis, de maneira que os pacientes podiam escolher se contemplavam ou não a vista."

Ver ou não ver o lago? Eis a questão.

A casa de Küsnacht não bastava a Jung. Eis por que adquiriu outra residência, dominada por uma torre e situada às margens do lago, em Bolligen. Ia até lá de barco e passava horas no local, dedicando-se à meditação e à escultura, mirando a parede para nela ver surgirem curiosos personagens: gnomos, diabinhos, *korrigans*. Cobria as paredes com inscrições e, em 1935, para proteger-se dos curiosos e adeptos que queriam encontrá-lo, mandou construir um muro ao redor da torre. As diversas reformas nesse local à beira d'água coincidiram com os anos de viagem durante os quais, célebre no mundo inteiro, ele passava tanto tempo no estrangeiro quanto em seu país.

Zurique, portanto, é, acima de tudo, por seu lago, uma cidade junguiana. Ao longo dos anos, as duas casas de Jung transformaram-se em lugares de memória tão frequentados quanto os dois Freud Museum, o de Viena e o de Londres.

Já a célebre clínica chama-se agora Clínica Psiquiátrica Universitária de Zurique. Lá são recebidos pacientes acometidos de todas as patologias modernas – burn-out, depressão, estados-limite, distúrbios sexuais, bipolaridade etc. –, para as quais são oferecidas múltiplas terapias: tranquilizantes, terapias familiares e comportamentais, coaching, Gestalt-terapia (terapia de grupo), acompanhamento, passeios de motocicleta ou bicicleta ao redor do lago, excursões.

Mas Zurique também é uma cidade freudiana, como atesta, no começo do século XX, a presença do pastor Oskar Pfister, nascido no subúrbio de Wiedikon, em 1873. Não era psiquiatra e não apreciava as idolatrias junguianas. Passou a vida defendendo a análise leiga (praticada por não médicos) e lutando tanto contra as velharias da teologia abstrata como contra os freudianos ortodoxos, que o criticavam por ser um "homem de Deus". Freudiano para os junguianos, junguiano para os freudianos ortodoxos, Pfister ministrava terapias breves, o que desagradava aos freudianos de Genebra.

Discutiu ferrenhamente com Freud para lhe demonstrar que, longe de ser uma neurose, a verdadeira fé, distinta da religiosidade, podia ser uma proteção contra a neurose: "Em si, a psicanálise não é mais religiosa do que irreligiosa", disse-lhe Freud em 1927, "ela é um instrumento apartidário que religiosos e leigos podem usar, contanto que seja a serviço da libertação das criaturas que sofrem."

Freud adorava Pfister. É a Pfister que devemos a visão do abutre dissimulado nas pregas azuis da túnica da madona de Leonardo da Vinci. Gostava tanto das recordações de infância que, num dia de 1923, pediu a seu amigo Albert Schweitzer que se deitasse em seu divã e lhe contasse livremente o que lhe passava pela cabeça. Pfister anotou escrupulosamente

Zurique

as declarações do médico e remeteu-as para ele, o que lhe permitiu redigir uma autobiografia (1924-31).

Schweitzer evocava o duradouro efeito produzido sobre ele pela contemplação recorrente, em Colmar, da "figura hercúlea" de um "negro de semblante triste e meditativo", esculpida ao pé de uma estátua de autoria de Auguste Bartholdi, recordação que não deixava de ter relação com sua opção de ir para a África e lá amenizar os sofrimentos dos nativos, a fim de expiar os crimes da colonização. Mas sua primeiríssima lembrança era do diabo, cujo rosto hirsuto lhe aparecia todos os domingos na igreja, no topo do órgão. Visível enquanto duravam os cânticos, fugia assim que o pai de Albert começava a pregação. Alguns anos mais tarde, Schweitzer compreendeu que o rosto barbudo era o do organista, que ficava de costas para ele mas cujo reflexo ele via num espelho afixado no órgão.

Pena que Pfister não tenha conseguido escrever a biografia de seu amigo; e pena que Lacan não tivesse conhecimento dessa recordação quando pronunciou em Zurique sua conferência sobre o estádio do espelho.

Ver: Apócrifos & boatos. Cidades. Cronenberg, David. Cuernavaca. Espelho. Hollywood. Jesuítas. Leonardo da Vinci. Livros. Londres. Loucura. Nova York. Orgonon. Psiquiatria. Psiquiatria dinâmica. Rebeldes. Salpêtrière. São Petersburgo. Terra Prometida. Topeka. Viena. Washington. Worcester.

Índice onomástico

Abe, Sada, 119
Aberastury, Arminda, 61, 178
Abetz, Otto, 246
Abraão, 53, 174
Abraham, Karl, 47, 55-6, 209, 304, 344
Adelaide (filha de Luís XV), 108
Adler, Alfred, 49, 130-1, 304
Adler, Georges (*Welcome in Vienna*), 329
Adorno, Gretel, 125, 127
Adorno, Theodor W., 124-8, 172, 312-3
Agostinho, santo, 96
Aimée *ver* Anzieu, Marguerite
Albertine (*Em busca do tempo perdido*), 19
Alceste, 168
Alexander Portnoy (*O complexo de Portnoy*), 286-8, 289
Alexander, Franz, 53, 55
Alice (Lidell) (*Alice no País das Maravilhas*), 113-4
Alice da Grécia, 257
Alighieri, Dante, 96
Allen, Woody (*n*. Stewart Konigsberg), 231
Althotas (*Memórias de um médico*), 154
Althusser, Hélène, 314
Althusser, Louis, 14, 50, 148, 235, 312-4, 318
Alvare (*O diabo apaixonado*), 71-2
Amalric, Matthieu, 321
Amílcar, 315n
Ana da Inglaterra (rainha), 285
Andrade, Oswald de, 78
Andreas, Friedrich Carl, 131, 134
Andreas-Salomé, Lou, 14, 131, 132-4, 227, 256, 274
Aníbal, 52 281
Anna Karenina, 14
Anselmo, santo, 215
Antígona, 30, 31-3, 106, 147
Anzieu, Didier, 218
Anzieu, Marguerite (caso Aimée), 17, 217-8

Apfelstahl, Otto (*W ou a Memória da infância*), 334
Apolo, 105
Appelfeld, Aharon, 288
Apuleio, 25, 262-3, 264
Aragon, Louis, 12, 206, 292
Aramis (*Os três mosqueteiros*), 194
Arasse, Daniel, 195
Ariès, Philippe, 38
Aristófanes, 109
Aristóteles, 310
Arpad ("Um pequeno homem-galo"), 25-6
Artaud, Antonin, 213, 246
Arthur Hastings (amigo de Hercule Poirot), 68
Arturo Ui (*A resistível ascensão de Arturo Ui*), 157
Aschenbach (*Os deuses malditos*), 159
Astruc, Alexandre, 69
Athos (*Os três mosqueteiros, Vinte anos depois*), 107
Atreu (*Atreu e Tieste*), 66
Aubry, Jenny, 183, 305
Auguste Dupin (*A carta roubada*), 64-7, 68-9
Augustine (paciente Salpêtrière), 292-3
Aupetit, Damien, 172
Azouri, Chawki, 45

Baal Shem Tov, Israel, 18
Babinski, Henri, 166
Babinski, Joseph, 166-7, 291
Baco, 201
Bacon, Francis, 84
Baillet, Adrien, 88
Bair, Deirdre, 345
Balint, Michael, 55
Ballenato, Anthony, 212, 337
Balsamo, Joseph (ou Giuseppe) *ver* Cagliostro
Balvet, Paul, 260
Balzac, Honoré de, 65, 92, 96, 331

Índice onomástico

Barbara (n. Serf Monique), 132-4, 197
Barkilphedro (O homem que ri), 285
Barthes, Roland, 13, 68, 106, 235, 243
Bartholdi, Auguste, 347
Bass, Alan, 236
Bataille, Georges, 17, 21, 109-10, 120, 192, 241, 242, 246
Bataille, Sylvia, 243
Batman, 254
Baubo (mito), 241-2, 243
Baudelaire, Charles, 21, 67, 38, 123, 230, 244, 310
Baudry, Émilie, 35
Bauer, Ilse, 130
Bazin, André, 161
Beach, Sylvia, 206
Beaumarchais, Pierre-Augustin Caron de, 168
Beausire (A condessa de Charny), 107-8
Beauvoir, Simone de, 184, 206, 234, 301-6, 307
Beck, Julien, 33
Beethoven, Ludwig van, 329
Beirnaert, Louis, 193-4
Bellos, David, 333
Ben-Ami (Amon), 174
Benjamin, Walter, 77, 126, 127, 206, 246
Bennani, Jalil, 46
Bennent, Heinz, 257
Benslama, Fethi, 46, 93
Benvenisti, Annica, 101
Bergé, Pierre, 185
Berger, Laurent, 148
Bergman, Ingrid, 162
Bergson, Henri, 187
Berheim, Hippolyte, 152, 154
Bernays, Martha ver Freud, Martha
Bernays, Minna, 257
Bernini, Gian Lorenzo, 110, 282
Berthe (Si j'étais vous), 138
Bertin, Célia, 257, 305
Bertolucci, Bernardo, 121
Bétourné, Olivier, 207
Bill (On the Road), 240
Binet, Alfred, 228
Binion, Rudolph, 157
Binnet, Erwann, 116
Binswanger, Ludwig, 218
Biondetta (O diabo apaixonado), 71-2
Birnbaum, Jean, 236
Bismarck, Otto von, 314
Bjerre, Poul, 131
Bleuler, Eugen, 344
Bloch, Eduard, 157

Bloch, Marc, 49-50, 52
Blondel, Charles, 186
Bloom, Claire, 162
Boas, Franz, 322
Bolk, Louis, 112
Bonaparte, José, 53
Bonaparte, Marie, 42, 52, 66, 98, 119, 174, 227, 247, 255-8
Bonaparte, Napoleão, 52-4, 101, 166, 315n, 317
Bonaparte, Roland, 52
Bonjour, Casimir, 315
Bonnafé, Lucien, 261
Bonomi, Carlo, 56
Borch-Jacobsen, Mikkel, 186
Borel, Adrien, 110
Borges, Jorge Luis, 61, 77, 212, 295
Borossa, Julia, 211
Borromeu, Carlos, 235
Borromini, Francesco, 282
Bossi, Luc, 233
Bottard, Marguerite, 291
Bouguereau, William, 264
Bourdieu, Pierre, 38-40, 307
Bourdonnaye, Elisabeth de la (pseudônimo, Dexia), 278
Bourneville, Désiré-Magloire, 292
Bowlby, John, 27, 143, 179-81, 183
Braid, James, 151
Bramleigh, Michael, 130
Braudel, Fernand, 79
Braun, Eva, 43, 159
Brecht, Bertolt, 33, 50, 51-2, 157
Breton, André, 12, 50, 168, 246, 292, 302-3, 325, 328
Breuer, Josef, 159, 226, 258
Brill, Abraham Arden, 232, 341
Brouillet, André, 291-2
Brown, Dan, 201
Bukovski, Vladimir, 268
Bullitt, William C., 251
Burckhardt, Jacob, 195
Burgelin, Claude, 335
Burlingham, Dorothy, 211
Burton, Tim, 114
Butler, Judith, 307

Cabanès, Augustin, 249
Cagliostro, 58, 107-8, 153-4, 298
Calvero (Luzes da ribalta), 162
Calvino, Italo, 75, 331
Camille (Si j'étais vous), 138

Candolle, Delphine de, 207
Canetti, Elias, 105
Canguilhem, Georges, 279
Caprotti, Giacomo (vulgo Salai), 199, 201
Carlos VI, 249
Carpeaux, Louis, 110
Carrancá y Trujillo, Raúl, 73-4
Carrington, Dora, 209
Carroll, Lewis (pseudônimo, Charles L. Dodgson), 113-4
Caruso, conde Igor, 72, 328
Casanova, Giacomo, 298
Cassel, Vincent, 84
Cassou-Noguès, Pierre, 213
Catarina de Siena, 18
Cavaillès, Jean, 279
Cazotte, Jacques, 71-2
Ceccarelli, Paulo, 77
Cecily (*Estudos sobre a histeria*), 224
Cefiso, 228
Celan, Paul, 298
Céline, Louis-Ferdinand (pseudônimo, Louis Destouches), 41-4, 56, 186
Certeau, Michel de, 193-4, 245
Cervantes, Miguel de, 326
Cesbron, Gilbert, 186
Chapeleiro Louco (*Alice no País das Maravilhas*), 114
Chaplin, Charlie (ou Carlitos), 27, 129, 161, 162, 172
Charcot, Jean-Martin, 12, 152, 166, 247, 290-3
Charles Chavafambira (*Black Hamlet*), 149
Charles Swann (*Um amor de Swann*), 13
Chateaubriand, François-René de, 101, 121, 332
Chauvin, Jeanne, 249
Chéreau, Patrice, 147-8
Chevreuse, duquesa de (*Vinte anos depois*), 107
Chigi, Agostino, 264
Chomsky, Noam, 186
Cifali, Mario, 207
Cimino, Michael, 255
Cioffi, Frank, 186
Cioran, Emil, 187
Claretie, Jules, 290
Cláudio (*Hamlet*), 147
Clément, Catherine, 19, 153
Cleópatra, 298
Clèves, A princesa de, 13
Clift, Montgomery, 224
Cohen, Sorel, 103
Colombo, Cristóvão, 52, 275

Comte, Auguste, 78
Conan Doyle, Arthur, 64, 165-7
conde de Monte Cristo, O, 153
Condorcet, Nicolas de, 154
Connery, Sean, 162, 240
Cooper, David, 206
Copérnico, Nicolau, 277
Coringa (*Batman*), 254
Corti, Axel, 158, 329
Cosette (*Os miseráveis*), 117
Courban, Antoine, 46
Courbet, Gustave, 25, 242-3, 265
Couthon, Georges, 215
Coutinho Jorge, Marco Antonio, 77
Crébillon, 66, 67, 68
Creonte (*Antígona*), 31-2
Crépu, Michel, 187
Crevel, René, 246
Crews, Frederick, 84
Cromwell, Oliver, 285
Cronenberg, David, 26, 84-5
Cupido, 263, 264-5
Curtis, Tony, 223

d'Artagnan (*Os três mosqueteiros, Vinte anos depois*), 194
Dalí, Salvador, 136, 162, 234-5
Daney, Serge, 160
Danton, 154
Danvers, Mrs. (*Rebbeca*), 225
Darwin, Charles, 9, 23, 209, 277
Dauman, Anatole, 119
Daumezon, Georges, 260
Davi, 319
Dea (*O homem que ri*), 284-5
Dean, James, 272
Debray-Ritzen, Pierre, 187
Dédalo, 232
Degolado, Marcial Maciel, 87
Del Toro, Benicio, 321
Del Zucchi, Jacopo, 264-5
Delacroix, Eugène, 101
Delage, Yves, 187
Deleuze, Gilles, 95-6, 235, 295
Deluy, Henri, 206
Deméter, 241
Demjanjuk, John, 288
Deneuve, Catherine, 257
Derrida, Jacques, 28, 29, 39, 67-8, 91-4, 127-8, 148-9, 211, 235, 236, 298, 338
Desarthe, Gérard, 147

Índice onomástico

Descartes, René, 68, 88-92, 310
Deschamps, Baptiste, 142
Deschanel, Paul, 249
Desnos, Robert, 44
Desplechin, Arnaud, 321
Destouches, Louis (vulgo Louis-Ferdinand Céline), 41-2
Deutsch, Helene, 227, 304
Devereux, Georges, 150, 241-2, 320-1
Dexia ver Bourdonnaye, Elisabeth de la
Diamantis, Roger, 206
Diatkine, René, 15
Dickens, Charles, 96, 183, 295
DiMaggio, Joe, 222
Dioniso, 172
Döblin, Alfred, 50, 52
Dodgson, Charles L. ver Carroll, Lewis
Dolto, Françoise, 34, 155, 184, 245, 249, 275, 332, 334
Don Juan, 298
Dostoiévski, Fiódor, 196, 296
Doubrovsky, Serge, 37
Dougherty, James, 222
Doutor S. (A consciência de Zeno), 82-3
Drácula (Stoker), 23
Dreyfus (caso), 244
Drumont, Édouard, 43
Du Maurier, George, 310
Dumas, Alexandre, 107-8, 153-4, 206, 331
Dumas, Georges, 79, 110
Dunhill, Alfred, 212
Dunour, Schlomo, 318, 319
Dupin, Charles, 68
Durkheim, Émile, 39

Eastman, Max, 233
Eco, 228
Edhin Krokovski, dr. (A montanha mágica), 276-7
Édipo, 11, 12, 30-1, 32, 69, 104-8, 123, 147, 150, 174-6, 195, 198, 202, 229, 280, 284, 287, 297, 315n, 326
Edmond Dantès (O conde de Monte Cristo), 153
Edwardes, dr. (The House of Doctor Edwardes), 162
Einstein, Albert, 9, 171, 187, 189, 214, 239-40
Eisenstein, Serguei, 295
Eissler, Kurt, 81, 336-7
Eitingon, Max, 47, 48-9, 51, 74, 318
Eitingon, Nahum (Leonid), 74
Elisabeth II, rainha, 257

Ellenberger, Henri, 320, 327
Ellis, Havelock, 304
Emma Bovary (Madame Bovary), 13-4, 170, 217
Emmanuel Fruges (Si j'étais vous), 138
Erasmo, 345
Ernst, Max, 17, 262
Eros, 11, 109-10, 124, 261-2, 264-6, 306
Erval, François, 303
Esfinge, 103, 105, 108, 114, 198, 202
Essenbeck von (família; Os deuses malditos), 158-9
Etéocles (Antígona), 31
Eva, 298

Fabien Especel (Si j'étais vous), 137-9
Fanon, Frantz, 261, 268
Fantástico, Doutor, 249, 253
Fantine (Os miseráveis), 117
Faria, abade José Custódio de, 152-3
Fassbender, Michael, 84
Fausto, 123, 137, 165
Favras, marquês de (A condessa de Charny), 108
Federn, Ernst, 144
Federn, Paul, 81, 144
Félix Grandet (Eugénie Grandet), 97
Fenichel, Otto, 270, 271, 273
Ferdinand Bardamu (Viagem ao fim da noite; Place de l'Étoile), 8, 41-4
Ferenczi, Sandor, 15-7, 25-6, 34, 47, 55-9, 131, 140, 211, 232, 276, 341
Fitzgerald, Francis Scott, 247
Flaubert, Gustave, 92, 101, 170, 299
Fliess, Wilhelm, 36-7, 47, 195, 261, 276, 299, 300n
Follin, Sven, 187
Ford, John, 161, 163, 164, 321
Forel, Auguste, 344
Forrester, Viviane, 210
Förster, Elisabeth, 132
Foucault, Michel, 39, 68, 91-2, 106-7, 126, 218-9, 235
Fouque, Antoinette, 206
Francisco, papa, 283
Fränkel, Baruch, 56
Fresnay, Pierre, 184
Freud, Alexander, 53
Freud, Anna, 31, 124, 132, 143, 145, 178-9, 209-11, 223, 224-5, 227, 257, 258, 282, 308
Freud, Anton, 330
Freud, Emanuel, 208
Freud, Ernst, 48, 211

Freud, Harry, 330
Freud, Jacob, 34-5, 326
Freud, Martha, 13, 257
Freud, Mathilde, 55
Freud, Philipp, 35
Freud, Sigmund, *passim*
Fromm, Erich, 72, 125
Fry, Roger, 209

Gable, Clark, 224
Gageiro, Ana Maria, 77
Galileu, 34
Gallo, Rubén, 73
Gandhi, 73
Garma, Ángel, 61
Gartner, John, 253
Gary, Romain, 187
Gaspard Winckler (*W ou a Memória da infância*), 333
Gatian de Clérambault, Gaëtan, 17, 304
Gavroche (*Os miseráveis*), 176
Gebsattel, Viktor von, 131
George Ziad (*O franco-atirador*), 289
Georges (*Si j'étais vous*), 138
Géricault, Théodore, 216
Germain Clancharlie (*O homem que ri*), 285
Gérôme, Jean-Léon, 101, 291
Gershowitz, Jacob (pseudônimo George Gershwin), 129
Gertrude (*Hamlet*), 147
Gide, André, 135, 206, 246, 302-3
Ginsberg, Allen, 240
Ginzburg, Carlo, 164
Gioconda, La *ver* Mona Lisa
Giscard d'Estaing, Valéry, 35
Glucksmann, André, 236
Godard, Jean-Luc, 161
Goddard, Paulette, 129
Gödel, Kurt, 213-5
Godin, Jean-Guy, 99
Goethe, Johann Wolfgang von, 20, 48, 50, 53, 100, 123-4, 137, 314-5, 326, 339
Goldman, Emma, 341
Gorbatchev, Mikhail, 294
Górgona, 120, 241
Göring, Matthias Heinrich, 49, 51
Goya, Franscisco de, 313
Graf, Herbert (Pequeno Hans), 25
Graf, Max, 25
Grainville, Patrick, 25
Granoff, Wladimir, 205

Gray, Dorian (*O retrato de Dorian Gray*), 111
Green, André, 206
Green, Julien, 135-7, 139
Green, Mary, 137
Greenson, Ralph, 223-5
Grégoire, abade Henri, 154
Gregor Samsa (*A metamorfose*), 17
Grimaldi (família), 70
Grimm (irmãos), 131
Groddeck, Carl Theodor, 275
Groddeck, George, 270, 275-6
Gross, Hans, 274
Gross, Otto, 84-5, 270, 274, 344
Groucho Marx, 232
Grubrich-Simitis, Ilse, 127
Guénon, René, 188
Gueslin, André, 96
Guilbert, Yvette, 132-3
Guiraud, Pierre, 185
Gwynplaine (*O homem que ri*), 284-5

Habermas, Jürgen, 39, 236
Habsburgo (família), 47, 55, 72, 81, 324
Habsburgo, Francisco José de, 324
Habsburgo, Maximiliano de, 72
Hades, 241
Hadewijch d'Anvers, 18
Haïm, Hafetz, 289
Hall Granville, Stanley, 341
Hallie Stoddard (*O homem que matou o facínora*), 163
Hamlet, 30, 69, 106, 123, 147-50, 202, 229, 326, 333
Haneke, Michael, 177
Hani, Chris, 149
Hargreaves, Ronald, 210
Harpagon (*O avarento*), 97, 168
Hartmann, Heinz, 234
Hawks, Howard, 26, 223
Hedren, Tippi, 162
Hegel, Georg Wilhelm Friedrich, 32, 50, 53, 95
Heidegger, Martin, 124
Heine, Heinrich, 288
Heliogábalo, 249
Hemingway, Ernest, 206, 247
Hemingway, Mariel, 232
Henric, Jacques, 242
Henrique IV, 34
Hera, 228
Hercule Poirot, 68
Hermetet, Anne-Rachel, 83

Índice onomástico

Hernani, 92, 331
Herzl, Theodor, 288, 317
Himmler, Heinrich, 43-4
Hitchcock, Alfred, 26, 161-2, 169, 223, 225, 313
Hitler, Adolf, 48, 125, 145, 156-9, 187, 249, 253, 254, 288
Hitler, Klara, 158
Hoffet, Frédéric, 247-8
Hofmannsthal, Hugo von, 325
Hohenberg, Margaret, 223
Hokusai, Katsushika, 24
Hölderlin, Friedrich, 32, 122, 213
Hollande, François, 185
Hollitscher, Robert, 55
Homais, Monsieur (*Madame Bovary*), 170
Homero, 126
Homo (*O homem que ri*), 284-5
Hopper, Edward, 162
Horkheimer, Max, 124, 125-7
Horney, Karen, 304
Höss, Rudolf, 144
Houellebecq, Michel, 188
Hug-Hellmuth, Hermine von, 178, 182
Hugo, Victor, 92, 116-7, 177, 183, 219, 236, 247, 284-5, 331
Humpty Dumpty (*Alice através do Espelho*), 114
Husserl, Edmund, 124
Huston, John, 223-5
Huxley, Aldous, 188
Hyde, mr., 130

Ingres, Jean-Auguste-Dominique, 339
Isaac Davis (*Manhattan*), 232
Ishi, 322-3
Ivanovitch, Lopez Ramón, 74

Jaccard, Roland, 188
Jackson, Frank (pseudônimo Jacques Mornard), 73
Jacó, 53
Jacoby, Russel, 270
Jacques, Norbert, 154
Jacquot, Benoît, 257
Jaime II, 285
Jakobson, Roman, 318
Jambet, Christian, 46
James Bond, 154
Jay, Martin, 126
Jean Valjean (*Os miseráveis*), 117-8
Jekyll, dr., 130
Jesus, 18, 73, 171, 201, 283, 284

Jinks (*O complexo de Portnoy*), 289
Joana a Louca, 249
João (apóstolo), 201
João Batista, 201
Jocasta (*Antígona; Odisseia*), 31, 105
John Chavafambira (*Black Hamlet*), 149-50
John Watson, dr., 64, 68, 165, 167
Johnny Guitar, 272
Johnson, Lyndon B., 252
Jones, Ernest, 37, 42, 47, 49, 56, 58-9, 208, 209, 224, 232, 271, 304, 325, 341
Jorge, príncipe da Grécia, 255
José (pai de Jesus), 284
Josiane (duquesa) (*O homem que ri*), 285
Jourdan, Éric, 135
Jouve, Pierre Jean, 246
Jouvet, Louis, 184
Joyce, James, 50, 114, 206, 331
Juárez, Benito, 72
Jung, Carl Gustav, 34, 84-6, 130, 172, 232, 274, 288, 304, 341-2, 344-6
Jung, Emma, 86
Júpiter, 263
Justin, Henri, 65

Kafka, Franz, 17, 137, 274, 288, 331, 333
Kahlo, Frida, 73
Kali, 18
Kandel, Liliane, 305
Kanner, Sally, 35
Kant, Immanuel, 127
Kapnist, Elisabeth, 212
Kassir, Samir, 46
Kazan, Elia, 161, 272
Keaton, Buster, 339
Keaton, Diane, 232
Kennedy, John Fitzgerald, 252
Kennedy, Joseph, 267
Kennedy, Rosemary, 267
Kerouac, Jack, 240
Kerr, John, 84
Kershaw, Ian, 157
Keynes, John Maynard, 209
Khalil-Bey, 242
Khan, Kublai, 75
Khomeini, aiatolá Ruhollah, 188
Kichizo, Ishida, 119
Kierkegaard, Søren, 20
Kinsey, Albert, 301
Kipling, Rudyard, 183
Klatzmann, Joseph, 169

Klein, Hans Gunther, 133
Klein, Melanie, 17, 21, 48, 55, 79, 118, 138-9, 143, 178, 179, 209, 211, 227, 258, 262, 266, 270, 294, 300, 308
Knightley, Keira, 84
Koelsch, William, 341
Kohut, Heinz, 229
Kojève, Alexandre, 192
Kokoschka, Oskar, 329
Koltai, Catarina, 77
Konigsberg, Stewart *ver* Allen, Woody
Krafft-Ebing, Richard von, 24
Kraus, Karl, 170, 312
Kris, Anton, 337
Kris, Ernst, 234, 337
Kris, Marianne, 223
Kroeber, Alfred, 322-3
Kubin, Alfred, 329
Kubrick, Stanley, 253, 313
Kun, Béla, 55

La Rochefoucauld, François de, 221
Labdácidas (família dos) (*Édipo rei; Antígona; Édipo em Colono*), 31, 33, 105, 159
Lacan, Alfred, 35
Lacan, Émilie, 35
Lacan, Jacques, 11, 17-8, 19, 21, 27-8, 32-6, 39, 50, 61, 62, 67-9, 71-2, 73, 79, 90-2, 95, 99-100, 101, 103, 106, 110, 112-4, 119-20, 126, 144, 147, 148, 155, 170-1, 185, 186, 188, 192-3, 205-7, 217-8, 221, 234-5, 242, 243, 245, 247-9, 258, 262, 264-6, 268, 275, 277, 281-3, 294, 304, 308, 318, 327-8, 335, 339, 344, 347
Lacan, Marc-François, 282
Lacan, Sibylle, 103
Lacouture, Jean, 192
Laforgue, René, 247
Laio (*Édipo rei*), 105, 107
Lance, Alain, 127
Lancelot, 13
Landauer, Karl, 125
Lang, Fritz, 50, 154, 161
Langer, Marie, 61
Lanzer, Ernst (O Homem dos Ratos), 25
Lapouge, Gilles, 79
Laqueur, Thomas, 307
Lautréamont, conde de, 244, 310
Lawrence, D.H., 274
Le Pen (família), 70
Le Rider, Jacques, 127, 326
Lebovici, Serge, 35

Leclaire, Serge, 205, 206
Leclerc, Guy, 188
Leda e o cisne, 201
Legendre, Pierre, 188
Leigh, Vivien, 223
Leiris, Michel, 246
Lemercier, padre Grégoire, 86-7
Lemire, Vincent, 319
Lênin, Vladimir, 305
Leonardo da Vinci, 8, 22, 92, 133, 168, 195-203, 281, 346
Leroy, Maxime, 89-90
Lessing, Doris, 212
Levinas, Emmanuel, 171
Lévi-Strauss, Claude, 68, 79, 176, 318
Lévy, Bernard-Henri, 236
Lewinsky, Monica, 70
Liberty Valance (*O homem que matou o facínora*), 163-4
Liebermann, Guido, 318
Lindner, Robert Mitchell, 270, 272-3
Liríope, 228
Ló, 174
Loewenstein, Rudolph, 234, 247
Lohengrin, 283
Lorenz, Konrad, 181
Lorenza Feliciani (*Memórias de um médico*), 154
Louis B. Smilesburger (*O franco-atirador*), 289
Löwenthal, Leo, 124, 125
Lúcio (*Memórias de um asno*), 263, 264
Luís II da Baviera, 249
Luís XIV, 290
Luís XV, 108 153
Luís XVI, 108, 153, 245
Lumière, Louis, 159
Luther King, Martin, 317
Luxemburgo, Rosa, 288

M'Uzan, Michel de, 332, 334
Mabuse, Doutor, 154, 225
Madame Edwarda (Bataille), 241
Madona, 237
Madonia, Franca, 14
Magritte, René, 38, 242
Major, René, 211
Malina, Judith, 33
Mallarmé, Stéphane, 68-9, 113, 331
Malraux, André, 34
Mann, Thomas, 158, 254, 276
Mannoni, Maud, 206, 275

Índice onomástico

Mannoni, Octave, 29, 206, 270
Marcondes, Durval, 79-80
Marcuse, Herbert, 124
Maréchal-Le Pen, Marion, 70
Maria (mãe de Jesus), 202, 203
Maria Madalena, 201
Marinelli, Lydia, 330
Marnie (*Marnie, confissões de uma ladra*), 162, 314, 315n
Martin Essenbeck (*Os deuses malditos*), 159
Marvin, Lee, 163
Marx, irmãos, 189
Marx, Karl, 9, 73, 124, 147, 148, 171, 189, 288
Maspero, François, 206
Masson, André, 243, 264-5
Mathews, Harry, 331, 333
Mauriac, François, 302-3
Maurras, Charles, 50
Mazin, Viktor, 295-6
Médioni, Franck, 129
Medusa, 120, 240-1, 243
Mefisto (*Fausto*), 165
Mélenchon, Jean-Luc, 191
Melman, Charles, 189
Melville, Jean Pierre, 231
Melzi, Francesco, 199
Méndez Arceo, Sergio, 86-7
Meng, Heinrich, 125
Menino Jesus, 203
Menninger, Karl, 320-1
Mercader del Rio, Caridad, 74
Mercader del Rio, Ramón, 73-4
Merejkovski, Dimitri, 196
Méricourt, Théroigne de, 50-1, 290
Merleau-Ponty, Maurice, 268
Mesmer, Franz Anton, 58, 151-4, 248, 291
Mesurat, Adrienne, 136
Meyer, Adolf, 344
Meyer, Nicholas, 167
Michelangelo, 92, 160, 198, 281
Michelet, Jules, 153
Mill, John Stuart, 209
Miller, Alice, 157
Miller, Arthur, 222-3
Miller, Jacques-Alain, 189
Mineo, Sal, 272
Minnelli, Liza, 230
Minnelli, Vincente, 161
Mirza, 171
Mitscherlich, Alexander, 127
Mitterrand, François, 15

Moab, 174
Modiano, Albert, 44
Modiano, Patrick, 43-4
Molière, 96, 168, 220
Mona Lisa, 195, 201, 202, 203
Moniz, Egas, 267
Monnier, Adrienne, 206
Monroe, Marilyn, 8, 222-5
Mons, Isabelle, 131
Morales, Helí, 73
Morelli, Giovanni, 164
Morgenstern, Sophie, 178
Moriarty, professor James, 68, 166, 167
Mornard, Jacques *ver* Jackson, Frank
Mortensen, Viggo, 84
Moser, Fanny, 101
Mountbatten, príncipe Philip, 257
Mozart, Wolfgang Amadeus, 151
Müller-Doojhm, Stefan, 125
Murat, Laure, 54, 254
Murray, Eunice, 224, 225
Musil, Robert, 325

Nabe, Marc-Edouard, 189
Nabokov, Vladimir, 189
Naphta (*A montanha mágica*), 276
Narbonne, conde de, 108
Narciso, 11, 17, 202, 228-9
Nathansohn, Amalia, 12, 34-5
Nathansohn, Jacob, 35
Nêmesis, 228
Nero, 249
Nietzsche, Friedrich, 131, 132, 274
Nixon, Richard, 252
Nordmann, Léon Maurice, 278

O'Casey, Sean, 212
Ofélia (*Hamlet*), 148
Olivier, Laurence, 167
Onfray, Michel, 190
Oshima, Nagisa, 119
Ovídio, 25, 228

Pálos, Elma, 15-6
Pálos, Gizella, 15
Pankejeff, Serguei Constantinovich (O Homem dos Lobos), 25, 119
Parada, Carlos, 267
Parin, Paul, 344
Páris, 283
Paul Esménard (*Si j'étais vous*), 138
Paulo VI, papa, 87

Pavlov, Ivan, 294
Paz, Octavio, 73
Peck, Gregory, 162
Pedro o Grande, 294
Perec, Georges (pseudônimo Peretz), 171, 206, 295, 331-5
Perec, Icek Judko (Jehudi Isaac Perets), 333, 334
Péri, Gabriel, 121
Perrault, Gilles, 278
Perrot, Michelle, 307
Perséfone, 241
Perseu, 241
Pétain, Philippe, 278, 305
Peter Ibbetson, 310
Pfister, Oskar, 203, 346-7
Picard, Jimmy, 321
Pichon, Édouard, 245, 247
Pichon-Rivière, Enrique, 61
Piero da Vinci, 198
Pinel, Philippe, 215, 266
Pingeot, Anne, 15
Pinochet, Augusto, 335
Pio XII, papa, 282
Pipik, Moishe (*O franco-atirador*), 288-9
Pirodon, Eugène Louis, 292
Platão, 19-20, 94, 109, 291
Plon, Michel, 7
Poe, Edgar Allan, 64-5, 66, 67, 68-9, 165, 265
Pólibo (*Édipo rei*), 105
Polinices (*Antígona*), 31
Politzer, Georges, 246
Pollack, Sydney, 26
Polo, Marco, 75
Pommier, René, 190
Pontalis, Jean-Bertrand, 332, 333, 335
Porot, Antoine, 267
Porto Carrero, Júlio, 79
Poujars (*Si j'étais vous*), 137-8
Preminger, Otto, 163
Proust, Marcel, 19, 134, 184, 202, 288
Psique/Psiquê, 261-6
Puységur, marquês Armand, 152

Queneau, Raymond, 246, 331
Quevedo, Gustavo, 87
Quiroz Cuarón, Alfonso, 73-4

Radó, Sandor, 55
Rafael, 264
Rainha Vermelha (*Alice no País das Maravilhas*), 114

Ramakrishna, 18
Ramirez, Santiago, 72, 87
Rank, Otto, 21, 57, 283
Ransom Stoddard (*O homem que matou o facínora*), 163-4
Raoul de Bragelonne (*Os três mosqueteiros, Vinte anos depois*), 107
Raphaël Schlemilovitch (*La Place de l'Étoile*), 43-4
Rath, Claus-Dieter, 49
Raubal Geli, 156
Ravel, Maurice, 324
Ray, Nicholas, 161, 272-3
Raymond, Pierre, 206
Rebecca (*La Place de l'Étoile*), 43
Rebecca (Hitchcock), 225
Rees, John Rawlings, 210
Reich, Wilhelm, 239-40, 270, 273
Reichmann, Frieda, 125
Reiser, 339
Reverson, Blanche, 246
Rey-Flaud, Henri, 113
Rickman, John, 143, 210
Rilke, Rainer Maria, 131, 133
Rimbaud, Arthur, 137, 244, 310, 318
Ritz, Jean-Jacques, 172
Rivera, Diego, 73, 130
Rivière, Jacques, 246
Robert, Hubert, 160, 161
Robespierre, Maximilien de, 215
Róheim, Géza, 55
Rolland, Romain, 246
Romains, Jules, 206
Rômulo, 283-4
Rosenthal, Tatiana, 178
Ross, Herbert, 167
Roth, Joseph, 218
Roth, Philip, 254, 286, 287-9, 317
Roubaud, Jacques, 331
Roudinesco, Elisabeth, 187, 189-90
Rousseau, Jean-Jacques, 286
Roussel, Raymond, 331
Roustang, François, 206
Royal, Ségolène, 189
Rubenfeld, Jed, 233
Ruhs, August, 328

Sachs, Wulf, 149-50
Sade, Donatien Alphonse François de, 17, 126-7, 299, 301, 303
Saint-Just, Louis Antoine de, 121, 122

Índice onomástico

Salai *ver* Caprotti, Giacomo
Saltarelli, Jacopo, 199
Sant'Ana, 201, 202
Sapir, Edward, 322
Sarkozy, Nicolas, 70
Sartre, Jean-Paul, 21, 40, 50, 51, 52, 224, 279-80, 302-3, 305, 332, 335
Saussure, Ferdinand de, 207
Saussure, Raymond de, 207
Savatier, Thierry, 242
Savigneau, Josyane, 287
Savonarola, Girolamo, 196
Schiele, Egon, 329
Schmidt, Golo, 130
Schmidt, Vera, 273
Schmitz, Ettore, 81
Schneider, Michel, 190, 224, 226
Schnitzler, Arthur, 313, 325
Schöder, Gerhard, 357
Schorske, Carl, 236, 324
Schöttler, Peter, 51
Schreber, Daniel Paul, 182
Schubert, Franz, 313
Schulevitz, Cyrla, 334
Schur, Max, 225
Schweitzer, Albert, 346-7
Schweitzer, Jean-Paul, 43
Seillière, Ernest, 190
Semmelweis, Ignace Philippe, 41, 56
Serra, Maurizio, 81
Settembrini (*A montanha mágica*), 276-7
Shakespeare, William, 147-9, 208, 209, 254, 326
Shengold, Leonard, 175, 182-3
Sherlock Holmes, 5, 64-5, 68, 73, 164-7, 233
Signorelli, Luca, 281
Simmel, Ernst, 256
Simoën, Jean-Claude, 7, 275
Sinatra, Frank, 223, 230
Slocombe, Douglas, 225
Sócrates, 19, 95
Sófocles, 30-1, 33, 104, 106, 159, 284
Sokolnicka, Eugénie, 178
Sollers, Philippe, 243
Solms-Rödelheim, conde Wilhelm zu, 328
Soral, Alain, 191
Spielberg, Steven, 110
Spielrein, Sabina, 84-6, 344
Spielvogel, dr. (*O complexo de Portnoy*), 286, 287
Spinoza, Baruch, 95, 171, 288

Spitz, René, 55
Spitzer, Robert Leopold, 219-20
Stálin, Joseph, 74, 145, 249
Starobinski, Jean, 122
Steadman, Ralph, 172
Steiner, George, 32
Stekel, Wilhelm, 135-6, 304
Stewart, James, 163
Stoker, Bram, 23, 212
Stoller, Robert, 306
Strachey, Alix, 48, 209
Strachey, James, 48, 209
Strachey, Lytton, 209
Stragnell, Gregory, 323
Strasberg, Lee, 222
Strauss, Johann, 324
Strauss-Kahn, Dominique, 71
Streep, Meryl, 232
Styx, 263
Svevo, Italo (*n.* Ettore Schmitz), 80-3

Talleyrand, Charles Maurice, 121
Tânatos, 110
Tartufo, 168
Tarzan, 160
Taubira, Christine, 116
Tausk, Viktor, 28n, 131, 270, 274
Tchekhov, Anton, 183
Teresa d'Ávila, santa, 282
Terzieff, Laurent, 69
Thénardier, os (*Os miseráveis*), 117, 176
Thomas Diafoirus (*O doente imaginário*), 204
Ticiano, 243
Tieste, 66
Tirésias, 105, 107
Tocqueville, Alexis de, 322
Tolstói, Leon, 331
Tom Doniphon (*O homem que matou o facínora*), 163-4
Tosquelles, François, 260, 268
Tristão, 13
Troller, Georg Stefan, 329
Trótski, Leon, 73-4
Trump, Donald, 236, 252-4
Tsé-tung, Mao, 171
Tuéni, Ghassan, 46

Ulisses, 298
Universidade Johns Hopkins, 253
Ursus (*O homem que ri*), 284-5

Valéry, Paul, 206
Valladares, Lucia, 78
Van Gogh, Vincent, 213
Van Renterghem, Marion, 70
Vautrin (*Esplendores e misérias das cortesãs*), 65
Vélazquez, 110
Veneziani, Bruno, 81-2
Veneziani, Livia, 81-2
Veneziano, Olga, 81-2
Vênus, 263, 265
Vernant, Jean-Pierre, 279
Veronèse, 243
Vidocq, Eugène François, 65
Vildé, Boris, 278
Vincent, doutor Clovis, 142-3, 166
Virgem Maria, 73
Virgílio, 311
Visconti, Luchino, 158
Voisin, dr., 54
Voltaire, 34
Volúpia, 263
Von Richthofen, irmãs, 274

Wagner-Jauregg, Julius, 142
Wahl, François, 205, 248
Wallon, Henri, 112
Warhol, Andy, 102, 339
Wayne, John, 163
Weiss, Edoardo, 81-2, 83, 281
Weiss, Louise, 305
Wells, H.G., 310
Werther (*Os sofrimentos do jovem Werther*), 20

Wiesel, Elie, 319
Wilde, Oscar, 111
Wilder, Billy, 163, 223
Wilson, David Hildebrand, 295
Wilson, Joseph Ruggles, 251
Wilson, Thomas Woodrow, 251
Windsor (família), 70, 257
Winnicott, Donald Woods, 26, 34, 143, 155, 179-80, 211, 308
Winter, Jean-Pierre, 191
Winterstein, barão Alfred von, 328
Wisdom, John Oulton, 90
Wittmann, Blanche, 291-2
Wolff, Freddy, 329
Wolinski, Georges, 338-40
Wood, Nathalie, 272
Woolf, Leonard, 209-10
Woolf, Virginia, 209-10, 212
Wroblewsky, Vincent von, 51-2
Wulff, Moshe, 318

Yerushalmi, Yosef Hayim, 211, 236
York, Susannah, 225

Zahar, Cristina, 77
Zaretsky, Eli, 236
Zemon Davis, Natalie, 307
Zeno Cosini (*A consciência de Zeno*), 80, 82-3
Zeus, 109, 241
Zilboorg, Gregory, 129-30
Zmud, Frida, 87
Zweig, Stefan, 12, 80, 136, 139, 146, 155, 325

COLEÇÃO TRANSMISSÃO DA PSICANÁLISE

Não Há Relação Sexual
Alain Badiou

**Fundamentos da Psicanálise
de Freud a Lacan
(3 volumes)**
Marco Antonio Coutinho Jorge

**Histeria e Sexualidade
Transexualidade**
*Marco Antonio Coutinho Jorge;
Natália Pereira Travassos*

Por Amor a Freud
Hilda Doolittle

A Criança do Espelho
Françoise Dolto e J.-D. Nasio

O Pai e Sua Função em Psicanálise
Joël Dor

**Introdução Clínica à
Psicanálise Lacaniana**
Bruce Fink

**A Psicanálise de Crianças
e o Lugar dos Pais**
Alba Flesler

Freud e a Judeidade
Betty Fuks

A Psicanálise e o Religioso
Phillipe Julien

**O Que É Loucura?
Simplesmente Bipolar**
Darian Leader

**5 Lições sobre a
Teoria de Jacques Lacan
9 Lições sobre Arte e Psicanálise
Como Agir com um
Adolescente Difícil?**

**Como Trabalha um Psicanalista?
A Dor de Amar
A Dor Física
A Fantasia
Os Grandes Casos de Psicose
A Histeria
Introdução à Topologia de Lacan
Introdução às Obras de Freud,
Ferenczi, Groddeck, Klein,
Winnicott, Dolto, Lacan
Lições sobre os 7 Conceitos
Cruciais da Psicanálise
O Livro da Dor e do Amor
O Olhar em Psicanálise
Os Olhos de Laura
Por Que Repetimos
os Mesmos Erros?
O Prazer de Ler Freud
Psicossomática
O Silêncio na Psicanálise
Sim, a Psicanálise Cura!**
J.-D. Nasio

Guimarães Rosa e a Psicanálise
Tania Rivera

**A Análise e o Arquivo
Dicionário Amoroso da Psicanálise
Em Defesa da Psicanálise
Freud – Mas Por Que Tanto Ódio?
Lacan, a Despeito de Tudo e de Todos
O Paciente, o Terapeuta e o Estado
A Parte Obscura de Nós Mesmos
Retorno à Questão Judaica
Sigmund Freud na sua Época
e em Nosso Tempo**
Elisabeth Roudinesco

**O Inconsciente a Céu Aberto
da Psicose**
Colette Soler

1ª EDIÇÃO [2019] 1 reimpressão

ESTA OBRA FOI COMPOSTA POR MARI TABOADA EM DANTE PRO
E IMPRESSA EM OFSETE PELA GEOGRÁFICA SOBRE PAPEL PÓLEN SOFT
DA SUZANO S.A. PARA A EDITORA SCHWARCZ EM JULHO DE 2021

A marca FSC® é a garantia de que a madeira utilizada na fabricação do papel deste livro provém de florestas que foram gerenciadas de maneira ambientalmente correta, socialmente justa e economicamente viável, além de outras fontes de origem controlada.